应急文化学导论

刘中民 袁铭 王韬 主编

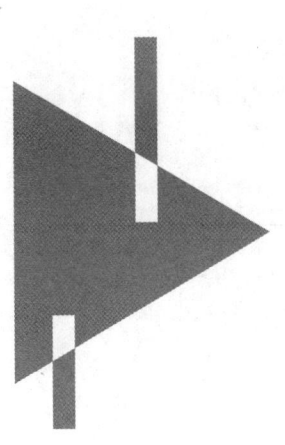

上海科学技术文献出版社
Shanghai Scientific and Technological Literature Press

图书在版编目（CIP）数据

应急文化学导论/刘中民，袁铭，王韬主编.—上海：上海科学技术文献出版社，2021
 ISBN 978-7-5439-8439-4

Ⅰ.①应… Ⅱ.①刘…②袁…③王… Ⅲ.①突发事件—应急对策 Ⅳ.①D035.29

中国版本图书馆 CIP 数据核字（2021）第 185269 号

选题策划：张　树
责任编辑：于学松　张亚妮
封面设计：留白文化

应急文化学导论
YINGJI WENHUAXUE DAOLUN
刘中民　袁铭　王韬　主编
出版发行：上海科学技术文献出版社
地　　址：上海市长乐路 746 号
邮政编码：200040
经　　销：全国新华书店
印　　刷：常熟市人民印刷有限公司
开　　本：720mm×1000mm　1/16
印　　张：20.5
字　　数：334 000
版　　次：2021 年 9 月第 1 版　2021 年 9 月第 1 次印刷
书　　号：ISBN 978-7-5439-8439-4
定　　价：118.00 元
http://www.sstlp.com

编委会

主　编

刘中民　袁　铭　王　韬

副主编

刘　菁　唐传星　盛　柏

编　委

（排名不分先后）

宋国栓　黄丽娜　张　旭　刘　越
吴金津　宋亚丽　余　飞　王　茜
萧　冰　徐　婷　王　笛　朱　辉

前 言
Foreword

  2020年,一场突如其来的疫情,引发社会对应急文化建设的高度重视。应急管理大学、应急管理学院、应急管理专业如雨后春笋般蓬勃发展,本书亦是顺应社会的需求应运而生。本专著主要论述了应急文化的基本概念、现实意义和国内外发展历程,采取跨学科、多视角、系统化的方法对应急文化进行研究阐释,力求能为高等学校、党政机关、企事业单位从事教学、科研、管理的工作人员提供一种参考。

  党中央高度重视应急管理工作,特别是党的十八大以来,国家从顶层设计上对应急管理体系建设作出了系列部署,大力推进我国应急管理体系和治理能力现代化。2019年10月31日,中国共产党第十九届中央委员会第四次全体会议通过《中共中央关于坚持和完善中国特色社会主义制度、推进国家治理体系和治理能力现代化若干重大问题的决定》,明确提出要健全公共安全机制。完善和落实安全生产责任和管理制度,建立公共安全隐患排查和安全预防控制体系。构建统一指挥、专常兼备、反应灵敏、上下联动的应急管理体制,优化国家应急管理能力体系建设,提高防灾减灾救灾能力。《决定》描绘了中国应急管理建设的宏伟蓝图,指明了应急管理体系和治理能力现代化的行动方向。

  殷忧启圣,多难兴邦。我国是世界上自然灾害较为频繁的国家之一,灾害种类多,分布地域广,发生频率高,造成损失重。当前,我国正处于开启全面建设社会主义现代化国家的新征程,实现中华民族伟大复兴的关键时期。国家安全和社会稳定是改革发展的前提,国泰民安是人民群众最基本、最普遍的愿望。目前我国应急文化建设方面还存在着公共危机意识淡薄、社会规范体系欠缺、教育培训演练不足、社会参与机制不完善等短板。新的历史时期面临新的挑战,公民应急文化的培育、应急素养的提高极为迫切。

本书立足新时期、新任务、新特点,组织上海市东方医院、上海市第十人民医院、上海交通大学、同济大学、上海财经大学、上海大学等高校和医疗机构的有关专家和科研人员进行编写。编者既有知名学者,也有一线工作人员,学科背景涉及法学、文学、历史学、医学、管理学、艺术学等。力图用新观念、新方法、新案例作指导;力图贴近现实,紧密联系我国应急文化的发展现状;力图系统全面地梳理应急文化的基本要素,着重论述应急文化的发展历程、中外对比、学科交叉,探索应急文化培育的基本规律,以适应新时期我国应急管理体系的建设。

由于应急文化是一个崭新的学科领域,许多理论尚在探索中,书中难免会有缺漏不足之处,敬请各位专家、学者和广大读者批评指正,以便我们今后进一步修改和完善。

编 者

2021 年 9 月

目 录
Contents

前言 ··· 1

第一章 绪论 ··· 1
    第一节　应急文化的概念 ··· 1
    第二节　应急文化的起源与历史沿革 ······························ 6
    第三节　应急文化的内涵与学科体系 ······························ 13

第二章 应急文化的价值与意义 ·· 20
    第一节　应急文化的特征 ··· 20
    第二节　应急文化的功能 ··· 30
    第三节　应急文化的类型 ··· 40
    第四节　研究应急文化的价值与意义 ······························ 54
    第五节　应急文化建设的方法与路径 ······························ 63

第三章 世界应急文化的发展与比较 ·································· 79
    第一节　美国的应急文化流派与发展史 ··························· 79
    第二节　欧洲的应急文化流派与发展史 ··························· 98
    第三节　日本的应急文化流派与发展史 ··························· 111
    第四节　中国的应急文化流派与发展史 ··························· 126
    第五节　中国应急文化与其他国家的对比分析 ·················· 137

第四章　应急文化与交叉学科 ………………………………… 145
- 第一节　应急文化与应急救援 ………………………………… 145
- 第二节　应急文化与应急管理 ………………………………… 158
- 第三节　应急文化与应急传播 ………………………………… 168
- 第四节　应急文化与文学创作 ………………………………… 180
- 第五节　应急文化与美术创作 ………………………………… 194

第五章　应急志愿服务 ………………………………………… 208
- 第一节　应急志愿服务的特点 ………………………………… 208
- 第二节　应急志愿服务的类型 ………………………………… 218
- 第三节　应急志愿服务的案例 ………………………………… 225

第六章　应急文化宣传教育 …………………………………… 234
- 第一节　应急文化与法治教育 ………………………………… 234
- 第二节　应急文化与心理健康教育 …………………………… 245
- 第三节　应急文化与公共安全教育 …………………………… 255

第七章　灾难世界下的应急文化典型案例 …………………… 265
- 第一节　马航失踪事件的应急文化与舆情应对 ……………… 265
- 第二节　西班牙大流感的应急文化研究 ……………………… 282
- 第三节　美国"9·11"事件与现代应急体系的形成 ………… 292

第一章

绪 论

第一节 应急文化的概念

一、"应急"和"文化"的概念探讨

应急文化是一个新兴的概念,随着人们认知世界、了解自然的能力的不断提高,改善自然、干预灾难技术手段的进一步增强,应急行为所形成的文化现象也越来越普遍。因此对其研究的重要性也日益凸显。作为文化的组成部分之一,应急文化近些年逐渐受到关注。在业已形成的研究领域,专家们对于应急的主体达成了一致。在工业安全与公共安全领域,突发事件应急的主体是灾难;在生产安全与公共安全领域,应急的主体包括了各类突发事件。目前,对"应急"最基本的理解可以达成共识,即是对突发事件发生过程和事故发生后的应对,或者称之为在灾难发生事中、事后的响应和处置。随着人们与各类灾难和突发事件接触机会的增多和干预程度的加深,学者们的研究也在不断深入。尤其是 20 世纪 70 年代以来,现代安全应急管理理论有了快速的发展,其内涵和外延的丰富使现代应急管理体系进一步完善,研究和适用的范围也覆盖了突发事件预警期、突发期、善后期的全链条各个环节。在诸多研究的学者中,尤以美国危机管理专家罗伯特·希斯(Robrt Heath)的"应急管理 4R 模型理论"最为知名。他在《危机管理》一书中将应急干预划分成了缩减力(Reduction)、预备力(Readiness)、反应力(Response)、恢复力(Recovery),采用不同的手段在不同阶段减少危机情境的攻击力和影响力。

对于文化的概念,历来有多种阐释的角度。纵观前人的研究成果,大家划分的角度常以微观范围的个体和宏观范围的组织作为研究对象。以个体为出发点来考察,文化是一个综合作用的结果,是人的意识、观念、态度和行为范式的总和,是组织价值取向、目标愿景、行动准则、领导和执行能力的总和。如果我们把文化置于一个群体概念来理解,则可以看作是具有相同或相似行为背景的人们在一个时间段内创作出来的具有高度相似性的活动。当我们研究灾难应急的时候,应当重点理解广义文化概念与应急文化的结合,使灾难应急的思维方式和实践行为上升到一种文化。

应急文化在实际的应急救援工作中具有重要的作用,其是指"一致高度认同的风险科学认知,自觉践行的事故应对能力,完整系统的防控制度体系,时时处处的应急救援氛围等"。应急文化被认为是组织应急机制、应急模式、应急方案的根基和根本,是组织应急策略、措施、方案的准则、动力和导向。其侧重于文化学的广义文化概念与应急文化的结合,强调"应有的危险危机警觉意识,理性的事故灾害防范观念,内心的自我安全承诺,必备的突发事件应对素养"。[1]应急文化无论对于个体、政府还是组织,都是应对突发事件的主观能动性来源。通过研究应急文化对人行为的影响,优化人的应急意识和行为,达到预防灾害、减小损失的作用。

二、应急文化与安全文化

1986 年,针对切尔诺贝利事故,国际核安全咨询组(International Nuclear Safety Advisory Group, INSAG)首次提出了安全文化(Safety Culture)的概念。在 INSAG-1(后更新为 INSAG-7)报告中提到"苏联核安全体制存在重大的安全文化的问题。"到了 1991 年,国际原子能机构(International Atomic Energy Agency, IAEA)在出版的(INSAG-4)报告中首次提出了安全文化的定义,即安全文化是存在于单位和个人的种种素质和态度的总和。此后,国内外学者对安全文化的定义进行了深入的研究和探讨。安全文化自 1992 年在我国开始研究和实践,取得了丰富的理论和实践成果,特别是近些年开展的企业安全文化建设和评审,强化了企业安全文化建设和突出了示范作用,对于促进安全管理、减少事故和伤亡发挥了不可估量的作用。目前,关于安全文化的定义大致有"关系说""本体说""狭义说"和"广义说"4 种。王秉等在分析总结安全文化现有定义的共性与差异、归纳和提炼定义要素的基础上,将安全文化定义为"安全文化是人类在存在过程中为维护人类安全(包括健康)的生存和发展所创造出来的关于人与自然、人与社会、人与人之间各种关系的有形无形的安全成果。"[2]

安全文化相比较于应急文化而言,提出来的时间要早得多。经过数十年的发展,安全文化已经在安全生产、社区安全、公共安全、校园安全等领域有完整的理论体系和实践应用,对于大众而言,安全文化在生活中随处可及,并不陌生。应急文化是安全文化的子文化,厘清应急文化与安全文化的内在联系对于研究应急文化的演变和发展是十分必要的。在我们所熟识的安全文化概念中,安全文化包涵灾害文化、危机文化和应急文化。时间维度上,安全文化发展在先,应急文化发展在后;社会发展和空间维度上,安全保障能力相对应急能力较强,因此,民众阶段性重视或突出应急保障和应急文化是必要和正常的。但是,无论从公共安全、生产安全,甚至国家安全的角度,安全的根本、精髓、重心是事前预防,也就是应急的最高境界——无急可应。企业在实现安全生产的活动中,要事前预防,也要事中应急和事后整改,这就是所谓的"综合对策""系统措施"。[1]建设和普及安全文化,是最节约成本的安全措施。通过对安全意识的培养、预防观念的形成、防范理念的树立可以从源头杜绝隐患的发生。诚然,我们不能否定危险因素的客观性和复杂性,包括目前由于技术限制、经济能力的制约,所以有一些危险是我们没有办法保障和解决的。所以,安全是一个相对的概念,不存在绝对的安全,我们只是在尽最大的可能保障安全。应急包含了防患于未然和处理于紧急两种状态,很显然前者的成本更低、损失更小。因此,我们应当重视应急工作、应急文化建设,将其提到同安全文化建设一样的高度,让全民参与并持久地固化到内在的观念和外在的行动上,让应急文化和安全文化一样发展成熟,普惠大众。综上所述,应急文化是安全文化体系中的重要子文化,其横跨并包涵于公共安全文化、社区安全文化、公共卫生文化、企业工厂安全文化等领域。

三、应急文化和减灾文化

人们对于减灾文化概念的界定在理论界有比较广泛的共识。比较于安全文化的各种学说和观点,减灾文化都趋同于从意识、行为、观念等范畴进行定义。2011年6月24日,郑东在人民网理论频道发表《减灾文化视阈下人的发展》,他认为,"减灾文化是人类在预防灾害、在对灾害突袭的运筹抗争中认识运用自身的思维智慧和知识能力的一切活动。人在其自身的生活世界中以自己独特的方式改造着创造着减灾文化。人既是减灾文化的创造者又是减灾文化的创造物。"罗平飞在《加强防灾减灾文化建设,构建和谐安全文化氛围》中根据"文化"广义和狭义两个方面定义,将防灾减灾文化定义为"人类在防灾减灾活动中代代累积沉淀的习惯和信念,是防灾减灾活动中人们遵循的习惯方式、行为准则、道德规范、价值观念的体现"。中国地震局原副局长、地震专家何永年指出,防灾减灾文化是"一个群体对待灾害的思想、理念、态度、行为、习惯的总称"。减灾文化的内涵为人类在预防灾害、应对灾害的过程中,认识、运用自身的思维智慧和知识能力所创造的减灾精神文化和物质文化的总和。减灾文化的外延扩大到减灾意识理念、知识技能、习惯行为,其载体为减灾物质和制度,其主体有国家和大众,其建设途径为公益性减灾文化事业发展、减灾文化产业创建、减灾社会参与发展和减灾文化人才队伍建设等。[3]

"减灾文化"一词英语通常用"Culture of Disaster Reduction"表示,减灾文化明确地包含了人的因素,如预防、应对,以及对灾害的抗争。还有一个名词与减灾文化相近,那就是"安全文化",但安全文化所包含的内容显然要宽得多,我们也可以将减灾文化看成是安全文化的一部分。人类生活在地球上,时常面临着各种自然灾害和人为灾难。在与自然和人为伤害对抗的过程中,人类以自己独特的方式减少损失,创造减灾文化。在减灾文化中,人类大力发展科学为减灾文化打下了坚实基础,人类自身能力的提高是减灾文化的根本保障,人类的善良和道义是减灾文化能够发展的精神支柱,人类的生命发展是减灾文化的崇高使命。减灾文化归类于安全文化,安全文化的学科组成框架应该包括安全社会文化、安全基础文化、安全减灾文化、安全工程文化和安全教育文化五部分。其中,安全减灾文化将安全文化中专门针对自然灾害、人为灾害实施的巨大系统单独列出来研究。按照安全科学技术结构应包括灾害形成机理的研究、灾害的预防、减灾措施的探索和减灾安全意识的建设。

应急文化与安全文化、减灾文化是相互联系而又各自相对独立的文化领域。虽然从本质上都是为了保障人类生存和发展的安全,减少人类生命和财产的损失,在这一点上具有一致的共性。但同时,应急文化与安全文化、减灾文化涵盖的领域和侧重点是各不相同的。安全文化侧重于总体安全,包括政治安全、公共安全、健康安全等诸多抽象的意义和概念。应急文化侧重于自然灾害、安全生产等突发事件的应对,并针对这些突发事件给予预防和应急的处理,这些行为属于公共安全体系的一部分。减灾文化对于自然灾害方面的应对更有针对性,是对单一灾害的防、抗、救等,是应急文化的核心要素之一。基于以上的对比,应急文化在定位上应当属于安全文化和减灾文化的"中间层"。

四、应急文化的定义

文化是人类在社会历史发展过程中所创造的物质财富和精神财富的总和,是根据环境和历史的一种有意识的理性选择,其影响着人类的活动与思维方式。1871年英国文化人类学家爱德华·伯内特·泰勒(Edward Burnett Tylor)首次把文化作为一个整体提了出来,他将文化定义为"包括知识、信仰、艺术、法律、道德、风俗,以及作为一个社会成员所获得的能力与习惯的复杂整体"。因此,文化囊括了人类社会的一切现象,它无处不在,但又分门别类。基于这样的认知,体现在人们安全管理、突发事件应急的范畴内,就产生了应急文化。应急文化作为文化的一种,广义上包括一切与应对灾害及各类突发事件相关的人类行为观念、态度、心理、活动等方式,是人们在应急实践中形成的应急意识和价值观、应急行为规范,以及外化的行为表现等。灾难文化、灾害文化、灾害应急文化等概念也都属于应急文化的范畴。应急文化是应急(包括应对灾害事故或突发事件的事前预防、预备,事中响应、救援,事后恢复、重建)在意识形态领域和人们思想观念、行为方式等方面的综合反映,包括应急观念文化、应急行为文化、应急制度文化与应急物质文化等。或者说,应急文化是在长期的应急管理实践中不断创造的以防灾减灾救灾为目的且被社会广泛认同和遵循的应急思维观念、应急行为方式、应急法规制度、应急体制机制和应急物质保障的总和。[4]

目前阶段,研究应急文化的学者并不多,也缺乏系统的理论成果。要对应急文化进行定义,首先要明确"应急"的范畴。按照我国应急管理体制改革的新要求,应急不光指自然灾害或者安全生产事故后的应急救援行动,还应包括应急准备、应急处置、应急抢险、应急管理等防、抗、救各环节工作,也就是所谓的"大应急"。显而易见,与应急文化关系较为密切的是安全文化与减灾文化。[2]罗云老师是研究应急文化比较早的学者,他以遇到突发灾难后应急行动开展的时间顺序为切入点,将其定义为"人类应对灾害事故或突发事件所创造的事前预防、预备,事中响应、救援,事后恢复、重建的精神价值与物质价值的总和"。安纯毅等参照安全文化和减灾文化的概念和定义,分析应急文化与两者之间的共性和差异,尝试将应急文化定义为"人类在应对各类灾害事故的应急活动中所创造出来的各种应急意识、行为准则、道德规范、价值观念等的总和,其直接目标是提升全社会应急素质,其最终目标是增强人类抵御灾害事故的应急能力,其宏观目标是保障人类安全的生存和发展环境。"[2]这些定义,基本上比较全面地界定了应急文化的属性、特征和实现目标,为我们研究应急文化提供了重要的依托。

(盛 柏,同济大学)

参考文献

[1] 罗云.试论新时代应急文化体系建设[J].安全,2020,41(03).
[2] 安纯毅,王萍,姚新强.应急文化体系及建设路径初探[J].四川地震,2020(03).
[3] 祝明,徐璨.减灾文化探析[J].中国减灾,2013(03).
[4] 王秉.以先进的应急文化为引领[N].中国应急管理报,2019-12-21(007).

第二节 应急文化的起源与历史沿革

一、应急文化在国外的起源

应急文化是人类在应对各类灾害事故的应急活动中所创造出来的各种应急意识、行为准则、道德规范、价值观念等的总和。作为应急的直接行为,其集中体现在应急事件发生之后。但是作为一种文化思维,其全过程多角度地渗透在整个应急实践过程的始终。目前基于应急文化的研究,很多成果都来自发达国家。从国外看,应急文化(Emergency Culture)概念起源于灾害文化,日本、德国、美国、俄罗斯等国家是最早开展相关研究的国家,他们借鉴了很多已有理论比如安全氛围、风险文化、风险社会、安全文化等的概念和观点,逐步完善了应急文化的研究。国外对于灾害文化最早的研究,可以追溯到半个世纪之前的1964年。美国人哈里摩尔(Harry Moore)首次提出灾害文化(Disaster Culture)这一概念,他用灾害文化来表示处理重复发生的危险过程中形成的文化防卫集合,认为灾害文化是某一地区居民应对已经发生过或将来可能发生的灾害过程的判断,包括实在的、潜在的、社会的、心理上的及物质上的判断。之后也有很多学者在实证应用中对这一概念进行了理论上的改进和应用。[1]

应急文化研究源于灾害文化研究，但是在应急文化理论还没有成型之前，应急文化实践就已经开始出现，并逐渐向着体系化的方向完善和发展。美国是开展应急文化研究最早的国家之一，以其建设分期为例来看一下应急文化的发展过程。

1. 初期：民防应战与救灾并存

这个时期大概从一战结束前一直持续到20世纪40年代。1916年，当时还处于一战期间，美国以颁布《美国军队拨款法案》为契机，成立了国防理事会，着重分管和负责与国防相关的民用应急事务。1933年，经济危机的大背景下遭遇自然洪涝灾害，罗斯福政府主导成立了国家应急管理委员会，为了有效治理洪水还成立了田纳西流域管理局。政府的职能部门完善之后，于1934年颁布《洪水控制法》。为了更好地服务于战事，美国联邦政府1939年将国家应急管理委员会重组，改名为应急管理办公室，其主要服务于二战期间的生产及安全保卫工作。两年之后，民防办公室与应急管理办公室联合办公，将军用应急与民用救灾结合起来，使有限的资源多重使用，提高了效率，同时也为后来美国赢得反法西斯战胜的胜利提供了坚实的基础和保障。

2. 中期：应急策略以民防应战为主

这是冷战前期的应急文化特征。时间从20世纪40年代末直到20世纪60年代。1949年，苏联第一颗原子弹成功爆炸。这给美国带来强烈的威胁，美国不再是世界上唯一一个掌握核武器的国家了。为了争夺世界的霸主地位，作为当时世界上仅有的两个超级大国，它们开始了对峙局面，并且持续了半个多世纪。美国的民防规模继续扩大，民防应战成为这个时期的重要核心决策。

3. 发展时期：综合性应急管理的提出

到了20世纪70至80年代，随着冷战的结束，美国政府的应急政策进一步调整，从军事向民用转变，并对应急干预的各个步骤进行了细分。美国联邦应急管理署（FEMA）在1979年成立，提出了"综合性应急管理"理念，包含两个重要的观点：第一，应急管理主体和对象的综合性，横向协调各下属机构（联邦、州、地方政府）以应对多种类型灾害，应急管理对象由单灾种向多灾种转变。第二，应急管理过程的综合性，纵向上囊括减缓、准备、响应与恢复四个阶段，强调事前预防、事发预警、事中处置、事后恢复等事项。

4. 多元参与和救灾为主

冷战结束后,美国政府的应急战略重点不再聚集在军事方面,而是已经完成了向民用的转变。特别是从20世纪90年代开始,随着克林顿当选美国总统,任命詹姆斯·李·维特为FEMA的主任,后者旋即开始了一系列的改革。公共治理理论得到了深入发展,并被詹姆斯·李·维特应用到美国应急管理的实践之中。大刀阔斧的改革使商业部门也被纳入FEMA的伙伴关系网络中,为应急管理提高了效率,增加了动力。

5. 全风险管理时期

21世纪以来,美国社会的政治、经济都发生了变化。2001年震惊世界的"9·11"事件是一个巨大的转折点,从此以后美国的应急管理开始加入了应对恐怖袭击的内容,2001年10月美国出台了《反恐怖主义法》。两年后成立的国土安全部将FEMA纳入可以行使管辖权的范围。美国在全世界范围内针对民族、宗教组织的打击使自己成为恐怖主义分子报复的目标,在应急管理的应对方面,反恐也是头等大事。除此之外,美国境内的自然灾害也时刻考验着应急管理体系,2005年造成了多人丧生的卡特里娜飓风,很大程度上是因为美国的施救准备和措施不充分造成的。因此,在一个长远的时期内,反恐和救灾仍然会是美国应急文化建设的重点。

除了美国之外,世界上的很多发达国家也都开展了应急文化和管理的研究与探索。作为一个自然灾害多发的国家,日本学者对于灾害文化和应急文化的研究有着紧迫的要求,针对近海地震灾害带来的损失和治理的诉求,日本学者也发展了"灾害文化"这一理念。他们更注重从精神层面来理解,认为灾害文化的理念是通过灾害与人、与社会灾害事件中人与人之间、人与自然界关系的调整与平衡形成新的关系并启迪、教化天下,使人对灾害理解逐渐全面深刻的一种文化,是对于灾害的认识和实践经验的精神成果。同样是关于灾害文化的观点,日本学者所提出的概念注重文化的精神层面,而美国学者提出的概念则既包含思维层面,也包含行为层面。

针对应急文化的研究,国外学者先后从人类学、组织学、社会学、性别学、灾害管理学等层面进行探索,提出灾害认知文化、地方性知识、应急种族文化、应急性别文化、应急组织文化、社区应急文化、灾害应急文化心理、应急响应文化等理念。[2] 2010年,美国学者提出了应急安全文化共享参考框架,这在很大程度上激励了预防性的工作探索。有的学者还认为,对于居住地区的选择和建造,也可以建立在对灾害的认知的基础上。建构减灾社区是防御灾难的重要途径,同时也可以推动全民参与应急文化的管理,让普通民众都感受并参与到应急管理体系中来。英国的应急管理强调应急文化建设,日本民众和政府提倡灾难预防,全民参与灾难反应体系。

综上可见,国外应急文化研究源于20世纪五六十年代,各门学科介入较深,研究相对成熟;相比之下,国内应急文化研究起步较晚,且多在应急(行政)管理或灾害科学层面展开探讨,还没有深入到社会学、人类学等社会科学和相关自然科学领域,理论体系与实践应用均处于初步探索阶段。

二、应急文化在国内的发展

国内学者对于应急文化有了一些研究,但无论是实践还是理论方面的研究起步都比较晚。首先来看中国应急管理的发展历程。

1. 中华人民共和国成立至2003年:分部门、单灾种的应急管理模式

我国是一个自然灾害多发的国家,自古以来就有与灾害抗争的记录。无论是神话传说还是地志史料,都给后人留下了很多抗灾救灾的经验。但是这些治理的方法都还停留在单一的应对模式,没有建立起可以互动、借鉴的制度化系统。1949年中华人民共和国成立后我们国家应急管理的组织机构是按照不同的灾种单独设置的,如民政部门、国家地震局、卫生部等。这些机构承担各自灾害应对的职责,履行抗灾救灾的义务,但各个部门之间往往没有调度配合,缺乏沟通协作。

2. 2003—2013年:应急管理体系的形成和初期发展

2003年"非典"暴发,部分地区疫情极为严重。按照新中国成立以来的单一灾种应急救援的方式应对,初期效果甚微。分部门的组织构架大大延误了应急反应速度,资源未得到合理运用。面对"非典",我国固有的应急体系受到了严峻的挑战。我国政府面对问题及时调整,从国情现实出发,提出了"一案三制"的处理构想。应急管理体系的建设由此全面起步。《突发事件应对法》在2007年颁布,是我国应急管理法律体系基本建成的标志。

有了法律支撑之后,我国的应急管理有了快速的发展。一边完善制度化的建设,一边在实际的灾害治理中不断吸取教训、总结经验。应急管理也从事发之后的应对逐渐向应急预案的提前充分准备上扩展。2008年伊始的南方大雪,给国内的公共交通造成了极大的破坏。铁路、公路交通停滞堵塞,影响了众多人的

出行、生活和生产。这次雪灾促使交通运输部主持修订了《公路交通突发事件应急预案》。同年的汶川大地震让我们再一次审视深化建设应急管理体系的重要性，而应急预案的制订和完善将在很大程度上为应急管理赢得时间和效率。从此以后应急管理体制逐步从传统的分部门、单灾种的应急管理模式转变为多部门、综合协作、预案响应的应急管理模式。

3. 2013年至今：综合应急管理能力提升

十八届三中全会提出全面深化改革的总目标是完善和发展中国特色社会主义，推进国家治理体系和治理能力现代化。这从决策的高度将我国应急管理的要求与国家治理的宏观目标结合起来。将培育多元主体意识作为应急文化建设的重要组成部分，建立健全社会参与机制，使应急管理观念深入人心。加强综合应急能力建设，实现应急治理能力和治理体系的现代化。加强对突发事件的预防与应急准备，秉持源头治理理念和动态治理模式，防患于未然。

从2003年开始，经过了近20年的实践探索，我国在处理突发性事件的过程中积累了经验。这些从实践中得来的经验和教训，不断地为以后的决策制定提供借鉴和参考。与此同时，关于应急文化领域的理论研究也开始出现，由于起步较晚，探索的速度还比较慢。通过知网文献检索来看，以"应急文化"为主题词搜索，我国最早的应急文化研究论文发表于2006年。直到10年后，年平均的发表数量也才10篇左右。数量不多，但是研究所涉猎的范围还是比较广泛的。比如对于国外应急文化的介绍和借鉴、对于应急文化概念的界定和体系框架的探讨、应急文化的普及和机制建设、具体实践的应急文化功能与应用，还有的是关于应急准备或响应智慧文化分类建设。有学者认为，应急文化包括应急物质文化、应急精神文化、应急制度文化和应急行为文化，并从这四个方面着手提出应急文化建设的意见。[3]也有学者将中外灾害应急文化进行过对比研究，常以地缘接近的日本为例，分析其灾害文化特点及形成原因，并结合我国灾害文化现状进行对比。

2018年3月，经第十三届全国人民代表大会第一次会议批准，应急管理部正式成立，主要负责防范和化解重特大安全风险，健全公共安全体系，建成中国特色应急管理体制。应急管理部成立后应急管理组织体系初步形成，应急文化得到了新的发展契机。2018年4月16日，中华人民共和国应急管理部挂牌成立，标志着我国应急管理事业迈出了重要一步。从长远角度来说，提升国家整体应急能力，并非组建一个部门、一支队伍就可以高枕无忧，面对我国当前严峻复杂的生活生产环境和各类灾害事故,建立一套符合国情、科学完备的应急文化体系,对于提升国家整体应急管理能力,增强全民应急意识,更好地应对突发事件具有重要意义。随即,各级政府建立应急管理机构。北京市作为国际化大都市,经常性举办国际赛事和组织活动,城市社区应急管理的难度很大。北京市一方面建立完善的应急管理体系,在法律法规层面设置底线和要求;另一方面注重激发群众主观能动性,培育群众应急文化意识,动员社会力量广泛参与。同时加强对危害事件的预警和预报,形成应急文化氛围。杭州是国内数字经济较发达的城市之一,在应急文化体系建设上充分发挥大数据优势,通过数字技术解决应急文化在多环节中交互不畅的问题,建立统一的数字化指挥平台,统一调度应急人员和物资,实现应急宣传教育和演练的快速传播。实现横向贯通、纵向比较、在线监测和智能预警,汇集多部门灾害实时数据,接入视频监控 8.2 万余个、水雨监测站点 2 275 个、物资储备库 17 座、物资装备 9.8 万余套、避灾点 2 295 个、应急救援队伍 216 支,形成全市防汛防台"一张图"。[3]

三、应急文化的研究现状

现阶段,我国对于应急文化的建设和研究处于起步阶段,应急文化建设水平较低,全民的应急意识和素质(特别是防灾减灾救灾意识)还亟待提高。全社会对于应急管理和应对的观念不够普及,应急文化建设与人民群众对安全发展的迫切希望、与不断发展的应急管理形势和要求相比存在较大差距。总体来看,应急文化建设与我国应急管理形势发展的要求不相适应。主要原因有以下几点。

(1) 缺乏专门从事应急文化建设和基础理论研究的人才。这导致了目前的应急文化建设是在灾害救援的实践基础上积累经验,而没有理论指导和方法依据。虽然应急文化存在已久,且应急文化相关元素在过去的安全文化、灾难文化中都或多或少有所涉及,但应急文化作为一个独立的专业术语或一个专门的学术概念,无论在国内还是国外,都是一个全新的研究领域。虽然近几年我国应急管理专家开始关注应急文化的相关研究,但已经完成的应急文化建设的研究成果在数量上并不多。我国针对应急文化建设开展了一些初步探索性研究与实践工作,但绝大多数工作都还是停留在初步尝试探索的阶段和层面,甚至对应急文化的定义、内涵、特点、价值、建设方向与发展路径等基础性问题都没有达成普遍共识,更没有总结出富有成效的应急文化建设实践经验和可供推广的制度体系。

(2) 在宏观和整体上,我国的应急文化建设缺乏规划的整体性。应急文化的建设目前是单一的、局部的,缺乏全方位立体化的规划和建设。因此在确定目标、发展方向等宏观规划上就缺乏明确性。对于应急文化的内涵和外延界定得不够充分和清晰,在我国目前的发展阶段,应急文化的建设与管理应该与国家的实际需求和宏观战略目标相一致。建设应急文化也应该与时代紧密贴合,顺应时代形势的变化和发展。

(3) 应急文化建设不仅要注重应急技巧的开发,还应该注重应急意识的培养。过去我们注重应急的技术和技巧,缺乏对灾前应急防灾意识的培养。对于应急文化的宣传和普及工作尚有很大的开发空间。一方面我们有悠久的历史和抗击灾害的经验,可以古为今用做好应急意识的建设和应急知识的科普工作。另一方面,应急文化是文化的重要组成部分,具有中国特色的应急文化是我国文化不可或缺的组成部分,建设具有中国特色的应急文化是坚持文化自信的基本要求、直接体现和实际行动。要建设具有中国鲜明特色的应急文化,必须深刻把握我国应急文化的内在逻辑,积极推进应急文化在传承中创新、在借鉴中超越、在交汇中引领。由于研究我国应急文化的发展过程与建设现状的目的是深刻把握我国应急文化建设的内在逻辑,研究我国传统应急文化的目的是正确对待并加以吸收和融合,因此,这两方面工作对建设具有中国特色的应急文化至关重要。但是,目前上述研究工作缺乏,严重阻碍了具有中国特色的应急文化建设。[4]

我国的社会经济发展稳定,"十四五"规划又为未来几年的发展制定了目标和规划。应急管理事业借助国家宏观发展的契机,也将迎来繁荣的时期。作为应急文化发展的相关部门,应该抓住机遇和挑战,总结经验与教训,做好应急文化和应急管理的推动工作,让应急文化的建设与国家发展的需要和人民生活的需要紧密结合。

(盛 柏,同济大学)

参考文献

[1] 汪云,迟菲,陈安.中外灾害应急文化差异分析[J].灾害学,2016,31(01).
[2] 颜烨.新时代应急文化建设的社会系统论思考[J].未来与发展,2021,45(02).

[3] 廉文慧.社会转型期城市社区应急文化体系的构建探析[J].就业与保障,2020(07).
[4] 王秉.以先进的应急文化为引领[N].中国应急管理报,2019-12-21(007).

第三节 应急文化的内涵与学科体系

一、应急文化的内涵

应急文化是在突发问题解决过程中,形成的庞大的、丰富的、动态的、发展的意识形态层面的认知和物质、行为、技术等具体形态的总和。是民众在突发事件事前、事中、事后等阶段表现出来的应急意识、应急心理、应急价值观,以及应急行为实践的综合反映。[1]应急文化的内涵包括了以下几个方面的内容。

(一)应急文化的主体

应急文化的主体是人类本身。一方面人类是应急文化的创造者,另一方面人类也是应急文化的受益者。因此,应急文化的主体必然也是人类。安纯毅在《应急文化体系及建设路径初探》中将应急文化的主体分为政府和公众两个群体。提出在政府层面,具体指各级政府和相关单位部门及其工作人员的应急文化,主要体现在政府应急领域公共管理和社会服务的行为,本文称之为"应急管理文化"。在公众层面,具体指社会公众、社会团体和社会组织的应急文化,主要体现为在面对灾害事故时的应急反应,以及日常的应急意识、行为准则、道德规范和价值观念等,本文称之为"公众应急文化"。无论是哪个层面,主体都是人本身。

(二)应急文化的主要内容

研究文化理论的时候我们经常运用分层理论来阐述其本质。应急文化作为文化的一个组成部分,也可以用文化的分层理论来解读。安纯毅老师将应急文化分成四个部分来解读,包括应急意识、行为准则、道德规范和价值观念。

1. 应急意识

在应急管理文化中,主要体现为对应急管理工作的重视程度和警觉程度,包括对应急管理工作的组织领导、投入保障力度、人员配备等。在公众应急文化中,主要体现在对应急基础知识和应急急救技能的掌握程度、对应急风险的感知能力,以及对应急管理工作的参与程度等。应急意识是应急文化的基础,其最终目标是实现应急文化自觉。[1]

2. 应急行为准则

应急行为准则体现为公众在应急活动、应急准备和政府在应急管理工作中所展现的具体行为，是在长期的应急实践过程中所积累的成果。人类的应急行为很大程度上受其应急意识水平的影响，因此个体不同，其行为表现也存在着巨大的差异。因此，需要通过制定法律法规、完善规章制度、健全标准化体系来对个体行为进行引导和规范。

3. 应急道德规范

应急道德规范作为应急文化的伦理基础，主要是指在应急行动中，政府和公众分别应承担的责任、义务，以及违反应急道德责任应承担的后果等。

4. 应急价值观念

应急价值观念主要是指基于人类情感、认知、伦理、道德、良心等基本价值观前提下，对于应急本质的是非、善恶、公私等方面所形成的主观判断在应急观念和应急态度上的体现。

（三）应急文化建设的目标体系

1. 直接目标

应急文化建设的直接目标在个人层面，是为了使每个人都有应急思维，提升全社会的应急素质，加强全民的应急意识，提高应急自救互救和逃生能力。在政府层面，提升政府应急管理的能力，包括依法行使管理职责、确立预警预案制度、协同多个职能部门高效工作、正确引导社会力量参与应急救援等目标。

2. 最终目标

应急文化建设的最终目标是增强人类抵御自然灾害和人为事故等突发事件的应急能力，保障人类安全的生存和发展空间。灾害事故是影响人类安全、延缓甚至阻碍人类社会发展的重要因素。应急文化作为安全文化乃至人类文化的重要组成部分，其宏观目标就是为了保障人民生命财产安全和经济社会发展，也就是保障人类生存和发展的安全。

二、应急文化的学科体系建设

（一）应急文化学科体系建设的必要性

1. 人是应急管理的第一要素

在应急管理中，起着决定性作用的是人。人既是应急文化的直接创造者，也是应急文化的作用对象,因此通过加强应急文化建设来提升人的应急素养对后续在应急对应过程中提高效率具有重要作用。优秀、先进的应急文化一旦被人民群众所掌握,就会变成改革和推动应急管理事业发展的巨大力量。文化的潜移默化,可以改变人们的观念和方法,最终为国家与社会、组织与企业、社区与家庭、个人与群体提供应对突发事件的思想引导、精神动力、智力支持、策略引导、方法和技术保障。因此从这个意义上讲,应该研究应急文化、建设应急文化、繁荣应急文化。

2. 贯彻国家方针和执行国家政策

党的十八大以来,以习近平同志为核心的党中央越来越从文化的视角关注安全,我们的政策方针、现实实践中的文化因素越来越多。伴随我国经济社会的快速发展,涉及公共安全多个领域的危险因素频现,突发事件呈多发高发态势。加强安全宣传教育,倡导和培育应急文化,既是贯彻落实党的十八大以来党中央和习近平同志一系列精神要求的具体行动,更是在面对自然灾害、事故灾难、公共卫生、社会安全等公共安全领域一系列问题时快速、有效地应对处置的重要保障。[2]2019 年 10 月,党的十九届四中全会就推进国家治理体系和治理能力做出了顶层设计,将应急管理工作作为国家公共安全的重要组成部分,要求"健全公共安全体制机制,优化国家应急管理能力体系建设,提高防灾减灾救灾能力"。同年 11 月,习近平总书记在中央政治局第十九次集体学习时,又再次对推进应急管理能力现代化提出了具体要求,强调"应急管理是国家治理体系和治理能力的重要组成部分",要"加强应急管理学科建设""普及安全知识,培育安全文化"。

3. 加强应急文化建设和提高应急管理能力

应急文化是应急管理体系的重要组成部分。目前我国应急管理学科仍处于起步发展阶段,而我国的自然灾害、事故灾难、公共卫生事件、社会安全事件等问题与矛盾日益凸显,这决定了应急管理工作必须着眼于快速有效地解决当下棘手问题。然而,应急管理工作不仅是技术和管理层面的问题,其实际效果也同政府管理者和普通民众的应急意识、价值观、文化思维模式有着密切联系。我国政府的危机意识、民众的应急意识仍相对薄弱。从一些突发事件发生前后政府的应急管理水平和民众的预防、自救意识等方面不难看出这一点。建设现代应急文化需要从传统应急思想中汲取智慧。因此,现代应急文化应建立在中国国情、民族性格和文化共识的基础之上,充分借鉴传统应急思想和智慧。唯其如此,才能更好地把握民众的心理、思维、行为,建立起现代应急文化,进而应用于现代应急管理工作实践,服务于公共安全事业。

(二) 应急文化学科体系建设

学科体系是指某一学科的知识体系。包含基础学科内容及更高层次的学科知识。构建一个学科体系,第一,要对该学科有正确的认识。要建立应急文化学的学科体系,就要对文化和应急文化有充分的了解。在建立应急文化学体系的时候,应该明确界定其定义、定位和概念,只有这样才能对学科有准确的判断,才能为学科体系的设计打好基础。第二,要全面考量应急文化和与之相关的其他文化之间的关系问题。应急文化不是一个孤立存在的现象,在其发展过程中,虽然有自己的发展脉络,但仍然接受了不同文化形态的渗透和影响。不仅与业已存在的诸多文化分支有着千丝万缕的联系,而且在应急文化持续发展的过程中,势必还会与传统的、历史的、民族的文化分支建立密切的联系。应该明确,应急文化是一门跨专业的学科,其与安全文化、减灾文化、消防文化也有部分借鉴和传承。只有理顺了应急文化与其他文化的关系,才能将应急文化学科建立起来,并在传承中不断发展,在实践中继续完善。第三,应急文化学的学科体系构成是科学的、全面的,包含了应急文化学理论、应急文化的基础科学与应急文化的应用科学三个不同层次的知识架构,应急文化学基础研究的内容包括应急文化定义、概念、内涵、范畴等发展应急文化的基础性问题;应急文化的研究内容包括文化学理论、应急文化与其他文化的关系、应急文化与其他学科的关系,以及应急文化一般性理论等;应急文化的建设理论内容包括应急文化的建设模式、应急文化的载体、构建应急文化的理论等。钱洪伟,陈梦月在《应急文化体系建设理论与实践探索》中将应急文化科学的体系内容作了全面的梳理,他们将应急文化科学的体系内容分成四个部分,如图1-1。

应急文化科学体系			
第一部分	应急文化学理论:	应急文化学基础,应急文化的研究理论,应急文化的建设理论	
第二部分 应急文化的理论基础学科	应急观念文化范畴:	应急哲学,应急伦理学,应急科学原理,应急文化史学	
	应急行为文化范畴:	应急行为科学,应急心理学,应急人机学	
第三部分 应急文化的应用理论学科	应急行为文化范畴:	应急文学艺术,应急行为模式	
	应急管理文化范畴:	应急文化管理模式,应急法制文化,应急管理体系	
	应急物态文化范畴:	应急人机工程,应急系统工程	
第四部分 应急文化的应用技术学科	应急行为文化范畴:	应急教育培训方法,应急宣传方法	
	应急管理文化范畴:	应急政策激励,应急经济激励,应急人文管理	
	安全物态文化范畴:	应急形象工程,应急标志工程,应急信息传播	

图1-1 应急文化科学体系

应急文化理论部分主要是针对应急科学与工程教育体系基础研究、应急文化教育体系基础研究、应急文化方法论基础研究、应急文化传播基础研究。应急文化实践部分主要是针对常见典型灾难求生教育基础研究、应急体验场馆（训练基地）建设基础研究、应急文化人才培育定位与培养策略基础研究、应急文化资源共享信息平台基础研究。将文化理论用于实践，去解决应急工作中的问题，借助共享信息平台的搭建，有利于建设智慧城市应急文化的传播与教育。[3]在没有建立应急文化学科体系之前，国内对于应急文化的研究，主要着力于两个方向。有些学者聚焦于应急文化理论研究的领域，通过文化学的视角把应急文化分成表面层、中间层和核心层；或者将文化层次理论引入应急文化的研究，将其分成潜在假设层、价值观层和表现层。另外还有一些研究者意识到了应急文化体系构建的重要性，提出应从应急知识、应急意识和应急行为三个切入点对社区应急文化体系的构建提供引导，并逐渐扩展到物质文化、技术文化、行为文化、制度文化和精神文化等五个层次的建设。

（三）国内外应急文化体系建设异同比较及经验借鉴

1. 中美应急管理发展历程的比较

（1）相同点

中国和美国的国情不同，应急管理的诞生和演变也存在着巨大的差异。但回溯两国应急文化的发展，仍然有一些相同之处。首先，从管理模式上看，两国的应急管理模式都是从单一灾种、部门性分头管理逐渐走向多灾种、综合性的管理。其次，应急管理和应急文化建设都是外因的推动，在面临重大困境下不断改进和完善的制度化、体系化建设。每一次遇到重大灾害，都会成为应急管理的经验来源和制定应急文化建设的依据。第三，对于未来很长一段时间内的应急文化发展趋势，也都会加强核心应急能力建设，包括技术创新、理念营造，最终达到多元社会协同治理的目标。

（2）不同点

① 应急管理机制与预案演变的过程不同

在美国，应急管理机制的演变是伴随着应急管理预案的调整与完善而不断改进的，二者相互作用，经历了一个清晰的、自下而上的纵向发展过程。每一次应急管理机制完善和确立，都伴随着相关预案的公布：1992年，作为美国联邦层级应急管理机制产生的标志的《联邦应急预案》出台；2004年从联邦到地方全覆盖的应急管理机制的建立以《联邦应急预案》上升为《国家应急预案》为标志;2008年全国应急管理机制的建成与完善,仍然是以国土安全部将《国家应急预案》扩展为《国家应急框架》为标志。与美国不同,我国的应急管理机制与预案建设是一个自上而下推动的过程,且应急管理机制缺乏相配套的应急预案的支撑。

② 应急管理体系演变的驱动力不同

我国应急管理体系建立之初是自上而下的决策传达。党中央、国务院制定宏观政策,进行框架设计,再逐层下达执行。2003年"非典"事件之后,国务院给予了预案政策极大的重视和权限,出台了《国家突发事件总体应急预案》。2005年12月,我国首个应急管理的综合性协调机构——国务院应急管理办公室设立了。作为一个专门的应急协调机构,它的出现解决了以往应急管理机构条块分割、各自为政、协调不畅的问题,为后续我国应急预案制度的推行和多部门协同合作的应急救援模式打下了坚实的基础。2007年《突发事件应对法》颁布,这是我国首部应急管理的综合性法律,明确规定"国家建立统一领导、综合协调、分类管理、分级负责、属地管理为主的应急管理体制。"党的十八大提出要加强公共安全体系建设,十八届四中全会提出了加强公共安全立法、推进公共安全法治化的要求。

美国应急管理体系的每一次变革都是由相应的法制驱动的。先有相应的法律法规,然后基于法案要求改革体制机制,最终形成程序化、可操作的国家应急预案。例如1950年颁布《联邦民防法》随后成立的国防动员办公室;1988年修订《罗伯特·斯塔夫德灾害救济和紧急援助法》,用其指导联邦应急管理署进行改革并于1992年形成《联邦应急预案》;2002年出台了《国土安全法》后成立国土安全部,2004年将《联邦响应预案》上升为《国家响应预案》。2008年最终将《国家应急预案》拓展为主题覆盖范围更为广阔的《国家响应框架》。

2. 美国应急管理发展历程变迁对中国的启示

(1) 构建全国和地方的应急预案体系

应急预案指面对突发事件如自然灾害、重特大事故、环境公害及人为破坏的应急管理、指挥、救援计划等。在全国范围内建立应急预案体系,根据应急事件发生的规模,触发预案响应。这样可以在关键时刻反应迅速,最大程度减少损失。与此同时,将应急预案纳入国家宏观发展的战略目标,覆盖范围从各级政府机构扩大到非政府组织、商业部门等,并对全国上下各部门、各层级应急管理的职能进行详细的规定和部署。

（2）完善应急管理体制机制建设

在我国的应急管理体制下，简政放权，将权力更多地下放给地方政府，坚持属地管理原则，确保地方政府应急救灾的独立性和自主性。同时建立政府支持地方主管的应急管理体制，积极接纳社会力量参与应急管理，完善多元主体间协同进行应急治理的合作伙伴关系；同时，建立规范化的社会参与机制和信息沟通机制，拓宽参与渠道。

（3）健全应急管理法律体系

建立应急管理法律相关的法律法规，建立综合性的应急管理法律法规和政策措施体系，为提高应急管理能力、完善应急管理体系提供健全的法律保障。长期以来的"一事一法"的立法模式已经不能满足目前的应急管理需要，法律的整合力不够大大降低了应急管理的应对能力和效率。因此需要建立健全的应急管理法律体系，为应急管理保驾护航。

虽然美国应急管理发展历史悠久，体系完善，对我国应急管理体系的建设与发展具有重要的启示意义。但毕竟两国国情不同，不能完全照搬美国的应急管理发展经验，应积极借鉴美国应急管理中有益于我国的成分，并结合我国实际形成有中国特色的应急管理体系。[4]

（盛 柏，同济大学）

参考文献

[1] 安纯毅,王萍,姚新强.应急文化体系及建设路径初探[J].四川地震,2020(03).
[2] 卢冀峰,张景华,钟瑛.基于习近平安全思想与应急文化建设的思考[J].产业与科技论坛,2017,16(05).
[3] 钱洪伟,陈梦月.应急文化体系建设理论与实践探索[J].中国消防,2019(05).
[4] 许甜甜.中美应急管理发展历程的比较及其对我国的启示[J].科技经济导刊,2018,26(04).

第二章

应急文化的价值与意义

第一节 应急文化的特征

一、应急文化的外在组织特征(外在表象特征)

(一)应急文化的预防性特征

现代社会背景下的应急文化是一种预防文化。贯穿于危机的整个生命周期,是包括人类在应对危机事件发生前的预防准备,危机发生时的响应救灾和危机结束后的恢复重建在内的所有物质财富、精神财富和制度文化的总和。其中,对危机事件发生前的预防准备是应急文化的重点。[1]应急文化是现代社会中对危机事件的思想、态度和行为的综合体现,其最终目的是让人们尽可能地避免和抵制风险的发生。

应急文化的预防性特征主要体现在以下几个方面。

其一,应急文化的预防性体现在对未知风险的预防中。应急文化,顾名思义,是指应对突然发生的、需要紧急处理的事件的文化。然而,由于这种突然发生的灾害存在不确定性的特征,其发生的时间、地点、规模、频率等常常是不可预测的。为了有效应对这些具有不确定性的紧急事件,应急文化要求人们时刻做好面对突发事件的准备,其具体体现是培养人们预防灾害事件的意识,提高抵御灾害事故的应急能力。

其二,应急文化的预防性质还体现在对已知风险的预防上。随着科学技术的不断发展,人类具备了一定的主动抑制风险发生的能力。特别是一些人为因素为主要原因的风险,如环境风险和食品安全风险等。面对这类风险,应急文化的预防性原则体现在对潜在损害的警惕性上,并通过人为手段在根源上阻止危机事件的发生。

(二)应急文化的风险性特征

风险已经成为现代社会的重要特征,正如乌尔里希·贝克在《风险社会》中描述的,"风险社会是一个灾难社会。在其中,异常的情况有成为屡见不鲜情况的危险。"[2]随着工业社会的到来,人们所需要面对的危机不再局限于由自然原因导致的地震、台风等灾害型风险,还要面临环境污染、核泄漏危机等人为制造的风险。不仅如此,随着全球化的不断发展,一些危机事件也呈现出跨越国界的全球化特征,环境污染、传染性疾病等风险已经超越了传统民族国家的地区界限,构成区域性威胁甚至全球风险。这使得人类将长久地暴露在充斥着不确定性的风险性社会中。

应急文化正是在风险社会背景下孕育而成的一种文化,其风险性特征主要体现在以下几个方面。

第一,随着风险社会的到来,应急文化的建设和发展具有一定的必然性和紧迫性。风险社会的到来预示着人与传统社会的告别。无处不在的现代风险使人类不再遵循听天由命的人生观,而是积极寻求降低风险与不确定性的方法。应急文化正是风险社会中人们在应对各类风险事件时不断总结所得出的经验文化。

第二,应急文化和风险社会相辅相成。应急文化是随着风险社会的发展而不断发展的。人们在应对风险事件的过程中形成了各色各样的应急文化。反过来,应急文化又影响着人们对风险的理念认知和对风险防范的实践行为。

(三)应急文化的规范性特征

应急文化是一种规范化的文化。面对突发危机,人们容易产生焦虑、急躁心理,并因此引发各种偏激和非理性应对行为。如果盲目展开救援工作,往往会造成现场混乱甚至失控的现象,与理想状态背道而驰。在这种情况下,应急文化的规范性是确保各项应急救援活动速度和质量的重要保证。

应急文化的规范性特征主要体现在以下两个方面。

其一,应急文化的规范性特征体现在应急救援活动中的职责明确化。突发事件下的应急救援往往具有时间紧迫性、人员复杂性和情景高度不确定性等特征。如果缺乏组织协调的规范性意识,任由群众自行组织救援,往往会造成救援场面的盲目性和混乱性[3],从而降低应急救援的效率。只有做到各司其职,才能实现各尽其责,应急文化的规范性特征要求参与应急救援的各部门明确自己的职责,组织有序地展开应急救援工作。

其二,应急文化的规范性特征体现在应急措施的规范化中。只有采取正确有效的应急措施,才能达到预期的效果。比如对于心肺复苏法的运用,其使用前提、心脏按压手法、按压频率、按压和人工呼吸的比例都有着严格的规范。[4]救援行为的不规范不仅会降低救援效果,甚至会导致继发性损害和其他不良后果。应急措施的规范化是实现预期救助效果的重要保障,也是避免"心有余而力不足"和"好心办坏事"等情况发生的重要前提。

(四)应急文化的常态化特征

受到全球化、风险社会和非传统安全等因素的影响,危机的常态化趋势已经日趋明显,相应的,为预防危机发生并有效应对紧急事件的应急文化也应具备常态化特征。

应急文化的常态化,对于普通民众而言就是将应急意识融入日常生活,将应对风险的可能性视为常态,并将其培养成习惯的日常文化[5],使其成为日常生活中的一种自律意识。

应急文化的常态化,对于政府等管理部门和社区等服务机构来说,就是要把危机管理纳入日常工作中,随时做好应对风险的准备,同时,将对风险的被动应对模式转变为日常预防模式,在日常工作中实现对各类风险的识别和监测,排除风险隐患,预防风险的发生。[6]

(五)应急文化的普及性特征

应急文化是一种普及性文化,具有很强的普及性特征。首先,随着风险社会的到来,人类将长期和风险共存,风险以一种"风险共担"的形式表现出来,在风险事件中,任何个体都难以逃避其带来的各类影响。应急文化包含的对待危机的意识和能力,是社会成员最基本的危机应对素质的体现,也是现代风险社会中,人的社会生活的一种基本需要,与大众的根本利益息息相关,所有地区、种族、性别、民族和贫富程度的公民都有接受应急文化教育的权利。

相应地,所有公民也都有学习并掌握一定的应急文化的义务。应急管理体系建设不仅需培养专业的救援人员,更需要提高每一个公民的风险应对素质,使得社会成员人人具备和掌握与风险社会相适应的文化、科学知识和应急操作方法。

二、应急文化的行为应对特征

(一) 应急文化的协同性特征

应急文化在行为应对特征上有着很强的协同性需求,应急文化本质上是一种协同文化,其协同性特征主要体现在以下几个方面。

其一,应急文化是各部门协同运作的文化,是最大限度地发挥各应急力量协同优势的文化。在危机发生时,通过合理的组织结构及有效的分工合作,形成一种大于个体分力之和的整体合力,从而为危机的应对提供高效有序的保障,这也正是应急文化建设所寻求的目标。

其二,除了行为上的协同,应急文化的协同性特征还体现在心理上。心理上的协同性是指与危机事件有关的所有人员之间在心理上高度认同,做到相互尊重和信任,形成和谐稳定的互惠心理。在危机发生时,唯有在心理上表现出一致性,才能真正实现人力物力的有机结合。[7]

其三,应急文化的建设需要各学科的协同规划。应急文化是多学科交叉努力的结果,融合了管理学、传播学、心理学、建筑学、城市规划学、社会学、预防医学、教育学等多学科的理论贡献和实践指导。[8—15]危机事件的多样性和不可预测性要求应急文化具有综合性和全面性的特点,在对危机的预防和救援中发挥各学科的协同智慧。

(二) 应急文化的速度性特征

速度性是应急文化的一个重要特点,应急文化的速度性特征主要体现如下。

在灾害发生前和灾害发生过程中,应急文化的速度性特征主要体现在紧急撤离时的快速有序上。虽然很多灾害事件无法预测和预报,但随着科学技术的不断发展和人类对自然的了解,人类已经能对一些自然灾害做出有效的预警,如暴雨积涝、地震等。在预警信息发布后,需要对预警信息做出速度型反馈,及时采取相应防御措施,才能有效避免损失。

在灾害发生后,应急文化的速度性特征主要体现在救援的时效性中。在重大灾害事件发生时,单位时间的损失都是惊人的。[16]应急救援的所有规则和要求中,最重要的是急救的时效性。不仅如此,速度性还直接与生命安全息息相关,很多重大灾害救援和急救工作中都存在相应的"黄金时间"[17],一旦错过救援黄金时间,便会对灾民的生命安全和身体健康造成不可逆转的损伤,因此,救援的时效性常常被摆放在救援工作的第一位。

(三)应急文化的战略性特征

应急文化是一种服务于未来的战略性文化,其涉及全人类的长远利益,着眼于未来和事物发展的方向,具有长期的战略指导意义。应急文化是服务于未来人类生存发展的基础,是建设完整应急管理体系的文化支持和思想基础,也是实现全社会健康稳定发展的前提保障。

应急文化的战略性特征首先体现在文化观念的形成上。文化观念具有相对的稳定性,一旦形成便不会轻易变化,在全体公民范围内形成一种稳定的应急观念,不仅是顺应当下社会危机治理的需求,更能为未来的风险预测和预防提供有力的思想保障。

(四)应急文化的自主性特征

应急文化说到底是一种化被动为主动的自主文化。应急文化的自主性特征主要包含两个方面。

一是作为思想观念转变上的应急文化,即转变传统风险意识,主动去思考和预防风险发生的可能性,尽可能地阻止和抵御灾害的发生。二是作为实践活动中的应急文化[18],即当危机真的发生时,公众摒弃等待救援的消极思想,自觉主动地实施自主自救活动,尽可能地减少灾害带来的伤害。灾害发生后,救援队伍的救援启动时间和灾害发生时间之间难免存在一定的时间差,因此,如果要充分把握灾害的黄金救援时间,不仅需要相关部门的及时救援,更需要公民自身的自主性救援。在很多风险事件中,前期的应急处置主要是靠群众自身,此时群众的心理承受能力和自救能力都对整个应急处置的质量产生着极其重要的影响。可以说,社会公众的自防自救能力和其在紧急情况下的应急行为在很大程度上决定了自身在危机发生时的命运。应急文化正是要培育公众的自主性救助能力和意识,帮助公众自主规避危机事件所造成的伤害和损失。

(五)应急文化的交流性特征

应急文化是一种可以互相交流与借鉴的文化。随着全球风险社会的到来,危机事件渐渐超越了传统国家、地理界限,容易形成全球风险,在这种情况下,任何一个国家都无法独善其身。高度不确定性和威胁性的危机事件使得国与国之间形成了一个紧密联系的命运共同体[19]，呈现出"一荣俱荣，一损俱损"的特征，因此，应急文化是一种新型全球文化。各国间交流分享各自的应急文化，促进全球应急文化的繁荣发展意义重大。在应急文化建设中，通过国际应急文化的交流和分享，可以互相学习各国的应急教育方法，反思现有不足，并通过国际交流和讨论提出改进措施，建立应急文化共识，为应急文化的进一步建设提供保障。

三、应急文化的精神内涵特征

（一）应急文化的人本性特征

应急文化具有鲜明的人本性特征，应急文化的人本性特征体现在其以人为本的理念中。应急文化的建设需要以人为根本，充分激发每个人的应急意识和潜能，保障每个人的生存利益。

应急文化的人本性特征要求在应急文化建设中，遵守生命至上的应急理念，始终把确保人民生命安全放在首位，在危机发生时首先保障人民群众的生命安全，再考虑其他因素。

应急文化的人本性特征承认了人的主体创造性。随着应急文化的不断建设发展，民众将不再处于等待被救援的弱者地位，而是以更加积极的姿态加入应急预防、救援和重建活动中来，人的能动性和创造性将得到充分的尊重和发挥。

（二）应急文化的责任性特征

应急文化还有责任性的精神内涵。要求个人层面、国家和社会层面都充分履行自身所肩负的危机应对义务，本着对生命与社会发展高度负责的态度重视应急文化。

从个人层面看，应急文化是要培养人民的安全责任感，要求公民在日常生活中对自己和他人的生命安全负责，自觉遵守安全规定。在危机事件发生后，摒弃自私自利的狭隘观念，做好自我约束，共同参与救援工作，减少灾害损失。如在新冠肺炎疫情发生期间，公众在公共场所自觉佩戴口罩，减少聚集性活动；疑似和确诊病例如实报告行动轨迹，以便相关人员进行核酸检测；控制疫情发酵等都是应急文化中社会责任感的体现。

从国家和社会层面看，保护全体人民群众生命安全，对公民生命安全负责，是应急文化的首要职责。在日常工作中秉持社会安全责任感，时刻履行保护人民生命安全的义务,对待安全隐患问题始终保持警惕心理。具体包括为居民提供合理、充足的应急物资,保证应急公共设施的正常运转,在基础设施的设计和建造中始终保持着对人民生命安全高度负责的态度等。

(三)应急文化的伦理性特征

其一,应急文化是符合底线伦理的文化,所谓底线伦理,即对人类最基本、最低限度性的道德要求。根据道德有限性的原则,人们生活中难免会表现出自私自利的一面,尤其是在危机面前,人有着保护自己、趋利避害的本能,但是这并不代表着自私自利或是损人利己的行为可以被容忍。应急文化就是在充分考虑和体谅了人的道德特征后,强调公众基本义务的一种文化。

应急文化并不要求所有人到达"为贤作圣"的道德理想人格,而是对基本义务的强调[20],具有一定的具体性和普适性。其中,具体性表现在应急文化对公众有着具体的行为要求,比如要求公众在日常生活中遵守安全规范、履行基本的应急防范义务等。普适性表现在应急文化的要求具有低难度、易操作和易坚持的特征,是在充分考虑了个人能力后对公民提出的最低程度的要求,其标准是所有公民,无论年龄、性别、文化程度、收入都可以且应该遵守的道德底线。

其二,应急文化是充分考虑伦理道德的文化。无论是防灾还是救灾,我们都会面临与伦理相关的选择,比如救援的优先顺序和优先等级等,这些选择都要从伦理道德角度进行评估和考虑。

(四)应急文化的凝聚性特征

应急文化具有凝聚性的特征。

一方面,应急文化的建设成果需要通过社会成员的凝聚力体现出来。在危机发生时,只有当公众间存在一定的凝聚力,才能在临时组建的应急团队中形成一股向心力,将大家的行为和心态统一起来,充分发挥应急文化的指导作用,提高应急救援的质量和速度。

另一方面,应急文化在建设过程中也会促进民众凝聚力的产生。现代社会的高节奏特征使得公众在日常生活中没有时间进行邻里互动,容易疏忽社区关系的维护,邻里关系淡化随即成为现代社区的普遍性问题。应急文化建设中,定期组织的应急教育活动和灾难逃生演习为社区成员提供了一个互相交流的机会,帮助社区成员间形成良好的邻里关系,使得公众对所在社区更有归属感。同时,随着应急文化建设的进一步发展,城市和社区应急服务的不断完善,公众对于政府和社区的信任度也会相应增强。

（五）应急文化的科学性特征

应急文化是一种严谨的科学文化。

首先，应急文化建设需要符合科学规律。应急文化的普及目的就是要人们能够科学地看待风险和危机，做到科学预防、科学应对、科学救援。[21]例如在日常生活中遵从科学规律，合理地利用自然资源，降低人为灾害发生的可能性。在灾害发生前，使用科学技术对即将出现的风险进行预测，采取科学有效的防护措施。在灾害发生时，能够从科学的角度客观地看待风险，做到科学应对，杜绝因"天灾"迷信造成的社会恐慌。在灾害发生后，要遵循科学规律，用科学有效的方法进行自救和互救，最大限度地规避损失，减少悲剧的发生。

其次，应急文化也需要随着科学技术的发展而不断优化。每个时代有每个时代的应急文化，随着科学技术的发展，人们对风险的认知和看法也会发生转变，与之相应的安全意识和应对技能也需要更新优化。应急文化并非一成不变的文化，而是随着科学技术的不断进步，在实践中不断完善更新的科学文化。

四、应急文化的跨文化性特征

（一）应急文化的地域性特征

自然灾害的发生往往是区域性的。[22]传统应急文化的形成与环境密切相关，在长期与特定灾害的互动过程中，特定地区的百姓也孕育出了独有的防灾文化，并通过神话故事、民谣等形式代代相传。受到地理位置、地质构造及气候环境等因素的影响，不同地区的传统应急文化也存在很大的差异。

我国丰富多彩的传统建筑便是我国应急文化地域性差异的一个具体体现。比如主要分布于我国西南地区的干栏式建筑，便是受到当地多雨潮湿，水灾频繁的影响而形成的建筑特色。当地居民为了减少水灾和虫害的影响，以竹木为主要建筑材料，建造出两层式的楼房，居住在楼房的上层，下层则放养动物和堆放杂物，以减少洪水对生命安全造成的隐患，体现了古代人民在应对自然灾害过程中表现出的应急智慧。[23]

（二）应急文化的民族性特征

应急文化的跨文化性特征还体现在国家和民族的文化差异上。受到不同文化价值观的影响，不同国家的人们在应对风险时会采取不同的思维方式和视角。

根据霍夫斯泰德的文化维度理论(cultural dimensions theory),所有的文化价值差异都可追溯到基本维度中的一个或几个中。[24]

不同国家应急文化间的差异主要体现在个体主义与集体主义(Individualism Vs Collectivism)维度上。以个人主义价值为主导的国家,主流观念更加注重自我意识,注重个人隐私和权力。而受到集体主义价值观影响的国家则更注重人与人之间的相互依存与配合,会有较强的集体意识和社会责任感,表现出较强的情感依赖和情感纽带,更加注重群体约束和群体规范。

相较于集体主义应急文化,个人主义应急文化在公民的自主自救上存在优势。受到个人主义文化孕育的公众习惯于自己解决问题,在危机发生时,能够快速整理情绪,发挥个体主动性,做好自我管理,充分利用黄金救援时间做好自主自救,减少个人生命和财产的损失。在一定程度上减少了社会和国家的负担。

相较于个人主义应急文化,在集体主义价值观引导下公众有着更高的利他主义特征,具有更高的社会归属感,注重群体约束和群体规范,更倾向于接受应急部门的统一协调,尊重并遵守相关部门在应急情况下的号召。例如,在此次新冠疫情期间,集体主义价值观引导下的国家公民能够更自觉地遵守佩戴口罩、居家隔离要求,自觉申报行动轨迹等,很大程度上阻止了疫情的进一步爆发。相反,一些个人主义价值观引导下的社会公众则将这些呼吁视为对个人利益的侵犯,拒绝佩戴口罩,甚至对"居家令"进行大规模聚集性的抗议示威,造成了疫情的大规模爆发。[25]

(王　茜、朱　格、张晓清、黄湉容,上海交通大学)

参考文献

[1] 夏一雪,李昊青,郭其云.文化嬗变视野下应急管理文化建设研究[J].中国应急救援,2017(02):15-20.

[2] [英]吉登斯(Giddens).现代性的后果[M].译林出版社,2011.

[3] 刘铁民.突发事件应急响应规范化势在必行——"7.23"甬温线特大铁路交通事故应急响应反思[J].中国安全生产科学技术,2011,7(09):5-10.

[4] 叶新民,吴泉青.心肺复苏过程中常见的错误分析[J].中华危重病急救医学,2013,25(11):696-697.

[5] 李昊青,刘国熠.关于我国应急文化建设的理性思考[J].中国公共安全(学术版),2013

(02): 34-39.

[6] 谢国权.试析城市公共危机的常态化管理[J].中国公共安全(学术版),2013(02): 48-51.

[7] 邵李津,吴秋明,侯晶晶.组织集成系统协同行为机理研究[J].福州大学学报(哲学社会科学版),2019,33(01): 55-60+67.

[8] 王永明,刘铁民.应急管理学理论的发展现状与展望[J].中国应急管理,2010(06): 24-30.

[9] 张君昌.即时通讯在应急救灾中的表现及其传播学思考[J].中国广播,2013(07): 77-81.

[10] 胡辉莹,罗丽红,黄涛等.灾害心理学在灾害应急救援中的作用[A].中国中西医结合学会急救医学专业委员会,2008.

[11] 高彩霞,陆海,郭强.高校校园密集场所的建筑学应急空间防控设计策略[J].城市建筑,2020,17(16): 73-75.

[12] 唐波,丘飞鹏,黄嘉颖.韧性城市视角下中国应急避难场所研究进展[J].现代城市研究,2017(09): 25-31.

[13] 颜烨.灾变场景的社会动员与应急社会学体系构建[J].华北科技学院学报,2020,17(03): 1-13.

[14] 李乐,龙鼎新,唐双阳等.新形势下应急型预防医学人才培养举措初探[J].基础医学教育,2013,15(08): 765-767.

[15] 吴晓涛,姬东艳.我国小学应急教育体系优化研究[J].灾害学,2017,32(02): 196-201.

[16] 汤红,赵林度.城市应急救援系统中物流时效性研究[J].科技与管理,2008(06): 19-22.

[17] 何忠杰.论急救的时效性[J].中国急救医学,2008(07): 659-661.

[18] 赵艳波.风险社会下大学生风险意识教育研究[D].南京师范大学,2013.

[19] 黄炬,刘同舫.从风险社会到命运共同体:基于现代性理论的审视[J].学术界,2018(03): 57-64.

[20] 李诗悦.重大突发公共卫生事件跨界治理的伦理秩序重建——以新冠肺炎疫情为例[J].思想教育研究,2020(04): 20-25.

[21] 张俊,许建华.突发事件应对中地方政府的处置原则研究[J].灾害学,2014,29(01): 182-187.

[22] 高云,詹慧龙,陈伟忠,矫健.自然灾害对我国农业的影响研究[J].灾害学,2013,28(03): 79-84+184.

[23] 管彦波.西南民族住宅的类型与建筑结构[J].中南民族学院学报(哲学社会科学版),1999(03): 54-58.

[24] 胡冰,张瑾.从文化维度视角解读跨文化交流中的中西文化差异[J].河北学刊,2012,32(06): 201-203.

[25] 刘勇,朱威.疫情应对的意识形态渊源及其现实意义——基于中外疫情应对差异的分析[J].理论月刊,2020(06): 59-68.

第二节 应急文化的功能

一、应急文化的基本功能

应急管理可以分为三个阶段,分别是预防准备阶段、事件发生阶段和灾后重建阶段。在这三个阶段中应急文化分别具有不同的功能。在防御准备阶段,应急文化主要具有预防功能,及时发现危机、预测危机、制定危机应对计划;在事件发生阶段,应急文化主要具有导向功能、凝聚功能、激励功能和规范功能,它能指导、调节人们的意识与行为,更为高效地应对危机;在灾后重建阶段,应急文化主要具有重塑功能和融合功能,对应急管理体系做出调整,为未来的应急事件制定更为完善的应对措施。传播功能则伴随整个应急管理过程的前、中、后阶段,以长期、短期教育相结合的方式培养人们的应急意识与行为。

(一)预防功能

基于罗伯特·希斯(Robrt Heath)提出的危机管理 4R 理论(4R Crisis Management Theory),应急文化的预防功能可以解释为,在灾害事故发生初期,通过观察、推理及分析,预先感知危险的存在,并提前做好应对准备,以达到未雨绸缪的效果。[1] 如今,自然灾害、群体突发事件等各类应急事件频发。由于应急事件具有复杂性与多变性的特点,如果不能第一时间对危机进行防控,后续的应急管理成本和难度会大幅增加。因此,应急文化的预防功能有着重要的作用。

短期来看,应急文化的预防功能有助于高效组织应急救援力量。危机的发生与发展往往并不可控,在危机发生前期,对危机的成因、规模、后果进行合理预测,根据预测结果,科学组织应急十分必要。公共危机应急文化应该能够在危机萌发阶段实现统一指挥、灵活应对、有序协调和高效运转,提高应急管理的效率。

长期来看,应急文化的预防功能有助于完善灾害预警机制,实现常态化管理。应急文化的预防功能将预防与应急、常态管理与非常态管理相结合,树立预防文化观念,以积极的危机预防心态和社会文化氛围应对突发事件,强化城市灾害应急管理能力建设的文化心理基础。

(二)导向功能

应急文化的导向功能可以分为价值导向和行为导向。价值导向体现在应急预防和治理过程的战略和战术层面[1],包括应急心态的积极性、应急方法的科学性和应急操作的安全性等。行为导向体现在应急设施的规划与管理、应急体系的建立与完善、应急制度的出台与发展。同时应急价值导向和行为导向又相互影响、相互作用。

根据特纳(R. H. Turner)和基利安(L. M. Kilian)1957年提出的"紧急规范理论",人们在危急情况下的实际行为和价值取向容易受最早行动者的影响。换句话说,在危机中,带头者的行为和价值会被视作"紧急规范","规范"一旦形成,便会对他人的行为起到导向和引领的作用。[2]因此,利用应急文化的导向功能,在突发事件中对参与的带头者和跟随者的价值与行为进行引导,防止其形成不当规范,是必须且有效的。同时,政府需要在应急事件中承担起带头的作用,通过建立正确的紧急规范,实现全国上下齐心协力、个体与组织共同行动的目的,使应急管理更为高效与科学。

(三)凝聚功能

应急文化的凝聚功能指的是通过教育、宣传等方式改变和影响社会成员的认知和态度,使其在参与应对应急事件时能够产生更多共识,便于政府统一协调。[3]面对超出常规程序化管理范围的突发事件,应急文化能产生高度的凝聚力,有助于使陷入危机中的公众对政府产生强烈的归属感和安全感,进而有利于政府充分调动和组织社会各方资源,高效化解负面影响,尽可能减少损失与危害。

现代政府作为有限政府,其人力、物力和财力都是有限的,只有调动起更广泛的群体,才能更有效地应对危机和风险。而应急文化正可以在短时间内集中大量社会资源,真正实现广泛动员、全民协作。首先,应急文化通过营造全民参与的氛围,感召更多个体与组织参与应急管理,通过捐款捐物、建立救援志愿队等方式,扩充应急需要的优质资源。倘若没有统一且有效的指挥协调,资源将无法形成合力,充分发挥其作用。因此,应急文化进一步发挥其黏合剂的作用,将政府与社会的两股力量凝聚合一,以便政府协调与引导社会力量。此外,应急文化也可以使不同群体在危机中求同而非存异,形成强烈的共同体意识,凝聚起强大的团结协作共识。

(四)激励功能

灾害事故往往会造成物质的重大损失和精神的极大伤害。对处于突发事件中心的个体而言,他们往往面临着失去财产、亲人、家园等巨大打击,受灾后更是可能失去度过困难的信心与决心,找不到生活的希望,长期处于绝望与悲伤之中。而突发事件边缘的其他个体与群体也会难以避免地产生强烈的不安全感和恐慌心理,陷入对他人的同情与共情之中。总体上,全社会也将形成一种低落、压抑的负面群体氛围,甚至会在小范围内造成混乱。因此,激励功能是应急文化的重要功能之一。

实践表明,应急文化既能为个体提供自身生存与发展的内在动力与精神支持,又能在社会范围内形成更积极的氛围。[3]危机发生后,在人们陷入负面情绪时,应急文化教育能够根据人们的现状调节其心态,满足人们在应急事件后急需安抚与鼓励的内心需求,充分发挥人文关怀。同时,这不仅是对个体而言的激励,更是对人类群体长远文明诉求的满足,应急文化的激励进一步构建出正向的社会理想,以此引领整个社会走向积极的方向。这种内在动力也能促进和调节人们的外在行为,在应急管理中起着重要作用。

(五) 规范功能

应急文化的规范功能指的是,在社会异质性增强、社会价值多元化的当下,应急文化能够在全社会范围内建立起统一的价值观念与行为方式,便于社会群体的协调发展。[1]这种规范功能体现在政府自身实践、政府领导群团组织、政府与企事业单位建立合作、政府管理城乡基层群众自治等多个方面[4],展现出国家在应对突发事件时强大的统筹协调能力。

一方面,应急文化有助于使不同价值观的人们在危机应对时形成基本一致的观念。人们对于突发事件的价值观念包括对生命、物质财产、精神财产等各方面的态度。这些观念又影响着人们对危机的认知和处理危机的行为。应急文化对观念的规范能够将不同主体凝聚起来,有效地降低了应急管理的难度。另一方面,在突发事件的应对中,应急文化能够提供给人们规范化的行为准则,例如地震防护措施、新冠疫情防护的洗手七步法等,这些规范改变了人们以往混乱的行为,使其变得有序,能够提升特殊时期的管理效率。

(六) 重塑功能

在应对突发事件的收尾阶段,应急文化有助于帮助个体、社会与政府善后,并反思应急管理的整个过程,进一步提高应急管理的效率,为今后的突发事件做好相应的准备。

从微观层面来看,民众心理与其物质生活都急需重建。应急事件中,绝大多数民众会受到一定程度的心理创伤和物质损害。因此政府需要对其进行关怀与安抚,让这些受伤的民众体会到政府与社会的关心与支持,重塑生活的信心。政府可以采取短期心理救治及长期家访沟通等方式,帮助他们走出内心困境。同时,在物质方面,政府也需要伸出援手,弥补民众在应急事件中的损失,给予一定的政策优待,扶持他们尽快恢复正常的生产生活。

从宏观层面来看,应急文化有助于政府事后反思应急管理全过程中的可取之处与错误问题,及时对应急系统的问题进行弥补与改善,加大问责力度,避免懒政、怠政和庸政[5],并长期培养全社会的危机应对意识与行为,总体上提高政府和社会的危机应对能力。

(七)融合功能

我国政府在应急管理中起着主导作用,这种集中管理模式的优点在于政府能较为高效地解决问题。但同时,我们需要看到这种模式的不足与问题。一方面,政府的资源是有限的,传统的医疗、消防、通信等专业救援机构有一定的承载量,对于大规模的灾害,政府不具备独立应对的能力;另一方面,应急事件往往复杂而多变,政府难免会产生调度失灵、协调失效的情况,如果不能及时对突发事件进行处理与控制,其带来的损失将急剧增加,因此融合在应急管理中变得极为重要。[6]

应急文化的融合功能:其一,能够将全社会范围的资源整合起来,建立抵御力更强的应急管理体系,使政府在应对时可以更加了解各地区的现实情况,采取相应的手段进行人员安排、物资管理,以及信息发布,完善应急管理的现有模式。其二,这种融合体系也使得政府可以联合社会各方的力量,共同合作,相互帮扶,有针对性地对突发事件中心地区的组织进行调度,使救援管理工作处于有组织的状态下,增强政府应急管理的执行力,一定程度上可减少损失。

(八)传播功能

随着网络信息时代的到来,任何微小的信息都能在网络社区中掀起巨浪。根据奥尔波特(G. W. Allport)和波斯特曼(L. Postman)于1947年提出的谣言公式,谣言的影响力(Rumour)等于信息不透明程度(Ambiguous)乘以信息重要程度(Important)。在应急事件中,越主观臆断、模棱两可、真假难辨的信息,越容易加重人们心中的恐慌,引发社会骚动,为应急管理带来不安定因素。因此,应急事件中,为了防止谣言蔓延并产生不良后果,政府有责任合理利用媒体及时传播准确的信息,迅速反馈、解答民众的疑问,保障民众的知情权,并引导民众理性思考。应急文化知识的普及便能很好地实现这一目标。

政府借助网络、电视、报纸等媒介,大规模宣传普及应急文化知识,例如应急事件有何影响、如何规避风险、如何正确应对危机等。这些宣传都有利于减少不良信息再次使社会产生动荡。同时,由于政府的权威性和主流媒体的公信力加持,民众对于应急文化知识的信任度会进一步提高,培养教育的效果也会更好。长此以往,民众就会形成对不良信息的抵御能力,有利于应急管理。

二、应急文化中的功能效果

（一）指导个体与组织的应急行为

在应急管理中,广大民众是应急参与的中坚力量。因此政府应根据突发事件的规模,广泛动员社会个体成员与社会组织,有序协调民众的力量,利用丰富的人力资源和物质资源,使危机决策得以迅速实施,有效地防范和控制危机的扩大与发展。

现代城市运转过程中频繁爆发的危机事态可以大致分为自然灾害和人为事故两种类别:自然灾害例如地震、海啸和台风等,是难以避免的;人为事故如火灾、传染病暴发和传播及重大工业事故等,是可以预防避免发生的。[7]很多人为事故的发生都与民众和各类社会组织的危机意识不足、危机防范能力不强息息相关。如果能提高个体与组织预防风险的意识,便能很大程度上减少人为事故爆发的概率。[7]同时,如果能指导个体与组织应急危机时的行为,那么在突发事件中也能够使他们更好地配合政府的决策,防止出现管理混乱与行动无序,最大程度上减少危机带来的人员和财产损失,提升应急管理的实施效果。

应急文化的建设在政府与民众之间搭建起了沟通的桥梁,使社会个体与组织建立起应对危机的责任意识,也使政府更加了解社会个体与组织所处的环境与现实情况。在这方面我们可以借鉴日本的经验。日本主要通过学校教育和社会教育呼吁民众参与到应急文化的建设中,从小便对其普及应急知识,培养应急意识和能力。[8]同时,应急体系中也为社会各类组织设置了相应的位置,方便统一调配。我国也应参考日本的经验,对个体与组织的应急行为进行指导与规范。

(二)提升各类型组织的软实力

应急文化除了能完善应急体系等硬实力,其对各类组织软实力的提升也不容忽视。软实力指的是各类组织的管理能力、传播能力等无形的能力,这些能力虽不能直接影响应急管理,但其对管理的效率、效果有着极大的作用。

在应急管理中,社会各类组织所处的位置、职责和观念均有不同,因此其具体的管理方式和行为方式也会有一定的差异。其一,政府组织参与应对应急事件,一是出于职业要求,二是出于政治实名、政治纪律和政治责任,应急文化能够在此基础上提高政府组织和工作人员的责任意识,提高其主动性;其二,社区组织参与危机防控,一是出于自身及身边亲人朋友的健康安全考量,二是出于对社会其他民众的互助、友爱之情,三是出于公益、慈善的爱心[4]。应急文化能够约束组织行为,提升组织自我管理的能力,使社会组织在此基础上更大程度地帮助他人。

此外,应急文化将政府组织和社会组织等不同主体整合在一起,建立决策认同、价值认同和情感认同[9],有序展开后续的应急管理。所谓"一方有难,八方支援",我国的文化传统中一直有着以人为本、集体主义的观念,应急文化正是将这种观念运用到应急管理之中,动员各类组织,提升其软实力。

(三)强化城市应急体系的成熟度

一个完整的应急体系应由组织体制、运作机制、法制基础和应急保障系统构成。[10]应急体系的组织体制建设包括管理机构、功能部门、指挥中心和救援队伍等内容;应急运作机制主要由统一指挥、分级响应、属地为主和公众动员这四个基本机制组成[10];与应急有关的法规可分为紧急状态法、应急救援管理条例、政府法令和标准四个层次;应急保障系统包括信息通讯、物资装备、人力资源和财务经费等。[11]城市应急体系的成熟度需要从以上四项内容进行分析。

其一,应急文化能够有序建设、统筹各个部门运作,既不留有空缺,也不产生冗余。其二,在应急文化的建设下,实现政府的统一指挥、统一管理,有序地应对危机将更加容易实现。其三,应急文化有助于法律法规的完善,应急文化的思想观念和原有的应急法规融合起来,提升了法律的执行力。其四,应急文化有助于各地物质和人力资源进行统一调配,防止资源分配不均。同时,应急文化能够加强媒体传播功能,实现信息流通与共享,便于消除认知恐慌。由此可见,应急文化的建设能够强化城市应急体系的成熟度,加强城市抵御风险的能力。

发达国家的大城市一直将塑造发达的城市应急文化作为城市危机管理系统建设的一项基础工程。以纽约为例,纽约政府将各安全部门链接起来,制定应急事件应对方案,同时利用社会志愿者、学区等渠道培训市民应对危机的知识和能力。这些应急文化教育培养了市民良好的应急素养,完善了城市应急体系,最大限度地减少了危机可能造成的损失。[8]

(四)整合社会与各方的优质资源

应急管理离不开社会各方资源的共享与调配。优质资源的整合与再分配有助于最大限度地利用资源,而不造成不必要的浪费。根据奥斯特罗姆夫妇(Vincent Ostrom and Elinor Ostrom)提出的公共管理学多中心治理理论(Polycentric Governance, PG),应急管理应该采取多元主体共同治理的模式,明确政府、第三部门、非营利组织等社会各方的定位,整合各方的人力、物力及财力资源,建立各方主体共同参与、协作治理的应急体系,在合作的基础上实现危机管理的平衡与协调。[6]

这种多元主体共治的机制已被广泛应用于发达国家的应急管理中。组织结构方面,德国的应急管理系统多采用弹性化和扁平化的组织结构,这种结构有利于外部资源的吸纳与整合。权利构成方面,社会组织和政府组织一样拥有管理权,能够一定程度上实现资源调配的自由。决策机制方面,实行更为民主的方式,在应急规划和策略制定阶段以民主参与为主,调动了社会各方的积极性与主动性,真正做到资源的流动。

目前我国社会各方在应急事件中,有着强烈的社会责任感和民主意识,能够积极参与其中。我国政府应加快应急文化建设,明确社会各方分工,并通过建立覆盖范围更广的行政无线网和防灾通信网,以联动社会各方资源,提升政府资源整合、分配、利用的能力。

(五)建立正向与科学的应急观念

应急观念是应急文化的核心。其建立往往会经过提炼核心应急观念、构建应急观念体系、理解应急观念体系、实施应急观念体系四个步骤。[12]应急文化的建设帮助人们建立正向与科学的应急观念,以此指导人们做出正确的行为。

应急观念的建立可以分为个人应急观念建立和组织应急观念建立。个人应急观念指的是社会个体或大众应该建立的应急文化的理性意识和认知。[12]对个体而言,应急文化能够培养人们未雨绸缪的应急意识,形成防微杜渐的应急认知,建立正确的应急预防观、应急防御观、应急救援观、应急生命观和应急责任观。同时,处理应急事件时,应急文化指导人们两害相权取其轻的准则,真正做到生命至上。

组织应急观念指的是政府、企业或社会组织应该建立的应急管理文化理念。[12]总体上,在应急文化的指导下,组织应急观念应按照以人为本的原则展开。其管理方针也应从预防、实行、反思三个阶段入手,从物质资源、人力资源和精神资源三个方面建立全时期、全方位的应急准备和应急策略。同时,组织应形成正确的应急责任观、应急人本观、应急科学观、应急共享观,将全社会视为命运共同体,共谋、共建、共担、共享,实现全社会协同合作的应急管理。

三、应急文化功能的案例分析

(一)动力和智慧的导向作用

根据《中华人民共和国突发事件应对法》规定,中国实行"统一领导、综合协调、分类管理、分级负责、属地管理"为主的应急管理体制。[4]应急文化的建设也依照应急管理体制进行。政府充分发挥应急文化的导向作用,通过智慧的疫情应对文化策略和措施,在民众中树立起科学的应急管理观念和行为准则,在社会各组织中强化其使命感和责任意识,为应对突发事件提供强大的精神动力和智慧导向。

在过去的应急事件中,我国政府充分发挥应急文化的导向作用取得了极大成效。我国政府自2003年"非典"疫情后,便建立了一套上下融通的卫生应急管理组织体系。[4]体系包括卫生应急指挥机构、卫生应急日常管理机构、卫生应急专业技术机构、卫生应急专家咨询委员会,各个部门负责相应的工作,共同承担突发公共卫生事件的风险管理和后续应急处理。[4]这套卫生应急管理体系也充分应用于2020年初的新冠肺炎疫情中,提升了我国政府的领导力与战斗力,也为社会各界抗击疫情提供了至关重要的指导。但与此同时,由于新冠肺炎疫情影响巨大,现有的卫生应急管理体系的管理能力难以全面地对其进行防控,因此也要求我国政府优化并完善应急管理体系,建立起更大范围、更高层次的应急体系和应对方案。[4]

(二) 理念与信念的凝聚作用

在应急管理中,全国上下必须形成高度一致的抗灾信念。如果没有坚强的信念,没有积极正向的舆论氛围,人们很容易陷入绝望情绪而不堪一击。因此,面对突发事件,我国政府通过媒体等渠道大规模安慰并鼓舞民众,形成同舟共济、众志成城的灾害应对理念和信念,将全国人民团结起来,为了同一个目标奋战。

我国政府也意识到了信念的重要性,利用应急文化将社会各界凝聚起来。2020年新冠疫情期间,钟南山、张宏文等医学专家多次接受人民日报的专访,借助媒体平台讲解疫情相关科学知识,并解答民众的疑问,一定程度上增进了民众对于"新型冠状病毒"的认识,起到稳定人心的作用,迅速减少了群体骚乱,稳定了社会整体态势。同时,通过媒体的大力呼吁,我国各地公立医院、高校医学部、社区医疗组织纷纷集结成医疗队伍,前往疫情中心武汉,为当地人民提供救助和医疗服务。应急文化的建设让社会各界人士、组织团结起来,形成坚定的信念,为了对抗灾害共同努力。

(三) 精神和意志的激励作用

对于个体而言,精神状态极大地影响着人们的身体健康和现实行动,消极的情绪很可能导致人们产生不理智行为,损害其生命安全。对于群体而言,负面情绪的蔓延会造成群体的混乱。因此,应急文化建设务必关注到个体与群体的精神健康,激励人们,变消极情绪为积极情绪,变被动应对为主动防控,充分发挥精神的支柱作用,提升人们的危机抵御能力。

应急文化的激励作用在我国应急管理中发挥了巨大作用。2008年汶川抗震救灾期间,我国政府重视文化人文关怀,积极为受灾群体寻找联系失散的亲人,缓解其渴望找到亲人的焦急情绪。同时,对于不幸失去亲人和家园的受灾群众给予物质帮助与精神关怀。政府长期重点慰问特殊人群,帮助他们走出精神的困境,重拾生活的希望与勇气,并提供给他们社会救济,以便其更快展开新的生活。

除了地震等自然灾害,应急文化在人为事故中也能激励受难群体的精神和意志。2015年1月29日,马航MH370神秘消失后,我国迅速出动救援队搜寻失事班机和遇险人员,并数次召开新闻发布会公布最新消息,即使在希望渺茫的情况下也一直坚持寻找。我国政府的态度和行动一定程度上给予了受害群体精神上的支持,做到了以人为本。

(四)认知和行为的规范作用

应急文化对个体和组织的认知和行为起着强大的规范作用。应急文化教育可以使民众增强应急意识、丰富应急知识、规范应急行为、提升应急素养。在非常态情况下,政府应依据明文社会规范和非明文社会规范,运用技术、管理等手段,开展一系列应急管理必备的应对措施,积极引导应急事件的演变与发展,使应急事件得到有效的控制。

我国政府也将应急文化的规范作用应用于应急管理,调节着个体和组织的认知与行为。2020年新冠疫情期间,我国政府对抗疫进行统一指挥、统一协调、统一调度,采取强制和非强制方式对民众和组织的行为进行规范。强制规范包括全国各地实施的入境14天集中隔离、公共场所测温并登记健康码后方可入内等。这些规定很大程度上降低了可控风险,使疫情得到有效的控制。非强制规范方面包括隔离期满后7天居家健康观察、自觉佩戴口罩等举措,充分调动了民众的主动性,使民众在应急文化教育和政府的管理之下形成抗疫的自主性。这种主动与被动相结合的方式形成了科学、合理、长期、高效的约束力,提升了应急管理的效率。

(王　茜、朱　格、张晓清、黄湉容,上海交通大学)

参考文献

[1] 李昊青,刘国熠.关于我国应急文化建设的理性思考[J].中国公共安全(学术版),2013(02):34-39.

[2] 李吉伟,张志彪.中美灾害应急救援指挥体系探析[J].武警学院学报,2007(06):12-15.

[3] 李晓元.新时期突发事件中的思想政治教育研究[D].东北师范大学,2019.

[4] 龚维斌.应急管理的中国模式——基于结构、过程与功能的视角[J].社会学研究,2020,35(04):1-24+241.

[5] 安红昌.从安全文化、公共安全文化到应急文化的发展研究[J].中国公共安全(学术版),2019(04):6-8.

[6] 倪斌.我国城市社区在应急管理中的功能研究[D].电子科技大学,2012.

[7] 赵成根.发达国家大城市危机管理中的社会参与机制[J].北京行政学院学报,2006(04):13-17.

[8] 张鹏.对大城市应急文化建设的思考——以大连市为例[J].辽宁行政学院学报,2010,12(03):15-16.
[9] 孙杰.国家、政党、社会:基于认同匮乏与公共精神短缺的价值整合[J].河海大学学报(哲学社会科学版),2016,18(03):78-83+92.
[10] 刘铁民.重大事故应急体系建设[J].劳动保护,2004(04):6-10.
[11] 邓云峰,郑双忠,刘功智等.城市应急能力评估体系研究[J].中国安全生产科学技术,2005(06):33-36.
[12] 罗云.试论新时代应急文化体系建设[J].安全,2020,41(03):1-7.

第三节 应急文化的类型

一、应急文化的层次结构

基于艾德佳·沙因(Edgar H. Schein)提出的沙因文化层次理论(Three Levels of Culture)分析,应急文化可以分为核心层(Basic Underlying Assumptions)、中间层(Espoused Values)和浅表层(Observable Artifacts)三个层次[1](如图2-1所示)。核心层包括民众在长期的应急文化教育和应急管理实践中形成的价值观念和思维意识。中间层包括民众在长期的应急管理实践中形成的社会规范与社会制度。浅表层则是由物质实体和行为方式构成,是人类

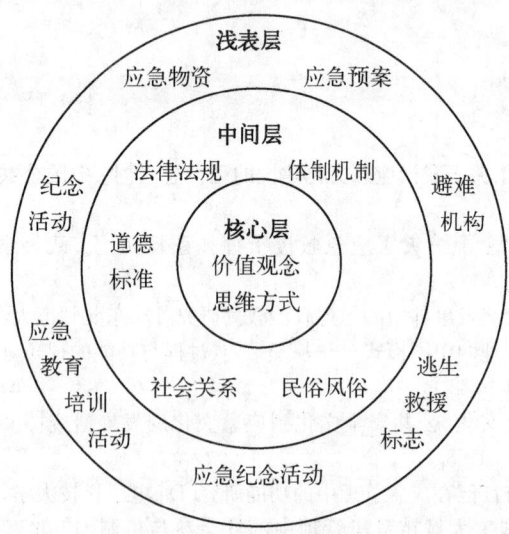

图2-1 应急文化的层次结构

预防应对突发事件的生产活动及其产品的总和。

应急文化体系的三个层次相互作用、相互影响,核心价值观和意识决定社会规范与制度的建立与发展,社会规范和制度又进一步指导形成人们具体的行为方式和物化的知识构成。同时反过来,浅表层经过抽象形成中间层,中间层进而凝练成为核心层。三个层次都不能彼此脱离单独存在。同时,整个应急文化体系也与外部环境相互勾连影响,社会的政治、经济、文化等各方面环境都会影响着应急文化体系的建构,应急文化体系也对社会环境产生反作用力,重塑着社会的危机预防抵抗能力。

（一）核心层

应急文化核心层是应急文化的隐形因素,是整个应急文化系统的灵魂。[2]其基本内容是应急价值观念和思维方式,具体包括民众的危机意识、对应急管理的态度,以及应急防范思路等。[2]其通过应急事件中人与人之间的关系、组织与组织之间的关系,以及应急事件与人的关系、与社会的关系,综合协调与平衡,增强民众对危机的忧患意识,进一步影响民众的行为方式,最终激发民众主动培养危机预防思维。

核心层中的价值观念和思维方式是对客观事物重要性评价的客观反映,只有政府和民众明确了应对危机的重要性和必要性,他们才能在此基础上形成积极的意识和行为。在应急管理中,正确的价值观念指导政府结合经济社会发展的现状和人口应急素质等条件制定合理的应急决策和方案,同时,也指导着社会形成良好的社会规范,引导和制约每个个体的行为。

（二）中间层

应急文化中间层是应急文化核心层和浅表层的中介,其既是核心层的价值观念和意识的主要机制和载体,又是浅表层物质实体和人们行为方式的具体指挥。[2]其基本内容是人类在应对应急事件中形成的各种社会规范,具体包括法律法规、体制机制、道德标准、社会关系和防灾减灾的民风民俗等。[1]其确立并规范了突发事件中人与人、人与事、人与物的管理规则与边界。

中间层作为中介,其重要地位不言而喻。从建构具体的应急组织框架,到编制安全生产操作规程和应急预案,从完善突发事件应对法案,到长期培养民众的应急能力与素质,都离不开中间层发挥的巨大作用。中间层将价值层面的精神落实成实际的规范,又结合技术、管理等手段将规范落实于具体操作。同时,中间层还能够吸收以往浅表层具体操作时积累的经验教训,优化提升现有的制度与框架,促进各层次要素的积极发展。因此政府也需要加强对中间层的重视,投入人力物力进行完善。

(三)浅表层

应急文化浅表层是应急文化的外显因素。浅表层不涉及意识形态和管理制度等问题,其主要指的是应急管理过程中必需的物质条件和技术支持,以及在社会制度和规范约束下民众的应急行为方式等。[2]

应急价值观的塑造和应急管理体制的建设最终都要运用在实际的应急实践当中。在常态化应急阶段,政府储备应急物资、设立应急避难机构、规范逃生救援标志、举办重大灾难纪念活动等,都为应急管理打下坚实的基础。[1]而在非常态化应急阶段,政府需要根据应急事件发展的情况做出及时的判断并制定有针对性的应对措施,以控制突发事件发展态势,并影响其演化规律。这些具体的实践离不开规范制度的统筹规划与价值观念、思维方式的导向指引。因此,综合来看,应急文化各层次要素在相互作用的关系中共同优化提升。

二、应急文化的结构要素

应急文化的结构是一个多要素、多维度、多层次的均衡系统,整个系统需要处于稳定的状态下才能更好地进行应急实践。应急文化的结构指的是应急文化系统内部各要素之间的排列秩序和协调状态,其系统地反映了应急文化内部各组成因素的存在方式与相互之间的关系。

应急文化结构主要包含以下五个要素,分别是应急精神文化、应急制度文化、应急组织文化、应急物质文化和应急行为文化。其中,应急精神文化是灵魂,应急制度文化是框架,应急组织文化是支撑,应急物质文化是基础,应急行为文化是表征。如图2-2所示,正五边形的五个角分别代表着应急文化的一个结构要素,它们在应急文化结构中是相互平等的关系。五要素之间相互联系、相互支撑,共同构成了应急文化"五位一体"辩证统一的结构模型。[3]

(一)应急精神文化

1. 应急精神文化的内涵与外延

应急精神文化是应急管理中的思想精神价值体系,深刻反映了公众对危机的重视程度,是应急文化结构要素中最核心的部分,是人类公共安全观念、思维

图 2-2 应急文化的结构要素

方式、危机意识、生命价值观等多重主观因素的集合。[4]应急精神文化能够直接影响人们的应急意识与应急能力,决定了应急响应的特征、具体行动和应急管理体系的建设。[5]这些又进一步决定了应急响应机制的效率、效果和影响。

不同的个体在遭遇突发应急事件时形成的心理反应是不同的。不同的国家和社会对于应急事件的处理也有不同的应急精神文化。但是不管是任何个体还是国家,都需要树立起"以人为本,生命至上"的价值观,同时保持积极良好的心态,主动规避应急事件带来的风险。

2. 应急精神文化的构成要素

应急精神文化是应急意识和应急观念的总和,又可以分为应急心态、应急哲学、应急工作宗旨、应急价值观、应急伦理等内容。[4]

我国牢固树立的应急精神可以概括为以下五点:第一,政治思想,个体与各类组织应与我国政府保持一致,具有辨别是非的能力;第二,大局观思想,应急管理中需要强调集体主义,听从政府的统一协调与管理;第三,责任思想,公众应明确自身责任,主动参与到应急管理中,配合应急决策;第四,规范思想,应急管理中任何一点小的问题都不容忽视,公众与政府都需要约束自身行为,自觉遵守社会规范;第五,学习思想,不断积累应急知识,才能提高自身应急素养和应急能力,因此公众应该以不断学习的态度完善自我,政府应该不断吸取经验优化应急体系。[6]

3. 应急精神文化的发展阶段

应急精神文化可以分为五个发展阶段。第一阶段是应急精神提炼阶段。在这个阶段中,政府需要以长久以来沉淀积累下的应急精神文化为基础,整合应急精神文化资源,吸纳其他国家应急精神文化中优秀的部分,结合我国实际情况,提炼应急价值观的核心。

第二阶段是应急精神传播阶段。此阶段中政府需要借助主流媒体等渠道大规模宣传正确的应急价值观,让公众广泛接触相关的信息,提升对应急管理的重视程度。

第三阶段是应急精神培养阶段。这个阶段需要借助上个阶段中应急精神的广泛传播,长期对公众的应急意识进行培养,潜移默化地帮助其形成正确的应急观念与态度。

第四阶段是应急精神落实阶段。在形成正确的应急观念之后,政府和社会各组织、个体需要在应急管理时用认知指导行为,以正确的方式应对突发事件。

第五阶段是应急精神重塑阶段。应急精神并非一成不变,随着各类突发事件的逐渐复杂与多变,应急精神也需要与时俱进进行调整。因此,在这个阶段中,应急精神需要根据外部情况重塑、重建,贴合当下的要求。[7]

4. 应急精神文化的功能

应急精神文化处于应急文化中的支配地位,其从精神层面对应急预防与治理过程产生影响。[3]首先,应急精神文化能够帮助个体成员和群体组织主动地对应急事件产生客观认识,并通过客观的认识来指导实践。其次,应急精神文化体现了政府应急文化的价值导向,能够帮助政府调控民众的行为,真正在应急管理中做到以人为本。再次,应急精神文化在社会范围内形成了正确的应急意识氛围和价值观念,这对于长期提升全社会的应急素养、形成良好的应急管理环境起着至关重要的作用。

5. 应急精神文化的不足

现阶段,我国应急精神文化的问题包括应急观念陈旧、应急传播方式单一等问题。

第一,我国公民的传统应急观念仍然占据主导地位。公民不了解突发公共事件的种类、特点和危害,没有掌握应急基本常识,没有形成正确的应急观念,也不具备良好的应急素养。因此,在出现突发公共事件时,公民很容易陷入恐慌,采取错误行为,引发小范围骚乱。

第二,我国应急传播方式过于单一导致传播效果不佳。我国目前的应急文化教育主要是通过宣传讲座、宣传手册及宣传标语的方式在各社区、街道进行传播。[8]这种方式说教意味较重，公众处于一种被动接受的状态，很难调动起主动性和积极性。

在今后的应急精神文化培养过程中，政府应该改变传播的思路，借助新媒体等渠道，搭配更加生动的语言进行传播，传播的内容也应贴近公众的生活，使其更容易接受与理解，以实现更好的传播效果。

（二）应急制度文化

1. 应急制度文化的内涵与外延

应急制度文化是人们在长期应急实践中构建起来的应急体制机制和法制制度[5]，是应急文化结构中的框架部分，为搭建完整的应急体系提供必要的支持。其将应急理念落实于制，形成应急组织文化、物质文化、行为文化的保障，既是城市应急文化的外在表现形式，又体现着城市应急管理的精神内涵。制度理论层面的完整、强大，有助于建构全面、先进的应急文化，进一步高效地指导应急管理实践的开展。因此，应急制度文化可以被视作处理应急体系中各方关系、规范应急行为和保障社会环境的重要机制。

针对各类突发事件，我国出台了一系列相关法律法规。2006年1月8日，国务院发布《国家突发事件总体应急预案》。[9]2007年11月1日，我国正式实施《突发事件应对法》。[9]随着应急事件中经验的积累，我国应急制度文化逐渐规范与完善，能有效地应对更复杂多变的情况。

2. 应急制度文化的构成要素

应急制度文化包括应急有关的法律法规和各类应急知识和技能的行为规范。[10]法律法规从顶层设计规划，行为规范在底层约束人们的行为，这些法律规章结合在一起，形成上下贯通的有机整体，有效地统筹应急管理。

近年来，我国应急管理相关的法律法规不断完善，整个应急管理法律体系以《宪法》为依据，以《突发事件应对法》为核心，以相关单项法律法规为配套措施。[11]应急制度又可以具体划分为应急预案制度、安全管理制度、应急救援建设制度、应急知识宣传普及制度、应急经费物资科研准备制度等方面。[12]总的来说，我国应急管理工作逐步走上了规范化、法制化的轨道。

3. 应急制度文化的发展阶段

应急制度文化可以分为五个发展阶段。第一阶段是应急制度初建阶段。在这个阶段,应急法规还处于零散、混乱的状态,单独的法律法规之间没有形成联系,应急制度体系的搭建亟待开始。

第二阶段是应急制度标准建设阶段。这个阶段中,应急法规制度已经脱离了一开始的混乱状态,开始确立建设的标准和原则。正确、科学的标准能够有效地指导后续应急制度体系的建立。

第三阶段是应急制度体系建设阶段。依据梳理好的标准与原则,政府需要搭建应急制度体系,将现有的法律法规、规章制度和行为规范有机结合起来,形成系统化的体系。

第四阶段是应急制度体系完善阶段。应急制度体系需要不断完善才能与时俱进,最大限度地发挥其功能。因此,应急制度体系需要根据应急实践的经验不断进行调整与优化,提升应急制度预防与应对风险的能力。

第五阶段是应急制度常态化建设阶段。应急工作最终需要实现常态化,应急制度也需要从非常态工作转变为常态建设。在这个阶段,应急制度应变成习惯,让应急习惯符合应急法规制度,也让应急制度上升到应急制度文化的高度,实现应急制度文化管控应急安全的目的。[7]

4. 应急制度文化的功能

对于不同的主体,应急制度文化发挥着不同的功能与作用。

首先,应急制度文化能够保障公众对应急的意识、行为规范、技术能力和知识水平。[5]应急制度所包含的应急工作责任制度明确了各岗位的应急职责、绩效目标和奖惩措施等,对每个参与到应急管理中的工作人员有着强力的规范。同时,行为准则和社会规范也对社会大众的行为有着一定的制约作用。

其次,应急制度文化调整和处理政府及各类社会组织之间的关系,规范其应急管理。应急制度确定应急力量体系中各组织的功能与任务,其中应急预案管理制度、应急救援管理制度等都从一体化视角统筹应急管理,规划应急队伍和整体的建设发展方向。

再次,应急制度文化影响全社会的应急人文环境。应急制度常态化的建设使得应急观念深入人心,在社会上形成一种警钟效应,对意识形态有着一定改变。

5. 应急制度文化的不足

应急制度本身的不完善导致应急制度难以上升到文化层面,是应急制度文化目前面临的最大困难。首先,我国目前应急制度操作性不强。面对复杂多变的危机与灾害,现有单行法很难穷举,缺乏部分领域的专门立法。同时,由于法律本身较为抽象,如果缺乏具体的配套制度和实施细则,实行起来会有一定难度。

其次,我国应急制度系统化程度需要提高,非政府组织和应急救援尚未纳入应急管理法律体系。而社区作为民众与政府沟通的桥梁也没有起到良好的沟通作用。社区管理单位对居民情况知之甚少,向上级反馈的效率较低,这也使得整个应急制度系统较为松散,增加了应急管理的难度。[13]

因此,在今后应急制度文化的建设过程中,需要对现有的应急管理法律法规进行清理,重新修订关键法规,提高其可操作性。并且扩大应急制度的管理范围,将更多组织纳入管理体系中。只有将应急制度建立完善,才能进一步建设应急制度文化。

(三)应急组织文化

1. 应急组织文化的内涵与外延

应急组织文化是应急事件中形成于特定组织内部,影响成员行为的信念、规范、惯例和传统等内容的总称。[14]应急组织文化以应急价值观念为核心要素,以组织的制度规范为结构规则,并通过组织的外部表现和组织成员的行为,体现出组织的亚文化系统。[15]

不同的组织具有不同的应急组织文化,应急组织文化又反映着组织的独特性。这是由于应急组织文化形成并发展于组织在应急事件中积累的经验,组织的价值取向则有差异。比如社会组织相比于政府组织,其应急组织文化更为开放和松散,纪律性也相对较弱。但同时,应急组织文化又建立在全社会应急文化的大系统中,离不开社会和民族的大环境,因此,不同组织的应急组织文化又具有一定的相似性。比如各应急组织都以"以人为本"为核心主旨。这也构成了不同组织间的应急组织文化既差异多变,又稳定互补的特点。

2. 应急组织文化的构成要素

应急组织文化的要素包括组织观念、管理方式、组织体系三部分。对于任何一个组织来说,想要把一群单独的个体有机地整合起来都离不开这三个构成要素。它们是相互依存、互相制约、互相渗透,作为协调力和凝合剂,以无形的约束力量构成组织有效运行的内在驱动力,将组织合成一个整体。[16]

3. 应急组织文化的发展阶段

应急组织文化的发展可以分为五个阶段。第一阶段是应急组织初建阶段。在这个阶段,应急组织只是将原本独立的社会个体集合起来,建立了组织这种形式。但组织内部没有强大的凝聚力,组织的实质还没有形成。

第二阶段是应急组织内部整合阶段。这个阶段中,应急组织内部已经开始树立组织观念,形成基本的组织规范和组织体系。整个组织以价值观念为核心团结起来,组织的管理者也能够有效地指导组织工作。

第三阶段是应急组织体系建设阶段。在每个组织能够独立运作的情况下,政府需要搭建应急组织体系,将现有的政府组织和社会组织有机结合起来。由于不同组织各司其职,整合后的组织体系能够更加系统化的运作,以提高整个体系的应急能力。

第四阶段是应急组织体系完善阶段。应急组织体系形成后,政府需要不断加强自身管理协调能力,尽可能发挥体系的最高价值。同时,应急组织系统应该是开放式的,对于新的应急组织,系统应以更加灵活的方式接纳其融入。

第五阶段是应急组织常态化建设阶段。政府在不断对组织制度进行完善的过程中,需要形成组织文化,把应急组织建设上升到思想层面。

4. 应急组织文化的功能

应急组织文化的功能主要体现在应对突发事件时,政府领导的价值取向上,具体表现为经济价值取向、社会价值取向、伦理价值取向及政治价值取向。[16]

一方面,应急组织文化能够提高政府应急工作开展的效率,例如提高政府领导的办事效率、管理效能,完善政府领导的服务质量。同时,应急组织文化对组织内部成员个体行为起着重要的约束作用,对调动各级组织及成员的主动性和能动性有着积极作用。

另一方面,应急组织文化在精神层面也有着重要作用。应急组织文化能够优化政府组织资源的配置功能,转变组织决策思维方式。其具体表现为政府在公共人力资源、公共财力资源、公共物品资源和公共信息资源配置中,形成以公平公正原则为核心的公共责任意识,并且在应急决策时,协调组织内部和外部体系的利益关系,体现民主化、科学化和法制化。[16]

5. 应急组织文化的不足

应急组织文化的不足主要表现在三个方面。一是组织观念不成熟,对预防突发事件没有形成足够的重视,导致组织在应急事件初期警觉性不高、防范措施不力,错过了最佳防控期。[17]同时,由于部分组织对于应急预案的重要性认识不到位,导致其应急预案分级不成熟、不合理,实际效用较差,难以抵御风险。

二是组织管理方式不科学。各类组织的工作人员在应急管理工作中的能力差别非常大,部分管理人员没有经过系统的指导与培训,缺乏处理应急事件的能力。同时,部分组织内部的管理条理不清晰,权责划分不明确,导致其在应急事件中不能相互配合,应急管理事倍功半。

三是国家应急组织系统的决策机制需要优化。应急体系职能边界不清晰、设计缺乏专业化与科学化,导致在应急管理中,组织间不能做到相互配合、相互支撑。[17]

在今后的应急组织文化建设中,我国政府应该在组织观念、管理方式和组织系统三方面进行完善,在工作人员与工作人员、工作人员与组织、组织与组织间建立桥梁,建立起良好的应急组织文化,使组织建设进入良性循环。

(四)应急物质文化

1. 应急物质文化的内涵与外延

应急物质文化是应急文化的物质基础和物质形态,也是应急文化结构中最基本、最常见的组成部分。[5]应急物质文化指的是与社会各类型事故应急相关,具有物质实体的人类应急物质生产活动方式和产品所构成的总和。[3]这些物质实体融入公众应对和处置应急事件的知识技能、价值观念及精神,一定程度上反映着应急主体的应急理念、应急能力与应急素质。[5]

应急物质文化是应急精神文化、应急制度文化与应急组织文化的物质条件和基础,如果没有物质基础,那制度观念、精神意识都是空中楼阁,难以真正地将应急文化的建设变为现实。同时,如果没有精神、体制层面的指导,物质资源也难以得到充分的运用。

2. 应急物质文化的构成要素

应急物质文化具体包括应急实体设施、应急文献信心资源、应急处理技术,以及其他相关的应急保障物资等。[3]应急保障物资指的是在对应应急事件中采用的物资,即应对严重自然灾害、突发性公共卫生事件、公共安全事件及军事冲突等突发公共事件时所必须保障的物质。

3. 应急物质文化的发展阶段

应急物质文化的发展可以分为五个阶段。第一阶段是应急物资目录标准建立阶段。应急物质文化的建设首先需要列出最基本的应急必备物资清单,对其进行合理的规划,明确需要管理的应急物质标准,以免造成不必要的浪费。

第二阶段是应急设施规划建设阶段。在这个阶段,政府需要对应急公共设施、应急装置和应急救援基地的内容、规模进行合理的设置与规划,并且需要对设置进行测试、维修与升级,避免设施出现问题。

第三阶段是应急物资调配网络建设阶段。社区与社区、城市与城市、区域与区域之间需要建立起完善、快捷的物资调配网络与联动机制,并定期进行演练,以保障体系的健全。

第四阶段是应急物质管理提升阶段。应急物品、应急设施及应急网络都离不开政府工作人员的管理。因此,政府应加强各部门、各环节应急物质监督管理,建立严格的审计监督制度,确保物资和设施合法、合理、有效地使用于公共突发事件。

第五阶段是应急物质常态化建设阶段。应急物质建设非一朝一夕可以完成,应急物质建设应转变为一种长期的观念,让应急物质文化根植于公众与政府意识之中。[7]

4. 应急物质文化的功能

应急物质文化在应急事件发生阶段和重建阶段中起着重要作用,其主要体现为应急防护系统的规划与建设。[5]一方面,应急物质文化的建设能提升政府的应急预防意识,在应急事件来临前,建立应急物资目录和标准、储备充足的物资、合理建设和规划避难场所及应急设施并搭建物质调配网络。特别是经济较为发达的城市,需要提高消防、卫生、抗震、物流、交通等多方面的基础设施建设投入。应急物质文化的建设让政府意识到应急物质储备的重要性,分配合理的财政预算到应急基础建设中去。这样在突发事件中才能够做到有备无患。

另一方面,应急物质文化的建设能够有效地提升社区应急设施建设意识。各地政府要根据实际情况,联合当地企事业单位、学校、社会组织共同参与,改进社区应急资源系统的配置、整合与管理[13]。

5. 应急物质文化的不足

应急物质文化的基础是应急物质系统,应急物质系统不能相互独立存在,必须与其他系统协调发展。因此也产生了如下问题。

首先,应急物质资源储备不充足,难以迅速满足应急需求,造成应急事件大规模扩张不能受控。虽然政府在常态化应急管理中储备有一定的基本物资,但在一些大规模爆发的应急事件中,标准化的物资储备量难以满足应急管理的需求。而应急管理需求的不满足,不仅会造成管理效力下降和危机事件的继续扩张,而且也会使公众产生对政府的不信任和恐慌,甚至可能会形成一定规模的抢购应急物资等群体骚乱。

其次,应急物质资源调配网络建设不完善,运输系统无法承载物资调配工作。在应急管理中,应急物资需要从边缘地区调至中心地区以满足重灾区的物资需求。然而由于运输系统的运载能力有限,应急管理中可能会发生物资调度计划和决策不能按时实现的情况。

因此,在应急物质文化建设的过程中,政府需要形成常态化意识,在非应急期积极做好物资储备,并大力提升资源调配网络的承载量和反应力,以满足应急管理的需求。

(五) 应急行为文化

1. 应急行为文化的内涵与外延

应急行为文化是人们在长期的应急管理实践中形成的思维方式、行为方式和习惯等具有外显性文化形态的总和,是整个应急文化体系的表征[5]。应急行为文化的主体是公民个体和组织的行为方式。应急行为文化也是应急文化形成过程中具体的培育行为和培养方式,其使得应急文化成为可被感知、实施的具体存在。

同时,应急行为文化也是在应急精神文化支配、应急制度文化规范、应急物质文化依托和应急组织文化调节下,形成的自觉活动。只有应急精神、制度、物质和组织文化都建立健全的情况下,社会才能形成良好的应急行为文化。

2. 应急行为文化的构成要素

应急行为文化可以分为应急准备行为文化、应急反应行为文化、应急处置行为文化和应急完善行为文化。[18]应急准备行为文化包括公众形成提升应急知识储备、提高应急培训频率、提升危机意识与敏感性和加强应急心理行为准备等的意识;应急反应行为文化包括公众提高应急知识应用、应急行为响应、应急研判效力和应急决策的意识;应急处置行为文化包括公众提升应急综合处置、应急综合协调、应急资源整合和应急信息处理等行为能力的意识;应急完善行为文化包括公众应急知识提升、应急应对技能提升、应急心理增强和应急处置完善等的意识。[19]

3. 应急行为文化的发展阶段

应急行为文化的建设需要将价值观念的影响和制度法规的约束结合起来,潜移默化地培养公众的应急行为。由此,应急行为文化的发展可分为五个阶段。

第一阶段是应急管理粗放松散阶段。在这个阶段,公民还处于无规则状态,没有过多约束,基本出于每个人自我价值观念而产生行动。

第二阶段是应急管理强制执行阶段。此阶段中,政府形成了一定的法律法规与制度规范,这些条例约束着公民的行为,强制要求人们遵守规章制度。这时公民处于一种被动执行规范的状态,缺乏主动性和积极性。

第三阶段是应急管理依靠指引阶段。通过长期的教育和培养,公民此时已经对应急文化有了初步的了解,也能够正确认识到危机事件的风险。因此,公民从强制被动的行动转变为依靠政府的指引,有一定主动性地参与到应急管理中。此时,公民的行为也更好管控。

第四阶段是应急管理自觉管理阶段。在依靠指引的基础上,进一步加强应急文化教育,便能够进入应急行为文化的第四个阶段。在这个阶段中,公民已经对应急文化形成了清晰的认知,树立起了科学、正确的应急价值观,掌握了必备的应急知识,养成了良好的应急素养,因此也能主动参与到应急管理中,形成自我约束[7]。

第五阶段是应急管理二次教化阶段。当社会大部分公众形成应急素养后,整个社会将形成一股合力,公众会主动地传播、教育对应急文化了解相对较少的群体,形成应急管理的二次教化。

4. 应急行为文化的功能

应急行为文化的主要作用就是展现应急物质、精神、制度和组织文化,实质性地影响着应急行为。在应急管理中,只形成应急观念、构建应急体系是不够的,应急管理的终极目标是培养公民的自觉行为,提升社会应急管理效率和能力,有效减少灾害损失并降低应急成本。

同时,应急行为文化也能够反过来促进应急物质、精神、制度和组织文化的建设,形成良性循环。

5. 应急行为文化的不足

应急行为文化影响着应急行为，其不足可以划分为应急行为的不足和应急行为文化的不足两个方面。

在应急行为方面，我国目前应对应急事件没有呈现出反应迅速、反应到位的特点。相反，政府在处理突发事件时存在不知道如何处理的现象，也因此错过了最佳的处理时机，导致灾害的进一步扩大，提高了应急管理的难度。

在应急行为文化方面，政府的教育力度有待加强。目前我国公众的应急行为普遍还处于一种从被动向主动转变的过程，没有形成主动性与自觉性。因此在公众行为管理上，政府工作难度较大、成本较高。

在之后的应急行为文化建设中，政府可利用广泛的传播渠道，培养公民的主动应急意识，也提升政府自身的应急管理能力和管理效果。

（王　茜、朱　格、张晓清、黄湉容，上海交通大学）

参考文献

[1] 韩传峰,孔静静,陆俊华.城市应急文化及培育关键因素分析[J].中国公共安全(学术版),2010(04)：40-44.

[2] 张华文,陈国华,颜伟文.城市社区应急文化体系构建研究[J].灾害学,2008(04)：101-105.

[3] 李昊青,刘国熠.关于我国应急文化建设的理性思考[J].中国公共安全(学术版),2013(02)：34-39.

[4] 李仲良,卢芳革.试论我国应急精神文化对"新冠肺炎抗疫"的作用和影响[J].企业科技与发展,2020(08)：217-218+221.

[5] 郑家宜.城市应急文化建设研究[D].广西师范大学,2013.

[6] 应急管理工作人员应树立七种意识.https://wenku.baidu.com/view/885e56f54431b90d6d85c72c.html.

[7] 赵千里.新时代"四位一体"应急文化建设模式——金川集团股份有限公司文化建设实践[J].中国应急管理,2019(02)：27-29.

[8] 孙霞.上海市社区应急文化培育模式改进研究[D].华东政法大学,2017.

[9] 蒋爱鑫.京津冀雾霾防治联合预警和应急制度研究[D].中国地质大学(北京),2017.

[10] 赵艳艳.城乡居民应急文化培育研究[D].中国政法大学,2014.

[11] 江田汉.你了解我国应急管理法律体系吗[N].中国应急管理报,2018-7-14(003).

[12] 国家安全生产应急救援中心.企业安全生产应急文化建设探索与实践[J].劳动保护,

2020(09):23-25.
- [13] 倪斌.我国城市社区在应急管理中的功能研究[D].电子科技大学,2012.
- [14] 金东日.组织学[M].天津:南开大学出版社,2008.
- [15] 王卓君.关于当前中国社会组织文化建设的探索[J].苏州大学学报(哲学社会科学版),2012,33(05):1-7+191.
- [16] 王炜.行政组织文化在政府领导力中的功能和作用研究[D].中南大学,2007.
- [17] 罗云.试论新时代应急文化体系建设[J].安全,2020,41(03):1-7.
- [18] 王义保,王天宇,刘卓等.基于SOR模型的突发公共卫生事件公众应急行为研究[J].重庆社会科学,2020(05):19-31.
- [19] 宋英华.基于熵权模糊法的公众应急能力评价研究[J].科研管理,2014,35(12):183-188.

第四节 研究应急文化的价值与意义

一、研究应急文化的理论价值

首先,作为应急管理系统建设的一部分,研究应急文化具有一定的理论价值。我国对危机管理的研究起步较晚,2003年"非典"之后,政府才逐步开始推动有关公共危机管理的研究。[1]目前,对我国公共危机管理理论体系的分析大多是在宏观层面上,以政府为职能主体,分析其在公共危机管理中的不足和缺陷,对个体等微观层次的研究较少。但是,管理学作为一门管理人的学科,对个人的研究是必不可少的。个人在危机管理中的协同意愿、组织内部的信息沟通等都会对应急组织的管理效果产生重要的影响。研究应急文化为公共危机管理理学研究开拓了新的视野和研究方向,有利于完善、完整危机管理研究体系,为学科进步提供了一定的帮助。

危机管理学是一门注重实践的学科,现代危机理论就是在总结了美国、日本、欧洲诸国危机实践基础上发展起来的。我国目前存在公共危机管理的法治不健全、主体不明确、机制运行混乱、应急保障滞后、管理评估不足等问题。[2]作为公共危机管理体系的一个重要组成部分,应急文化为构建公共危机应急救援力量体系提供了坚实的文化基础[3],为建立全方位的公共危机管理组织体系和科学的协调联动机制提供了思想保障。

研究应急文化的过程,还会带动其他相关学科的发展。应急文化的研究在应急管理的各个阶段分别具有不同的理论价值和意义。在预防阶段，应急文化的建设可以促进建筑学、教育学、预防医学与卫生学理论等学科的理论研究。在事件发生阶段，应急文化研究同灾害学、物流管理等学科的发展有着密不可分的联系。在灾后重建阶段，研究应急文化能引起对灾害心理学等学科的重视，促进学科理论发展。

二、研究应急文化的现实价值与意义

（一）民众教育与素质提升视角：有利于提升应急管理的基础

民众是危机的直接承受者和应对者，在危机发生时，民众自身的危机应对观念、能力和心态在很大程度上决定了风险的危害程度。研究应急文化，不仅能够帮助民众改变传统的应急观念，以积极、健康的心态应对可能发生的危机，提高应急心理素质，还能在一定程度上提高自主自救能力和与相关应急部门的配合能力，提升应急管理的基础，最大限度地避免风险带来的损失。

1. 改变民众的传统应急观念

受传统生死观念和社会期待（social expectation）的影响，我国人民长期以来形成了消极应对危机的社会规范。作为社会文化在应急领域的具体体现，人们的应急行为受到了应急观念和社会规范的影响。

社会规范是人们在日常生活中"被认为是恰当、得体的各种言谈的具体行为的标准"，分为民俗（folkways）、道德规范（mores）和法律（laws）三个范畴。[4]其中，民俗作为特定文化中人们无意识的社会生活、思维和行为模式，代表了人们日常生活中最常见的社会规范。我国民间自古就有爱说吉利话、讨口彩的民俗，认为在交往中提到灾难和危机是一种不礼貌、招人嫌的行为。因此，人们在日常交往中总是不愿提及"风险""隐患"等词汇。甚至奉行"听天由命"的天命观，在危机来临时消极应对。

然而随着风险社会的到来，传统心存侥幸、为图吉利而对风险避而不谈的习俗不再利于人类社会的长期稳定发展。这种对未来风险的"猜疑回避行为"为及时发现潜在危机，有效预防危险的发生制造了阻碍，从而增加了危机事件发生的概率。

研究新时代下的应急文化能够帮助人们打破这种传统的天命观，转而积极主动地预防并应对危机，要求人们在日常生活中具备危机意识和忧患意识。研究应急文化，对于改变传统应急观念、帮助人们更好地适应风险社会，具有重要的价值和意义。

2. 培养民众的自救互救能力

突发事件具有突发性、破坏性强等特征,往往会在短时间内迅速对人身与财产安全造成严重的损害。面对突发事件,传统"自上而下"的应急救灾方法往往难以有效利用黄金救灾时间,因此,提升民众自主自救能力,已成为我国应急管理系统建设的重点。民众是突发事件最直接的应对者,危机事件发生后的即时破坏程度往往取决于公众对危机所做出的第一反应,因此,在面对突发状况时,学习和掌握科学的自救和互救技能比等待专业人士的救援更为重要。[5]如果民众盲目逃生或者等待被动救援,在实施援救过程中措施不当,甚至会在一定程度上造成二次伤害,给应急救援工作带来更大的难度。

所谓"授人以鱼不如授人以渔",对于个人来说,防范与应对突发事件的最有效方式便是提高民众的应急素质与能力。对应急文化的研究,普及正确、有效的自救方法是实现应急建设的基础。日本作为一个地震多发国家,在应急文化建设上有着充足的经验,日本政府在《日本防灾基本计划》中写道"公民保护自身安全是防灾的基本",公民应当"帮助身边受伤和需要援助的人",强调自救与互救的优先原则。[6]

近年来,我国越发重视公众备灾能力的提高,加大各类突发灾害应急宣传力度。但是,我国对民众自救互救技能的培养同日本等仍存在很大的差距,存在应急基础薄弱、意识不强等问题。[7]学校和单位在应急教育上存在着消极应付上级检查,缺乏有效落实的问题,同时,民众自身仍对救援组织具有极高的依赖性,未能真正意识到自主自救能力培养的重要性和必要性,导致很多民众对于自救和逃生知识技能只是"略知一二",在真正遇到风险时仍难以将所学技能运用到实际。

研究应急文化能够让民众意识到培养自助自救能力的重要性和必要性,从根源上解决应急教育的形式主义乱象。应急教育中提高逃生、减灾知识和手段的科学性和实效性,培养民众的自主自救能力,确保民众在灾害发生时掌握一定的自救能力,在社区生活中减少自身的受灾性,保护自身安全。

3. 提高民众的应急心理素质

由于灾害事件具有突发性和紧急性的特征,容易造成公众的心理失衡和情绪紊乱,人们在亲历重大灾害后难免会产生一定的应激反应,对公众的心理健康造成一定的损伤。近年来,我国政府开始重视起了灾后公共心理健康问题,我国的灾害心理与行为研究也因此得到了快速发展[8]。但是存在公众对心理疾病的识别能力不足[9],心理求助意识淡薄和对心理援助存在认知偏差等问题。例如,一些公众存在将心理援助等同于"做思想工作"的错误态度[10],对心理援助志愿者产生抵触情绪。不仅如此,受到我国传统文化长期以来对精神疾病的污名化建构[11],社会上存在对精神病患者及家属的歧视,使得一些存在灾后心理创伤、急需心理干预的人,却因"社会病耻感"[12]对心理援助存在顾虑,不愿接受帮助等。这些消极态度阻碍了公众在灾后寻求专业心理援助,对灾后心理援助的有效开展造成了阻碍。

心理健康素养(Mental Health Literacy)最早由澳大利亚学者 Jorm 提出,并将其定义为"帮助人们识别、处理和预防心理疾病的知识和观念"。[13]随着心理健康素养的研究和教育实践在全世界范围内的广泛关注,有关心理健康素养的定义和内涵也在不断完善。Kutcher 等学者在类比了健康素养(health literacy)和心理健康素养概念的演变后提出,心理健康素养包含理解如何获得和保持积极的心理健康状态、理解心理疾病和治疗、减少心理疾病相关的污名和增强心理求助效能四个部分的内容。

研究应急文化对提升公众的心理健康素养有着积极作用。首先,通过在日常生活中向公众普及灾害心理健康知识,科普心理援助项目,应急文化的研究和建设可以帮助公众在灾害发生时理性看待自身的心理变化,及时发现问题并积极寻求心理治疗。其次,应急文化的普及能够培养民众良好的应急心态,帮助人们在遭遇突发危机时避免恐慌,面对人、财物损失时不至于精神崩溃[14],提高人们获得和保持积极的心理状态的能力。不仅如此,日常生活中的应急文化研究,也能在一定程度上改善我国社会目前的心理疾病污名化现象。通过普及心理健康知识,可以帮助公众更加理性地看待心理疾病和症状,削减对心理创伤的妖魔化认知,为心理援助的有效进行提供良好的社会氛围。

4. 增强民众的应急配合能力

对应急文化的研究还有助于增强民众的应急配合能力。近年来,随着各类环境和非自然灾害的发生,我国公众维权意识显著提高,公众对新型风险的关注度和了解程度有所提升,对于政府决策的参与度也越来越高,促进了相关监督机制与法规的完善。但是,就目前来看,公众的应急参与行为仍存在一定的无序性,可能会带来应急效率下降、危害社会公共秩序的副作用。[15]例如,在危机发生时,由于不同公众的动机存在差异,无组织的自发应急行为往往缺乏目标的一致性,容易受到懈怠态度和情绪煽动的影响,最终导致行为的失效,甚至对社会秩序、有效的应急规划造成负面影响。因此,提高民众的组织意识和配合能力,使各个参与主体在突发事件应对过程中互相配合,是实现有效应急治理的基础,也是现阶段应急管理建设的重要课题。

《中华人民共和国突发事件应对法》明确规定:国家应该建立确实有效的社会动员机制,提高民众的危机预防意识,增强社会整体应对危机的能力。对应急文化的研究不仅可以提高民众的危机预防意识,增强其应对危机的能力和心理素质,也可以增强民众的应急配合能力,是建立有效、有序社会应急动员机制的前提和基础。首先,研究应急文化,在意愿层面,通过培养民众的危机意识,宣传有序应急的重要性,能够使民众在面对突发事件时有配合政府、社区共同应对灾害的意愿。其次,研究应急文化,在操作层面,通过日常的灾害逃生演练、对所在地区应急组织的科普,能够使民众在危机事件发生后知道自己该做什么、能做什么,从而自觉、有序、快速地参与到应急救援体系中,配合有关部门完成救援和重建工作。

(二)政府管理视角:有利于提高管理者危机处理能力与效率

民众的自主自救能力固然重要,管理者的统筹规划和管理仍是应急管理体系建设的重点与核心。对管理者来说,研究应急文化可以培养有关部门的风险意识,转变"重治轻防"的错误观念,将对风险的预防纳入日常工作重点中,提高其危机管理意识和能力。不仅如此,对应急文化的研究和普及还能提高社会各部门之间的应急协作能力,加快管理部门应急信息传播速度与效率,为危机的有效预防和应对提供坚实的基础。

1. 提升政府应急管理能力

应急管理服务是一项公共安全服务,政府在其中起到了主导作用[16],因此,提高政府应急管理能力对完善应急管理体系建设至关重要。然而,改革开放以来,我国政府的工作重心一直放在经济建设上,各级政府部门在加强经济建设的同时,忽视了公共管理和公共服务的投入和建设。[17]现行政绩考核体制中对应急管理建设水平的忽视,使得许多地方政府在实际工作中,普遍存在"重治轻防"的习惯,缺乏忧患意识,宁可在危机发生后,紧急调动大量的人力(包括武警、军队和地方的一切人员)、物力和财力来解决危机,也不愿在事件发生前投入人力、财力完善应急管理系统,做好应急准备。直到危机发生时,才暴露出政府应急体系反应迟缓、应急能力低下的问题,对当地人民的生命财产安全造成了威胁和伤害。

研究应急文化,对转变这种"重治轻防"的错误观念、提升政府应急管理意识有着重要的作用。首先,从物质准备上看,对应急文化的研究能够让各级政府明确自己在应急管理中的责任,修正"侥幸主义"导致的财政投入失衡,保证该地区应急管理体系的持续建设和更新。其次,从人员准备上看,对应急文化的研究能够让各级政府将应急能力纳入考核体系中,重视对政府工作人员应急管理能力的培养和考核,在危机发生时,避免因应急能力低下造成的资源浪费。

2. 提高社会各部门间的应急协作能力

20 世纪 90 年代以来,合作网络(collaborative Networks)的概念在公共管理领域被广泛运用。在合作网络中,不同区域、不同层级、不同部门的政府机构,以及私营企业、非营利性组织间的多元主体合作关系,通过该网络广泛地参与到政策执行和社会公共服务中。合作网络的建立,避免了单纯依靠政府管理模式下因政府失职造成的威胁,能够帮助政府应对日趋扩大和复杂化的公共服务职能。

在对突发事件的应对中,政府机构、私人部分和社会组织的合作管理是世界应急管理的总体发展趋势。[18]面对重大的灾害事件,仅依靠政府一方的力量是远远不够的,协同能力的强弱直接关系到公共部门应急治理的效果。研究应急文化,就是将应急管理融入日常生活和工作中,在很大程度上促进了应急合作网络的建设。在应急文化的研究中培育企业、社会、公众和非政府组织等与政府的应急合作关系,提高社会各部门在面对突发事件中的应急协作能力。

3. 加快管理部门应急信息传播速度与效率

应急信息的传播速度对突发公共事件的治理有着重要的意义,特别是在大型传染病的诊治中,应急信息的低效传播会造成传染范围的扩大,扩大灾害影响范围。例如,在 2020 年初发生的新型冠状病毒疫情的应急应对中,湖北当地政府存在疫情发布信息滞后,疫情报告途径不畅通等问题[19],延误了对突发疫情的及时处理,导致了疫情的蔓延,使我国人民付出了惨痛的代价。因此,提高管理部门应急信息传播速度与效率,是新时代应急管理建设的重点之一。

随着近年来对"互联网+智慧医疗"的重视,我国的应急信息传递系统建设不断完善,已建成全球最大的传染病疫情和突发公共卫生事件网络直报系统,疫情信息从基层发现到国家疾控中心接报仅需4小时。[20]但仍存在因当地政府存在疫情发布信息滞后而导致的应急信息传达延迟等问题。应急文化的建设,能够培养管理部门在面对突发公共卫生事件时的警觉性和敏感程度,从根源上保证应急预警信息的及时发出,提高应急信息的传播速度与效率。

(三)社会发展视角:增强社会的灾害应对与康复能力

随着全球进入风险社会,有关"韧性(Resilience)"的概念在越来越多的领域得到了重视。[21]近年来,在城市规划领域,对"韧性城市(The Resilient City)"的建设需求逐渐成为城市发展的新潮流[22],韧性城市强调在遭受突发事件时,凭借其动态平衡、冗余缓冲和自我修复等特性,快速分散风险、自动调整恢复稳定,从而有效抵御外来冲击和减缓内部灾害。研究应急文化,对推动"韧性城市"建设、提高城市在外力冲击下的抵抗能力和自我恢复能力提供了帮助。

1. 规划社会灾害与风险抵御的基础建设

研究应急文化,能够提高城市规划人员的风险感知力,促使城市规划人员在制定规划时充分考虑到对灾害的防御和缓冲能力。比如充分考虑公共场所应急通道的宽度和结实程度[23],确保灾害发生时的疏散效率;提高城市基础设施的工程韧性和冗余性,确保城市生命线工程和基础设施等具有在经历重大冲击后仍能正常运转[24],为灾后即时重建提供基本的物质保障;在灾害高发区域,建设预备泄险区,确保应急人员可以随时准备进入事发地点进行救援等,巩固了社会应急管理的基础,提升城市整体应急能力。

2. 增强社会的康复与复原能力

突发事件发生后的社会康复包括两个部分,一是物质修复,也就是对灾害造成的基础设施、建筑物等实体损伤进行修复和重建;二是精神修复,是对受灾害影响的公众的心理状态和社区精神文明进行修复。应急文化的研究,对增强社会的物质修复能力和精神修复能力有着重要的积极作用。其一,从资金和物资储备上来说,应急文化的研究和普及,能提高当地政府的风险意识,做好应急物资和资金储备,在灾害后及时有效地开展重建工作;其二,从行动力上来说,应急文化的建设有助于培养公众的合作意识和配合能力,提高政府、社区和民众的联动配合,在灾害发生后快速、有序地进行灾后重建;其三,从精神修复层面来说,研究应急文化,在日常生活中培养公众的风险意识,能帮助公众以平常心面对灾害,尽快适应灾后社会并恢复日常生活节奏等。

3. 有效避免因谣言导致的次生灾害

由于突发事件常常具有偶然性、紧急性、严重性等特征,当灾害发生后,除了原生灾害外,还容易引发次生灾害。对于由自然原因导致的自然次生灾害,人们可能很难直接阻止其发生,只能尽可能做到及时预警并减少损失。但一些社会性次生灾害,例如谣言导致的网络舆情次生灾害、社会情绪次生灾害,却是可以预防和避免的。社会性次生灾害同自然性次生灾害一样,如果缺乏有效的预防和应对,会对人民的生活、健康造成破坏性的后果,其影响力甚至会超过原生灾害。

奥尔波特和波斯曼提出,谣言的产生和传播包含信息的缺乏、恐惧和危机三个条件,并提出了谣言传播公式——谣言的流通量(Rumor)＝事件的重要性(Importance)×事件的模糊程度(Ambiguous)。[25]在突发公共事件发生后,由于公众缺乏对原生灾害的了解,或缺乏及时准确的灾害信息,容易产生对灾害信息的误读、误判,从而形成心理的恐慌,并因事实判断模糊的影响而可能接受并传播流言。传播学者克罗斯在后期研究中加入了公众批判能力,将谣言公式修改为:谣言的流通量(Rumor)＝事件的重要性(Importance)×事件的模糊程度(Ambiguous)/公众对待谣言的批判能力(Critical)。[26]根据这个公式,谣言的流通量于公众对待谣言的批判能力成反比,也就是说,在公共事件发生后,公众对谣言批判能力的提升可以有效地抑制谣言的流通。研究应急文化,正是在日常生活中普及应急教育和科学的灾害应对措施,从而提高公众的批判能力,有效提高社会成员对谣言的甄别能力,抑制谣言的滋生和传播,避免因谣言造成的社会性次生灾害。

(王　茜、朱　格、张晓清、黄湉容,上海交通大学)

参考文献

[1]　孙多勇,鲁洋.危机管理的理论发展与现实问题[J].江西社会科学,2004(04):138-143.
[2]　罗建平,薛小勇,李千.浅谈我国公共危机预警管理制度建设[J].防灾科技学院学报,

2010,12(02):109-113.

[3] 李昊青,刘国熠.关于我国应急文化建设的理性思考[J].中国公共安全(学术版),2013(02):34-39.

[4] 窦卫霖.民俗制约交往规则的理论与实践研究[J].上海大学学报(社会科学版),2002(04):45-50.

[5] 郑家宜.城市应急文化建设研究[D].广西师范大学,2013.

[6] 董泽宇.论突发事件应急教育的作用、内容与形式[J].城市与减灾,2014(03):25-27.

[7] 姜秀慧.公众应急准备素质与能力教育体系研究[J].中国安全生产科学技术,2011,7(12):145-151.

[8] 刘正奎,吴坎坎,王力.我国灾害心理与行为研究[J].心理科学进展,2011,19(08):1091-1098.

[9] Huang, M., Shi, Y. B., He, Q. N., Zhang Z. X., & Zhu, Z. F. (2009). A study on knowledge rate of mental health of adolescent in pre and after intervention. Medical Journal of Chinese People's Health, 21(23), 3055-3056.

[10] 张素娟.从汶川到玉树管窥中国灾害心理援助[J].中国减灾,2011(09):15-17.

[11] 任志洪,赵春晓,田凡等.中国人心理健康素养干预效果的元分析[J].心理学报,2020,52(04):497-521.

[12] 江开达.抑郁症的诊断与治疗[J].医学与哲学,2010,31(2):12-13.

[13] 江光荣,赵春晓,韦辉等.心理健康素养:内涵、测量与新概念框架[J].心理科学,2020,43(01):232-238.

[14] 冷兰兰.论气象灾害应急响应机制中公民道德提升的对策[J].中国培训,2015(18):7-8.

[15] 闫洁洁,向晓东.突发环境事件公众参与过程的有序性探讨[J].环境科学与技术,2014,37(S2):576-579+596.

[16] 姜长云,姜惠宸.新冠肺炎疫情防控对国家应急管理体系和能力的检视[J].管理世界,2020,36(08):8-18+31+19.

[17] 海楠.基于突发事件中公众脆弱性的政府应急管理问题研究[D].中国海洋大学,2014.

[18] 张海波,童星.中国应急管理结构变化及其理论概化[J].中国社会科学,2015(03):58-84+206.

[19] 汪宏波,熊占路,张可可,李奕,张祖涵."网格化+家庭医生"实现重大传染病超前预警[J].国家治理,2020(20):32-38.

[20] Akter, S., Wamba, S. F., 2019, "2017 Big Data and Disaster Management: a Systematic Review and Agenda for Future Research", Ann Oper Res, 283, 939-959.

[21] 余妙,尹海鑫,李凌月.演化韧性理念下乡村社区灾后重建规划策略研究——再探芦山县龙门乡震后复建[J].城市发展研究,2021,28(02):9-15.

[22] 肖文涛,王鹭.韧性城市:现代城市安全发展的战略选择[J].东南学术,2019(02):89-99+246.

[23] 邢娟娟.应急准备文化的推进与实践[J].中国安全生产科学技术,2011,7(09):115-120.

[24] 肖文涛,王鹭.韧性城市:现代城市安全发展的战略选择[J].东南学术,2019(02):89-99+246.
[25] 雷霞.谣言生命力解读——谣言概念及公式研究综述[J].新闻记者,2020,453(11):87-98.
[26] Chorus, A. (1953). The basic Law of Rumor. Journal of Abnormal and Social Psychology, (48): 313-314.

第五节 应急文化建设的方法与路径

一、应急文化建设的基本原则

建设应急文化是一个复杂、结构化且需要持续投入的过程。因此,在建设应急文化时,需要遵循一定原则。梳理并明确建设原则可以帮助应急文化的主体更好地理解应急文化的目的,从而针对性地建设应急文化,确保应急文化能够发挥实际作用,帮助人们面对突发事件。

(一) 以人为本

建设应急文化最根本的目的就是为人们提供保障以应对突发事件。无论是政府、媒体、社区、企业,在建设应急文化时都应该将以人为本放在首位,以保护民众生命安全、心理健康为目的建设应急文化,全面考虑个人在突发事件中可能遇到的身心威胁。

(二) 实事求是

建设应急文化的过程中所制定的方案和计划都应该实事求是。在拟定和落实建设计划时,既需要考虑主体的知识水平和需求,同时也需要以现有的资源为参考,确保建设应急文化的计划能够最大程度地发挥,确保所有的资源都得到合理的调配和组织;避免因为急于求成、操之过急而制定不符合实际的方案,浪费人力物力。

(三) 全民全面

应急文化的建设需要每一位公民的参与,需要落实到每位公民生活的方方面面。参与应急文化的建设不仅可以保障公民个人的安全,同样也可以为他人的安全和社会的正常运转作出贡献,因此建设应急文化时应该将其纳为个人社会责任的一部分。因此要调动起全民对于应急文化的观念意识,使其理解应急文化的内涵,为应急文化的发展提供广泛保障。

(四)系统规划

应急文化体系是一个复杂系统,建设应急文化是一个系统性的工程。因此参考系统建设及管理方法对于应急文化的建设是有价值的。[1]

系统工程的典型方法之一是霍尔模型。霍尔模型由美国系统工程专家霍尔(A. D. Hall)于1969年提出,又称霍尔三维结构或硬系统方法论(Hard System Methodology,HSM),其为大型复杂系统的规划、组织、管理提供了统一有效的方法。霍尔结构兼顾了系统建设的阶段、步骤和知识技能,并发展出时间维、逻辑维和知识维三个维度。按照霍尔模型的系统管理方法,可以将应急文化的建设分为三个角度:文化功能、文化主体、文化形态,如图2-3所示。本章参考霍尔模型,按照应急文化的功能、主体和形态三个思路,分析如何科学地建设应急文化。

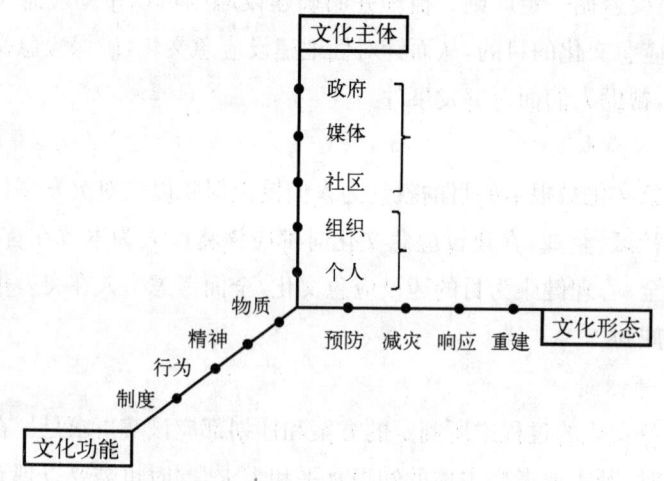

图2-3 霍尔模型:如何建立应急文化

二、以文化功能为依据建设应急文化

根据突发事件发生的时间和后果,可以将应急文化的功能分为四类:预防、减灾、救援和灾后重建。

(一)预防文化

应急文化建设最重要的一部分是预防文化。以预防为目的,一方面可以尽力避免灾害的发生,另一方面可以让各个主体准备好应对灾害、危机或任何其他的紧急情况。建设预防文化时首先要评估该主体可能会面对的突发情况,分析主体面对该威胁时自身的脆弱性,针对不足的地方确定需要做的改善,根据计划落实加强工作,进行实地的培训演练,最后就结果进行再次评估。

在建设应急预防文化时,我们可以参考美国联邦应急管理署制定的规划循环,如图2-4所示。这个循环指出了预防准备工作四个重要部分:评估(Assessment)、计划(Planning)、准备(Preparation)及评价(Evaluation)[2],这个循环不仅可以为政府所使用,同样适用于个人、企业、非政府组织和其他实体。循环的四个部分主要通过几个关键步骤串联起来。

以家庭为例,我们可以按如下方法制定规划循环。

(1) 评估日常生活中可能遇到的危险,比如火灾。

(2) 分析家中是否有导致火灾的不安全因素,是否有电源线老化、缺少灭火设备。

(3) 就这些危险因素确定改变方案,购买新电源线和家用灭火器。

(4) 替换电源线、在厨房、汽车等地配备灭火器。

(5) 进行家庭内部的灭火培训。

(6) 在此基础上重新评估。

通过这几个步骤,就可以提高家庭成员的应急预防文化素质。

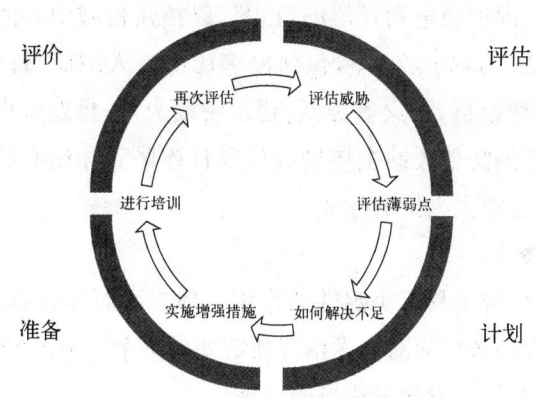

图2-4 应急预防文化建设循环

(二) 减灾文化

预防文化主要关注提升主体面对应急事件的能力。减灾文化指的是有意识地通过降低与特定危险有关的风险发生的可能性或后果来减轻突发情况造成的危险。减灾的目的是进行排查、购置装备、开展行动,以防止危险演变成灾难;或者在灾难发生时,减少其对人类、财产和环境的损害。[2] 为了建立减灾文化,可以从以下四个角度来思考。

1. 危险识别

如果主体不知道危险是什么以及会影响谁,就无法减轻危险;因此需要了解在不同环境、地点、时间可能面临独特的突发情况。政府层面可以制定一系列的本地预案,个人层面则需要主动了解相关信息。比如面对春季的大风天气,政府要提前做好火灾的准备、进行宣教,而个人要注意不要携带火种进入林区。

2. 设计及建造

在施工全过程中持续考虑可能面对的灾害是最节约成本效益的应急方法之一。以建筑建造为例,需要考虑相应的建筑规范、设计标准、土壤和景观设计准则,这些规则制定对于风险的控制有重要作用。另外,除了需要在建设新建筑时遵循相应的设计规范,在对老建筑进行翻新时也需要参考这些规范。现实生活中,为了方便店铺经营,经常会设置夹层,下面经营上面住宿,这种设计的安全隐患极大。因为这种设计没有有效的防火分隔,一旦起火,人员逃生率极低。

3. 土地使用规划

在制定土地使用规划时要有战略意识,在划分区域时也需要有控制建筑密度、适应特殊需求、保护历史和环境的意识。以福州古城中心的三坊七巷为例,这片区域一共有古民居约 270 座,包括许多历史名人旧居,每天游人如织。然而,这连片的木质建筑群,耐火等级低、建筑密度大,一旦发生火灾,大型消防车辆无法进入。但是消防救援站全体指战员靠日夜坚守和精心钻研,创下了连续 8 年零火灾、30 年无重大火情的佳绩。[3]

4. 财政与保险

在意外发生时,资金具有决定性的作用。地方政府需要有意识地通过增税和发放债券等手段准备好应对突发情况所需要的资金。个人也需要针对可能的情况签订保险,以减轻突发状况造成的危害。

(三) 响应文化

突发事件发生后的响应和救援往往是民众评价灾害应对能力最关键的指标,能够展现一个组织的效率和能力。任何级别的政府都需要强大的指挥和控制系统、清晰的沟通反馈渠道,以及与不同机构部门的协调合作,才能成功应对灾难,即使只有一个环节发生问题也会对全局产生影响。

对于局部地区发生的突发事件,当地应急服务人员如消防员、警察、紧急医疗技术人员,往往都接受过培训,能够以系统和周密的方式进行应对。当地的机构可以对事件进行评估,维护现场秩序,抢救和治疗受伤人员,控制危险情况,稳定局势。

对于全国层面的突发事件,中央政府往往会启动相应的预案和警报,调动各地区各部门的力量,以应对突发事件造成的损害。比如中国政府在《国家突发公共卫生事件应急预案》中将突发公共卫生事件划分为特别重大(Ⅰ级)、重大(Ⅱ级)、较大(Ⅲ级)和一般(Ⅳ级)四级,不同等级有不同的判断标准和要求,各级人民政府、卫生行政部门、医疗机构、疾病预防控制机构、卫生监督机构、出入境检验检疫机构,以及非事件发生地区需要通力合作,应对突发公共卫生事件。

（四）灾后重建文化

灾后重建是指在突发状况发生之后,帮助个人、社区和国家恢复正常生产生活的行动。灾后重建是一个非常复杂的阶段,需要来自社会各界的支持与配合。

首先,根据灾后重建活动的时间可以将其分为短期恢复和长期恢复两类(图2-5)。

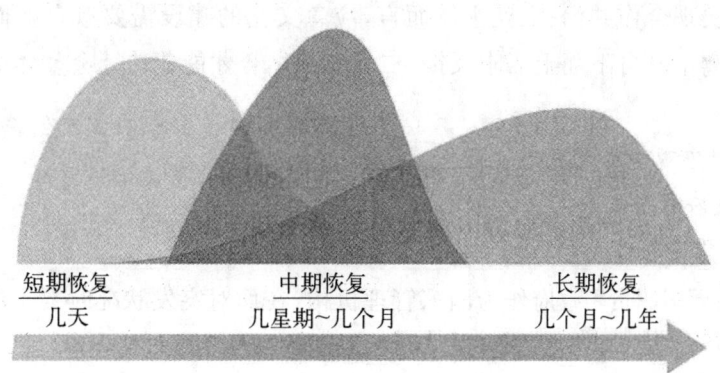

图2-5 灾后重建文化的时间范围

短期恢复需要的是立竿见影的效果,与救援应对有一定的重叠,包括提供必要的公共卫生和安全服务、恢复中断的公用事业和其他基本服务、重建运输路线、为因事件而流离失所的人提供食物和住所等行动。短期恢复强调及时的应对,但是其中一些活动也可能持续数周。

长期恢复往往不在常规的应急框架范畴中,但是同样非常重要。根据突发情况造成的损害程度,长期恢复可能持续数月或数年,比如重建受损地区。

灾后重建的主要流程包括但不限于以下方面。

(1) 确定现有资源及需求。

(2) 提供场地、住房,推动生活恢复。

(3) 为受灾者提供护理和治疗。

(4) 与受灾者及时沟通,关注其心理健康与需求。

(5) 重建社区的物质基础与人际连接。

(6) 纳入预防、减灾措施避免灾害再次发生。

针对新冠肺炎的全球大流行,既需要制定政策来降低民众的感染风险,同时也需要关注到新冠肺炎给个人心理带来的潜在的、长久的伤害,提供护理与治疗;最后更需要以此为鉴,避免类似的公共卫生灾害造成恶劣影响。

三、从文化主体出发建设应急文化

应急文化的培养和建设是应急主体的价值观潜移默化的改变过程。应明确政府、企业、非政府组织和公众等应急主体的角色和定位,强化体制机制保障,逐步实现合作共治。[4]就主体而言,应急文化的建设需要有自上而下总体设计,也离不开自下而上需求反馈,二者相互结合才能营造社会整体的应急文化氛围。

(一) 宏观统筹层面

1. 政府管理者

(1) 建设原则

主动承担职责:政府作为国家管理机构,在面对突发状况时要主动承担起统筹管理的职责。政府及其工作人员需要明确自身在应急文化建设过程中的责任。一方面需要通过不断宣传推动应急文化的建设;另一方面也要身体力行,提高机构应对突发事件的能力。面对公共卫生危机,红十字会的工作人员需要提高公众的卫生与自我保护意识,在危机当下也要协调分配的卫生资源以满足群众的需求。

统筹管理协调:中央政府和地方政府应当有明确的职责划分,政府各部门之间也应该通力协作配合。除此之外,政府还需要和企业、非营利组织、社会公众之间培养良性的关系,突发状况下政府要能够动员社会各界力量。此外,政府也需要建立完善的第三方监督体系,通过政务公开等手段加强社会各界对于政府的信心,以实现"有限政府、社会互助"的应急文化。

建立弹性制度:在突发事件中,政府承担着统筹设计的职责并不意味着需要事无巨细地进行规定和管理。合理的预案和应急方案能够在不稳定的时期提供物质、精神、制度的支持,但是也会有路径依赖、教条的可能性。制度规范能够提供一定的指导,但是计划通常无法完全覆盖现实,在制度之外还要关注人的主观作用,依据环境的变化进行应对。[5] 以新冠疫情时期的健康码为例,健康码最初诞生于基层,能够迅速应对疫情管理的需求,这是弹性的体现;但哪里只看健康码,就忽视了部分无法使用手机群体(比如老年和儿童)的需求。

(2) 建设路径

可将政府的应急文化建设分为四个主要部分:全局筹划、建立预案、切实投入、实时总结(图2-6)。

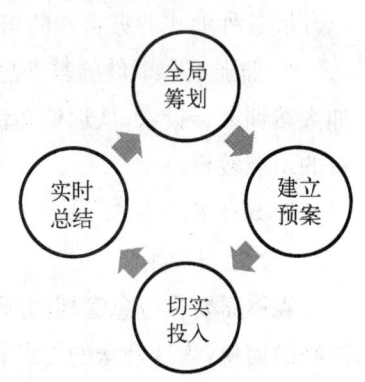

图2-6 政府建立应急文化的建设路径

全局筹划:指的是政府要调动一切可能的方法来建设应急文化,既要关注硬性的制度设计,也要保证突发状况的社会保障;既要关注政府工作人员的应急文化水平,也要通过宣传规范提高社会公众的文化水平;既要关注突发事件之前的准备预防、发生时的应对减灾,同时也要关注事件发生后期的重建工作等。总之,政府需要进行全局的筹划设计。

健全预案:指的是通盘考虑之后,政府需要健全预案以应对灾害。预案内容需要包括对突发事件的判定原则、组织指挥体系及各部门职责、预防预警和响应机制、应急保障、善后工作等。

切实投入:指在预案投入使用之后,需要开展相应的培训、研讨、宣传;另外也要依据实际情况进行动态优化和科学管理,在实际情况中检验预案和准备的有效性。也就是说,在培养应急文化的过程中,政府工作人员应该意识到应急预案并不是一蹴而就的事,而是需要不断调整和变化的。

实时总结:是指根据预案的实际使用情况及环境和历史经验,进行新的筹划和设计以更好地应对突发事件,比如有关法律、行政法规、标准发生变化,突发事件实际应对和应急演练中发现问题需要作出重大调整,面临的风险发生重大变化等。

(3) 建设参考

美国联邦应急管理署发表的《FEMA 战略规划(2018—2022)》中谈到可以通过以下四种方法营造灾害预防的文化氛围。

a. 加大灾害预防投入,灾害预防投入可以降低灾害风险、减少应急救援投入和政府层面应急响应次数,从而降低灾害风险。

b. 扩大各类灾害保险覆盖率,灾害保险可为社区和幸存者快速开展灾后重建提供资金保障。

c. 加大灾前预防支持力度,应急管理部门要与社会各界深入合作,通过多渠道开展各种形式的灾害预防培训教育,加强对特殊群体(如残疾人士)的关注。

d. 加强灾害事件的教训总结,可以更好地改进工作方法。应急管理部门要加大培训资金投入,从理论知识、实战能力和领导力三个方面加强对应急救援人员的培训教育。

2. 媒体及从业人员

(1) 建设原则

媒体需要在应急管理的所有阶段进行有效的持续报道,向公众提供及时和准确的信息,表达公众的需求和问题。

在预防阶段,媒体要传播应急准备信息,教育和鼓励公众采取行动,为未来的灾难事件做好准备。

在减灾阶段,媒体要推动落实能够减少未来灾害中生命和财产损失的战略、技术和行动。

在响应阶段,对于正在发生的灾害,媒体要向公众提供通知、警告、疏散信息和及时的情况报告。

在灾后重建阶段,媒体要向受灾害影响的个人和社区提供登记和接受救灾的信息。

(2) 建设路径

媒体可以以拉斯韦尔的"5W 传播模型"为蓝本来建设和宣传应急文化,即谁(Who),说了什么(Says What),通过什么渠道(In Which Channel),对谁说(To Whom),取得了什么效果(With What Effect)。

信源：媒体也需要审慎选择信息来源，在响应和重建阶段提供准确的信息，避免给群众以误导，尽可能从源头减少虚假新闻。

渠道：当下的官方媒体在传统媒介（如电视、广播、互联网、报纸等）以外，基本也都开设了各自的社交平台账号（如微博、今日头条、抖音等）。在突发情况下，媒体需要选择与传播信息和受众需求最为匹配的媒介。值得一提的是，虽然当下社交媒体能够提供及时的信息，但是当突发事件破坏了网络信号时，应采用较为传统但是有效的通信方法，比如收音机、广播等。

受众：媒体需要明白信息受众是谁。应急预防和减灾信息的受众是非常广泛的，但是考虑到受众的需求、接受理解信息的能力，针对不同受众要制定不同的宣传方法。比如在特定地理位置的居民，个人团体（组织、商铺、家庭等），有特殊需求的人群（儿童、老年人、残疾人等），个人及其宠物等。

评估：媒体需要对自己的传播效果进行评估，了解受灾者的反馈和需求，判断传播是否实现了预期的效果。

（3）利用社交媒体

相比于传统媒体，如今社交媒体的功能更加丰富。在应急文化的建设过程中，社交媒体也具有不同于传统媒体的独特作用。在建设应急文化的过程中，社交媒体的作用包括以下方面。

- 提供实时信息
- 提供救援平台
- 提供情感治疗
- 提供捐款渠道
- 帮助重建社区
- 使个人能及时发布自己的状态
- 使个人能及时地找到亲友
- 使公众能够直接帮助公众
- 提供未经筛选的原始信息

3. 社区

社区是社会治理的基本单元。社区作为城市的细胞，是各类事故灾害承受的主体。[6]社区是公民生活的地方，同时也连接起了不同的组织、公司和政府。因此社区对于应急文化的建设起到了至关重要的作用。

(1) 建设路径

建筑空间：首先，社区在公共空间的建设上需要考虑突发事件的需求，进行人性化的空间规划，预留通道和场地、建设具有多重功能的公共场所。比如公园既有美化环境的功能，也可以提供避难场所。

行为培训：社区可以通过举办应急技能培训、定期举行社区的应急演练等方法引导和规范居民的行为，从而能在突发事故中临危应变。

精神熏陶：社区可以在布告栏宣传应急文化的重要性，开展社区活动，提高居民的忧患意识，丰富居民的应急知识，使其掌握必要的避难和应急方法，提高心理承受能力。

(2) 建设参考

面对2005年的卡特里娜飓风，美国墨西哥湾各个公共图书馆在飓风发生的全过程中承担了重要的应急应对职能。图书馆情报服务团队向社区和公众提供了丰富的信息，协助社区发布灾害预警，编辑和发放纸质版和电子版的应急手册，还成立了灾害信息工作组提供应急管理情报，并与其他救援组织进行合作等。[7]

(二) 微观应对层面

1. 企业、学校等组织

对于社会组织而言，大到企业、学校，小到私家商铺都需要有应急文化意识。关于路边商铺的火灾、爆炸新闻屡见不鲜，这种突发事件不仅会造成组织本身的损失，同样会给周边带来损害。对于企业、学校、商场这种社会聚集地，突发事件可能造成的损失就更为巨大。因此，无论大小、性质，组织也都需要培养应急文化意识、进行应急文化准备。

(1) 建设原则

主动学习应急知识：企业、学校等大型组织应当主动学习应急知识，培养管理层的应急管理能力。不仅仅是石油、建筑行业，几乎所有的领域都与应急文化有关，每一种类型的店铺都会遇到突发事件。组织需要关注本行业内相关的应急法律法规，关注政府的行政法规，对可能影响组织正常运转的因素进行排查，对普遍的灾害进行预防准备，从而降低突发事件带来的影响。

纳入组织运营管理：应急文化的建设应当融入组织运营管理的各个部分，包括建筑、人员、物资、现金流等。以灾害逃生为例，组织需要在建筑中以规范的标志标明逃生通道，要面向全体组织成员培训应急知识，定期进行应急演练、危险排查等。

(2) 建设路径

有学者认为,应急文化的建设应该作为战略管理的一部分[8],从战略管理的观点出发有助于组织的应急文化建设。从这个视角来看,建设应急文化要注意以下几点。

持续领导,融入使命和愿景:应急文化的建设往往需要较为强力的领导和有保障的持续性投入。在国家层面,政府的领导力往往具备一定的持续性。对于私人企业而言,随着领导人和董事会的更替,不同领导团体对于应急文化的态度可能是不同的,导致应急文化的建设无法持续。通过将应急文化融入组织的愿景和使命,可以在一定程度上强化应急文化建设的持续性。

兼顾文化价值、降低文化冲突:在建设应急文化的时候,管理者需要考虑到现有的组织文化和民族文化,选择与现有文化匹配的方法手段来提高组织人员的应急文化意识。可以采用的方法有提高组织的应急文化建设者的文化敏感性,应急文化建设者需要与组织成员和决策者之间保持双向交流,注意与不同组织之间的沟通方法。

2. 个人

应急文化建设最终要落实到个人身上,建设应急文化的重点在于唤起民众的应急意识。

就预防文化而言,个人在生活中要养成应急思维,根据自己居所的地理特征、工作生活性质等,在家中备好应急设施和资源,如灭火器、饮用水、药物、压缩饼干等都是应对意外灾害的重要工具和物质资源。另外,对于可能发生的突发状况可以提前购买保险,尽量减少灾害的不良后果。

案例:2020年4月13日深夜,辽宁沈阳某小区住户朱某某在睡前使用电暖气取暖,但与电暖气相连的插排起火。发现火情后,朱某某并未立即切断电源,而用水去灭火。火势失控后,朱某某放弃救火逃离出门。但她逃离时未关闭屋门,使得火灾现场的浓烟在楼道内扩散,致使两名正在逃离的邻居昏迷,事后,其中一人一氧化碳中毒死。最终,沈阳市浑南区人民法院开庭审理,判定朱某某的行为构成失火罪,应依法承担刑事责任;判处朱某某有期徒刑4年,赔偿死者家属及伤者损失。[9] 在这个案例中,朱某某一方面缺少应急文化的知识,不了解电器着火应当首先切段电源。另外,她并未关闭房门以降低灾害影响,最终导致邻居死亡、自己入狱。由此可见个人应具备应急文化意识的重要性。

在灾害发生的当下,个人需要及时关心社区、组织、媒体、政府发布的相关信息,进行个人情况和需求的登记,配合应急工作人员和组织管理者的工作。

在灾害发生后期,个人如果遇到身体或心理的问题需要及时寻求救助;如果个人的财产如房屋遭到损害,可以寻求政府或公益组织、平台的帮助。

比如在日本1995年的阪神大地震后,日本政府为打造防震抗灾的应急文化,提出"自救、共就、公救"的理念,并建立相应的防灾组织和体系,最终日本民众养成了提前思考、周全考虑的习惯,"有备无患,以防不测"成为日本人的思维定式。[6]

四、以文化形态为参考建设应急文化

(一)应急物质文化资源建设

应急物质文化资源包含个人生活的方方面面,涵盖了食物与水、医疗资源、电与燃料、财务资源,以及特殊设施等。

1. 食物与水

灾害发生时,水是最重要的资源之一,是医疗、卫生、灭火所必备的物资。在日常生活中食物有充足的供给,但是突发情况下,食物的供给渠道可能会被截断。因此,每个主体都需要做好食物与水的储备。一般情况下,一个活跃的正常人一天需要消耗1.9升水。政府、组织和社区也需要保证突发情况下水资源和食物的供给渠道,协调水和食物的分配,以确保公众不会面临饮食上的匮乏。

2. 医疗卫生资源

突发情况下,对医疗资源的需求量很大,如何第一时间汇集训练有素的医务人员、调配充足的医疗用品和医院设施,需要制作预案提前准备。如果灾害发生地没有足够的医疗设施和空间,可以利用有足够容量的公共设施改建临时医院,如学校或社区中心;如果突发情况是使用生物、化学袭击造成的,可能需要将患者运输到有医疗资源的地方,或者请有资格的医护人员来到灾害发生地。

比如2020年初新冠肺炎爆发期间,截至2020年3月1日,全国29个省市区和新疆建设兵团一共派出31 097名医护人员驰援武汉,人民军队派出4 000多名医护人员支援武汉,减轻了当地的医疗负担。

3. 关键基础设施

2021年2月,美国得克萨斯州休斯敦由于受到冬季恶劣天气的影响,导致许多人家中停电,冬季风暴引发的车祸、一氧化碳中毒、房屋火灾和气温过低等,已经在美国多地导致至少111人死亡。[10]

由此可见,关键基础设施如电和燃料,在当下的城市生活中因为其普遍性和可靠性而容易被人们所忽视。但是电网一旦断电,就会造成很大的损害——照明、电视、电脑、手机等提供信息和指导的媒介都可能失效,因此公共官员应该有一系列备用方案,比如使用太阳能电池板、风力涡轮机等依赖于自然资源发电的设备以恢复电力。

4. 财务资源

应对任何类型的突发情况都需要资金的支持。在预防灾害时,政府、组织和个人都需要预留资金建设应急设施或提前购买保险。在灾害发生时和发生后,个人和组织也可以前往政府或非营利组织寻求财务支持。

5. 特殊设施

建设应急物质文化需要结合所处地的情况,尽可能全面地考虑到各方的需求,提前做好应对灾害准备、完成灾后建设和处理。每一种应急情况都需要不同的设施来降低灾害。比如当地震发生时,需要挖掘设备、声音探测设备、重型起重机械、探地雷达等。

(二)应急精神文化环境建设

应急精神文化的建设既依赖于参与应急工作的主体,也需要大众的配合。

对于参与应急工作的主体,比如消防员、社区负责人、企业应急负责人等要定期进行培训,强化其知识和技能。另外,应急主体也应当不断从经验中改进工作方法,舍弃效率低、效果差的应急工具,不断学习新的应急思维,确保应急知识的先进性。

另外,同样重要的是民众的应急意识。当整个社会享有同样的价值观和理念,在突发情况面前才能团结合作、互相配合,从总体上减少灾害损失。面对自然灾害,公众的紧张和焦虑会表现为行为上的无知和无序,如判断力下降、非理性的群集行为等。因此需要通过多元化的媒体宣传,面向大众持续地进行应急文化教育,提高大众的应急文化意识和知识储备,尽量确保覆盖不同地区、不同年龄层的公众。

(三)应急行为文化环境建设

除了上述谈到的应急行为,在建设应急行为文化时还需要额外注意两点重要原则：注重公众参与、注重跨文化合作。

1. 公众参与

在建设应急行为文化时，除了政府、媒体、社区、组织及相关应急人员的应急行为，公众的参与也是最为重要与基础的。突发危机事件会直接对普通公众造成影响，公众是第一时间、现场的、直接的参与者。因此，公众对于应急预防、减灾、响应、重建起到了关键作用。在构建公共突发危机应对体系时，政府要以公众为核心，加强救援人员与民众的互动，提高应急救援主体和普通公众之间的配合。

当下社交网络中，政府尤其应当注重公民的参与。在中国，公众对危机传播的参与度很高，普通公众可以通过微博等社交平台参与危机的讨论、寻求信息和帮助。不过在公众高度的参与下，也需要及时对舆论进行监控，避免假消息造成的应急障碍。

2. 跨文化合作

当下，突发事件所影响的可能并不只是某一个国家、一个地区，其影响范围可能会扩大到世界各地；对突发事件的应对也需要来自其他地区的技术、物资和资金支持。随着全球人员、资金、技术的流动，应急行为的范围不仅仅局限于某一地区，而是面向世界的。跨文化的、国际化的合作有助于提升整体的应急能力。

为了提升应急行为文化中跨文化沟通合作的能力，首先要注意的就是跨文化沟通能力。

在跨文化沟通中，要培养对不同文化差异的敏感度，不同文化中语言逻辑和行为都是具有差异的。即便如最主流的跨文化沟通语言——英语，其在不同文化之间，甚至一个国家内部都存在很大差异。沟通时应当注重这些差异，提高正式语言的沟通水平，强调应急行为的文化、政治背景。

在沟通时，除了学习其他文化的语言和习惯，同时也需要关注非语言的交流，非语言交流也具备传递信息的能力。为了提高非语言沟通的能力，可以进行一些针对性的培训，比如隐形文化信息练习、手势练习等，另外角色扮演可以模拟非语言沟通的情景，并发现潜在的沟通困难。

最后，在跨文化沟通时，同样需要非常关注信息和通信技术的使用。信息和通信技术使远程的医疗、教育和培训成为可能，但是在使用信息技术时也需要注意文化的差异，比如一些文化偏好通过及时、频繁地发送电子邮件进行沟通，而其他文化可能更偏好网上面对面开会。

（四）应急制度文化资源建设

应急制度文化是应急文化体系建设的重要保障。一整套由法律、法规、规章组成的应急法律体系，能够指导突发情况下各主体的行为规范和行为准则，提升政府和各应急主体的应急意识和能力，有效推动应急文化的建设。因此，建设应急文化必须要加强法律、制度建设。中国的应急制度始建于2003年"非典"公共危机后，从2003年开始，国家先后颁布了《突发公共卫生事件应急条例》《重大动物疫情应急条例》《国家突发公共事件总体应急预案》《突发公共事件应对法》等一系列法律法规。[11]

在建设应急制度文化时，除了要制定系统的法律规章，同样也需要注意法律规章的弹性，建立柔性制度系统，不能过于教条，使组织无法应对会随时变化的突发情况。制度的柔性体现在资源和协调两方面，一方面，以柔性原则建立的应急文化和系统能够提高资源的利用率，降低资源刚性；另一方面，柔性的制度系统可以给应急行为和制度的创新提供可能性，提高应急主体预防、响应、减灾和重建的效率。

虽然应急制度的弹性是非常重要的，但同时政府也需要把控制度弹性所带来的影响。在某些情况下，制度弹性给了隐性规则以可乘之机，比如说官僚体系中的包庇、腐败、小团体等现象。总体来说，要在以人为本的前提条件下，杜绝因应急制度给某一群体带来额外好处的可能性。

（王　茜、朱　格、张晓清、黄湉容，上海交通大学）

参考文献

［1］罗云.试论新时代应急文化体系建设[J].安全，2020，41(03)：1-7.

［2］Bullock J A, Haddow G D, Coppola D P. Introduction to emergency management[M]. Butterworth-Heinemann, 2017.

［3］邱超奕，李洪雷.有急必应有灾必救——致敬2020年"最美应急管理工作者"（下）[EB/OL].http://www.emerinfo.cn/2021-01/07/c_1210969128.htm, 2021-01-07.

［4］韩传峰，赵苏爽，刘兴华.政府主导社会参与，培育应急文化[J].中国应急管理，2014(06)：11-15.

［5］史晨，耿曙，钟灿涛.应急管理中的敏捷创新：基于健康码的案例研究[J].科技进步与

对策,2020,37(16):48-55.
[6] 张华文,陈国华,颜伟文.城市社区应急文化体系构建研究[J].灾害学,2008(04):101-105.
[7] 宋丹,高峰.美国自然灾害应急管理情报服务案例分析及其启示[J].图书情报工作,2012,56(20):79-84.
[8] Choi, S. O. (2008). Emergency Management: Implications from a Strategic Management Perspective. Journal of Homeland Security and Emergency Management, 5(1). doi: 10.2202/1547-7355.1372.
[9] 苏影.判刑4年! 只因火场逃生忘了它[EB/OL].http://www.emerinfo.cn/2021-03/26/c_1211084316.htm,2021-03-26.
[10] 张景云.美国:冬季风暴2月肆虐得州至少111人死亡[EB/OL].http://www.emerinfo.cn/2021-03/26/c_1211085181.htm,2021-03-26.
[11] 李娟.我国公共危机应急法制建设研究[J].长江工程职业技术学院学报,2010,27(03):43-46.

第三章

世界应急文化的发展与比较

中国作为发展中大国,面临复杂而尖锐的应急管理形势,迫切需要学习、借鉴发达国家的先进理念、体制、机制、管理等,了解和熟悉世界各国应急文化的发展和演变,对照中国的应急文化建设,取长补短,推进中国特色的应急文化发展进程。

第一节 美国的应急文化流派与发展史

一、美国自然环境及灾害现状

(一)美国自然环境

美国领土从大西洋到太平洋,几乎横跨整个北美洲大陆,面积世界排名第四。美国本土分别与加拿大和墨西哥相邻,并隔海与俄罗斯、古巴、巴哈马对望。

美国大部分地区属温带和亚热带气候,仅佛罗里达半岛南端属热带。阿拉斯加州位于北纬 60°~70°之间,属北极圈内的寒冷气候区;夏威夷州位于北回归线以南,属热带气候区。但由于美国幅员辽阔,地形复杂,各地气候差异较大,大致可分为五个气候。东北部沿海的温带气候区,因受拉布拉多寒流和北方冷空气的影响,冬季寒冷,1月份平均温度为-6℃左右,夏季温和多雨,7月份平均温度为16℃左右,年平均降雨量 1 000 mm 左右。东南部亚热带气候区,因受墨西哥湾暖流的影响,气候温暖湿润,1月份平均温度为 16℃,7月份平均温度为

24℃~27℃,年平均降雨量为 1 500 mm。中央平原的大陆性气候区呈大陆性气候特征,冬季寒冷,1 月份平均温度为-14℃左右,夏季炎热,7 月份平均气温高达 27℃~32℃,年平均降雨量为 1 000~1 500 mm。西部高原干燥气候区为内陆性气候,高原上年温差较大,科罗拉多高原的年温差高达 25℃,年平均降雨量在 500 mm 以下,高原荒漠地带降雨量不到 250 mm。太平洋沿岸的海洋性气候区冬暖夏凉,雨量充沛。1 月份平均气温在 4℃以上,7 月份平均气温在 20℃~22℃左右,年平均降雨量为 1 500 mm 左右。

美国的地理环境呈现多样化的特点,有山地、丘陵、平原、沙漠,水资源也非常丰富。阿巴拉契山脉位于大西洋沿岸平原西侧,基本与海岸平行,长约 2 300 km,一般海拔 1 000~1 500 m,由几条平行山脉组成。内地平原呈倒三角形,北起漫长的美国与加拿大边界,南达大西洋沿岸平原的格兰德河一带。西部山系由西部两条山脉所组成,东边为阿巴拉契亚山脉,西边为内华达山脉和喀斯喀特山脉,是旧褶曲运动后的产物。内华达山脉的惠特尼峰海拔 4 418 m,为美国大陆最高点。西部山间高原由科罗拉多高原、怀俄明高原、哥伦比亚高原与大峡谷组成,为美国西部地质构造最复杂的地区。大峡谷位于亚利桑那州西北部,由一系列迂回曲折、错综复杂的山峡和深谷组成,气势雄伟,岩壁陡峭,为世界上罕见的自然景观。

美国河流湖泊众多,水系复杂,从总体上可分为三大水系:位于落基山以东,注入大西洋的河流都称为大西洋水系,主要有密西西比、康涅狄格河和哈德逊河。其中密西西比河全长 6 020 km,居世界第四位。凡注入太平洋的河流称太平洋水系,主要有科罗拉多河、哥伦比亚河、育空河等。中东部的大湖群,包括苏必利尔湖、密歇根湖、休伦湖、伊利湖和安大略湖,总面积 245 000 km²,为世界最大的淡水水域,苏必利尔湖为世界最大的淡水湖,面积在世界湖泊中仅次于里海而居世界第二位。

(二)美国灾害现状

1. 自然灾害多样

美国是一个自然灾害多发国家,整个西部、中部和东部是地震活跃地区,南部沿海地区易遭受飓风袭击,干旱和洪水也非常严重。根据美国国家海洋和大气管理局(NOAA)公布的最新统计数据,2020 年美国经历了 22 次重大天灾,共计造成 950 亿美元的经济损失。这打破了此前在 2011 年和 2017 年创下的纪录,当时有 16 起灾害造成了至少 10 亿美元的损失。

北美洲的主要山脉都是南北纵向,中部大平原地区南北畅通,因此北部冷空气南下几乎没有任何屏障,可以直达南部海岸线,可短时间内使气温骤降 20℃,造成霜冻、大风雪天气。同时,南部墨西哥湾形成的飓风如果北上,也几乎没有屏障,加上美国东南部沿海也大都是经济发达地区,因此造成的破坏更加严重。而美国南北畅通的地形,让来自北方的冷气流和来自南方的暖气流在中部地区相遇,极易造成雷暴、龙卷风、冰雹等极端强对流天气。美国是世界上龙卷风灾害最严重的地区,每年都会给美国造成严重的经济损失。

2. 极端天气增多

近年来,美国频繁出现极端天气,再一次将极端气候的影响力展现在大众眼前。2020 年 7 月 19 日,德雷科风暴席卷美国中西部地区,10 小时内横扫近 804 km,重创威斯康星州和密歇根州,使得几十万户居民断电。美国国家气象局将德雷科风暴定义为一种"时间长、破坏范围广、并夹杂着雷雨"的巨型风暴。这是该地区多年来遭遇的最大风暴。风暴带来了大风和冰雹,造成 2 600 多条电线瘫痪或受损。据美国网站 PowerOutage 数据显示,截至当地时间 7 月 21 日上午,威斯康星州和密歇根州共有超过 56.4 万起断电事故。

前有风暴,后有热浪,2020 年 7 月 21 日,极端炎热天气袭击纽约,纽约地区超过 5 万户居民断电,其中布鲁克林区有 3 万余户。美国电力公司爱迪生联合电气公司发言人 7 月 22 日接受华尔街日报采访时表示:"用电量已经破历史纪录,如果不切掉布鲁克林等区域 33 000 户居民的供电,将引起更多设备故障和更大面积停电。"

3. 龙卷风灾害最大

龙卷风是在强烈不稳定天气条件下产生的一种小范围空气涡旋,其中心附近风速可达 100~200 m/s,直径一般在几米到数百米之间。龙卷风形成后,一般维持几分钟到几十分钟,最长不超过数小时,通常袭击范围较小但破坏力较大。龙卷风具有维持时间短、空间尺度小、移动速度快、发生发展时空随机性强的特点,使得气象探测设备和系统难以准确监测并追踪龙卷风的发生、发展,准确地预警和预报则更加困难。

全球除南极洲以外的大洲都有龙卷风记录,龙卷风主要发生在中纬度地区,其中美国发生最为频繁,堪称"龙卷王国"。由于北大西洋、东太平洋和墨西哥湾输送的水汽和开阔平坦的地形,其发生的龙卷风约占全球龙卷风总数的75%,自20世纪50年代以来,EF5级龙卷风①美国出现了超过50次。

美国龙卷风平均每年有1 000多个(1991—2010年间,平均为1 253个/年),多发于春季,其次为夏季,冬季最少。美国的佛罗里达州和中南部平原是龙卷风的高发区,中南部平原称为"龙卷走廊",其范围一般指从得克萨斯州中部向北到爱荷华州北部,以及从堪萨斯州中部和内布拉斯加东部到俄亥俄西部的区域。美国龙卷风导致的人员死亡多数发生在阿肯色州低地地区、田纳西州,以及美国东南部密西西比河下游流域;美国大平原地区的人员死亡少,而最南部诸州的人员死亡多;中老年人相对于年轻人面临更高的死亡风险。

4. 火山喷发

在美国,尤其是美国西部、阿拉斯加和夏威夷等地区,火山喷发的危险性极高。美国的火山喷发经常发生在夏威夷和阿拉斯加,夏威夷基拉维厄火山活动为熔岩流,几乎保持持续喷发状态,使周围地区遭受了巨大的灾害。阿拉斯加的火山活动强度大,但人烟稀少,火山灾害不显著。美国本土火山活动不多,但其灾害却很显著。美国圣海伦斯火山1980年喷发柱高12～15 km,还形成火山碎屑流和图特尔河的火山泥流。其他一些火山长期休眠,但也产生灾害。长谷火山600年来无喷发,但1995年火山二氧化碳和氡的排泄却造成大片松树死亡。

基拉维厄火山喷发始于1983年,是500多年来基拉维厄火山东部裂谷带内持续时间最长、喷发规模最大的火山。熔岩喷泉和熔岩流使当地地貌特征发生了较大的改变,并多次对当地居民造成冲击。截至2016年年底,火山熔岩流已覆盖144 km²,喷发体积约4.4 km³,为夏威夷东南海岸增加了1.79 km²的新土地。基拉维厄火山的熔岩覆盖面积约14.2 km²,对当地居民的影响巨大,其中熔岩摧毁了超过700所房屋。

5. 恐怖主义

从"9·11"惊魂战栗的那一刻起,全美国被迫吞下了恐怖主义的苦果,四架被劫持的美国民航飞机成了恐怖分子自杀式攻击的最有效武器。纽约地标性建

---

① 龙卷风的分级由藤田级数划分,是由芝加哥大学的美籍日裔气象学家藤田哲也于1971年提出,一般分为6级,从EF0到EF5。EF5风速117～141 m/s,出现概率<1‰,受害状况为毁灭性灾难,表现为坚固的建筑物也能刮起,大型汽车如导弹喷射般掀出超过百米,树木被刮飞,是让人难以想象的大灾难。

筑、高达 411 m 的世界贸易中心双子星塔楼被飞机撞击起火后相继倒塌,夷为平地;全美武装力量的中枢指挥机关五角大楼也被摧毁小半。罹难平民和军警及失踪者逾万人。

6. 枪支泛滥

在世界范围内,虽然许多国家都发生过枪击案,但将战乱地区排除后,美国枪击案排名第一,大规模枪击案更是屡见不鲜。其中,个别案件与政治相连,其余大多数案件针对的都是普通群众甚至是学生。

在美国,民用版本的轻武器枪支是可以自由买卖的,虽然购买时需要提供身份证明、履行一定手续,但是大部分人购买枪支都是轻而易举的事情。统计表明,因为枪支得来容易,所以实施犯罪的人绝大部分都使用枪支。1997 年的调查表明,美国拥有 4 400 万持枪者,共有 1.92 亿支枪,其中包含 6 500 万支手枪。2009 年美国国会进行过统计,发现民间的枪支持有量已经高达 3.1 亿支,其中有 1.4 亿支手枪。同年的人口调查表明,美国总人口约为 3.06 亿,平均每人拥有 1 支枪。这些枪支仅是合法登记的,并不包括非法枪支。这些枪支大部分都是用来娱乐和自卫,少部分枪支用来犯罪,但这些少部分枪支对社会造成的危害却是巨大的。

自由买卖枪支的结果是枪击案件的频发。在美国发生的枪击案件中,有一部分是非致命性的。据统计,2013 年,美国人因为枪械犯罪导致了 73 505 人受伤、33 636 人死亡,其中有 11 208 人是被谋杀的,21 175 人是用枪自杀的,枪械走火导致的意外死亡者有 505 人。这里要指出的是枪支意外走火和不当操作造成的伤亡,也属于枪支泛滥的结果。美国买枪容易,但操作和安装使用的教育并不到位。

二、美国应急文化思想

1. 宗教思想

宗教对美国具有重要意义,超过 80% 民众信教,特别是四次"宗教大觉醒"运动对美国政治产生了巨大影响并不断出现新的变化,表现为宗教观念对国家价值体系的塑造、宗教组织对美国政治与社会治理的介入、美国政治决策体系中的宗教嵌入等。美国民众的社会价值观念对宗教的认同,主要是基于共同的宗教背景,其决定了美国根本的价值观和社会意识特征。美国的文化建设主要由独立于政府系统之外的教会、学校、企业、民间团体等社会组织系统完成的。在长期的危机管理教育和不断的灾难中,社会民众和各行业工作者的应急意识与习惯,逐渐形成了在社会上占主导地位的共同观念和信仰,约束着全体参与者自觉遵守。2005年卡特里娜飓风过后,联邦应急管理局(Federal Emergency Management Agency,FEMA)和美国红十字会饱受诟病,而当地的非营利机构和宗教团体在响应措施中发挥了关键作用,并且保障了受灾者的安全,给受灾者带来福利。

2. 法治思维

美国是一个由移民组成的国家,没有根深蒂固的封建统治传统,他们在1620年乘"五月花号"船抵达科德角港口之初,便为建立普利茅斯殖民地而订立了自治公约——《五月花号公约》。独立战争后,美国于1787年由13个州签署制定了世界上第一部成文宪法——《美利坚合众国宪法》,标志着美国开始走上法治道路。美国经济与社会的成功,尽管是多种因素综合作用的结果,但其法律制度的有效运作却是一个起基础作用的因素。具体到应急管理方面,同样是制定了完备的法律。法律赋予了联邦各级政府应急管理的职能,保障了政府相关工作开展的合法化。从法律的构建和内容上来看,其体现了美国联邦层面对于应急管理工作的不断认识和逐步提高,并在发展完善中形成了体系。

3. 公民意识

美国是一个成熟的公民社会,深刻地影响着美国人生活的各个方面。美国公民社会的构建是一个渐进的过程:《五月花号公约》确立了未来美国公民社会发展的基本原则。此后,美国公民社会经历了殖民地时期,独立战争到内战,以及重建至今的三个发展阶段。社会先于政府而存在的经历、新英格兰的自治传统、慈善意识和志愿精神,是美国公民社会形成的人文环境。19世纪中后期工业化的推进及中产阶级的形成,为美国公民社会的形成提供了客观历史条件和社会基础;公民结社自由权,慈善及管理民间组织的相关立法,是美国公民社会存在并发挥作用的法律基础;一个相对独立于政府的,比较成熟的"公民社会",是美国得以兴盛的重要原因。在紧急事件的应对过程中,社会大众的力量起着重要作用。当专业救援力量不足时,大众力量更是防灾减灾、实现自救与互救不可缺少的力量。

三、美国应急管理文化

（一）美国应急管理体制

1. 民防为主的时期

美国政府应急管理可追溯到1803年的首个灾害立法,该法规定了美国政府有责任帮助遭受大规模灾难的个人和社区,联邦可以帮助地方政府救灾,但这种救援是个案而非制度,需要通过法案授权的形式实施。在其后的一个世纪里,美国国会先后通过了近百个法案以应对各类自然灾害。

美国国会于1916年颁布了《美国军队拨款法案》,成立了国防理事会并要求各州、地方成立相应机构。这可作为美国民防制度的开端,其作用在于避免美国公民遭受战争打击,并为美国赢得战争调动一切人力、物力和财力。[1]

第二次世界大战期间,为确保战时生产安全,罗斯福总统责成联邦调查局对战时物资生产工厂进行调查,并成立应急管理办公室,负责战时生产的安全保卫工作。随着战争形势的发展,应急管理办公室的职能不断扩大。1941年,罗斯福取消国防理事会而代之以民防办公室。民防办公室下辖44个州、1 000个地区的国防理事会,为美国取得反法西斯战争的胜利立下汗马功劳。[1] 20世纪50年代,随着冷战的加剧及敌对双方都拥有打击对方的实力,美国几乎所有城镇都建立了民防机构。每个社区都草拟了自己的应急计划,修建地方庇护所,甚至个人和家庭也在重建二战后被放弃的庇护设施。[2]

此时美国的应急管理体制尚处于摸索阶段,还没有形成统一的规范应急管理。特殊的时代背景使得美国的应急管理平时以救灾为主,战时则以应战为主。

2. 救灾为主的时期

20世纪60年代以来,尽管冷战威胁时有加剧,但是政治气候逐渐发生变化,公众注意力也转向其他公共安全事件,如地震、飓风和人为的各种灾难性事件。1961年,肯尼迪政府成立了专门应对自然灾害的应急规划办公室,全面管理自然灾害发生后的资源调配与利用、灾害救助与恢复、经济稳定与政府的持续性等。[3]民防职责交由国防部民防办公室行使。1971年,民防办公室更名为防务民事准备局,各州及地区获得的拨款一半用于民防,另一半用于应急。民防工作人员要协助各州及地方政府制订应对自然灾害及核打击的计划。

20世纪60年代和70年代,美国发生了许多自然灾害,如1962年的卡拉飓风、1965年的贝特西飓风、1969年的卡米雷飓风和1972年的艾格尼丝飓风,以及1964年的阿拉斯加地震和1971年的圣佛南多地震。灾后恢复与重建主要由住房和城市发展部下属的联邦灾害援助管理局负责。这些灾害引起人们对自然灾害问题的关注及制定相关法律的强烈意愿。[4]1977年,全美州长联合会指出,美国缺少一个全国性的综合应急政策,联邦应急职能分散于诸多部门中,削弱了各州管理灾害的能力。

这一时期,美国的应急管理体制处于频繁的调整过程中,在遭受自然灾害时,制定了很多法案,但没有一个核心的管理机构。20世纪70年代末期,美国应急管理政出多门,成立一个独立应急管理机构的呼声渐高。

3. 联邦应急管理局(FEMA)成立

1976年,吉米·卡特总统宣誓就职后,在美国州长联合会的要求下,于1978年出台了《民事服务改革法案》,着手对联邦的应急准备计划进行重组,将各个分散的灾害处理部门重新组合,于1979年成立了联邦应急管理局(Federal Emergency Management Agency,FEMA),实现了救灾与民防功能的整合,成为美国应急管理发展的里程碑。联邦应急管理署由一系列的联邦部门合并而成,包括国家消防管理局、联邦保险局、联邦广播系统、防务民事准备局、联邦灾害援助局、联邦准备局等。不仅如此,它还被赋予了许多新的应急准备与减缓职能,如监督地震风险减除计划、协调大坝安全、协助社区制订严重气象灾害的应对计划、协调自然与核灾害预警系统、协调旨在减轻恐怖袭击后果的准备与规划等。[1]

联邦应急管理局的成立体现了美国应急管理的一种全新理念,即综合性应急管理。其具体含义包括两层,即全风险管理与全过程管理。从横向来看,应急管理的对象由单灾种向多灾种转变,也就是说,联邦应急管理局将各个下属机构协调起来以应对不同类型的灾害;从纵向来看,应急管理应该是一种全过程的管理,联邦应急管理局无论应对任何一种灾害,都要经过减缓、准备、响应与恢复四个阶段。约翰·马西是联邦应急管理局的首任署长。他提出"一体化应急管理体系(IEMS)"的概念,强调将自然风险准备与民防融合起来,使指挥、控制与预警功能适用于各种突发事件,包括应对核打击。由此可见,联邦应急管理局成立之初,美国应急管理虽然表现出民防与救灾相结合的原则,但依旧以应对苏联的军事进攻为重点。

1989年,美国爆发的两场大规模自然灾害使联邦应急管理署隐藏的问题开始浮出水面。是年9月,飓风袭击了波多黎各和处女岛后,又席卷了北卡罗来纳州和南卡罗来纳州,造成85人死亡,经济损失达150亿美元。联邦应急管理局的行动非常迟缓,受到公共舆论的严厉谴责。1993年,克林顿当选美国总统后,任命詹姆斯·李·维特执掌联邦应急管理局的大权。上任伊始他就在联邦应急管理局内外进行了大刀阔斧的改革,使联邦应急管理局处理灾害和灾后重建的效率大为提高。冷战结束后,维特将联邦应急管理局用于战争防御的资源转移到灾害的防御和重建工作中。[4]

4. 国土安全部成立

"9·11"事件是美国应急管理的一个转折点,其标志着反恐成为应急管理的核心。2001年10月,美国通过了《反恐怖主义法》。2002年11月,布什签署《国土安全法》。2003年1月25日,美国内阁级的国土安全部正式成立,下辖22个联邦部门,拥有雇员17.9万人,成为美国的第17个部。联邦应急管理局并入国土安全部。

国土安全部如何将22个不同部门协调起来、融为一体,避免官僚机构的权力之争,这不是轻而易举的事情。更为糟糕的是,在应急管理实践中,美国国土安全部在将反恐作为首要职责的同时,忽略了对自然灾害、技术灾难等的预防和应对。2005年,美国南部墨西哥湾沿岸遭受卡特里娜飓风的袭击,国土安全部的救援不力,造成1 000多名美国公民丧生。卡特里娜飓风是美国有史以来最为严重的自然灾害,这引起了美国学者的深刻反思:国土安全部官员短视地将注意力集中在恐怖主义威胁上,这导致了联邦应急管理局的解体,以及对更为确定的自然灾害威胁的忽视。[1]

2006年10月4日,美国总统布什签署《后"卡特里娜"应急管理改革法》,赋予联邦应急管理局以新的职能,增强国土安全部对各种风险和威胁的预防、防范及相应恢复能力。该法案将联邦应急管理局确立为国土安全部的一个独立机构,规定了联邦应急管理局的主要任务——负责美国所有与应急管理相关的事务,联邦应急管理局局长可直接向美国总统汇报、对总统负责。[4]卡特里娜飓风救援的失败在很大程度上是因为美国应急管理在"9·11"后偏离了综合性应急管理的轨道。《后"卡特里娜"应急管理改革法》旨在矫正这种偏差,在扩充、完善综合应急管理的基础上,实现救灾与反恐并重。

5. 灾难恢复改革法案

2017年,面对历史性的大西洋飓风和极端的野火灾害。美国转变了应急管理方向,集中努力建立备灾文化,为国家应对灾难做好准备,并降低联邦应急管理局的复杂性。国会通过颁布《灾难恢复改革法案(2018)》(Disaster Recovery Reform Act of 2018),赋予联邦应急管理局更大的权力来推进这些目标。这项立法是一项里程碑式的法律,强调了联邦政府对增加减灾投资和建设与州、地方等各级政府伙伴能力的承诺。

(二) 美国应急资源保障

1. 应急队伍保障

美国的应急队伍包括事故管理小组(Incident Management Teams,IMT)和紧急救援队。

事故管理小组在管理和应对地方、区域和国家紧急情况、自然灾害和公共事件方面发挥着重要作用。[5]美国消防管理局(USFA)提供专业的培训,帮助IMT成员获得所需的知识和技能。IMT分为三类:州、地方和部落;联邦层面一般分为二类或一类。事故发生后,根据事故的情形,先由当地的IMT实施救援,随后12小时内州、地方层级的三类IMT到达现场,48小时内二类或一类IMT到达现场。更高层级的事故指挥官与当地的事故指挥官及行政机构负责人会面,以确定他们对IMT的期望,并获得任何必要的授权。然后,新的事故指挥官会介绍IMT其他成员的角色。IMT根据请求集成到当前的事故指挥系统(ICS)中。使用IMT的典型事故包括:现场作业的协调;自然灾害;需要两个或多个机构或司法管辖区合作和共同参与的计划演习或公共活动;突发公共卫生事件;恐怖事件;列车脱轨、飞机事故和其他重大、复杂事故。

美国联邦、州、郡、市都有自己的紧急救援专业队伍,他们是紧急事务处理中心实施灾害救援的主要力量。紧急救援队伍为了适应各类灾害救援的需要,又被分成若干个功能组,各功能组相互配合、相互衔接,共同完成救援工作。救援队伍又分为联邦紧急救援队和各州、郡、市救援队。

2. 应急资金保障

美国的应急资金充裕、来源渠道多样,例如,"9·11"后至2006年,有4 300亿美元的反恐拨款,2008年有8 850亿美元的救市拨款。总体来看,美国每年应对突发事件的资金有四大类:第一,年度联邦政府财政预算;第二,联邦灾害应急基金和总统灾害救助基金;第三,总统和国会特批资金;第四,社会捐助。

在美国的行政和法治体系中,应急资金的使用决策是完全法治化的。灾害和突发事件来临时,对不同渠道来源应急资金的使用都有法律规定。如总统灾害救助基金的使用,虽然决策权归属联邦应急管理局,但其决策行为必须符合法定程序。又比如国会特批资金的使用,其数额和用途最为灵活,依据突发事件规模和损害程度特批下发。

由于应急资金使用决策上有各种掣肘,美国的管理体制对此进行了相应的弥补。在特别时期,总统特批资金提案报告国会,审议投票最多不超过1天,有时1天内就可以通过或者否决多个特批议案。如2020年3月23日,特朗普政府提出2万亿美元的经济救助法案被参议院否定,仅过两天即3月25日参议院连夜投票以96票赞成、0票反对的绝对优势通过了约2万亿美元的经济刺激法案,随后3月27日众议院也迅速通过。应急资金提案一旦通过,各部门、各环节就会依照法律高速运转,保证资金的应急功能和效率。

美国应急资金的监督制约方式主要有议会监督、司法监督和审计监督三种。此外,美国的舆论监督也十分强大,主要有媒体的举证报道、公众监督和在野党监督。无论是电视、广播还是互联网,对于应急资金的使用状况会全程追踪,一旦出现应急资金使用不法行为,媒体就会在第一时间揭露,违法涉案人员即会受到司法调查和严惩。

3. 应急物资保障

灾难发生后,联邦应急管理局将会提供紧缺物资和工厂预制住房。在美国本土和本土以外的战略位置有八个配送中心,能够提供快速救援,包括食品和水等物资。此外,还与多个公共和私营机构合作伙伴签订了商业合同和协议,以提供额外支持。联邦应急管理局还建立了事故支援基地和联邦中转区,以快速向灾难幸存者提供资源。[6]

为满足紧急突发事件时的物资和医药用品需要,美国建立了应急物资和医药用品储备。医药储备主要应对可能发生危及公众安全或健康的突发事件,如传染病、生物或化学恐怖袭击。一般由地方政府向州政府报告,州政府评估后即刻向国土安全部或国家疾病预防控制中心提出动用储备的要求,国土安全部、卫生部等部门评估后迅速确定一个行动方案。决定动用储备后,由国家疾病预防控制中心具体组织配送国家医药储备。无论何时何地发生的突发事件,都能为州和地方公共卫生机构供给和再供给医药用品。

4. 应急技术保障

应急管理方面的科技政策由美国国家科学技术委员会下设的科技政策内阁级委员会负责制定,其中环境与自然资源部负责应急管理相关的科研工作,主要研究对象包括飓风、热带风暴、洪水、干旱、龙卷风、地震、火山喷发、滑坡、疫情暴发、重要设施威胁、石油及危化品泄露、火灾等。

美国公共安全和应急管理方面的科技创新涉及庞大的科研机构、大学和实验室。其研究机构具备很强的研究能力,能够引领本领域的研究方向,在应急平台的预测预警研究方面起着重大的技术支撑作用。科研单位研发了一批与应急平台相关的信息系统和管理系统,如国家应急管理信息系统(NEMIS)、联邦政府应急管理信息系统(FEMIS)和计算机辅助应急执行管理系统(CAMEO)等。还开发了大量大型灾害模拟及分析软件,如 SLOSH(Sea,Lake,Overland,Surge from Hurricanes)预测飓风引起风暴潮的危险性,ALOHA(Areal Locations of Hazardous Atmospheres)用于危化品扩散分析。

美国还非常重视吸引多学科交叉的科技力量进行相关研究。如美国国家海洋和大气管理局飓风中心开发飓风损失模型时,召集了气象学、风与机构工程学、计算机科学、地理信息系统学、统计学、财会学和保险学等方面的专家,模型涉及风灾模型、易损模型、保险损失模型等。

(三)美国应急法律体系

从美国联邦层面来看,应急管理的根本任务是为各州提供应对灾难的支持和帮助。因此,专门的应急管理法律最早可以追溯至 1803 年颁布的《国会法(1803)》(Congressional Act of 1803)。1803 年,美国新罕布什尔镇发生了一起重大火灾事故,大火烧了近半个城市并导致大量灾民无家可归。由于受灾严重,超出了地方政府的承受能力,在接到地方政府的申请后,美国国会颁布了该法,并对新罕布什尔镇提供了灾后恢复的财政援助。在此之后的近 150 年间里,美国国会共批准了 128 个灾难救助法案。由于没有统一的立法框架,因此这种针对单个灾难而颁布的救助法案数量在逐渐增多,使应急管理法律体系愈发显得臃肿不堪。

总体来说,应急管理和立法发展大致经历了 6 个时期。

1. 灾害管理初期(19世纪初至20世纪50年代)

19世纪初,美国地方政府在救灾援助中承担主要责任,当资源及能力不足时通常向州政府请求援助,但大多数州政府不能或不愿提供太多帮助。联邦政府亦存在类似问题,关于应急管理当时并没有明确的法规政策,联邦政府不清楚是否应该干预。

20世纪30年代,联邦政府开始投资应急管理领域。《防洪法(1934)》授权陆军工程师兵团设计和建造防洪工程。田纳西流域管理局(TVA)随后成立,其主要功能是水电开发及防洪减灾。此外,重建金融公司和公共道路局被授权为公共设施的灾后修复、重建提供救灾贷款。

2. 国家级应急管理的形成(20世纪70年代)

1970年,联邦应急管理的各种职能分散在多个联邦部门和机构,包括商务部(气候、预警及消防),综合事务管理局(行政持续、储备、联邦准备),财政部(进口调查),核管理委员会(发电),住房和城市发展部(洪灾保险和救灾)。军队中还有民用防备代办处(核攻击)及美国陆军工程师兵团(洪水控制)。参与风险和灾害管理的联邦机构有上百个之多。

20世纪60年代的飓风贝茜、飓风卡米尔及1971年圣费尔南多的地震促使美国国会颁布《救灾法(1974)》。该法案建立了总统灾害发布的程序,并赋予住房和城市发展部自然灾害应对及恢复权力,包括应急响应、临时住房与协助。该权利由全国洪水保险计划(NFIP)和联邦灾害援助管理局实施。灾害管理职能的分散模式延伸至州及地方政府一级,多机构的参与使得应急响应及管理混乱不堪。州政府民防主任协会发起协议,要求成立一个联邦统一灾害应急管理机构。

宾夕法尼亚州三里岛发生的核电站事故进一步加快了建立联邦统一应急管理机构的进程。1978年6月19日,时任总统卡特将重组计划转交美国国会。该计划明确提出将减灾、备灾与应急行动归并为一个联邦应急管理机构,设立联邦应急管理局(FEMA),直属总统领导。

3. 防核预案与民防的重现(20世纪80年代)

20世纪80年代早期与中期没有发生重大自然灾害,却为FEMA提出了许多挑战。FEMA由许多独立部门分工运作,在美国国会批准设立FEMA时没有要求各部门对灾害采取协调一致的反应。

1982年,时任总统里根任命具有反恐准备和培训背景的癸弗瑞达

(Guiffrida)将军为 FEMA 主任,其按照行政政策并结合自身的背景重组了 FEMA,将应对核攻击作为当务之急,重新调整了 FEMA 的内部资源分配,寻求增加预算,以加强和提高 FEMA 对国家安全的责任。

在癸弗瑞达任期内,FEMA 面临特殊挑战,包括在核攻击发生后保证政府职能连续运行、爱河事件(Love Canal)、泰晤士海滩事件(Times Beach),以及古巴难民危机的响应。虽然癸弗瑞达将军勉强支撑着 FEMA 的运行,机构内部却是矛盾重重,最终癸弗瑞达与其高级助手辞职。

总统随后又任命贝克顿(Julius Becton)将军为 FEMA 主任。贝克顿任职期间将应急管理项目依其重要性排序,在列出的 20 多个主要项目中,地震、飓风和洪水等重大自然灾害排在最后。事实上仍延续了国家安全优先模式,忽视重大自然灾害带来的威胁。对自然灾害的忽视引起美国国会的重视,随着国会听证、辩论,以及《罗伯特·斯坦福灾害救济和紧急援助法》(Stafford Disaster Relief and Emergency Assistance Act)的通过,最终使得联邦灾害政策重大改革,此时 FEMA 支持国家应急管理系统的能力仍然存疑。

4. 综合灾害管理时期(20 世纪 90 年代)

1992 年,时任总统克林顿任命的威特(James Lee Witt)为陷入困境的 FEMA 带来了崭新的领导风格。威特是 FEMA 第一位具有实际应急管理经验的主管,他所做的最重要政策调整是将以防核为主的应急管理方针转变为综合减灾方针,即综合管理所有自然及人为灾害。

威特的领导能力和他所做的改革经历了一系列自然灾害的检验。1993 年,中西部大洪水导致 9 个州的重大损失,FEMA 的成功应对,为将应急管理的重点从灾后恢复转变为灾前减损提供了契机。这一转变是通过迄今为止最大的自愿购买和搬迁项目实现的,该项目将人们从洪泛区迁移出去,从而永久脱离洪水风险。

1995 年 4 月的俄克拉荷马爆炸(Oklahoma City bombing)是美国应急管理演变的转折点,这一事件将国家防恐准备提到议事日程。1995 年的《南恩-卢格法》(Nunn-Lugar Legislation)提出了反恐管理牵头机构的问题,FEMA 高管由于没有迅速领衔这一职责而备受指责,导致在 20 世纪 90 年代末,几个不同机构和部门制定了各自的反恐计划。而反恐事件的领导机构,包括火灾、警察、应急管理或应急医疗服务等并未明确。

尽管如此,FEMA 在减灾方面还是迈出了重要的一步:发起了一项国家倡议,推动一种新的以社区为基础的方法,命名为"影响项目"。该项目致力于提高社区抗灾能力,旨在将应急管理和减灾措施融入美国每个社区,其最终目标是将风险规避的决策纳入社区的日常决策中,通过提高社区抗灾能力促进可持续经济发展,保护和加强自然资源,并确保其公民的生活质量。截至 20 世纪末,FEMA 成为世界上公认的卓越应急管理机构,其模式被多个国家效仿。

5. 反恐主导时期(21 世纪初)

"9·11"事件发生后,FEMA 迅速启动联邦方案,在短时间内将数百名联邦应急人员派往纽约和弗吉尼亚州开展应急行动,证明了美国联邦应急响应系统的高效强健。2002 年 11 月 25 日,布什总统签署《国家安全法(2002)》,组建国土安全部(Department of Homeland Security,DHS),任命汤姆·里奇(Tom Ridge)为国土安全部部长,旨在保护美国免遭恐怖袭击,降低面对恐怖威胁的脆弱性,并尽量减少潜在的恐怖主义袭击和自然灾害所造成的损害。

6. 重大改革时期(2010 年至今)

2011 年日本东部大地震发生后,美国政府未雨绸缪,迅速对自身的应急管理体系做了大幅改革,即 2011 版美国应急管理改革。2011 年 3 月 30 日,在日本大地震发生 19 天后,时任总统奥巴马签发了《总统政策第 8 号指令》,旨在应对美国面临的国内综合性国家安全问题。

美国联邦应急管理法律的制定和完善是一个漫长曲折的过程。其从法律层面赋予了联邦政府应急管理工作的职能,保障了政府相关工作开展的合法化。从法律构建和内容来看,其体现了美国联邦对应急管理工作的不断提高,并在发展完善中形成了系统化体系。同时,每一部联邦应急管理法律出台的背后,都有一段惨痛的经验教训。但是,正是这种对于以往经验教训的总结,才形成了实用性很强的法律体系。

(四)美国应急教育培训

美国要求应急管理的各类岗位应由称职的专业人员担任,因此十分重视培训工作,联邦政府每年为此投入大量资金,培训机构遍布全国。美国的应急管理教育培训体系由三级机构组成,即美国应急管理学会、州级应急培训服务机构和高等院校。美国应急管理学会开设的培训课程主要是针对各级政府应急管理官员和各级应急运行中心的工作人员。州级应急培训服务机构的培训教程主要针对本州应急相关人员,也有大学本科和研究生级别的高级应急管理课程与专业应急人员课程。高等院校应急培训课程主要是美国应急管理学会委托(联合)高等院校开发的应急理论课程、应急专业知识课程、高级应急管理课程等。

美国应急管理学会受联邦应急管理局委派,负责对联邦、各州、地方和部落的政府机构、志愿者组织、公共机构和私人部门进行减灾、灾害准备、应急响应、灾后恢复重建等方面的培训;负责对各州应急培训服务机构和学校应急培训服务进行管理。美国应急管理学会下设美国国家应急培训中心(National Emergency Training Center),以此为基地开展国家级应急培训工作,包括应急管理学院和国家消防学院。

四、美国公众应急文化

(一)私营部门

私营部门在防灾、救灾及恢复阶段都发挥着重要作用。首先,他们必须在工作场所为雇员提供救济和保护;其次,应急管理者必须与企业密切合作,提供必需的水、电、通信网络、交通、医疗护理、安全及其他大量服务。

许多私营部门拥有并维护着美国绝大多数的关键基础设施,因此政府和私营部门之间形成整合、协作、互动的伙伴关系,对于维护关键基础设施的安全和恢复能力至关重要。这种伙伴关系营造了一种环境,使之能够共享关键危险信息及其他重要信息和资源。国土安全部为此还成立了一个部门:网络安全和基础设施安全局(Cybersecurity and Infrastructure Security Agency),负责领导整合政府和关键基础设施私营部门的力量,以加强国家关键基础设施的安全和恢复能力。网络安全和基础设施安全局据此制定了一项全面的国家基础设施保护计划(National Infrastructure Protection Plan 2013),为各级政府和私营部门如何管理国家重要基础设施与关键资源提供了总体框架。美国第21号总统令确认了以下国家重要基础设施和关键资源需要保护,使之免遭恐怖分子攻击和其他危害,具体包括农业和食品、能源、医疗保健和公共卫生、通信、信息技术、运输系统、化学、金融服务、商业设施、政府设施、应急服务部门、关键制造部门、水和废水系统、水坝、核反应堆、原料和垃圾、国防工业基地。

在各种情境下,重要基础设施所有者和经营者可以通过一系列活动为国家重要基础设施的安全和恢复作出贡献。这些举措包括但不限于:执行重要基础设施风险评估;理解相互依赖关系;与联邦和各级政府部门制定和协调应急响应计划;制定连续性计划和方案,以促进事故期间救生通道畅通;政府和私营部门一起参与重要基础设施的培训和演习活动;为国土安全部和社会安全局的重要基础设施安全和恢复工作提供技术支持。

（二）非政府组织

非政府组织在应急管理中扮演着非常重要的角色,其机构比较小,灵活性强,应对突发事件反应迅速。非政府组织动员资源的能力也比较特殊,灾害发生后,他们一方面可以第一时间赶到现场进行救助,另一方面能够马上组织捐款捐物和动员志愿者,作出及时的回应。政府则不仅要判断灾害的真实情况,而且要通过庞大的官僚体系层层上报、层层决策,然后才能行动,这往往会错失救灾的最佳时机。

非政府组织主要负责为灾民提供生活照顾、住房和公共服务。在救灾体系中,两个社会组织被明确列入其中,分别是美国红十字会（The American Red Cross）和国家灾难救援志愿者协会（National Voluntary Organizations Active in Disaster, NVOAD）。此外,还有大量社会组织参与救灾但并未被列入政府救灾体系之内。上述社会组织在与政府关系、组织间合作、资源获取及参与性质等方面均存在显著差异,在参与救灾时也有三种不同途径,分别是体制内强参与、体制边缘志愿参与和体制外志愿参与。[7]

1. 体制内强制参与：美国红十字会

美国红十字会参与灾害救援属于体制内强制参与。在全国应急计划中美国红十字会是唯一一家以责任单位身份列入其中的社会组织。这一身份给美国红十字会带来的好处是保证了救灾资源的充足性。红十字会不仅可以利用政府资源,而且也是公众捐赠的主要对象。2005年卡特里娜飓风发生后,慈善捐赠总计超过30亿美金,其中2/3投向了美国红十字会。同时,红十字会也被给予极高的期望,公众认为其有责任协助州地方政府为灾民提供及时的食宿和基本服务,因而当红十字会无法第一时间满足灾民需求时,会立即成为被批评的焦点,最明显的例子是飓风发生4个月后,美国红十字会的主席因为在新奥尔良地区的救援迟缓而引咎辞职。

作为体制内的组织,美国红十字会与政府其他救援机构有着密切的联系。红十字会在各个相关的协调中心都派驻专门的工作人员,负责与不同部门之间的协调,主要包括联邦应急管理局下的地区反应协调中心（RRCC）和全国反应协调中心(NRCC),以及相关州与地方政府的应急执行中心(EOC)等。同样作为责任单位,联邦应急管理局是美国红十字会在救援中联系最多的政府机构,红十字会依赖联邦应急管理局提供支持,包括食物、燃料、流动厕所等救援必备物资。通常的工作程序是红十字会的工作人员向联邦应急管理局在当地的协调中心提出需求,联邦应急管理局的协调中心按照相关程序进行安排和供给。但在实际救援过程中,由于物资运输的种种困难,需求很少能得到及时满足。

2. 体制边缘志愿参与:NVOAD 的成员组织

NVOAD 是 1970 年由 7 个社会组织发起成立的联盟组织,目的是为了促进社会组织在救援过程中的沟通、协调与合作。目前 NVOAD 的全国成员组织已经发展到 50 多家,此外,在美国 55 个州和地区也有类似的地方 VOAD 组织。作为全国主要救灾社会组织的联盟,NVOAD 实质上是一个联系平台,真正参与救援工作的是它的成员组织。NVOAD 的成员组织在救援过程中比红十字会的体制内强制参与要更为独立,不接受政府资源也不履行政府的救援任务,其与政府的联系主要是通过 NVOAD 及原来已经建立的与政府某些部门的良好合作关系。

3. 体制外志愿参与:地方性社会组织

体制外志愿参与的特点在于社会组织与政府相关救援机构之间的正式联系渠道较少,组织的资源主要来自所在区域的公众捐赠,组织的参与方式主要通过动员地区资源,服务于所在地区。在卡特里娜飓风的救援中,大量路易斯安那州和密西西比州等受灾地区的地方慈善组织(包括教堂和宗教团体)、非营利机构和地方的基金会等都属于体制外志愿参与的路径。这些组织在飓风救援中呈现出三个明显的特点:一是反应迅速,由于飓风造成的灾害超过了政府、红十字会等常规救援的能力范围,大量的地方性社会组织迅速投入到灾后救援中,在红十字会到来之前承担起了建立避难所、提供基本生活所需的责任;二是服务量大,根据路易斯安那州社会服务部的调查显示,在卡特里娜飓风登陆 6 个星期后,该州避难所共接收了 26 138 名灾民,其中红十字会运作的 55 个避难所承接了 13 617 名;教堂和宗教团体运作的 123 个避难所容纳了 5 780 名灾民;其他地方组织建立的 62 个避难所容纳了 6 733 名灾民。这意味着包括宗教团体在内的地方性社会组织在飓风救援中接收并服务了与红十字会几乎相等数量的灾民,并且他们运作的避难所数量是红十字会的 4 倍;三是数量众多,当联邦应急管理局向社会组织提供卡特里娜飓风救灾补偿时,仅路易斯安那州就有 765 家社会组织直接提出了申请;此外据密西西比州的联邦应急管理局官员估计,该州还有500家左右的社会组织活跃在救灾活动中。

(三)社区应急反应小组

社区应急反应小组(Community Emergency Response Team,CERT)是美国重要的应急处理市民组织队伍。社区应急反应小组计划的想法起源于20世纪80年代末,由洛杉矶消防局提出。CERT于1993年成为国家计划。现在所有50个州都有CERT项目,包括许多部落和美国领土。每个CERT都是其社区所独有的,对在美国建立备灾文化至关重要。全国有2700多个地方性CERT计划,自CERT成为国家计划以来,已有60多万人接受了培训。[8]

CERT计划对志愿者进行可能影响其所在地区灾害的备灾教育,并对他们进行基本的灾难应对技能培训,如消防安全、轻型搜索和救援、团队组织和灾难医疗操作。CERT为志愿者培训和机构提供了一套标准化的方法,专业救援人员在灾难情况下可以依靠这些方法,使他们能够专注于更复杂的任务。

五、美国应急文化的国际合作

美国应急管理分为国内和国际应急救援两部分,国际应急救援以美国国际开发署(United States Agency for International Development,USAID)为中心。USAID始于肯尼迪政府时期,在此之前,从来没有一个单一的机构负责对外援助,1961年通过了《对外援助法》,随之建立了美国国际开发署,由总统直接领导。USAID下设海外灾害援助办公室(Office of United States Foreign Disaster Assistance,OFDA),具体负责国际灾害,包括地震、海啸、火山、滑坡、气象灾害和人为灾害等的救援工作。在大规模灾难发生后,OFDA可以部署灾难援助反应小组来协调和管理美国政府的最佳应对措施,同时与当地官员、国际社会和救援机构密切合作。OFDA还在世界各地的仓库中储存紧急救济物资,并具备快速运送这些物资的后勤和行动能力。[9]

(唐传星,上海大学)

参考文献

[1] 王宏伟.美国应急管理的发展与演变[J].国外社会科学,2007(2):54-60.

[2] 郭太生.美国公共安全危机事件应急管理研究[J].中国人民公安大学学报,2003(6):16-25.
[3] 信息系统工程.溯本求源:小火灾引发大变革——美国应急管理沿革[J].China CIO News,2008(6):58-59.
[4] FEMA History.http://www.fema.gov/about/history.shtm.
[5] AHIMT.https://www.usfa.fema.gov/training/imt/imt_overview.html.
[6] Logistics.https://www.fema.gov/about/offices/logistics.
[7] 郑琦.美国社会组织如何参与救灾[J].中国党政干部论坛,2013(8).
[8] CERT History. https://www.ready.gov/cert.
[9] https://www.usaid.gov/who-we-are/organization/bureaus/bureau-democracy-conflict-and-humanitarian-assistance/office-us.

第二节 欧洲的应急文化流派与发展史

本节所指的欧洲,是狭义的欧洲,以英国、法国、德国为首的西欧发达国家为考察对象,这些国家思想文化发达,最早产生工业革命,具有完备的应急管理体制。

一、欧洲自然环境和灾害现状

(一)欧洲自然环境

西欧位于东半球西北部,亚欧大陆西部,西临大西洋、北临北冰洋、南临地中海、黑海,处于北纬43°~58°之间,大部分位于北温带,少部分位于北寒带。地形以平原、山地为主,山地主要分布于英国西北和法国东南。有世界最繁忙的海运通道英吉利海峡及莱茵河、塞纳河、卢瓦尔河、泰晤士河等河流。大部分地区属温带海洋性气候,地处西风带,气候温和湿润,降水丰沛且均匀。深居内陆地区属温带大陆性气候,南部小部分地区属地中海气候,深受大西洋影响,海洋性特征突出。

西欧气候冬季温和,夏季凉爽,气温年较差和日较差较小。降水较多,季节分配均匀。气温年较差自西向东越来越大,降水量则越来越少,总体来讲,欧洲西部自西向东大陆性逐渐加强。

西欧是近代科学技术发展最早的地区,也是世界经济最发达的地区之一,有发达的工业、农业和对外贸易。有煤、石油、天然气、铁、钾盐等矿产。重要海港有伦敦、利物浦、马赛、鹿特丹、阿姆斯特丹等。著名城市有伦敦、巴黎、鹿特丹、安特卫普、布鲁塞尔、马赛等。

(二)欧洲灾害现状

1. 自然灾害

欧洲的自然灾害主要有洪水、暴雪、高温、地震。欧洲处在一个远离冷空气根据地、同时偏得北大西洋暖流惠顾的高纬度地区,气候较为适宜。不在地震带上,地震频率相对较低。部分国家会有火山喷发灾害,靠海的国家会有海水上涨威胁。极端天气较为少见,2010年2月28日强风暴"辛加"袭击西欧多国,引发强风暴雨,沿海水域巨浪滔天。这场强风暴雨中,至少有59人死亡,十几人失踪,大约100万户居民供电中断。

2. 恐怖主义

欧洲现代意义上的恐怖主义出现在二战之后,在20世纪60年代才基本形成,其中,民族分裂主义、极左和极右势力等都是恐怖袭击的主力。"9·11"事件将包括欧洲在内的全世界都拉入反恐的轨道,此后,以极端宗教原教旨主义为代表的新兴势力成为恐怖袭击的主要策划者,其中不仅包含伊斯兰极端势力,也包括基督教极端分子等。由于部分欧洲国家支持阿富汗和伊拉克战争,以基地组织(Qaeda)为代表的国际恐怖主义势力成为欧洲恐怖袭击的主角。与此同时,基督教极端分子和反穆斯林移民的极右势力也威胁着欧洲的安全。

2010年末开始的"阿拉伯之春"撼动了整个中东和北非政局,包括茉莉花革命、埃及革命、利比亚战争、也门起义、巴林示威和叙利亚内战等。2011年美国开始从伊拉克撤军,基地组织伊拉克分支迅速扩张,逐步形成后来的"伊斯兰国"(Islamic State,简称IS)。其利用叙利亚内战之机迅速扩张势力范围,并采取严酷的统治手段,造成大批难民涌向欧洲,其中掺杂的一些恐怖分子对欧洲的安全造成了严重威胁。同时,部分欧洲国家的极右势力迅速膨胀,其中的极端分子也制造了不少恐怖袭击。因此,自2011年开始,欧洲成为全球恐怖主义袭击的核心区域之一。

2011年以来,欧洲国家的恐怖袭击次数迅速上升,2014年和2015年更是超过了1 000件。虽然当前IS受到严重打击,但是其采取了化整为零的斗争策略,将部分恐怖分子派到世界各地,尤其是欧洲地区。因此,国际恐怖分子、移民、本土伊斯兰极端分子和右翼极端势力等不断塑造着欧洲恐怖袭击的新格局,可以预见欧洲在安全方面将面临巨大的挑战。

3. 难民危机

近年来,在西亚和北非地区发生了多起由美国主导、欧洲国家参与的局部战争,导致地方政府失去对国内局势的实际把控能力,教会内部和部族之间的冲突此起彼伏,难民危机由此产生。欧洲难民危机源于西方在中东推行民主制度的失败,2015年爆发后给欧洲各国乃至国际社会带来巨大冲击。欧洲各国经济形势不明朗,保守势力崛起,甚至欧盟作为欧洲共同体的存续也受到质疑。危机对欧洲社会产生了深刻影响。经济上,大量难民的涌入使社会福利体系更加紧张;社会文化层面,来自不同地区、持不同信仰的人群融入西方社会一直以来都是值得关注和研究的问题。来自冲突多发地区的穆斯林难民们,在进入欧洲后必须面对挑战,努力接受迁入国的身份认同并融入当地社会,否则就可能给所在的社区和迁入国的社会管理工作带来不利影响;政治层面,欧盟各国的右翼保守主义政党迅速获得民众支持,如法国和德国,波兰、匈牙利的右翼保守政党甚至已经在议会投票中获得多数席位。

就20世纪上半叶的欧洲移民进程而言,两次世界大战构成了欧洲20世纪上半叶历史的主要内容。战争的爆发和进行终止了相对和平的欧洲国家移民的相互迁移和向海外迁移的平静历史,但并没有完全终止欧洲移民相互迁移和向海外迁移的进程。始于第二次世界大战后,特别是20世纪50年代开启的欧洲一体化历史进程以后,一直持续到今天,欧洲的移民进程大致经历了以殖民地移民、工作移民、冷战避难移民和回迁移民、非法移民为特征的四次移民潮,外国移民的数量也在急剧上升。

二、欧洲应急文化思想

古希腊文明是欧洲文明的发源地,其后起于东方古老文明,却开始了由神性思维向理性思维的嬗变。古希腊文明长于借鉴和开发其他古老文明的创造,对人类文明之特殊贡献主要是哲学,尤其是自然哲学。古希腊哲学当然是初始理性思维的产物,其主要依靠感官来直接观察世界,即"目视"世界。在此基础上用理性的猜想与臆测来解释世界,即"诠释"世界。这种诠释是一种基于直觉的原始理性,仍然受制于神性思维,却促进了欧洲科学文化的萌芽。

人类文明由蒙昧迈入文明的一个重要标志就是高级宗教(higher religion)的出现。高级宗教不仅有仪式而且有十分发达的神学体系,其鲜明的神性主义已包容了理性主义的哲理。神学中理性主义的壮大和发展,以及神性主义的减弱,就会促使神学的进一步哲理化。神学哲理化过程就是神性思维与理性思维相互冲突和整合从而对立统一的过程。欧洲科学文化就诞生于这种神性思维与理性思维对立统一的过程中。

欧洲文艺复兴是为现代文明的到来而进行的一场思想解放运动,是理性思维挑战神性思维的一场革命。在欧洲文艺复兴的过程中,蛰伏于拜占庭文化中的亚里士多德的哲学思想和逻辑学进入了基督教神学理论而产生了经院哲学(scholasticism),这意味着基督教神学的进一步哲理化:理性思维以隐蔽的方式又一次冲击神性思维。哥白尼、伽利略、培根等人既是著名的经院哲学大师又是现代科学的开创者和先行者。理性思维终于开始战胜神性思维,为现代科学文化开拓了前行之路。当虔诚的基督徒科学家、现代实证科学之父培根声称"知识就是力量"时,也就在宣告:基于理性思维文化的科学知识将成为推动世界前进的最伟大力量。理性的逻辑思维不再仅仅为了证明上帝创世学说而存在,作为理性思维文化产物的科学是人认知自然、控制自然、以达人生幸福的武器。

三、欧洲应急文化管理

(一) 英国的应急管理体制

1. 英国的应急管理机构

在英国,发生突发公共事件后一般由当地政府负责处置,直接参与处置人员来自警察、消防、医护等管理部门,其他地方政府及非政府组织予以协助和支持,中央政府通常不介入。

英国中央政府负责应对恐怖袭击和全国性重大突发公共事件。在中央层面,首相是应急管理的最高行政首长;相关机构包括内阁紧急应变小组(Cabinet Office Briefing Rooms,COBR)、公共紧急事务委员会(Civil Contingencies Commitment,CCC)、公共紧急事务秘书处(Civil Contingencies Secretariat,CCS)和政府各部门。其中COBR是政府危机处理最高机构,但只有在面临非常重大的危机或紧急事态时才启动;CCC由各部大臣和其他官员组成,向COBR提供咨询意见,并负责监督中央政府部门在紧急情况下的应对工作;CCS负责应急管理的日常工作和在紧急情况下协调跨部门、跨机构的应急行动,为CCC、COBR提供支持;政府各部门负责所属范围内的应急管理,卫生部等相关部门设立了专门的应急管理机构。

英国地方政府行政首长是本地灾害管理的最高领导人。为了加强应急管理的统一领导、综合协调和相互沟通,地方政府通常设有应急服务联络小组,核心成员包括警察、消防、交通和急救中心等部门的代表,主要职责是面临灾害事件时确保各个相关部门能够密切配合,及时作出反应。此外,地方政府通常设有应急服务联络论坛,参与人员为各个部门的主要官员。论坛的宗旨在于制定应急服务联络小组的战略方向,该领导层给予下级一定的支持和领导,但不直接参与灾难面对。所以,地方应急服务联络小组和应急论坛可以看作是地方应对灾难的决策协调机构。

地区应急管理机构是地方政府寻求处理危机意见的第一站,其负责将中央政府的信息传达给地方政府。地区应急论坛由多个机构组成,负责推动地区内应急规划的协调和发展。地区应急委员一般由政府地区长官领导,也可以按规定任命专门负责人。负责协调地方政府应对能力有限的规模危机,主要但不完全集中于危机后果的控制及灾后恢复阶段。

2. 英国应急管理的法律保障

英国是当今世界为数不多的没有一部成文宪法的国家,现有3种不同的法律体系:英格兰和威尔士实行普通法系、苏格兰实行民法法系、北爱尔兰实行与英格兰相似的法律制度。具体到应急管理立法,可以分为以下几个层级。

第一层级是应急管理法律。如作为应急基本法的2004年《国内紧急状态法》,也是指导和规范英国所有紧急事件的综合防灾减灾基本法。在该法的指引下,针对气象灾害管理,英国于2007年11月9日颁布了《气候变化法案》,成为全球第一个对气候变暖及其引发的气象灾害作出法律规定的国家。该法颁布后,英国又陆续颁布了《2004年消防与搜救服务法》(Fire and Rescue Services Act 2004)《2006年反恐法》(Terrorism Act 2006)等,共同作为应急法的补充。

第二层级是应急管理方面的条例。条例是为实施法律而制定的,如依据《国内紧急状态法》授权,内阁大臣可以就该法规定的相关事项制定实施条例,例如2005年《国内紧急状态法(应急计划)条例》。此后,苏格兰、威尔士先后制定了类似的实施条例。

第三层级是各种应急管理的规程、指南和标准。"规程"是英国应急管理的一个特色用语。2005年时,英国应急规划学院(EPC)院长查尔顿·威迪将军提出了这一词汇,规程源于军事用语,表示不可违抗的军规。应当说,包括规程在内的这些应急管理指南、标准,或者作为强制性文件,或者作为指导性文件,共同构成英国应急管理法律体系的重要组成部分。如2005年,英国政府出台了《应急管理准备和响应指南》《应急管理恢复指南》等文件,将《国内紧急状态法》的宗旨、原则进行细化,有效规范了中央、地方政府在进行应急管理时的具体操作程序。

3. 英国公众应急文化

(1) 应急科普教育

英国政府认为,应急反应的基础是准备工作和每一个参与应急处置机构组织的专业化水平,而行动的效果取决于各个参与组织之间的合作程度,这就需要在计划和准备阶段进行紧急应变演习。紧急应变演习被认为是应急计划整体的一部分,而不是独立的。对于警察和消防部门、医疗救护部门等应急处置的核心部门来说,参与灾难性事故与事件应急处置工作可以被看作是其正常工作的组成部分;而对于其他的机构和人员,如地方政府、工商业组织、志愿者组织与军队等来说,就不涉及其日常工作。不断组织紧急应变演习的目标之一是使参与应急处置的所有部门与组织都能认识到自身的使命,并了解在实际应急过程中应如何协作。

(2) 志愿者

英国的志愿者服务起源于19世纪初宗教性的慈善服务。亨利·索里牧师参照德国爱尔伯福利制度的做法,于1869年倡导在伦敦成立了第一个慈善组织协会。志愿者组织(包括单位和个人)具有人力、专业技能和设备等方面的丰富资源,是突发事件应急系统中的一支重要力量。不管是在预防准备阶段,还是在灾难救助阶段,志愿者都会积极参与其中,协助政府开展防灾救灾工作。英国在平时就已建立起一些志愿者组织:一是类似于红十字会、救护车队、军队和妇女皇家志愿服务组织;二是能够提供专家技术的组织,如海上和高山救援组织、圣约翰救伤队、皇家国民救生艇协会会员、国际营救队、山地营救会、岩洞营救会;三是对受害人及其家属提供感情、心理方面劝慰的组织、宗教协会,以及学生联合会、外交使团;四是有特殊技能的个人,如无线电爱好者协会、翻译者协会等。

4. 英国应急文化的媒体政策

(1) 信息发布

英国政府观念上确信媒体在突发事件中的地位和作用。在应对突发事件时，英国政府的首要选择是在符合国家利益的情况下，第一时间发布准确信息。英国政府认为，对重大突发事件，如果处理得当，媒体能在安抚公众情绪、保持社会稳定方面起到非常重要的积极作用，还能帮助政府迅速向公众传达重要的建议和指示。在突发事件发生时，越早发布信息，就越能阻止谣言和猜测的产生与扩散。

(2) 媒体自律和守法

英国媒体不具备任何特殊的法律地位。除广播、电视等特定媒体外，英国新闻出版业主要采取行业自律的方式进行自我管理，即由新闻投诉委员会制定行业规则、独立仲裁和处理违规事件，法律则是最后的解决手段。在与突发事件有关的报道中，有相应的准则规定，如被采访对象正处在哀痛和震惊状态，必须以一种同情和谨慎的态度接触采访对象并询问问题，报道时要格外敏感小心。如果被采访对象拒绝接受采访，不能穷追不舍地提问或拍照。

(3) 政府与媒体的协作

随着过去几十年的电子信息革命，英国等许多国家对突发事件的报道已经从偶然几张现场照片加事后文字报道，变成同步进行的图文互动现场报道。通过卫星电视直播，这一事件瞬间能传播至全球。有鉴于此，英国媒体和政府都认为，在突发事件发生时，越早发布消息越好。他们还在实践和调查中发现：在突发事件中应尽可能由医生、专家等专业技术人员直接参与消息发布，可增强公众的信任度和稳定公众情绪。

(4) 媒介素质教育

近几十年来，英国还从中小学开始推行媒介素质教育。所谓媒介素质教育，即教导学生正确理解、独立判断、接收并分析大众传媒传递的信息，培养学生具有健康的媒体批评能力，充分利用媒体资源完善自我、参与社会发展。媒介素质教育是英国中学生的必修课程，课程内容包括什么是媒体机构、谁在传播、传播什么、为什么传播、媒体类型、文本分类形式，以及如何理解媒体信息的含义、媒体传播动机与效果的关系等。

5. 英国应急文化的国际合作

近年来，随着国内外重大事故的发生，英国密切加强与世界其他国家的应急合作关系。英国参加了一些国际重大事故的救援,向受灾国提供了大量援助。在打击恐怖主义、帮助贫困国家解决经济危机、全球气候问题等方面,英国也作了一些贡献。

(二) 法国的应急管理体制

1. 法国的应急管理机构

法国政府的应急管理机构主要由中央政府、内政部、各专业部门及省级国家专员的单线垂直体系构成。这种权力高度集中的模式,与法国中央集权的政治传统和行政管理体制相适应。

中央政府是法国应急管理工作的最高领导机构,总理府设有国民安全办公室(SGDN),是协助总理指挥突发事件应对工作的常设机构,主要负责制定重要专案预案、编制应急规划、研究拟订相关政策、汇总分析应急信息、综合协调相关部门及总理府值班等工作,发挥辅助决策、协助指挥作用。当风险预警达到最高级别或发生需要国家组织处置的严重突发事件后,中央政府将临时设立部际委员会,统一领导应对工作。总理担任部际委员会主任,主持召开会议,研究制定应对政策措施。

法国内政部的一项重要职能是负责应急综合管理,该职能主要由维护社会秩序的警察系统和负责应对其他自然、人为灾难的民防总局(DDSC)行使。随着法国政府对应急管理工作的逐步重视,民防总局的职能不断加强,目前其职能主要包括组织救援、风险管理、指导协调。

在中央层面,除内政部具有应急管理综合职能外,工业部、生态部、卫生部、交通部等专业部门负责本行业领域突发事件风险防范工作,多设有本部门危机处理中心,其职责主要是统计分析风险分布状况,制定和落实安全防范措施,指导处置一般突发事件,为重大突发事件处置工作提供资源和技术支持。以核事故应急为例,法国原子能安全委员会(ASN)是法国核能主管机关,主要职能是制定法规、审批执照、监督运行、技术支持,以及配合国家组织的核事故应急处置和救援行动。ASN在本部门设有危机处理中心,在全国有派出机构,对本地区的核安全实施监督,形成了较为完备的核安全管理体制。

法国本土分为13个大区、96个省,以及5个海外省及大区。在大区之上,又将全国领土分为10个防卫区(其中7个在本土,3个在海外)。作为民事安全管理的区域性实体,大区不具有应急管理职能,国家向防卫区、省派出专员,专门负责本区域的国民安全,指挥协调大规模突发事件的处置工作。这种体制在集中区域资源、应对跨行政区域的突发事件中发挥了重要作用。中央各部门采取紧急措施的指令统一下达给国家专员,国家专员直接对中央政府负责,有权协调地方政府采取各项紧急措施,地方政府是国家专员公署的配合者。市镇是法国的基层行政单位,市镇长是本级政府的行政首长,在应急管理方面,主要负责在国家法律框架下制定安全防护措施和组织常规救助,直接对省级专员负责。同时,根据各地风险分布的实际情况,省级专员公署在部分市镇派出办事机构,实行延伸管理。

2. 法国的应急资源保障体系

法国的应急力量分为以下四个层次:一是国家直接掌握的主体救援力量。法国拥有的主体应急力量包括国家直属救援队、警察、宪兵和消防员队伍。二是分布广、规模大的民间救助力量。法国的民间救助力量十分强大,如红十字协会、天主教救援会、全国保护国民联合会、全国海上救援协会,以及法国洞穴救援会等社团组织,有几十万名成员。三是紧急情况下按照国家指令采取保障措施的公用事业、企业单位。公用企事业单位包括消防队、警察等,法国所有消防队员、救援队员都必须经过培训取得资格后才能上岗。法国设有专门的培训机构,如民防学院、消防基地等。四是指挥部门的专家队伍。法国注重发挥专家队伍在突发事件处置中的辅助决策作用。内政部部际危机处理中心专门聘用了相关领域的顶级专家,平时参与风险分析、防范;遇到突发事件时,相关专家必须在15分钟内赶到危机处理中心(实行 A、B 角制度,节假日 2 小时内必须赶到),从事件性质、危害程度、救援思路和组织安排等各方面提出决策参考意见。

3. 法国应急管理的公众参与

法国在应急管理工作中实行政府责任与社会参与相结合、突出强调危机应对的全民共担原则。鼓励公众参与是法国应急管理工作的重要政策导向。

(1) 设置公众法定义务

《国民安全现代化法》对突发事件应对中的社会公众义务作出了明确规定:① 社会成员是国民安全工作的第一参与者,要按照政府指引采取日常安全防护措施,及时向救援机构通报险情,并在第一时间参加必要的救援。这是每一位公民义不容辞的责任。② 各类生产经营单位必须为危机应对提供保障,市政、基础设施、电力、通信、运输等运营单位有义务在危机时刻保障民众的基本生活需要,保障措施的具体标准由政令加以规定并写入各项公用事业运营合同。③ 各类传媒和具有信息发布手段的单位有配合发布风险预警的义务,公私媒体在对突发事件进行报道时一律接受政府的指导和约束。

(2) 政府深入开展宣教培训

法国政府十分重视增强公众的安全意识和自救、互救能力,并致力于在民众间深入开展宣传与培训活动,具体做法可归纳为以下三点:① 将向民众普及危机应对的相关知识作为应急管理部门的一项重要职责,开设信息传送的多种载体,经常在民众间开展各种形式的宣传活动。② 将安全意识和技能培训纳入国民教育体系。③ 每年举办"国民安全日"等活动。自1998年以来,法国每年都会在全国范围内举行一次"国民安全日"活动。在政府的大力鼓励与推进下,公众参与在法国的应急管理中扮演着越来越重要的角色。

4. 法国应急管理的国际合作

随着欧洲一体化进程的推进,包括法国在内的欧盟各国,已将应急管理纳入相互合作的重要内容。欧盟各国在应急管理方面的合作不断加深,法国在涉外应急管理和国际救援方面的工作力度也在不断加强。一是建立地区合作常态机制。欧盟旨在加强民事安全保卫领域内的合作机制是根据2001年10月23日欧洲理事会欧洲原子能共同体2001/792/CE号决议建立起来,目的是在一个国家受到工业或技术灾难危害时促进成员国之间的互助。该中心成为欧盟各国在应急管理领域进行国际合作的重要平台,拥有记录各成员国可被动员资源的数据库和一个共同的通信系统。二是加强涉外应急管理,2007年,法国外交部被赋予了涉外危机管理和应对的新职能,主要包括在其他国家发生突发事件后,为身处该国的法国公民提供帮助和向受灾国提供人道主义援助。为此,法国外交部专门设立了危机处理中心,负责分析、跟踪海外突发事件情况,评估境外风险,向境外法国公民传递预警信息,通过外交渠道请求有关国家对其公民采取保护措施,或直接为其避险、撤离提供帮助;负责管理国际捐赠,统一协调本国救援力量的境外行动,并通过救灾合作发挥国际影响力。

(三) 欧盟的应急管理体制

自1951年欧洲煤钢共同体奠定现行欧盟的基础以来,欧盟作为一个政治联盟涉及大量的政策领域并有不断增加的趋势。许多政策领域易遭受跨国灾难的影响,因此,欧盟在各政策领域之间实行了不同的应急管理措施。然而,自欧洲煤钢共同体条约签订以来,涉及应急管理的合作进展非常缓慢。仅仅在过去的十几年,应急管理合作才逐渐被欧盟提上政策议程。这种进展的主要驱动力来自发生在欧洲和其他大陆的大型灾难,如2003年"非典"的横行,2004年马德里恐怖袭击、2005年伦敦恐怖袭击和2015年巴黎恐怖袭击等。这些灾难迫使各成员国和欧盟不得不注重欧盟内部应急管理能力的发展。

1. 欧盟应急管理的法制建设

欧盟在重大突发事件的协同应对方面,特别注重政策和制度的规范化建设,凡涉及跨国的重大突发事件应对事项,欧盟一般均会事先约定,共同立法,或出台欧盟法案或制定规范化文件,为开展应急管理协调合作提供法律支持。这些法律或规范性文件主要包括关于应急管理的合作政策、程序流程和运作机制等方面的内容。

在欧盟重大突发事件应急协同工作中,具有代表性的重要法案有三个。一是"9·11"事件发生以后,欧盟成员国共同通过的欧盟理事会第792号决议。该决议首次明确了欧盟成员国应共同集中资源、集合各方力量,共同应对欧盟范围内可能出现的重大危机,这标志着欧盟民事保护机制正式建立。二是欧盟于2006年11月通过的第1717号法案,明确提出要建立社会稳定机制(IFS)。该法案主要针对各类全球性危机和重大风险,如恐怖袭击、重大跨境事件、大规模杀伤性武器潜在威胁等,提出了各国协调应对的总目标和总原则。法案在构建欧盟联合反恐、共同打击极端主义和暴力恐怖主义、共同打击有组织犯罪及保护关键基础设施等方面提出了一整套规则,为欧盟协同应对全球性、跨地域的危机做好应急准备,从而确保了欧盟在重大危机状态下能够保护和维持正常的社会秩序、公民安全及其基本人身自由。三是欧盟于2013年12月份出台第1313号法案。该法案将欧盟委员会下设的监测和信息中心(MIC)改组为欧盟应急协调反应中心(ERCC),并在硬件和软件方面予以配套,使该中心的职能范围从单纯的信息监测分析扩展至监测预警与协调调度,从机构建设上确保了欧盟应急协调机制的高效运作。通过不断出台和修订相关法案,欧盟大大提升了应急协调的制度化水平,逐渐建立起一套相对完善的应对重大突发事件的跨界协调规则,在各成员间建立了较为完善的沟通渠道,欧盟协同应对重大危机的制度化基础得以形成。

2. 欧盟应急管理的协调机制

长期以来,欧盟各成员国在应对危机和重大突发事件、保护公民生命财产免受或减少损失的过程中,逐渐认识到协同合作与资源共享的重要性。经过20多年的实践发展,在应急协调的体系框架、组织机构、运作模式、救援力量、资源配置与优化方式及应急培训演练等层面的组织运作方面,欧盟逐步形成了一整套相对完备的管理机制。

欧盟应急协调机制包括五大要素:一是应急协调反应系统,由应急协调反应中心(ERCC)具体负责,其是欧盟应急协调的"神经中枢",也是协调机制运转的核心机构。二是公共危机与信息沟通系统(CECIS),是机制内各方信息沟通的主要渠道,确保各方能够在第一时间获取准确信息。三是模块化队伍体系,这是确保救灾行动的关键,其突出特点是标准化、模块化。由来自不同国家成员组成的队伍可以在救灾现场实现无缝对接,极大地提高了救援效率。四是应急培训系统,主要是向各成员国应急管理人员和救援专业人员提供标准化的培训课程,这是保证队伍具备模块化作战能力的基础和关键环节。五是应急模拟演练,欧盟定期向参与协调机制的成员国和人员提供有关应对突发事件的决策指挥、现场处置、沟通协调等方面的桌面推演和实战演练,通过演练不断发现问题,改进工作流程,提升应急能力。

3. 欧盟应急管理的资源保障

(1) 信息保障

为确保信息在各成员国之间真实高效传递,同时也为了信息保密的需要,欧盟专门开发了通用应急通信与信息系统(CECIS)。一方面,CECIS 系统可用于各成员国与欧盟之间的沟通联络,接受受灾国的援助请求,发布援助模块要求,向受援国作出派遣回应;另一方面,该套系统以先进的卫星导航技术作为平台支撑,可以对欧盟内外部的森林火灾、洪水、海啸、飓风、特大暴雨、干旱等极端天气和重特大自然灾害开展监测和预警,并及时向受灾害影响国家发布预报和预警信息,提供必要的技术指导。

(2) 人员保障

欧盟为了更好地发挥各成员国在大灾中的救援合力,采用了模块化的队伍体系建设模式。此举的最大好处是各成员国可以取长补短、互惠互利,最大限度发挥各国在救灾中的优势。救灾实力强的国家可以做到各个模块全覆盖,救灾实力弱的国家可以根据本国灾害发生规律,有针对性地建设特定的救灾模块队伍,一旦发生超出自身能力范围的巨灾大难,可以通过欧盟协调机制,在第一时间内动员和调集他国优势兵力,以最快的速度投入到救援当中。

目前,欧盟共建立有 17 个专业的模块化队伍体系,另有 1 个技术支持小组负责为专业救援队伍提供技术支持。欧盟于 2014 年 10 月颁布了《欧盟民事保护机制》(NO.1313/2013/EU)的配套细则文件 C-7489。该文件对 17 个专业模块的任务、救灾能力、主要组成、自我保障、部署调度等方面的要求作出了详细规定,成为确保各个专业模块队伍救援救助能力的关键支持。17 个专业化模块队伍的突出特点是采用了模块化、标准化的队伍建设理念。在各个模块队伍的建设过程中,针对救援人员的配额、救援设备的标准、救援目标、救援效果及后勤保障能力等,欧盟均作出了详尽而又具可操作性的指标要求。各成员国只要严格按照欧盟模块化队伍的建设标准来组建并维持运行若干支救援队伍,就可以确保在欧盟应急协调机制的框架下第一时间参与救援行动。

(3) 培训保障

为进一步增强各成员国在应急协调机制中的协同、兼容和互补能力,强化法律框架的约束作用,培养团队合作意识,消除跨文化合作所带来的交流障碍,同时也为了进一步提升救援人员的实战技能,欧盟建立了一套完善的人道主义救援与公民保护应急协调培训工作体系。应急协作培训工作由欧盟人道主义援助与民事保护协调机制办公室(ECHO)具体负责,主要包括制定培训计划和年度预算、更新培训课程模块、聘用培训专家,以及组织实施培训等事项。目前,欧盟每年在应急协调联合培训方面都投入了巨大的人力物力。

欧盟应急管理协作培训工作的最大特色是突出模块化,在 2012 年—2016 年的培训计划中,欧盟开发了 12 个应急管理培训模块,不同模块由不同的培训主体完成。培训的对象主要包括综合性应急管理人员和专业性应急管理人员,前者的培训类似于美国标准化应急指挥体系(ICS)中的指挥官、协调官、安全官、新闻官的培训,后者的培训主要侧重于对学员进行专业救援知识的培训,如针对火灾、地震、洪水、化工厂爆炸、危化品泄露、海洋水质污染等不同类型灾害开展的专门性培训。

4. 欧盟民防机制和团结基金

欧盟应急管理体制涵盖了许多不同的政策领域,如核工业、公共卫生、消费者安全、动物保健等。将各个特定领域整合为一体的合作措施,通常被称为全面灾难合作。全面灾难合作意味着需要处理各种各样的突发事件,最典型的例子就是民防机制。民防机制将各成员国的民防机构联合起来并协调多边协作,可以说,民防机制是整个欧盟应急管理体制的关键。

民防机制是协调欧盟各国间及欧盟向第三方国家提供民防援助的一个框架,而团结基金(EUSF)则为灾后重建行动提供财政支持。民防机制是欧盟应急管理体制最有效的组成部分,也是欧盟应急领域的第一个举措。

民防机制主要在减灾阶段发挥作用,而团结基金的作用主要体现在恢复阶段,但两者在其他阶段也有相关之处。比如,民防机制在备灾阶段会实施民防培训,而团结基金可能为减灾阶段的活动提供资助。

5. 欧盟应急文化的国际合作

欧盟将共同应对重特大突发事件作为国际合作的重要议题。其前身欧共体于 1992 年成立了欧共体人道主义援助办公室(ECHO),2010 年 2 月更名为人道主义援助与民防总局,专门负责欧盟重特大突发事件的预警监测、应急响应协调、信息共享、人员培训等,并向重特大突发事件的受害者提供人道主义援助。

(唐传星,上海大学)

第三节 日本的应急文化流派与发展史

日本由日本列岛、琉球群岛和伊豆-小笠原群岛等 6 852 座岛屿组成,面积约 37.8 万 km^2,被太平洋及鄂霍次克海、日本海、东海等陆缘海环抱,四面环海,是太平洋上的一个岛国。由于日本列岛位处数个板块的交界和环太平洋火山带之上,板块运动十分活跃,历史上日本曾多次发生地震、海啸、水灾、火山喷发等灾难。同时,日本的国土面积有 75% 属山地丘陵地形,具有海洋性气候的亚热带季风性气候有利于植物的生长,因此日本森林覆盖率高,但却不适合农耕,耕地面积仅占日本国土的 11.1%。因而日本的人口多集中在沿海地区,日本人口密度很高,在世界排名第 37 位。一旦发生自然灾害,往往伴随着巨大的财产损失甚至严重的人员伤亡。

一、日本自然环境及灾害现状

(一)日本自然环境

日本列岛地处亚欧大陆板块、北美洲板块、太平洋板块及菲律宾板块四个板块的交界处。以上版块相互碰撞，使得日本列岛逐渐从海中突起。就地质学来看，日本列岛十分年轻。日本国土狭长，四季分明，有三分之二被山地、丘陵和森林覆盖。

日本国土以山地丘陵地带为主，山地面积占土地面积最大的四国岛，占比79.9%，其次为九州，占64.8%，本州有63.6%，北海道岛最低，为49%。全国最高峰则是位于太平洋沿岸山梨县及静冈县交界的富士山，富士山海拔高度达3 776 m，是一座活火山。

日本国内平原面积不大，大多都是小规模的冲积平原、海岸平原和洪积台地。当中最大的是首都东京所在的关东平原，面积约13 000 km²。其他较大规模的平原包括爱知县名古屋市一带的浓尾平原、大阪及京都两府附近的近畿平原、本州东北部宫城县的仙台平原，以及北海道西部的石狩平原。

日本本土四岛指北海道、本州、四国和九州。本州岛是日本最大的岛屿，位于本土四岛中部，面积为23.05万 km²，占日本总面积的60%。本州岛的位置在亚欧板块和太平洋板块的消亡边界上，因而多火山和地震，岛上有众多目前仍在活跃的火山，本州岛最高点——富士山，同时也是世界著名的活火山、旅游景点，岛上有多条河流，其中信浓川是日本最长的河流。本州岛的人口主要集中在关东平原上，日本重要的城市如东京、大阪、横滨、名古屋、京都、神户等，大都集中在本州岛上。

北海道是日本第二大岛，与本州岛隔津轻海峡相望，冬季寒冷干燥，夏季暖热多雨，四季分明。北海道中部有山地和山脉，故地形在整体上起伏较大，周围则是广阔的平原。火山带由东、南开始延伸，构成了火山地形。山地占全岛面积的60%，其中火山占山地面积的40%。东部有阿寒、知床火山群，西部有天盐、夕张山地，北见、日高等山脉纵贯中央，有大雪山火山群，最高峰旭岳海拔2 290 m。

九州岛是日本的第三大岛，连同所属小岛面积约4.34万 km²，北部山地低矮平缓，多盆地平原；南部地势高峻，岛上气候四季分明、温暖湿润，森林广袤，约占九州岛面积的3/5。九州岛是日本著名的高科技产业集中地，电子工业发达，有"硅岛"之称。

四国岛位于本州岛西南部地区的南方、九州岛的东北方，与本州岛之间相隔濑户内海而望。四国岛的地形以山地为主，平原区域零星散落在河道下游和沿海地区,气候温暖湿润。

日本独特的地理地势既为国家发展创造了大量机遇,同时也带来了不少局限与弊端。四面环海的位置、漫长而曲折的海岸线为日本的商业、渔业、航海等产业发展提供了优质的条件,丰富的森林、水利、动植物资源更是得天独厚。但是日本地质运动频繁,多火山地震,加之四岛国环海,更有海啸、台风等危机。同时山地地形,加上降雨,容易引发坍塌、洪水、泥石流等自然灾害,当灾害将临时,往往会导致大量人力、物力的损失。

(二)日本灾害现状

1. 自然灾害多样且严重

日本复杂的地形导致日本的自然灾害呈现出种类众多、危害严重的特点。火山喷发是地壳运动的一种表现形式,火山喷发时岩浆等喷出物在短时间内从火山口向地表释放,是日本主要自然灾害之一。火山喷发在短时间内会给环境造成较大的危害,喷发时喷出的大量火山灰和火山气体,会随风散布到很远的地方。这些漂浮于高空的火山物质会遮住阳光,导致气温下降,对气候造成极大的影响。同时,大量火山灰和暴雨结合形成泥石流。日本历史上著名的火山喷发事件有 1914 年鹿儿岛县樱岛发生的大正山喷火。火山喷发不久后,鹿儿岛县中部发生了里氏 7.1 级的地震。火山和地震导致房屋焚毁、倒塌,近 60 人死亡。流出的熔岩涌向大海,最后将樱岛和大隅半岛连为一体,使樱岛从岛屿变成了半岛。

地震是地壳快速释放能量过程中造成的振动,常常造成严重人员伤亡,引起火灾、水灾、有毒气体泄漏、细菌及放射性物质扩散,还可能造成海啸、滑坡、崩塌、地裂缝等次生灾害。日本历史上著名的地震事件有 1923 年的关东大地震,1923 年 9 月 1 日上午 11 时 58 分,东京南部的大岛渚爆发里氏 8.2 级地震,震动 4 至 10 分钟,10 万余人在这场灾难中身亡,4 万多人失踪,190 万人无家可归。公众比较熟悉的地震还有 2011 年 3 月 11 日日本东北海岸爆发的 9.0 级大地震,这场地震发生于海洋深处,引发了 10 m 多高的海啸,同时导致了核电站核泄漏,成为日本历史上经济损失最为严重的一次地震。

海啸是由海底地震、火山爆发、海底滑坡或气象变化产生的破坏性海浪,海啸的波速可以达到每小时 700~800 km,几小时内就能横渡大洋;波长可达数百千米,传播几千千米只损耗极少的能量,海浪冲袭每隔数分钟或数十分钟就重复一次,日本是全球发生地震海啸并且受害最深的国家。日本历史上著名的海啸事件有1896年的日本三陆大海啸,死于海啸的人数超过2.7万,关东大地震引发的海啸破坏力也十分惊人,造成8 000余艘船只沉没,5万多人淹死,并使沿岸大小港口均告瘫痪。

台风属于热带气旋的一种,广义概念上,中心持续风速每秒17.2 m或以上的热带气旋均称台风。台风带来的灾害通常由狂风、暴雨、风暴潮三方面引起,超强台风来临时,其带来的狂风和巨浪可以将沿海船只抛起甚至拦腰折断,台风暴雨往往会造成洪涝灾害、山体滑坡和泥石流等,严重危害人民生命财产,台风的风暴潮与天文大潮高潮位相遇,能产生高频率的潮位,导致潮水漫溢,海堤溃决,冲毁房屋和各类建筑设施,淹没城镇和农田。日本历史上著名的台风灾难有1959年9月,在日本登陆的台风维拉,造成5 098人死亡,4万多人受伤,150万居民无家可归,痢疾、坏疽和破伤风大范围爆发。

山体滑坡指山体斜坡上某一部分岩土在重力作用下,沿着一定的软弱结构面整体地向斜坡下方移动的作用和现象;泥石流指在山区或者其他沟谷深壑,地形险峻的地区,因为暴雨、暴雪或其他自然灾害引发的山体滑坡并携带有大量泥沙及石块的特殊洪流。多数情况下,山体滑坡和泥石流是地震海啸等灾害引发的次生灾难,但是不可否认的是它们本身也具有强大的破坏力。2018年9月6日凌晨,日本北海道发生里氏6.7级的地震,引发了北海道厚真町吉野地区大规模山体滑坡,不少住宅受损,造成36人下落不明,130人受伤。

2. 地震危害最大

对日本危害最大、破坏力最强、知名度最高的自然灾害莫过于地震。其主要原因有两点。

一是特大地震及余震发生频繁。全球地震可以分为两大基本类型:一类为板缘地震(板块和板块之间发生的地震),一类属于板内地震。日本位于板块交界处,发生的地震类型以板缘地震为主,且是全球最大板块——太平洋板块与邻区间相对运动的结果。发生在太平洋板块周边的地震,如智利、印度尼西亚、海地、新西兰等国家的地震都属于板缘地震。其特点为地震强度大、频度高,强余震活动十分强烈,且在空间分布上具有很强的带状特点。日本位于西太平洋地区,当太平洋板块向西俯冲于欧亚板块时,不仅其整体规模的错位量大,而且持续时间很长。地震造成的灾害之所以难以抵御,在于地震成灾具有瞬时性。瞬间发生,且作用的时间很短,最短十几秒、最长两三分钟就造成山崩地裂,据1988年"国际减轻自然灾害十年"专家组的不完全统计,20世纪全球地震灾害死亡总人数超过120万人,地震还易引起山体滑坡、火灾、放射性污染、有毒有害气体扩散等次生灾害。1995年日本阪神地震引发大火,关东地震死亡的14万人当中,约10万人因火灾死亡。日本城市分布集中,人口密度大。日本人口集中分布于特大城市,据统计,2018年日本的人口密度是世界平均人口密度60人/平方千米的5.8倍,主要集中在关东平原的大城市,如东京、大阪、横滨、名古屋、京都、神户。一旦地震发生,往往破坏集中,人员疏散、安置灾民、物资抢修等都会面临很大的困难。

3. 全球变暖次生灾害

火山、地震是日本自古以来就面临的挑战,在千百年与自然灾害斗争的历史中,日本也积累了许多宝贵的经验,总结了许多有效的策略。但是随着科技生产力的发展,处理旧的问题时,新的危机也在悄然登场。

全球变暖是一种和自然有关的现象,是由于温室效应不断积累导致地气系统吸收与放射的能量不平衡,能量不断在地气系统累积,从而导致温度上升,造成气候变暖。如今世界各国生产所需要的主要能源依然是矿物燃料,而这种能源消耗会排放大量的温室气体,引发温室效应从而导致全球范围内的气温升高,全球变暖会使全球降水量重新分配、冰川和冻土消融、海平面上升等,首当其冲受到威胁的便是沿海地区和半岛、岛屿。

日本是一个四面环海的岛国,本身国土面积狭小,且多山地、少平原,大型城市都集中在沿海地区,一旦海平面上升沿海城市被淹没,就会对日本国内国民的生产生活造成极大压力。同时,如果不加强对全球气候变暖现象的治理,温室气体排放量只增不减,将会导致气温上升及降水量增加,进而导致日本遭受更大的洪灾;另一方面,全球气候变暖还将影响农作物生长。

二、日本应急文化思想

1. 危机意识

常言道"一方水土养一方人",在自然灾害频发的环境中生长延续的人们,自然也会有较明显的危机意识。日本在灾害应急这方面一直保持着较高的水平。首先是日本民众的危机意识,他们始终抱有高度的警惕性,对突然发生的事件持有冷静、沉着的态度。同时，日本民众有着强烈的自肃意识，所谓自肃，即自我约束、自我克制，尽量不给他人制造麻烦，不给公众增添负担。这种意识已经深刻地渗透到日本人的生活当中，形成特有的行为习惯：时刻准备防灾应急包、不剩饭菜，甚至是回家后将鞋子的鞋尖朝外摆放……诸如此类的生活细节无不体现出日本防灾文化中的危机意识。

对危机意识的贯彻，日本民众亦是做到严谨规范。不论是家庭还是工作单位，人人都会常备防灾应急包，其中物资包括应急食物、药品、手电筒、手表等，有多种规格，可以适应不同群体需求。在地震频发的地区，居民们会在家中设置许多预警装置，如家具安定板——铺垫在家具前端，防止地震时承载物倾倒伤人；撑杆棒——用于固定家具和物品；防灾报警灯——不仅能提供照明，还兼有收音机和报警的功能。居民的手机内部装有 GPS 全球定位系统，政府搜救时可以通过 GPS 确定灾民位置，居民甚至可以利用手机软件规划自己的逃生路线。

2. 应急心态

日本独特的地理环境和自然环境对日本文化有着多方面的影响。日本作为岛国，四面环海，自然造就岛国心态。日本传统文化一直强调精神比物质更重要，在宣扬非物质资源方面可以说是地理环境影响的结果。狭小的岛国，造成狭小的国民心理，其正面表现为，无论做什么事都兢兢业业、一丝不苟、精益求精，这是日本成为当今世界经济大国的根本保证。但是，日本人总是生活在紧张的环境里，心里的那根弦始终绷得很紧，所以不信任他人是与生俱来的性格特征。这样一种矛盾的民族性在应急文化中就表现为一方面具有完备的应急法律制度、严格高效的信息管理制度、常规化的危机教育、设置完善的应急管理机构，但另一方面，按部就班的应急管理体制导致处置效率低下，事件发生后被动的应对方式则无法及时有效地应对和降低损失。

三、日本应急管理文化

（一）日本应急管理体系

1. 日本应急管理的发展历程

日本应急管理体系的构建经历了一个动态演变过程。1946 年南海地震（里氏 8.0 级）后，日本政府总结经验教训，陆续出台了灾害救助法、农业、林业和渔业项目救灾补助金的临时措施法，公共设施因灾损坏国家财政补助法等法案，改变了应急过程混乱的局面,规范了各救灾主体的职责和任务等,开启了应急管理法制化的先河。

1995年阪神大地震(里氏7.3级)后,日本政府进一步强化了政府纵向集权应急职能,由综合防灾管理体制逐渐转向国家危机管理体制,并强调强内阁、大安全的危机管理机制,建立了以内阁府为中枢,通过中央防灾会议决策,突发事件牵头部门相对集中管理,中央、都道府县、市町村三级的应急管理体制。同时,将国土交通省的防灾局提升至内阁府内,并专设防灾大臣。内阁府作为中枢,汇总、分析日常预防预警信息(核事故、工业事故、环保事件除外),制定防灾和减灾政策,以及承办中央防灾会议日常工作等。各类突发公共事件的预防和处置,由各牵头部门相对集中管理。

1998年,由日本倡议成立了亚洲防灾中心,成员国可以共享灾害信息和救灾经验,现已成为全球最重要的灾害信息收集中心之一。

2001年,日本中央政府重组,原灾害管理大臣的职责在整合和协调相关省厅的减灾政策和对策后由重新设立的内阁防灾特命担当大臣承担,以便于灾害管理各相关机关的综合协调,也便于承担防灾基本政策的规划和对大规模事件的应急联动反应。日本政府内阁仅设20个大臣,设立防灾大臣这个职位充分体现了日本对防灾、救灾工作的重视。

2. 日本应急管理的组织架构

《灾害对策基本法》对日本应急管理的行政主体界定为中央政府、都道府县政府、市町村政府、指定地方公共机关、指定全国性的公共事务,以及指定地方公共事业。应急管理专门组织由各级防灾委员会组成。

中央政府要制定灾害预防、灾害应急对策及灾后重建等基本计划,并依法实施计划。同时,中央政府要推动地方公共团体、指定公共机关、指定地方公共机关等处理关于防灾的事务或业务,并进行综合调整,此外,还必须对防灾经费的负担进行合理规划。在中央设置中央防灾委员会,由内阁总理大臣担任会长,委员为防灾担当大臣等全体官员、指定公共机构负责人和专家学者。中央防灾委员会下设干事会和专门调查会,专门调查会的主要职责是制定防灾基本计划、地域防灾计划并推进实施,确保非常灾害时期紧急措施的制定和实施,接受首相和防灾担当大臣的咨询,审议各类有关防灾的重要事项及与应急管理相关的事项。

都道府县的职责是为了在灾害中保护本地区及居民的生命和财产安全,在相关机关和其他地方公共团体的协助下,制定本都道府县的防灾计划,并依据法令实施该计划。同时,帮助其区域内的市町村及指定地方公共机关处理有关防灾事务,并对其进行综合调整。都道府县一级防灾委员会由会长和委员组成。会长由都道府县的知事担任,总理会务,委员由指定地方行政机关的负责人,以及在本区域内进行业务活动的指定公共机关指派人员等构成。委员会主要职责是制订和推行都道府县的地区防灾计划;灾害发生时收集相关灾情资料;协调相关机构采取灾害应变措施,并从事灾后处理工作;制订都道府县的灾害紧急应变计划等。

市町村作为基层地方公共团体,在灾害时保护本市町村地区居民的生命和财产安全,制定本地防灾计划并依法实施。同时强化对消防机关、防汛团等组织的领导,健全本市町村区域内的公共团体防灾组织及以居民互助协作精神为基础的自发性防灾组织。市町村防灾委员会由市町村长担任会长,委员与上述都道府县防灾委员会的设置一致。其主要职责是在市町村范围内从事的以都道府县防灾委员会组织及所承担的事务为范例。

在都道府县或市町村两级,当需要进行跨区域协调时,即设立防灾委员会协调会,共同处理跨区域的灾害应对事务,以确保不同区域间抗灾的效果。

居民在防灾上要谋求自救手段,同时要参加自发的防灾活动,为防灾作出贡献。

(二) 日本应急法律体系

1. 按照应急管理的阶段划分

对于非战争状态范畴灾害有关法律,按照防灾救灾的备灾—应急响应—灾后恢复重建各阶段,可划分为基本法,灾害预防相关法,灾害应急对策相关法,灾后重建、复兴、财政、金融措施相关法,组织相关法等5类,截至2017年3月共计67部法律。其中,基本法11部,灾害预防相关法20部,灾害应急对策相关法4部,灾后重建、复兴、财政金融措施相关法27部,组织相关法5部。这67部法律中,《灾害对策基本法》(Disaster Countermeasure Basic Act)为日本防灾减灾和应急管理的总法,是日本防灾减灾与应急管理系统全局纲领性法律文件,其他防灾减灾和应急管理法律法规均在这部总法基础上展开。

2. 按照不同灾害对象划分

按照法律所针对的不同灾害对象,日本的应急管理法律覆盖自然灾害、事故灾难、公共卫生等不同类型的突发事件。

在应对地震灾害方面,日本比较重要的立法有 1969 年通过的《地震预知联络会设计法》、1978 年通过的《大规模地震对策特别措施法》、1980 年的《地震防灾对策强化区域改进特别财政措施法》和 1995 年的《地震防灾对策特别措施法》等。

在应对火山灾害方面,日本较为重要的立法有 1973 年的《活动火山对策特别措施法》;在应对台风方面,日本较为重要的立法是 1958 年的《台风多发地区灾害防治特别措施法》;在原子能灾害应对方面,日本较为重要的立法是 1999 年的《原子能灾害对策特别措施法》。

在突发公共安全、公共卫生事件方面,2001 年"9·11"事件发生后,日本于 2002 年制定了《恐怖活动对策特别措施法》,并于 2003 年 10 月重新修订;针对美国出现的炭疽病感染等新的恐怖事态,日本召开相关阁僚会议,制定了对付生物化学恐怖的 5 条基本方针,包括加强对生物和化学制剂的管理,强化警察、自卫队、消防等有关部门的应对能力。

3. 典型应急管理法律

《灾害对策基本法》是日本防灾减灾的根本大法,于 1961 年 10 月 31 日颁布实施,经过 23 次修改,现行文本包括总则、防灾救灾组织、防灾救灾计划、灾害预防、灾害应急对策、灾害恢复重建财政金融措施、灾害紧急状态、杂则、罚则等共 10 章 117 条。

《大规模地震对策特别措施法》于 1978 年 6 月制定实施,是日本防震减灾立法领域中最核心的法律,是调整防震减灾法律关系的重要法律准则,也是世界上第一步强调通过地震预测达到直接防灾目的的法律。此后,根据地震灾害的形势和防震减灾工作需要,日本对《大规模地震对策特别措施法》进行了多次修改。

1998 年颁布的《国家全面发展法》将"日本更加安全和宜居"列为国家发展的五大目标之一。规定必须确保运输和通讯基础设施建设的抗灾能力,根据建筑物的重要性规定建造标准,提出严格的耐震计算要求,定期在公共部门和政府机构分发灾害管理指南;建立迅捷的灾难信息传播系统,建立有关紧急撤离、援助和救援及志愿者派遣系统等。此外,相关法律也规定,日本中央和地方每年必须为防灾减灾规划拨出相应预算,中央级减灾财政预算每年约为 340 亿美元,约占年度财政预算的 5%。

(三)日本应急管理预警和救援系统

1. 日本应急预警系统

预警系统的建设是一项复杂工程,需要从体制、运营机制、技术开发、公众参与和应用促进等方面推进。日本应急管理预警系统的机构涉及面很广,具有防灾性质的各部门在各司其职的同时,根据其不同业务,对灾害的预防、预测、预报、预警作出不懈努力。为了整合这些力量并使之发挥最大效用,2005年10月,日本政府专门成立了国际减灾合作联席委员会预警分会,由相关的政府部门和机构及相应的减灾组织组成,旨在建立起一个能长远推动在预警领域进行国际协作的组织。

有效的预警必然以精确、及时的灾害风险预测为前提,在日本,主要由国土交通省外局气象厅(Japan Meteorological Agency,JMA)负责自然灾害的观测和预报。气象厅采用24小时不间断运行的系统,严密监控着各种自然现象和气象变化,并对气候现象进行统计分析。在防灾气象信息方面,主要包括滚动预报地震、海啸、火山等相关气象信息,天气预报,雷达气象数据自动采集系统,海洋相关信息。另外,总务省外局消防厅(Fire and Disaster Management,FDMA)在预警方面除了需切实预防城市火灾、森林火灾的任务之外,还承担着国民保护、推动制定行政机关或公共机关的防灾训练、提高全面防灾意识的教育等职责,同时还在灾情信息发布中起关键作用。2004年,消防厅开发建设了全国瞬时警报系统,2007年开始投入使用。当遭遇大规模灾害或武力袭击事故时,信息通过通信卫星传达至地方公共团体,同时连接到地方通信卫星,市町村防灾无线网络即行自动启动,向当地居民发出灾害警报。

日本政府通过广播、电视、通信行业发布警报。日本中央、地方政府与日本广播公司(NHK)及其他广播公司签署了有关灾害信息广播协议,可通过中断常规节目或者通过电视屏幕滚动条来插播灾害相关文字信息,居民可以很容易地获得有关地震、海啸等恶劣天气或大规模事故的信息,并得到撤离指示。

风险图(Hazard Map)也是使灾害防患于未然的一种工具。日本地理调查研究所(GSI)通过开展各种调查,为绘制火山、地震及台风等不同类型的风险图提供基本信息,并创建了一些主题地图。市町村相关机构也会编制并发布风险图,显示哪些地区最易受到哪种类型灾害的袭击,并包含撤离信息。这样就使全民对身边的风险有一定认识,也能在灾害来临时意识到如何撤离。风险图作为日常应急管理预警系统的一环,发挥了未雨绸缪的功效。

2. 日本应急管理救援系统

在长期不断遭遇各种惨重灾害的袭击下,日本已经形成较为完善的应急救援系统,反应及时、训练有素、装备先进的救援队伍在应对灾害救援的过程中发挥了重要作用。日本的应急管理救援系统主要由消防厅、警察厅、自卫队、医疗机构、海上保卫厅和民间救援组织等构成,组成了严密的灾时救援、灾后恢复的队伍。

在灾难中,通信系统的必要性和紧迫性显得尤为突出,长时间的通信中断将使灾害信息在时间和空间上造成大范围空白,影响应急决策和救援成效,最终将酿成巨大的生命财产损失。日本政府在灾难中不断成长,将教训化为经验,切实研究应急管理通信系统的建设,并卓有成效。日本的灾害管理通信系统建设,按行政层次的不同分成三种:① 国家通信网络,包括中央防灾无线网、消防防灾无线网、水防及道路防灾无线网等;② 都道府县通信网络,包括都道府县防灾行政无线网、防灾信息系统、地震强度信息网络等;③ 市町村通信网络,包括市町村防灾行政网、区域防灾无线网及消防救援无线网等。

(四)日本应急资源保障

1. 技术保障

先进的信息通信技术在日本防灾体系中得到充分应用,日本灾害管理信息通信技术的支撑系统有三个,即区域同步通信系统、核心网络系统和紧急地震警报系统。区域同步通信系统的主要功能是通过中心站在区域范围内获取相关监控信息,并向公众发布各种警报及灾害信息,由当地应急管理部门管理。核心网络系统是连接中央政府、都道府县、市町村应急管理部门的通信中枢,充分利用了地面通信、卫星通信及移动系统通信等方式。

日本气象厅承担综合性应急管理职责,具有独特的防灾减灾职能,并通过先进的观测技术、监测监控技术、预警预测技术及持续研发,在应对灾害中发挥着不可替代的作用。日本气象厅已经建立起全方位全天候的观测系统网络,包括地面、雷达、高空、卫星、航空、海洋气象等。日本使用自动气象数据采集系统的自动观测设备进行地面观测,在全国范围内按照平均 17 km 的间隔设置监测站(共 1 300 个),观测的范围覆盖了天气、风向和风速、降雨量、云层种类及其高度、能见度、气温、温度和气压等各种观测值,每 10 分钟自动记录一次,所有观测数据都实时传送到气象厅总部。

2. 物质保障

日本政府对于应急管理的重视从其金融财政政策、应急管理费用纳入国家政府预算且额度逐年上升可见一斑。

3. 知识保障

在日本,学术研究的知识体系为应急管理提供巨大的背景和理论支持,是日本应急管理能力居于世界领先地位的重要因素。

从属于学术和研究机构的专家,有的作为中央防灾委员会成员,有的作为该委员会下属机构的特殊研究小组成员,同参与减少风险灾害的国家和地方机构紧密合作。这样,可在该领域内实现信息共享,推进技术与理论研究发展的共同进步。

4. 心理保障

日本在灾后重建过程中一项不可忽视的内容就是对灾民实施精神救助。实践和理论研究均表明,重大突发灾难会给现场人员带来巨大的心理创伤,特别是老人和儿童更需要精神上的安慰与关切。为此,日本在遇到灾害时,第一时间与消防人员和新闻记者同时赶到的还有心理咨询人员。政府还派专家定期为幸存者免费进行心理咨询和心理学知识讲座,安排生活援助人员和老龄户生活援助员定期走访老年人住宅等。

四、日本公众应急文化

(一)媒体角色

1. NHK 在日本应急管理中的角色和作用

NHK(Nippon Hoso Kyokai)是日本放送协会,也称为日本广播协会,是日本唯一一家法定的国家公共新闻机构,是承担应急管理传媒职责的首要责任公共事业机关。与此同时,根据《广播法》的规定,NHK 具有法定义务在面临诸如地震、海啸等自然灾害时紧急播报预警信息。NHK 不仅与日本气象厅的灾害监测网络连为一体,还有自己独立的灾害信息采集系统,可在第一时间向公众播报各种灾害信息。

紧急地震快报是指气象厅在预测到地震开始时的微小摇晃时,在震动开始前将预测的震度和震源信息紧急公布。靠近震源的地区地震快报可能不起作用,同时预测到的震度也可能因技术局限而有误差。但是,能抓紧几秒时间采取防灾减灾措施,也可能减缓灾害带来的巨大伤害。NHK 及时在电视和广播中播送地震快报,在预测到将有强烈震感的地区,电视会发出警铃声,同时屏幕上会出现发生地震的地图和文字信息,广播节目也将会中断,同样响起警铃声和有关地震的具体信息。

2. NTT 在日本应急管理中的角色和作用

日本电信电话株式会社(Nippon Telegraph and Telephone Corporation),简称 NTT,是日本最大的通信公司。根据《灾害对策基本法》的规定,内阁总理大臣指示,在遇到灾难时,NTT 集团有确保其他指定公共机关间通信的义务。从平时的网络和通信设备的准备、到灾时重要通信的确保,以及灾后通信的修复,NTT 在应急管理中发挥着重要作用。

(二) 非政府组织

大规模灾害发生时,越来越多的非政府组织(NGO)活动起来,它们的活动有效地补充了政府行动的一些缺陷,其专业性、组织体制、运营方法及资金使用等在灾害中发挥了极大优势,并且在日常生活中也担当了提高防灾意识的重要角色。日本民众也已经认识到,在灾害发生时及时采取自救和互助措施对降低人员伤亡有极大帮助,因此,日本各地的社区出现了越来越多非政府的自主防灾组织。日本政府鼓励各种组织的发展,主要从宣传、提供训练场所和教习条件等方面提供支持。自主防灾组织已经从临时性、简单化发展到长期稳定性、完整性的组织,其职能也逐渐渗透到防灾、应急响应和灾后恢复重建的整个环节。

日本红十字会是依据 1952 年制定的《日本红十字法》设立的,是类似法人的社团组织,个人参与者被称为会员,是日本红十字活动的唯一团体。日本红十字会的政治地位非常高,由历任皇后担任名誉会长,皇室其他成员担任名誉副会长。日本红十字会事业中,最为首要的是灾害救助活动,主要是医疗救护、救援物资的分配、血液的供给、募捐、心理援助等志愿活动。近年来,日本红十字会主要参与的救援活动主要有 2019 年台风哈吉比(Typhoon Hagibis)、2018 年北海道地震(Hokkaido earthquakes)、2016 年熊本地震(Kumamoto Earthquakes)等。

(三) 宣传和教育动员

日本政府重视灾害管理教育,大力推广中小学灾害管理教育,同时亦推出面向社会的灾害管理教育。

1. 中小学的灾害管理教育

日本将防灾减灾教育内容列入了国民小学生教育课程,早在20年前就开始出版针对中小学校校园内安全的教材,并按照每一年级不断变化其中的内容。教育的方式则根据不同的年龄段而实施,充分考虑学生的心理特点、生理特点,体现知识性、趣味性。

2. 面向社会的灾害管理教育

(1) 加强防灾教育和防灾训练

为提高民众对气候灾害的防御意识,日本政府非常重视强化防灾救灾知识的普及教育,支持民间自发的防灾活动,为民间开展防灾事业创造良好环境,同时建立了相关的培训制度和协作体制。总体而言,日本民众防灾意识较强,具备基本防灾自救知识和能力。

(2) 设立防灾日

1982年5月,日本内阁做出决定,将每年的9月1日定为"防灾日"。每年这一天,日本社会各界都要举行防灾演习、防灾知识讲座、防灾新产品推介等丰富多彩的活动,各行各业为抗震救灾献计献策。此外,日本政府还将8月30日至9月5日定为"防灾周",进一步加强国民抗震防灾的意识。日本吸取阪神地震的经验教训,将每年的1月17日定为"防灾和志愿者日",将1月15至21日定为"防灾和志愿者周"。日本还吸取1993年北海道西南海地发生的7.8级地震海啸诱发特大火灾的教训,规定每年7月10日为"防海啸活动日"。

(3) 普及抗震教育

日本政府大力普及抗震教育,用言简意赅的语言告诉民众及企业如何做。在校学生说,钻到桌底下;家庭妇女说,先关掉火源;公司白领说,别盲目向外跑。应对地震发生,企业应该怎么做?建筑公司说,临街窗户不能安装易碎玻璃;家具公司说,提醒消费者将家具固定好;通信公司说,设置专项服务应对震后出现拨打电话高峰。

地震发生前,个人能做什么?日本商店大都销售常备灾害应急物品袋,袋中有饮用水、压缩食品、常用药品、常用器械、简易帐篷、便携马桶、收音机等。购买并常备这种应急物品袋,一旦发生地震,短时间内可以不依赖救援。

五、日本应急文化的国际合作

(一)日本政府与国际应急管理组织的合作

联合国防灾世界会议是制定国际防灾战略的联合国主办会议,日本已连续承办三届。第一次世界减灾大会于1994年在神奈川县横滨市召开,第二次世界减灾大会于2005年在兵库县神户市召开,制定了国际防灾工作方针"兵库行动框架(HFA)"。第三次世界减灾大会于2015年3月在东日本大震灾的受灾地宫城县仙台市召开,制定了2015年以后新的国际防灾框架,总结了接替兵库行动框架的新国际防灾方针"仙台防灾框架2015—2030"。

日本从阪神大地震发生以前就对亚洲各国提供各种国际合作援助,在阪神大地震中得到的许多教训也向各国介绍,培养国际地域防灾的共同意识。在1998年7月,经亚洲各国的同意,亚洲减灾中心(Asian Disaster Reduction Center,ADRC))在兵库县神户市成立。其使命是加强成员国的抗灾能力,建设安全社区,并创造一个可实现、可持续发展的社会,致力于建设具有抗灾能力的社区,并通过人员交流和各种其他项目在各国之间建立网络。截至2019年10月,该中心拥有以亚洲为中心的31个成员国和5个顾问国的网络,同时与以联合国国际减灾战略(International Strategy for Disaster Reduction,ISDR)为首的各种联合国机构、国际机构等积极合作。

日本还与美国、印度、韩国、中国等建立了紧密的双边合作。2008年12月,中日韩首次举行首脑会议,三国在防灾的重要性上达成一致,今后将由中日韩三国每年一次轮流召开中日韩防灾担当部长级会议。

(二)日本政府对国际灾害的援助

丰富的经验教训、先进的科技水平使日本在应急管理方面走在世界前列,同时,日本也致力于在世界范围内减少灾害损失,并且积极努力地参与灾害援助,为国际的应急支援作出了重要贡献。

1. 政府开发援助(ODA)

在防灾领域,日本ODA的基本方针是:① 提高防灾的优先地位;② 从人身安全保障出发;③ 从性别角度出发;④ 软件支持;⑤ 充分利用国家的经验、知识和技术;⑥ 灵活运用和普及适合当地实际情况的技术;⑦ 促进各种防灾相关人员的合作。

防灾领域的合作,从应急的阶段可分为两种:一是在灾前做好应对准备援助措施;二是灾后进行紧急支援和恢复重建。若只从后者出发,将会造成应急管理过程中的恶行循环。因此,持续进行防灾相关技术的开发、促进防灾对策的制定就显得尤为重要。

2. 技术援助

日本吸收发展中国家技术人员、开发人员或行政官员来日本接受防灾专业知识、技术等研修,并向国外派遣专家、青年海外援助队及高级志愿者。另外,还开展了很多国际技术合作项目,如协助中国水利部进行人才培训和开发、向伊朗地震后 72 小时紧急援助对策计划的构建提供帮助、向印度尼西亚提供提高海啸早期预报能力的培训和技术援助等。此外,还有开发计划调查型技术协助,即为了灾害对策计划的有效执行开展基于某个特定计划的调查研究,如基于灾后重建而普及耐震住宅计划可行调查。

3. 国际紧急援助

当发展中国家有大规模灾害发生时,若该国向日本提出请求,日本政府将立即派遣国际紧急救援队,或紧急援助物资及资金等。

4. 资金援助

资金援助分为无偿资金支援和有偿资金支援。前者是根据灾时对受灾情况的迅速把握,为了救援购买物资等而提供的紧急、无偿的资金援助;防灾及与灾后重建相关的设施和器材准备等所需资金在无偿资金援助的范围内。

(唐传星,上海大学)

第四节 中国的应急文化流派与发展史

一、中国自然环境及灾害现状

中国是世界上自然灾害非常严重的少数几个国家之一。中国的自然灾害种类多、发生频率高、灾情严重。中国自然灾害的形成深受自然环境与人类活动的影响,有明显的南北不同和东西差异。广大的东部季风区是自然灾害频发、灾情比较严重的地区,华北、西南和东南沿海是自然灾害多发区,如水灾、旱灾、地震、台风、风雹、雪灾、山体滑坡、泥石流、病虫害、森林火灾等每年都有发生。自然灾害表现出种类多、区域性特征明显、季节性和阶段性特征突出、灾害共生性和伴生性显著等特点。

(一)中国自然环境

中国因为国土幅员辽阔,经纬度横跨距离大,自然环境复杂多样。综合地理位置、自然地理、人文地理的特点,可以将我国划分为四大地理区域:北方地区、南方地区、西北地区和青藏地区。其中,秦岭、淮河一线是北方地区和南方地区的分界线。大兴安岭—阴山—贺兰山为北方地区和西北地区的分界线。我国青藏地区和西北地区、北方地区、南方地区大致以第一级阶梯和第二级阶梯为分界线。

北方地区包括北京、天津、河北、山西、陕西、河南、江苏北部、山东、安徽北部、黑龙江、吉林、辽宁,是中国四大地理区划之一,主要包括关中地区、关东地区、华北地区和东北地区。以温带大陆性气候和温带季风气候为主,四季气温变化分明,最冷月出现在 1 月,最热月在 7 月。全年降水量少,而且季节分配不均,降水集中在夏季。北方地区以平原地形为主,兼有高原和山地。华北平原位于燕山以南、太行山以东、淮河以北,东面濒临海洋;黄土高原位于太行山以西、乌鞘岭以东、内蒙古高原以南大致以长城为界、秦岭以北之间的地区;东北平原位于长白山和大兴安岭、小兴安岭之间,由松嫩平原、三江平原和辽河平原三部分组成,土壤为黑土。

南方地区一般是指中国东部季风区的南部,行政区划包括江苏南部、安徽中南部、浙江、上海、湖北、湖南、江西、福建、云南大部、贵州、四川东部、重庆、广西、广东、香港、澳门、海南、台湾、河南最南端等部分地区。南方地区以热带亚热带季风气候为主,夏季高温多雨,冬季温和少雨,地势西高东低,位于第二、三级阶梯。地形种类繁多,有平原、盆地与高原、丘陵交错。平原地区河湖众多、水网纵横,山地丘陵区大多植被繁茂,江南丘陵是我国最大的丘陵,大多有东北-西南走向的低山和河谷盆地相间分布。西部以高原、盆地为主,四川盆地是我国四大盆地之一;云贵高原地表崎岖不平,是世界上喀斯特地貌分布最典型的地区。

西北地区包括内蒙古自治区、新疆维吾尔自治区、宁夏回族自治区和甘肃省的西北部。因为深居中国西北部内陆,西北地区具有面积广大、干旱缺水、荒漠广布、风沙较多、生态脆弱、人口稀少、资源丰富但开发难度较大等特点。西部地区大部属中温带和暖温带大陆性气候，局部属于高寒气候。地形包括天山山脉、阿尔金山脉、祁连山脉、昆仑山脉、阿尔泰山脉、河西走廊、准噶尔盆地、塔里木盆地、塔克拉玛干沙漠、吐鲁番盆地等山地、盆地、沙漠、戈壁。西部地区从东到西自然景观按照大类可分为黄土高原、戈壁沙滩、荒漠草原、戈壁荒漠。

青藏地区主要包括青海省中西部和西藏自治区，因地势高耸而成为一个独特的地区，有"世界屋脊"之称，黄河、长江、澜沧江（国外称湄公河）都发源在这里。青藏地区平均海拔在4 000 m以上，许多山峰终年积雪，冰川广布，雪山连绵。山峰之间高差不大，地形相对山区较为平坦，远看是山，近看是川。气候以高原山地气候为主，冬季严寒，夏季温暖，全年干旱少雨，辐射强烈，植被较少。

（二）中国灾害现状

1. 自然灾害多样

在漫长的历史时期，中国是世界上灾害发生较多、较频繁的国家之一，也曾被称为世界上饥荒最频繁的国家。据统计，我国从殷商时代到20世纪30年代将近4 000年间，各种灾害共计5 258次，其中水灾1 058次，旱灾1 074次，地震灾害705次。[1]中华人民共和国成立以来的自然灾害与历史上的自然灾害具有一定的继承性，依然体现在种类多、频率高、季节性强等方面。典型的有如下几方面。

（1）大气运动和水灾。主要包括洪涝、干旱、台风、风暴潮、沙尘暴，以及大风、冰雹、暴风雪、低温冻害等。其中不少灾害给经济社会发展和生态环境带来极大的威胁。例如频发的干旱使得原本就十分匮乏的水资源变得更为紧缺，以至于生态环境用水濒临枯竭，从而进一步加剧了草场退化、土地沙化、地下水枯竭、湿地萎缩等。

（2）地质、地震灾害。主要包括地震、崩塌、滑坡、泥石流、地面沉降等。我国是地震多发国家，1949年以来的50余年间，因地震死亡近30万人，伤残近百万人，倒塌房屋1 000多万间。

（3）生物灾害。全国主要农作物病虫害达1 400余种，每年损失粮食约5 000万吨、棉花100多万吨。草原和森林病虫害每年发生面积分别超过2 000万公顷（1公顷=1万平方米）和800万公顷。

（4）森林和草原火灾。全国平均每年发生森林火灾1.6万起，受灾面积近百万公顷。受火灾威胁的草原2亿多公顷，其中火灾发生频繁的近1亿公顷。

2. 地震危害最大

我国位于欧亚大陆、太平洋及印度洋三大板块交汇地带,是欧亚地震带、喜马拉雅地震带及环太平洋地震带的重要分布区。我国的地震活动主要分布在五个地区的23条地震带上。这五个地区分别是台湾省及其附近海域、西南地区、西北地区、华北地区、东南沿海。我国的台湾省位于环太平洋地震带上,西藏、新疆、云南、四川、青海等省区位于喜马拉雅-地中海地震带上,其他省区处于相关的地震带上。因此,我国是受地震灾害影响较为严重的国家,20世纪有1/3的陆上破坏性地震发生在我国,死亡人数约60万,占全世界同期因地震死亡人数的一半左右。

1976年7月28日唐山7.8级地震是首次发生于现代工业城市底下的直下型地震。直接经济损失(即地震造成房屋倒塌,各种工程设施、设备被破坏损失的价值)超过百亿元。整个唐山市区,约60 km² 范围内的工业与民用建筑震毁1 034万 m²,占77%,邻近各县农村房屋倒塌240万间。地震造成的破坏与损失都是空前的。

2008年5月12日汶川8.0级地震,严重破坏地区约50万 km²,地震波及大半个中国,以及亚洲多个国家和地区,中国国内北至内蒙古,东至上海,西至西藏,南至中国香港、中国台湾等地区均有震感,中国之外的泰国、越南、菲律宾和日本等国均有震感。其中,极重灾区共10个县(市),较重灾区41个县(市),一般灾区186个县(市)。截至2008年9月25日,汶川地震共计造成69 227人遇难、17 923人失踪、374 643人不同程度受伤、1 993.03万人失去住所,受灾总人口达4 625.6万人。截至2008年9月,汶川地震造成直接经济损失8 451.4亿元。汶川地震是中华人民共和国成立以来破坏性最强、波及范围最广、灾害损失最重、救灾难度最大的一次地震。

3. 洪涝灾害频繁

我国降水分布不均主要受来自太平洋和印度洋的暖湿气流影响,降水量由南向北、由东向西递减。而我国东北地区的年降水量在400~1 000 mm之间,也是由东部沿海向西部大兴安岭递减。背靠亚欧大陆,面向太平洋,海陆热力性质巨大的差异造就了典型的季风气候,由于季风气候的不稳定性,导致寒暖干湿变化幅度很大。降水年内分配不均,年际变幅也大,旱涝发生的频率高、范围广、强度大。我国有65%以上的国土面积不同程度受着洪水的威胁,长江、黄河、淮河等七大江河中下游地区集中了全国近一半的人口、3/4 的国内生产总值,也是洪涝灾害多发地区。

1998 年特大洪水是一场包括长江、嫩江、松花江等江河流域地区的大洪水,是继 1931 年和 1954 年两次洪水后,20 世纪发生的又一次全流域型的特大洪水;嫩江、松花江洪水是 150 年来最严重的全流域特大洪水。据初步统计,包括受灾最重的江西、湖南、湖北、黑龙江四省,全国共有 29 个省(市、区)遭受了不同程度的洪涝灾害,受灾面积 3.18 亿亩(1 亩≈666.7 平方米),成灾面积 1.96 亿亩,受灾人口 2.23 亿人,死亡 4 150 人,倒塌房屋 685 万间,直接经济损失达 1 660 亿元。

2020 年中国南方地区发生多轮强降雨,造成多地发生较重洪涝灾害。据水利部统计,截至 2020 年 6 月 22 日,全国 16 个省区 198 条河流发生超警以上洪水,多于常年同期;重庆綦江上游干流及四川大渡河支流小金川更是发生了超历史洪水。截至 7 月 9 日 14 时,洪涝灾害造成安徽、江西、湖北、湖南、广东、广西、重庆、四川、贵州等 27 省(市、区)3 020 万人次受灾,141 人死亡或失踪,172.1 万人次紧急转移安置,60.1 万人次需紧急生活救助;2.2 万间房屋倒塌,25.1 万间不同程度损坏;农作物受灾面积 2 667 千公顷,其中绝收 297 千公顷;直接经济损失 617.9 亿元。

4. 人口众多

中国人口众多,在世界各国中位居首位,且人口分布不均匀,随着我国科学技术发展,医疗技术水平不断提高,2019 年我国人口平均寿命提高到 76.7 岁,高于世界人口平均寿命 65.5 岁。2020 年初,我国人口总数约为 14 亿。我国人口分布极其不均,主要与地理环境、气候条件、水源分布等有直接关系,一旦发生自然灾害,往往会造成严重的人员伤亡及财产损失。我国人口分布极其不均,人口分布的黑河—腾冲线(胡焕庸线),几乎与我国 400 mm 降水线重合,同时也几乎跟我国第二阶梯和第三阶梯分界线重合。我国第二阶梯和第三阶梯分界线是大兴安岭—太行山山脉—巫山—雪峰山。人口众多给环境资源带来沉重的压力。矿产和自然资源的开采使我国的自然资源紧张,如此庞大的人口迫使中国在能源方面严重依赖进口,一旦面临突发灾难,会面临救援困难、救援情况复杂、应急物资短缺等众多困难。

5. 群体性事件

除了自然灾害,广袤的国土、复杂的国情,群体性事件也是我国常见的一种紧急事件。所谓群体性事件,是指由某些社会矛盾引发,特定群体或不特定人群聚合临时形成的偶合群体,以人民内部矛盾的形式,通过没有合法依据的规模性聚集、对社会造成负面影响的群体活动、发生多数人语言行为或肢体行为上的冲突等群体行为的方式,或表达诉求和主张,或直接争取和维护自身利益,或发泄不满、制造影响,因而对社会秩序和社会稳定造成重大负面影响的各种事件。

每一起群体性事件都是由某一身份的一群人制造和参与的。从一些突出的群体性事件分析起因,应该说绝大多数集体上访甚至闹事都有一定的理由,即有其合理的部分,真正无理取闹是极个别的,因此往往容易引起社会的关注。一些群体事件在开始之初,大多仅限于少数人及个别区域。随着事态的发展、影响力的扩大,引起周围区域或利益相关者心理共鸣,一旦甲地发生群体性事件,乙地、丙地便纷纷效仿,互相传染,使参与人数及区域不断增多和扩大,甚至出现互相串联,互相取经现象。当前群体性事件常常对国家的法制秩序、治安秩序、交通秩序产生冲击和破坏,影响社会安宁,扰乱了社会正常的工作、生产、生活秩序。2005年6月26日下午,安徽池州4名乘客与行人刘亮发生争执,将刘亮殴打致伤。这本来是一件普通的汽车撞人纠纷,然而到当天晚上,这已经发展成为一起打砸抢烧的群体性事件,造成多名武警和民警受伤,4辆车被毁,派出所被砸,一超市被抢。据记者调查,事态的发展是由很多因素促成的,有不实的传闻,有不法分子的煽动,不当的处置……其中不实的传闻是关键性的因素。

二、中国应急文化思想

1. 荒政思想

荒政思想是中华民族饱受灾荒之害而与灾害展开斗争实践的产物,是古人救荒活动中的理论结晶,并在抗灾、救灾的实践中得到不断发展与丰富。古代中国救灾思想的理论体系,早在春秋战国时期即已初步形成,并见诸实施指导救灾工作。明清以后,古代中国的救灾思想已经理论系统化,形成了一套完整的救灾学说,丰富了中国乃至全人类的救灾理论宝库。传统社会繁多的荒政思想大多与天命主义有关。其所形成的天命主义荒政思想,既有"畏天命"的胆怯心理,又有"天何言哉,四时行焉,百物生焉"的自信认识,继而催生出积极的"尽人事"与消极的"应天命"荒政理念。历代救荒除巫术外,其他实际的政策也有很多。归纳起来,不外有消极和积极两种。而在消极的政策中,又有治标和灾后补救两大类。历代治标政策,大约可分为四项:赈济、调粟、养恤、除害;灾后补救政策,也可分为四项:安辑①、蠲缓②、放贷、节约。[2]

2. 重农防灾

农业,在任何时代都是人类赖以生存与发展的基础,"民以食为天"是中国历代统治者治国最重要的战略原则。我国自古以农业立国,农业社会对自然有着极强的依赖性,灾害的发生是对自然界原有平衡状态的一种破坏,如何规避灾害,减轻灾害造成的物力、人力损失,古代社会的精英们提出了重农防灾减灾的办法。历代封建统治者都曾提倡"农本主义"思想,而基于"农本主义"的重农思想和理论便又产生了实际的重农政策和措施。历代封建国家法令法规,以强本抑末为目标,以孝悌力田为明训,都是这种政策的普遍表现。

3. 水利防灾

古代的工程技术防灾减灾主要是兴修水利和海塘工程,治理河患、防范水旱灾害。水旱灾害在我国历史上发生频次最多,也是造成损失最大的自然灾害,所以自古以来各朝各代的有识之士在实施救灾的各种政策措施时,都知道要注重兴修水利以调节用水。水利是农业的命脉,农业能够取得大丰收,很大程度上取决于农业基础设施建设的完善与否,农田水利建设是农业基础设施建设的基础之基础。

三、中国应急管理文化

(一)中国应急管理机构

应急管理机构,不同国家由于政治体制不同,往往有不同的领导机构安排。在中国,中国共产党作为执政党,其中央政治局及其常委会对于突发事件应对的工作实行最高政治领导。在汶川大地震、青海玉树地震,以及舟曲泥石流等灾害发生后,中央都对抢险救灾的战略方针作出了积极决定。

国务院对突发事件应对工作拥有最高行政领导权。《突发事件应对法》规定:国务院在总理领导下研究、决定和部署特别重大突发事件的应对工作。这里指出,特别重大突发事件的最高领导者(机构)是国务院,具体领导人是总理。事实上,由于国务院也是整个国家行政的中枢,因此,国务院便是全国突发事件

---

① 安辑:灾荒之年常出现大批农民逃荒,政府为了设法抚辑流亡,常实行各种安辑政策。
② 蠲缓:灾荒之年或免除灾区全部租赋,或减征租赋数额,或延缓征收时间,以减轻农民负担。

应急管理工作的最高行政领导机构。

同时,在国家安全方面,我国于2013年11月12日正式成立中央国家安全委员会,全称为中国共产党中央国家安全委员会,是中国共产党中央委员会下属机构。中央国家安全委员会作为中共中央关于国家安全工作的决策和议事协调机构,向中央政治局及其常委会负责,统筹协调设计国家安全的重大事项和重要工作。

2018年,成立了国家应急管理部。该部承担如下综合应急管理职责:组织编制国家应急总体预案和规划,指导各地区各部门应对突发事件,推动应急预案体系建设和预案演练。建立灾情报告系统并统一发布灾情,统筹应急力量建设和物资储备并在救灾时统一调度,组织灾害救助体系建设,指导安全生产类、自然灾害类应急救援,承担国家应对特别重大灾害指挥的工作。指导火灾、水旱灾害、地质灾害等防治。负责安全生产综合监督管理和工矿商贸行业安全生产监督管理等。

(二) 中国应急法律体系

我国应急管理立法历史悠久,在民国之前,我国已经出现了突发事件的相关立法,一般是以戒严、紧急命令的形式出现。中华人民共和国成立后,为适应经济社会发展的需要,我国全面加强了法制建设,应急管理立法亦从无到有,取得了明显的阶段性成效,目前已初步建立了较为完整的应急管理法律体系。目前,我国现行的应急管理法律规范主要包括:战争状态法律规范、一般紧急状态法律规范、恐怖性突发事件法律规范、群体性突发事件法律规范、事故性突发事件法律规范、灾害性突发事件法律规范、公民权利救济法律规范。

总体来看,目前我国在构建应急管理法律体系方面取得的成绩主要表现在:① 加强了了突发事件的综合性立法。于2007年11月1日正式生效的《突发事件应对法》,作为规范突发事件应对工作的全国性法律,第一次系统、全面地调整和规范了突发性事件应对工作的各个领域和各个环节,为突发事件应对工作的全面法律化和制度化提供了最基本的法律依据。② 针对易发性且危险程度高的突发事件类型,由全国人大及其常委会制定了相关法律。诸如《安全生产法》《矿山安全法》《防洪法》《消防法》《防震减灾法》等。③ 针对一些发展不确定的突发事件,不仅规定了一般紧急状态下的应急措施,还制定了特别紧急状态下的应急措施,如《安全生产法》《特别重大事故调查程序暂行规定》《破坏性地震应急条例》《传染病防治法》等。

（三）中国应急科普教育

近几年，我国在应急知识科普宣教方面取得了一定成绩。首先，在体系建设方面，应急管理科普组织体系逐步建立，队伍得到发展，并趋向科学合理；其次，国家举办的科普活动逐步增加，以设置的纪念日为例，有"全国科普活动周""全国防灾减灾日"等，这些纪念日不仅吸引公众关注应急科普宣教，还普及了应急知识，在社会上产生了积极影响；宣传教育载体建设也取得一定效果。应急科普资源在大众传媒上的传播日益广泛，覆盖面不断扩大。

党和国家历来高度重视应急科普宣教工作。2005年，国务院办公厅印发《应急管理科普宣教工作总体实施方案》（国办函〔2005〕90号），有力指导各地各部门将应急防护知识普及到公众、落实到基层。《中华人民共和国突发事件应对法》《"健康中国2030"规划纲要》等政策规定制度相继明确，县级以下人民政府应当组织开展应急知识的宣传普及活动和必要的应急演练，以完善突发事件卫生应急体系。

（四）中国应急资源保障

1. 应急队伍

专业应急队伍是突发事件应对的主力军，我国应急救援队伍体系基本建立。当前我国应急救援力量主要包括国家综合性消防救援队伍、各类专业应急救援队伍和社会应急力量。

一是国家综合性消防救援队伍。主要由消防救援队伍和森林消防队伍组成，2018年公安消防部队和武警森林部队集体转隶应急管理部，组建国家综合性消防救援队伍，共编制19万人，是我国应急救援的主力军和国家队，承担着防范化解重大安全风险、应对处置各类灾害事故的重要职责。二是各类专业应急救援队伍。主要由地方政府和企业专职消防、地方森林（草原）防灭火、地震和地质灾害救援、生产安全事故救援等专业救援队伍构成，是国家综合性消防救援队伍的重要协同力量，担负着区域性灭火救援和安全生产事故、自然灾害等专业救援职责。另外，交通、铁路、能源、工信、卫生健康等行业部门都建立了水上、航空、电力、通信、医疗防疫等应急救援队伍，主要担负行业领域的事故灾害应急抢险救援任务。三是社会应急力量。经摸底调查，目前社会应急队伍有1 200余支，依据人员构成及专业特长开展水域、山岳、城市、空中等应急救援工作。另外，一些单位和社区建有志愿消防队,属群防群治力量。同时,人民解放军和武警部队是我国应急处置与救援的突击力量,担负着重特大灾害事故的抢险救援任务。

2. 资金和物资

经费保障是突发事件应急准备的重要内容,是突发事件应对保障系统不可或缺的重要组成部分。目前,我国应对突发事件的资金主要由三部分构成,即财政资金、社会捐助资金和商业及政策保险赔付资金。

应急物资的合理储备是应急救援工作的重要基础。突发事件发生后,在短时间内急需大量的淡水、食物、帐篷、衣被、医疗器材、电力设备等基本救灾物资。2020年抗击新冠肺炎疫情充分证明,第一时间把正确数量、质量、品种的应急物资以正确方式送达目的地,对于一线人员顺利开展防疫救援、保障人民生命安全、快速恢复正常社会生活秩序、减少各类损失、降低经济社会政治方面的不利影响有重大意义。此次新冠肺炎疫情的爆发,一定程度上暴露出我国应急物资保障体系存在的短板和脆弱性,引起了从中央到地方以至社会各界的高度关注。为此,国家层面强调要健全统一的应急物资保障体系,将应急物资保障作为国家应急管理体系建设的重要内容。

3. 避难场所

应急避难场所是指利用公园、绿地、广场、学校操场等场地,经过科学地规划、建设与规范化管理,在突发事件发生时能为社区居民和救援者提供安全避难、基本生活保障及救援、指挥的安全场所。我国通常将应急避难场所分为三类:第一类是紧急(临时)避难场所,也是避难疏散人员集合并转移到固定避难场所的过渡性场所,通常是建筑物附近的小面积空地,如小公园、小广场、操场等。第二类是固定避难场所,固定避难场所是供避难疏散人员较长时间避难和进行集中救援的场所,通常是面积较大、可容纳人员较多的公园、广场、体育场馆,以及大型人防工程、停车场等。第三类是中心避难场所,中心避难场所是指规模较大、功能较全、起避难中心作用的固定避难场所,通常可选择城市防灾公园、城市运动公园等。

四、中国公众应急文化

(一)非政府组织

相较美国、西欧等国家的非政府组织在救灾过程中发挥的作用,中国才刚刚起步,略显经验不足。当前中国非政府组织主要参与的工作集中于救灾与灾后短期恢复阶段,而对于预防与长期恢复的应急管理参与则十分有限,在应急前的准备阶段对志愿者的管理安排也显得力不从心。同时,各组织之间的救灾网络没有形成,非政府组织与政府、企业之间也缺乏有效沟通与协作机制。这些都制约了非政府组织在应急管理中作用的发挥。

(二)社会动员

在突发公共事件应急管理中,需要调动社会力量,形成联防联控、群防群治、有序参与的应对网络。"集中力量办大事""一方有难、八方支援"是中国特色社会主义制度的优势。实践证明,以这种理念为基础支撑建立的我国传统社会动员机制,在战胜历史上多次突发事件中确实发挥了极其重要的作用。在突发公共事件应急中,国家领导人亲临一线指挥处置,通过大规模地调集人民解放军参与灾难处置,国家财政及时发放巨额救灾款支援,号召全国人民积极捐款捐物救灾等动员方式,有效地应对了灾难及灾后的恢复重建。

但同时,我国突发事件应急处置中的社会动员机制也存在着一系列不容忽视的问题。第一,社会力量参与应急管理的相关法律制度不完善。社会力量在应急处置中职能如何定位、协调,如何确定合作范围和参与深度等亟待明确。第二,各社会动员主体协调机制不健全。政府对社会力量了解不够,面对突发公共事件时无法准确地利用、协调和调度社会力量参与救援等工作。第三,社会力量参与形式过于单一。目前社会力量参与仍局限在志愿者帮扶、捐款和捐助救援物资等方面,形式过于单一,涉及面不够广泛,没有真正深层次挖掘和发挥社会力量掌握的稀缺资源。第四,社会力量自身素质参差不齐,不利于统一协作,影响应急管理的效率和效果。

五、中国应急文化中的国际合作

中国作为一个发展中国家,幅员辽阔,人口众多,经济社会整体发展水平不高,加之灾害频发,许多灾害仅靠中国一己之力很难应付。只有通过国际合作才能取得重大进展,尤其在资源有限和专业人员较少的发展中国家。作为一个开放的国度,中国以主动积极的姿态展开救灾国际合作。

在中华人民共和国成立以后相当长的一个历史时期,中国向发展中国家提供灾害救助,却拒绝包括联合国在内的一切国际援助。改革开放后,我国对国际救灾援助问题逐步解放思想。特别是1987年大兴安岭发生特大森林火灾后,我国调整了接受国际救灾援助的方针。我国基本上是从1980年开始接受国际救灾援助的。当时确定的方针为:对联合国救灾署的援助可适当争取,可及时提供灾情,情况严重的亦可提出援助的要求。到1987年调整为:要有组织有计划地向国际社会通报和提供有关灾情、救灾工作资料,没有选择地争取国际救灾援助。

近年来,随着国内外重大灾难性事件的不断发生,我国加强了与联合国在应急管理领域的合作,主要表现在积极参与国际重大灾难性事件的救援;积极响应联合国发出的联合呼吁;捐助大量资金并向受灾国提供大量的援助。参加了印度洋海啸、马达加斯加飓风、海地地震、巴基斯坦洪灾、非洲之角饥荒等重大国际救灾行动。

中国展开救灾的形式丰富多彩,概括起来,一是协商合作,包括参与会议、举办会议、搭建平台;二是救灾演习,包括双边演习和多边演习;三是声援慰问,包括致电慰问、访问灾区、救灾声援;四是救灾支援,包括提供物资、派遣人员、支援技术等。

(唐传星,上海大学)

参考文献

[1] 邓云特.中国救荒史[M].北京:商务印书馆,2011.
[2] 陈安,夏保成主编.应急管理比较研究[M].北京:中国科学技术出版社,2017年.

第五节 中国应急文化与其他国家的对比分析

一、文化差异下的应急文化对比分析

东方的文化崇尚含蓄,西方则推崇直接开放,东西方文化的不同也体现在人们对应急管理的态度上。汪云、迟菲、陈安在《中外应急文化差异分析》一文中表达了如下观点:从突发事件应对的事前预防态度和事后应对态度及行为这两个

角度来分析,中国的应急文化更加注重的是事情发生后的主动应对和救援,虽然事前的预防总是被提,可在实际的应对中仍然表现得不够积极。[1]据此,可以将坐标图划分为四个象限,分别是积极预防-主动应对型、消极预防-主动应对型、消极预防-被动应对型、积极预防-被动应对型(图3-1)。中国是典型的消极预防-主动应对型,印度是典型的消极预防-被动应对型,日本是典型的积极预防-被动应对型,而德国则是典型的积极预防-主动应对型。

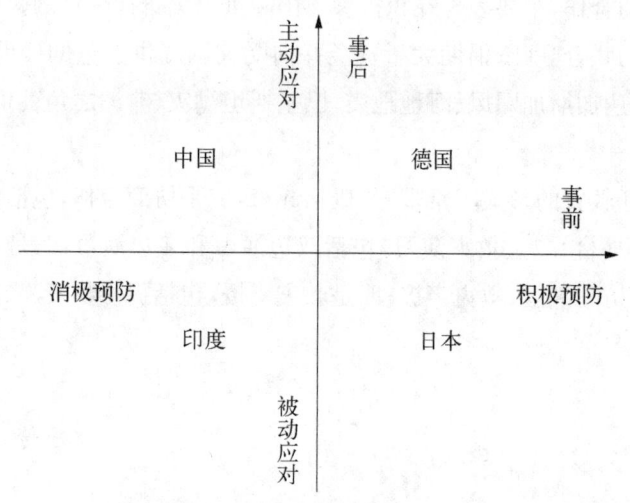

图3-1 突发事件应对四象限图

(一)中国"消极预防-主动应对型"分析

中国被认为是突发事件应对中消极预防和主动应对的典型,在突发事件发生后能够积极响应,采用有效应对措施,然而在事件发生前的预防过程中却显得不足,缺乏一定的危机预防意识。中国虽然自古以来自然灾害频繁,各种突发事件不断,但中国的事前应对措施却很不完善,人们的危机与预防意识也一直欠缺。中国人在面对未发生的潜在危机时缺乏足够认知,危机意识薄弱,这与中国的传统文化是分不开的。中国绵延千年的文化里反复宣讲的就是寄托未来,对未来充满信心,即所谓的"乐感文化"。因此在突发事件发生前,中国人的预防意识和措施就显得不足。

然而一旦突发事件或灾害发生之后,眼睛所能见到的真实画面总能够带给人们很大冲击,因此人们能够立即采取措施,尽自己所能对突发事件进行应急救援。中国人在突发事件或灾难应急过程中所表现出"一方有难、八方支援"的团结一致精神为世界所称道。20世纪末到现在,人们在所经历的各种突发事件和自然灾害的应对和救援过程中,也更加深刻体会到了团结一致、共渡难关的强大力量。因此,在突发事件发生后,中国人民总是能够积极主动地进行应对。

(二)印度"消极预防-被动应对型"分析

印度被认为是面对突发事件时消极预防与被动应对的典型代表,不管是突发事件发生前的预警与预防,还是事件发生后的应急应对过程,都存在很大的不足之处。

由于印度洋板块活动、季风气候和其他因素的综合影响,印度每年都会受到各种自然灾害的侵袭。然而,印度现行的应急管理机制却仍然很不完善,即使是在其所强调的灾后救援方面,也频繁暴露出诸多问题。2005年孟买洪灾期间,政府迟迟未能展开搜救和赈灾工作,灾民只能依靠自救。然而印度民族在主观上却始终拒绝和灾害博弈,依然将对策留在自己心中对于世界的理解上,那就是"主观出真知,静思乃得之"。面对死亡,印度人民也一直抱着非常消极的态度。他们将死亡看成一种"脱离"人生苦海的方式,认为人死后会进入无忧无虑的彼岸极乐世界。表现在对待灾害和死亡的态度上,则是对自然界的屈从和对死亡听之任之的态度。

印度在面对突发事件和灾难时所采取的消极和被动态度,同印度的社会文化有很大的关系。印度是世界上受宗教影响最深的国家之一,人们信仰宗教,按宗教教义行事,而印度教或者佛教本身对于灾害和死亡所采取的都是听之任之的态度。印度教徒在精神与物质这个哲学根本问题上表现出重精神轻物质的倾向,在印度教徒眼里,如何自我修行,尽早"脱离"人生苦海,进入无忧无虑的彼岸极乐世界才是最重要的。直至今日,对自然界的屈从和通过苦修获得精神解脱的观念依然在恒河流域广为流行,影响深远。因此,在这样的文化背景和价值观念的影响下,印度面对灾害始终保留着消极应对的态度。即使在科学技术如此发达的今天,也无法在短时间内改变印度宗教文化根深蒂固的影响。

(三)日本"积极预防-被动应对型"分析

日本被认为是面对突发事件时积极预防与被动应对的典型,是因为日本人面对死亡的坦然,以及其几近完美的防灾意识和灾害预防体系。

日本有相当完善的事前预防体系,这体现在日本的法律法规、日常教育、城市设备等各个方面。日本的第一个防灾法——《备荒储蓄法》,制定于明治十三年,即 1880 年。之后,日本陆续制定了一系列专项灾害防治法律。日本对于公民防灾意识的培养是从小就开始的,在之后的教育中也一直被放在非常重要的位置。日本将每年的 9 月 1 日定为"灾害管理日",8 月 30 日至 9 月 5 日定为"灾害管理周",通过各种方式进行防灾宣传活动:日本政府和相关灾害管理组织机构协同进行全国范围内的大规模灾害演练,使公众能训练有素地应对各类突发事件。同时日本还建立了集防灾教育、防灾训练功能于一体的市民防灾体验中心,由政府出资建设,免费向公众开放,以培养公众的危机意识。

然而,一旦灾难事故发生后,日本人面对灾难就如面对很快就会凋落的樱花一样,对于生命的消亡是很消极的态度。很多灾难事故发生后,不管事件状况是否已经得到很好的控制,也不管灾害使得他们生活甚至是生存状况变得多么艰难,日本人总是表现得不慌不乱,似乎不论多么巨大的灾难和多么严重的后果都不会激起他们的恐惧与慌乱。2011 年东日本 9.0 级大地震导致福岛核泄漏,远在大洋另一侧的中国民众已经慌乱不已,忙着抢盐屯水屯粮时,日本人甚至都没有表现出一丝恐慌和担忧。因为对他们来说,死亡根本不可怕。日本人面对灾难发生之后的冷静甚至冷漠,体现的不仅仅是他们不慌不乱、沉着应对,更是他们消极应对及对于来自死亡恐惧的麻木。

日本在突发事件后应对方面显得较为消极与被动,是因为他们对于死亡的淡然与冷漠。对于日本人来说,不是会不会发生地震,而是何时与何地发生地震的问题。生命的逝去就如樱花掉落一样都是不可避免的,因此他们关心的不是会不会死亡,而是以一种什么样的方式死亡。日本人对死亡的坦然甚至迷恋,形成了独有的死亡美学。

(四)德国"积极预防-主动应对型"分析

德国被认为是积极预防—主动应对型的典型,在灾害事件发生前后总是能够积极主动进行预防和响应。

德国非常注重灾害的监测和预警。2001 年 10 月,德国建立卫星预警系统进行灾害警示,通过卫星,政府发出的预警信息可以在几秒钟内通过公立和私人电台传遍全国,也可以通过互联网移动电话等方式向民众发出预警报告。为实现预警信息的有效收集整理和发布,德国建立了一套依托卫星的危机预防信息系统,集中了互联网上所有可以找到的危机预防措施信息,并向全社会开放。同时,为便于各种罕见灾害发生时迅速进行信息分析,实现信息共享,德国还建立民事保护和灾难防护领域的内部信息网络,供应急管理的相关部门使用。

一直以来,德国都以标准化、规范化著称,标准化已渗透到社会生活的方方面面。德国人讲求效率,做事有条理,善于总结和计划。德国社会经济发达,自然环境优越,除了雪灾会在每年冬天袭扰之外,其他方面的灾害并不多。但是德国严谨务实的传统使得他们居安思危,怀有强烈的危机意识,加上德国社会发展程度较高,灾害预防、预测与应对等各方面技术也较为成熟,因此能够在应对突发事件的实践过程中建立一套比较健全和完善的应急管理体系。

二、政府作用下的应急文化对比分析

发达国家向来重视应急文化建设,不同的国家的建设重点和所采取的方式有所不同。李昊青、刘国熴在《关于我国应急文化建设的理性思考》一文中,以美、德、日等国家应急文化建设部分情况作了对照。[2]

表3-1 美、德、日等发达国家应急文化建设比照

对照内容	美 国	德 国	日 本
着力点	应急意识的培养 应急知识的灌输	公民应急素质的培养	强化危机预防意识 提升危机应对技能
主导机构	美国联邦政府	德国联邦政府	各地方政府
组织形式	各州、市、郡的培训中心和培训基地	政府设立的危机管理与应急培训学院,以及地方政府设立的应急培训基地	面向公众的减灾培训班 减灾演习;防灾体验中心
建设途径	各种应急培训与救灾实战演练;媒体宣传	文化熏陶;知识教育(包括法规、政策及技能)	学校教育;社会教育 媒体宣传
应急救援 力量构成	应急救援人员;普通公民	应急管理相关人员 城市管理者 普通公民	政府;企业;社会机构 普通公民

通过比照发现,发达国家应急文化建设的成功经验主要有以下方面:一是,作为应急文化的建设主体,政府担负着重要的社会责任,其必须从战略高度来引领与加强应急文化现代化建设,包括物质层面的资金投入、精神层面的价值引导、制度层面的法制规约和行为层面的文化监管;二是全社会应从终身教育层

面、从小培养公民树立以人为本的安全理念,加大应急安全宣传力度,提高应对突发公共事件能力,在全社会形成关爱生命、关注安全的群体文化意识,为应急管理创造良好社会氛围;三是构建力量结构多元,科学统筹与有效协同应急救援力量体系,使得应急救援整体能力和综合协作能力流畅运转和高效发挥,从而有效消减危机所带来的损失。

三、社会参与下的应急文化对比分析

突发事件发生之后,相关部门需要立刻采取行动对事件进行处理和控制。然而,由于突发事件发生、发展过程中的不可控因素较多,在事件应对过程中难免会出现一些正常处置流程无法应对或超出当前处理水平的状况。面对突发事件应急处置过程中的意外状况,受价值观念及思维方式差异的影响,中外在应对过程中存在着较大的差异。这里以最具有代表性的美国为例,对比分析中美两国个人和组织在应急中的表现差异。

(一)中美个人和组织在应急中的作用差异分析

1. 美国个人和组织在应急中的作用体现

美国崇尚个人主义,强调个人理想与价值的实现,以及个人在组织中的作用。在突发事件应急处置与救援过程中,掌握更全面信息的个人往往能够有更大的发挥空间,他们可以根据所掌握的信息和自己的判断,及时采取有效措施,阻止事件的进一步恶化,降低事件所造成的损失。此时,这样关键个人所采取的措施是及时、有效的,甚至可以说是高效的,因为其并没有过多地受到组织的约束和限制,而所带来的作用也是可以超越于组织之上。这一点在美国影视作品中具有很清晰的体现。不管是钢铁侠、蜘蛛侠、蝙蝠侠这样的超级英雄系列,还是《白宫坠落》这种体现普通公民在危急关头发挥重要作用的电影,都很好地体现了正常程序无法继续发挥作用时,个人能够有机会凭借自身能力及掌握的信息发挥关键作用。

个人主动发挥作用的积极性得到支持和鼓励,不仅能激发个人在组织中的创造性,很多时候还能允许个人在应急处置的危急关头及时采取有效措施,让事态的进一步发展得到控制,从而大大降低事件带来的损失。

2. 中国个人和组织在应急中的作用体现

与鼓励个人发挥作用的美国相比,中国情况却截然不同。一旦突发事件发

生,或是个人掌握到进一步的信息,发现事件或掌握信息的个人一般都会将事件和信息逐级上报给最终具有决策权力的部门,而最终决策部门根据所获得的信息进行决策指挥,再逐层对下级实施部门发布指示和命令。此时,组织和程序的作用是远在个人之上的。经过如此长的信息传递过程,很有可能会错过应急处置的最佳时机,事件也很可能会进一步恶化,带来更大的损失。2013年青岛输油管爆炸事件就是最好的例子。当管道泄漏刚被发现时,情况并没有严重到不可控制的程度,只要及时采取有效措施,就可以在很大程度上避免爆炸事故的发生。然而,事实却是发现泄漏之后,该信息被一层一层地向上级汇报,直到有关部门作出应对指示,已经是发现泄漏的十几个小时之后了。由于个人没有及时采取有效措施,错过了最佳处理时期,导致泄漏不断增加,最终酿成了输油管爆炸的惨剧。

信息逐层上报,命令和指示逐级下达,这样的组织方式虽然在一定程度上提高了决策的可靠性,但经过如此长的信息传递过程,也会浪费大量宝贵的应急时间,很多时候甚至会错过最佳处置期,导致事态进一步恶化,最终造成更大的损失。

(二)个人与组织在应急中的作用差异原因分析

分析造成中美两国应急文化中个人与组织作用差异的原因,主要存在于两个方面:美国的个人英雄主义文化与中国的集体主义文化根深蒂固的影响,使得个人在面对突发事件中的意外状况时,个人积极采取措施的主动性存在差异;中美两国的制度及权力分配差异,导致个人在事件应对处理过程中的自由程度不同。

1. 美国主动发挥个人作用的原因分析

美国不论组织还是个人,其文化和价值观念都是接受和鼓励关键个人作用发挥个人英雄主义的。这是因为,美国从建国到现在的几百年来都是一个移民国家,来自世界各地的移民离开自己的国家前往美国,为的是摆脱原来的统治及束缚,去追寻更多的自由和平等。美国人认为机会人人平等,每个人都应该通过努力去获取成功、实现个人价值,因此竞争意识和个人英雄主义是美国文化中非常重要的部分。一直以来他们都在追求和强调自我意志的表达及自我价值的实现,而这种对于实现个人理想和个人价值的狂热追求便构成了在危急关头积极采取措施发挥作用的最主要动力。

另一方面,美国不论公司部门或是政府机构,在管理成员时都非常重视管理的弹性,注重成员个性的发挥,个人的能动性和创造力有很大机会能够得到组织的支持并付诸实施。正因为如此,个人在有机会发挥关键作用时,并不会过多地受到来自组织的约束和限制。

2. 中国个人作用难以发挥的原因分析

在中国,重大突发事件应急处理过程中,很少有个人作用超越组织之上的,组织的作用一般远远大于个人。一个重要原因是中国传统儒家文化给人们带来的集体主义思想的影响。在组织和集体甚至是国家利益当前,儒家文化一直倡导的是牺牲小我而成就大我,因此个人意愿和竞争意识从未得到过鼓励。此外,个人在维护集体主义的过程中,也在很大程度上形成了对集体和组织的依赖。这也解释了为什么在面对突然发生的事故或灾难时,一旦当前流程规定无法给出有效处理方案,人们更多的是被动地等待组织或者上级的指示,而不是主动对状况形成一定认识并采取有效措施。

除了集体主义思想给人们思维方式所带来的影响之外,中国权职层次严格划分组织制度也给组织中的个人行为带来了较强的约束和限制,使得个人几乎没有自由发挥的空间,即使有自由发挥的空间,个人也很少会选择去"擅自作决定"。个人或基层组织所能做的往往只是根据要求将事件上报,并根据流程规定或上级指示采取相应措施。然而,正如输油管发生爆炸之前,总会有小范围泄漏发生一样,很多事故或突发事件发生之前,也都会出现一些可以控制的苗头或征兆,而这发现苗头或征兆的往往都是基层的组织或个人。但是更多时候,人们所担忧的是一旦处理不当导致了更大的损失,自己就会被追究责任,因此宁愿按部就班选择程序化的方法,或者只是将情况逐级上报,也不愿意根据自己对事态的认知,及时采取可能更加有效的应对方案。

(唐传星,上海大学)

参考文献

[1] 汪云,迟菲,陈安. 中外灾害应急文化差异分析[J].灾害学,2016,31(01).
[2] 李昊青,刘国熠.关于我国应急文化建设的理性思考[J].中国公共安全(学术版),2013(02).

第四章

应急文化与交叉学科

在前三章节,我们主要对应急文化本身的概念、起源、内涵、价值与意义及其在各个国家间的发展作了一定的解读。本章节将带大家梳理应急文化与各交叉学科间的关系。

第一节 应急文化与应急救援

进入 21 世纪,随着世界全球化进程不断加剧和深化,全球的政治、经济、文化、生态和文明的日趋一体化程度日益加速,各国间的互相合作也日益频繁和密切。但全球化是把双刃剑,既是机遇,又是挑战。带来各国经济社会迅速转型的同时也伴随着各国文明间的冲突和碰撞、政治经济的矛盾,以及生态系统的加速恶化。

此外,近年来各国的自然灾害频发,破坏社会治安事件日益活跃。以我国为例,其中汶川特大地震、低温雨雪冰冻灾害、青海玉树地震、舟曲特大山洪泥石流灾害、四川芦山地震等重特大灾害造成了极为严重的人员伤亡和财产损失,2014年"3.1"昆明暴力事件和 2020 年初至今我们和世界一同正在经历的新冠肺炎也对人民的生命和精神产生了极大的破坏且造成经济的重大损失,给始终坚持为人民服务的我党和政府鸣响了公共安全的警钟。

而在世界范围内地震、洪水、海啸、战争、恐怖袭击、瘟疫等自然和人为灾害及生态灾害也在近 20 年间频发,给人类社会造成难以估量的生命财产损失。其中上段中提及的 2008 年汶川地震,造成 69 227 人遇难,17 923 人失踪,374 640 人受伤的巨大伤亡,以及难以估量的经济损失。2010 年海地地震造成 30 多万人丧生,该国首都太子港几乎被地震夷为平地。2011 年日本海啸造成当地 1 万多居民死亡,估计经济损失高达 1 220 亿~2 350 亿美元,此外,海啸还间接造成日本福岛核电站泄漏事故,对环境的破坏和影响难以估计。很多事故所带来的负面影响,在 10 年后仍影响着该国及周边国家。另外,2001 年美国"9·11"恐怖袭击事件、2003 年印度洋海啸、2005 年美国卡特里娜飓风灾害、2008 年中国南方冻害和 2020 年新冠肺炎等都给世界各国造成了巨大的人员伤亡和经济财产损失。

因此,如何提升应急救援能力,以快速、高效应对各类突发灾害是全世界各国政府都面临的重大挑战和研究课题。作为世界上突发事件频繁且受灾较为严重的国家之一,正处于转型期的中国,目前已在新型现代工业化、信息化、城镇化和农业现代化方面纵深推进,但是自然灾害、事故灾难、公共卫生、社会安全等各类事件频发,破坏力及防控难度亦不断加大,对人员安全和社会经济造成严重的威胁。图 4-1 显示了我国 2005 年到 2014 年自然灾害造成的直接经济损失占当年国内生产总值的比重。

针对各类灾害威胁的严峻形势,2008 年底我国民政部下发了《关于加强自然

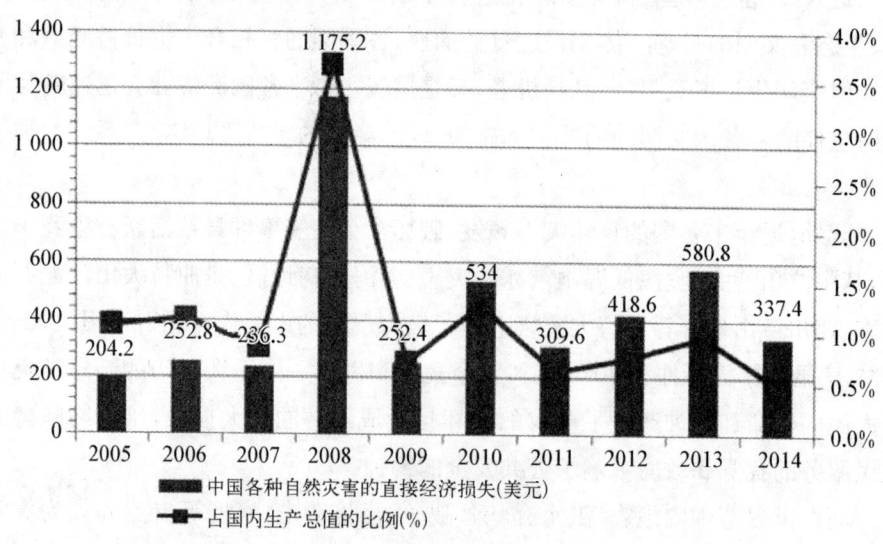

图 4-1 全国各类自然灾害造成的直接经济损失

灾害救援应急预案体系建设的指导意见》,要求进一步完善救援应急预案体系建设。2009年10月国务院办公厅又发布了《国务院办公厅关于加强基层应急队伍建设的意见》。党的十九大报告中,我国更是认识到加强应急文化培养和应急救援管理的重要性,将"坚持总体国家安全观"作为新时代坚持和发展中国特色社会主义的基本方略之一。党的十九届四中全会提出,构建统一指挥、专常兼备、反应灵敏、上下联动的应急管理体制,优化国家应急管理能力体系建设,提高防灾减灾救灾能力。说明应急救援管理已逐步作为一种文化,深入政府的政治和公民的生活中。

一、应急救援概念

应急救援其实是近年来在全球灾害频发的情况下逐步形成的一种综合性概念。应急救援包括对灾害学、管理学、心理学、社会学等各类学科的现实应用,是一个集成的体系,包括应对灾难出现时一切工作的总和。

由于应急救援涉及社会各个方面的实践工作,因此实施应急救援的过程需要应用到多种学科的专业理论和技术,只有将此类知识应用到应急救援的实践工作中去,才能更好地提升和扩展应急救援能力和方法。作为一个很多学科交叉的应用学科,应急救援需要来自各行各业、不同领域的共通参与,这就要求救援活动不能只由政府担当,更多地需要政府发挥统筹和组织作用,发动各领域的专业力量进行集成救援。

那我们就先来了解下,部分在应急救援统筹和组织体系建设中较为现代化的国家。

二、各国应急救援体系

(一)国外

虽然当今世界各国国情和政治体制不尽相同,经济发展水平也有较大差异,但是以消防队为基础承担各类灾害事故的应急救援任务是世界上大多数国家的通行做法。

对政府而言,许多西方发达国家都通过立法规范了消防队的应急救援职责或者建立了专业的应急救援队伍,并建立了法律机制、管理机构、指挥系统、应急队伍、资源保障等方面的应急救援管理体制。西方发达国家成功经验可以为我国综合应急救援队伍建设提供借鉴。[1]

下面我们就从政府角度来了解各国应急救援体系的具体模式。

1. 美国政府应急救援体系

美国作为目前世界上最为发达的国家之一,其拥有一整套完善、系统、成熟的公共危机预防、预警、预控应急机制。尤其是其应急救援体系和应急救援在公民文化教育方面开展得非常成功,保证了遇到各类灾害或者其他公共危机事件时,达到应对机制的高效和成功运转。

首先,美国的应急救援体系是以政府应急管理体系作为根本支撑。其应急管理体系主要由联邦紧急救援署(FEMA)、州政府紧急服务办公室(OES)及地方(县、市)政府的紧急运作中心(EOC)三部分组成。[2]联邦紧急救援署在全国主要设有10个分区办公室,以协助地方政府处理地方性的重大灾害。联邦紧急救援署其下设地区执行局、快速反应和恢复局、联邦保险和救灾管理局、美国消防局、外部事务局、信息技术支持局、资源管理与计划局。[3]该部门主要任务是在灾害发生时作出相对应的正确反应和工作,包括制定相关救援计划,恢复受损现场及周边区域,减轻灾害所带来的相关其他损失,并预防衍生的其他灾害。其中,消防部门主要负责火灾、地震、洪水、风灾、爆炸事故、倒塌事故、化学事故、交通事故、紧急救护、核事故等灾害救援,而且是处置公共危机事件的"第一出动"力量。

在震惊世界的美国"9·11"空袭事件中,美国消防部门发挥了至关重要和不可替代的应急救援作用。据有效数据统计,2004年全年美国消防队紧急出动中,火灾扑救以外的紧急出动占93%,火灾扑救仅占7%。[4]

2. 日本政府应急救援体系

日本的灾害救援任务与美国有所区别,其主要由消防、警察、自卫队和医疗机构等共同承担,以上几类群体构成了日本现今较为严密的灾害救援体系。在应急救援中,日本的消防机构也扮演了非常重要的角色,其既是负责灾害救援的主要机构,也是收集、整理、发布灾害信息的主要部门。

日本作为地震、海啸多发国,其各地的消防署大都设立消防救援队,主要开展火灾事故、交通事故、水难事故、自然灾害事故、机械事故、建筑倒塌事故、化学泄漏事故等各种复杂、危险灾害事故的抢险救援工作。在1995年阪神大地震后,日本开始逐步实施紧急救援队制度,该制度显示紧急救援队以县为单位,包括派遣指挥援助队、灭火救援队、救援援助队、急救援助队、后勤援助队等部队的综合指挥体系得以确立,并在东京消防厅第二、三、八消防本部组建了3个消防救援机动部队,装备了各种大功率、高性能的新型救援车辆和特种救援器材,实施机动紧急救援。21世纪起,由1 785个消防队约26 000名消防队员组成的日本全国的灾害紧急消防救援队,是提供灾害救援的主力军。[5]

3. 德国政府应急救援体系

在欧洲乃至世界发达国家之中,德国在应急救援队伍建设方面具有许多特色的做法。德国应急救援体系因其法律制度完善、机制协调有序、救援队伍众多、分工布局合理、装备先进齐全等特点具有明显优势,值得学习和借鉴。

德国应急救援队伍体系形成了以消防为核心,以技术救援为后备骨干,以志愿者为支柱,社会高度参与的分工格局。参与应急救援的队伍主要有消防中心、联邦技术救援署(THW)、公立事故医院和各类志愿者救援组织如红十字会、马耳他骑士战地服务中心等组成,这几类应急救援力量配合密切、协同行动,同时分工明确、相互补充。

其中消防中心主要负责日常综合性突发事件应对与处置,联邦技术救援署提供专业技术支持性救援,社会组织是重要的后备力量。消防队伍作为最为核心的力量,承担着消防、救灾、救护的综合性职能,参与防火灭火及交通、环境、化学等多种灾难事故现场救援,既是第一响应者,也是现场指挥者。面对多样化的救援任务,他们须全面掌握专业消防救援技能和各项基础性技能。

THW是德国应急救援队伍体系中主要的专业力量,是由联邦内政部垂直管理的机构,在全国拥有8个跨州协会、668个地方技术救援协会,共分为基础设施、供电、定位、爆破、搭桥等13类专业救援队伍。其中跨州协会负责应对特殊行动,如国际任务、桥梁建设、水供应与处理等;跨县市区域办公室负责应对水害防治、搜索营救、电力供应和残骸清除等任务;地方技术救援小组负责一般性的小规模救援。此外,THW还建立了快速反应搜救队、快速反应供水队、快速反应空运队等多支技术救援分队。THW在各类应急救援中提供技术及设备援助,弥补消防力量在专业性方面的不足。另外,THW中绝大多数都是志愿者,其中有志愿者8万余名、专职工作人员800多人。

社会组织是应急救援中重要的参与力量,有50多万名志愿者参与德国各类应急救援社会组织,主要包括德国红十字会、马耳他骑士战地服务中心、工人撒玛利亚联盟、德国水上救援协会、圣约翰救护机构等。这些社会组织历史悠久、蓬勃发展,覆盖医疗救护、水上救援、事故救援等领域。

(二）国内（应急救援体系）

中华人民共和国成立以来，党和政府十分重视救援机构及救助体系的建设。中国人民大学公共管理学院国家安全研究中心主任王宏伟介绍说，我国的应急管理制度源于2003年的"非典"。该事件后，我国形成了以政府救援机构为主、社会救援组织为辅的社会救助体系，从国务院到县级市政府建立了突发事件应急管理办公室，作为应急管理的协调机构，为构建和谐社会和促进经济发展提供了有力保障。

我国救援机构建立在政府应急救援体系基础上，虽然起步较晚，但发展很快。在"一案三制"（"一案"是指制订修订应急预案；"三制"是指建立健全应急的体制、机制和法制）救援机制的推进下，包括第一阶段2004年预案建设、第二阶段2005年体制建设、第三阶段2006年机制建设、第四阶段2007年法制建设，初步形成了以政府为主导，以消防等各种专业力量为主体，并由民众广泛参与的全社会救助体系。

1. 组织管理

我国实行中央、省、市三个层次的应急管理组织体系。国务院是公共危机应急管理工作的最高行政领导机构。下设中华人民共和国应急管理部。在国务院总理统一领导下，通过国务院常务会议和国家相关公共危机应急指挥机构，负责公共危机的应急管理工作；必要时，派出国务院工作组指导有关工作。遇到重大突发事件，通常是启动非常设指挥机构，或者成立临时性指挥机构，由国务院分管领导任总指挥，国务院有关部门参加，日常办事机构设在对口主管部门。[6]国务院办公厅设应急管理办公室，履行值守应急、信息汇总和综合协调职责，发挥运转枢纽作用。国务院有关部门依据有关法律、行政法规和各自职责，负责相关类别公共危机的应急管理工作。地方各级人民政府是本行政区域公共危机应急管理工作行政领导机构，负责本行政区域各类公共危机的应对工作。[7]

2. 管理机制

当前，在我国应急救援机制管理中，我国公共危机应急救援的管理机构采取"中央总揽—部门依托—省级分担"的组织模式，并针对单一灾害种类分别进行有效救援管理。已初步建立起"国家统一领导、机构综合协理、部门分类管理、地方分级负责、基层属地管理"为原则的管理体制，即在国家及地方各级党委、政府的领导下，建立应急救援领域内的行政领导责任制，有利于充分发挥应急救援管理机构的作用。

此外我国目前还以属地管理为原则进行基层应急救援队伍的建设。该原则能够充分整合市(区、县)、乡镇街道、社区、部门单位、群众团体等多方应急救援队伍的效能,形成指挥统一、反应迅速、协调紧密、运转高效的应急救援管理机制。我国公共危机应急救援的应对程序如图4-2所示。[8]

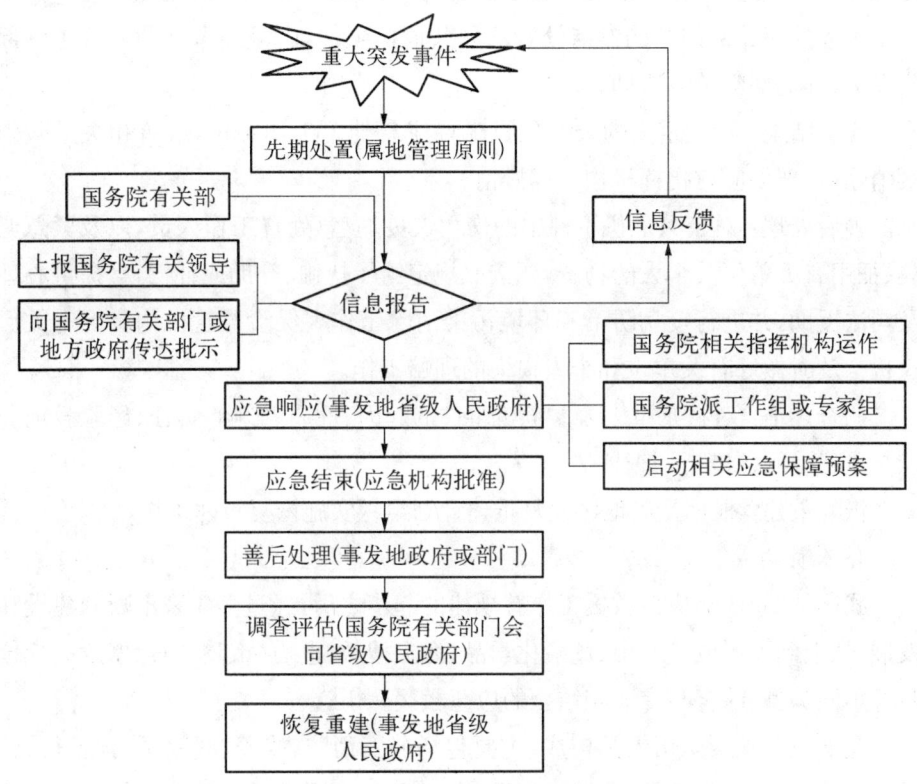

图4-2 我国公共危机应急救援的应对程序

3. 处理程序

信息报告:对我国而言,尤其是在特别重大危机事件发生后,各地区、各部门要求最迟不得超过4小时内进行报告,并通报有关地区和部门,同时应急处置过程中要及时续报有关情况。

先期处置:重大危机事件发生后,事发地的省级人民政府或者国务院有关部门在报告特别重大、重大公共危机事件信息的同时,要根据职责和规定的权限启动相关应急预案,及时、有效地进行处置,控制事态。在境外发生涉及中国公民和机构的公共危机事件,中国驻外使领馆、国务院有关部门和地方人民政府要采取措施控制事态发展,组织开展应急救援工作。

应急响应:对于前期在处置中无法有效控制的相关应急事件,要及时启动相关预案,由国务院相关应急指挥机构或国务院工作组统一指挥或指导有关地区、部门开展处置工作。现场应急指挥机构,负责现场相关应急处置工作。需要多个国务院相关部门共同参与处置的公共危机事件,由该类事件的业务主管部门牵头,其他部门予以协助。

应急结束:特别重大的公共危机事件应急处置工作结束,或者相关危险因素消除后,现场应急指挥机构予以撤销。

善后处理:对公共危机事件中的伤亡人员、应急处置工作人员,以及紧急调集、征用有关单位及个人的物资,要按照规定给予抚恤、补助或补偿,且提供心理及司法援助,并进行疫病防治和环境污染消除工作。保险监管机构督促有关保险机构及时做好有关单位和个人损失的理赔工作。

调查评估:对特别重大公共危机事件的起因、性质、影响、责任、经验教训和恢复重建等问题进行调查评估。

恢复重建:根据受灾地区恢复重建计划组织实施恢复重建工作。

4. 人员构成

我国从2003年应急救援工作有规律的起步之后,经过多年来不断的建设和发展,从上到下形成了矿山、危险化学品、海上搜救、电力、市政、中毒事故医疗抢救等不同类型、综合与专业相结合的应急救援队伍。

我国应急救援队伍人员构成,主要包括公安消防、武警、解放军、预备役、民兵等部队,和矿山救援队、专职消防队、各类民间志愿救援组织等。其中公安消防部队、解放军、预备役、民兵是我国应急救援的主要力量。

而医疗急救队伍、地震救援队,矿山救援队,武警,森林、水电、交通部队等是我国应急救援的专业力量,他们主要承担各自行业领域突发灾害事故的救援工作。企事业专职消防队、志愿消防队和各类民间志愿救援组织等是我国社会应急救援力量体系的重要补充。

三、各国应急文化与应急救援做法

对于社会公民而言,西方发达国家应急文化与以之相对应的应急救援做法的建立是相对成功的。[9]许多西方国家政府都非常重视社会应急文化的建设,将公共安全融入社会文化中去,举办各种安全培训、大型安全演练和教育,使得应急文化与应急救援做法深入民心,成为人民生活的一部分。

下面我们就从公民角度来剖析一下各国对于应急文化与应急救援的具体措施。

(一)国外

1. 美国应急文化与应急救援

在美国,每年6月是国家安全月,在这个月里美国政府会举办各种不同形式的与应急救援相关的文化类培训。

此外,美国还每年投入数亿美元到国家应急体系的建设,通过不同形式的演练和培训,对广大社会民众和中小学生进行反恐、食品安全等方面的实践性教育。因此美国孩子从进入幼儿园起就开始接受正规的应急救援训练,而且此类教育是不间断的,会一直延续到每个孩子的大学。

美国还通过加强各种形式的应急文化宣传教育,来提高公民的应急救援防范意识,此类宣传教育的内容具体实际,针对性、操作性强。宣传的目的是让每位公民对应急事件的危害和影响有所了解,通过各种不同的途径向公民普及不同的应急知识,还将《紧急事件处理方案》和《紧急事件家庭准备指南》等指导性应急书籍印发给每户公民,做到应急人人知、预防人人做的地步。据悉,2002年9月美国联邦应急事务管理局在网站上公布了一篇长达多页的文章,题目为"你准备好了吗?——市民灾害准备指南",该指南在一定程度上已经成为美国政府对社区居民进行灾害教育的范本。

美国还非常重视通过相关培训机构对所需要的人员进行规范化的培训和宣传,强化民众的应急救援思想和相关知识。美国还在各级政府内设立了相关应急救援的培训机构,覆盖范围非常广,在机构内的每名员工每年都必须定期参加相关的应急知识培训,以不断提高自身的应急能力和素质。

据了解,应急救援中的安全救援演练是美国应急救援文化建设的重要手段之一,美国每年都会针对不同主题的灾难举办不同的安全救援演练,不仅有地区小规模的演练,也有政府多部门协作的大规模演练。而且这些演练都是面向群众和对外开放的,因此只要愿意,几乎所有公民都可以自愿参与并接受教育。

2001年美国"9·11"恐怖袭击事件发生时,纽约世界贸易中心大楼里有近万人正在工作,由于袭击导致电梯停运,人们只能从几十层高的楼上走下来。人们在下楼时非常自觉,沿着楼梯右侧往下,而消防人员沿着楼梯左侧上楼灭火救人,秩序井然。数以千计的人能在这次大危机中得以生还,一个重要的因素就是美国民众良好的应对危机的能力和素质,也验证了美国先进应急文化与应急救援教育的影响力。

2. 日本应急文化与应急救援

特殊的地理位置决定了日本常遭受到地震、火山、台风、海啸等自然灾害的袭击,再加上亚欧板块和太平洋板块活动频繁,因此日本算是地震最为频发的国家之一。据统计,日本每年大小地震都在数百次以上。

因此,先天较为恶劣的环境使得日本民众从小就开始学习如何保护自己,并在与灾害做斗争的过程中积累了丰富的应对经验。据了解,日本民众在应对灾难的过程中,产生了强烈的危机感与孤独感,使得他们逐渐产生了"难民意识"的应急文化。而难民意识的建立,让日本民众时刻保持高度的警惕性,在突发事件的应对中表现出沉着、冷静的状态,有利于应急救援工作的顺利开展。[10]

此外,学校和社会教育相结合是日本应急救援文化建设的两个重要途径。首先,在学校教育方面,日本的应急救援文化教育注重培养各级学生对于应急救援的态度,通过让学生参加模拟应急的训练,培养学生防灾应急意识。日本应急救援文化教育是从小开始的,许多日本小学生认为各类地震随时都有可能发生,因此他们必须时刻有需要逃生的准备。从小学到高中,学生在每个学期还会参加学校或其所生活区域所举办的各个类别的防灾救援训练。长时间的训练和课程教育让日本学生产生了条件反射,如果发生地震,地震相对较小,他们会立即躲到结构坚固的空间,比如浴室、洗手间或抱头躲在课桌下,如果地震震级较大时,他们会立即戴上安全帽往外跑,到达附近熟悉的应急避难场所进行有效避难,这些都是学校从小教育的内容和成效。

其次,社会教育方面,日本社会对应急救援文化教育更是达到了细致入微的地步。以日本逃生手册为例,手册覆盖的年龄段可从婴幼儿到成年人直至老人,手册的形式也是小到连环画再到书籍,内容仔细到每一个避难姿势的动作分解。此外,日本政府重视对民众自救、互救能力的培养。在应对突发事件时,日本民众根据长期培养的技能进行紧急避险,媒体、社会组织、政府会以最快的速度投入到突发事件应对中。日本政府还和美国政府一样,设定了"防灾円"和"应急管理周",且日本各级政府都会在居民区举办各种安全演练。对于地震多发地区,几乎每年都会定期举办一种应急演练,群众自发参与其中。此外,民间也成立了许多应急志远团体,例如防火俱乐部、少年消费团等,形成了一个社会、民众和社会团体携手合作、相互支援的社会体系。这样就使得社会民众从根本上树立了危机的预防意识,提高了居民对灾害的救援应对能力。

此外,在日本应急救援文化中,防灾应急包一定是不得不提的应急文化产品之一,每个家庭和公司办公室都会备有一个防灾应急包,虽然其体积不大,但里面存放的防灾物品种类却非常齐全,适合不同人群需求,如图4-3。日本作为发明大国,为了应对灾难也发明了多款应急救援和避险的产品,如家具安定板、撑杆棒和防灾报警灯等,其中家具安定板用于铺垫在家具前端,防止地震时承载物倾倒伤人,撑杆棒用于固定家具和物品,防灾报警灯除了能提供照明外,还兼有收音机和报警的功能。

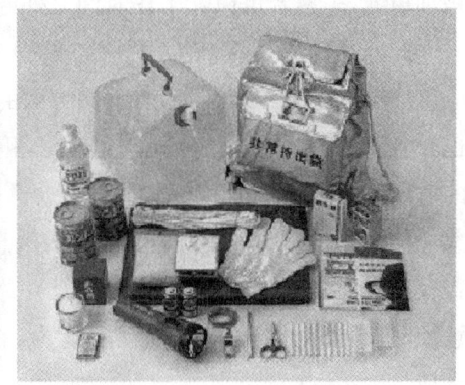

图4-3 日本防灾应急包

3. 德国应急文化与应急救援

据统计,我国应急救护技能普及率仅有不到1%,而在德国能达到80%。该项数据能很好证明德国政府在明确各地政府的职责之外,还十分重视应急文化的建设,通过各种途径和手段对社会民众进行应急救援知识和技能的培训,使得民众更加注重对自身应急能力的培养。由于发展较早,德国应急文化建设已经形成了体系,具有鲜明的特色。

德国应急救援文化建设的主要特点是以人、自然环境、公共设施等为保护对象的教育培训,形成了两个专门的应急教育培训系统。其中,德国危机管理、应急规划及民事保护学院主要负责应急管理相关政府工作人员的教育培训,联邦技术救援学院负责救援力量,即应急救援一线人员的教育培训。

德国的应急救援教育培训是一种典型的行动导向型教学方法,即按照"问题计划(决策)实施检查(评估)"的完整行动过程,通过采用桌面推演、情景模拟、指挥部模拟演练等多种实战特征明显的教学方式来开展教学,使学员通过参与获得较强的行动能力,用德国老师的话说就是"不是掌握什么知识,而是学会如何行动""像作战一样培训"。行动学习法并不是忽视知识、忽视理论,而是将传授知识与提高能力、特别是提高行动能力结合起来,老师一般都会在培训前将相关的理论知识作为培训资料发给学员,让学员寓学于做,通过做事提高行为能力。应急救援教育培训课程是按照标准化的要求开发的,课程体系是确定的,基本实现了模块化,而且根据不同的学员对象,课程的模块可以随机组合。比如,位于诺伊豪森州联邦技术救援署培训学院的志愿者培训公共课程体系就有个标准化培训单元,志愿者可以在工作时间之外的夜校或者周末班完成培训,获得资格。

此外,德国的各级政府也非常重视应急救援的技能培训,建立了不同级别的应急培训学院和培训基地,对不同方面的危机管理人员给予了专业系统的培训,也对各种民间志愿团队和机构进行了相关的应急培训教育,且对公民进行广泛的危机应急技能培训和基本常识教育。并且,对社会各种民间志愿团体给予应急法律法规的教育,建立危机预防的信息体系,出版相关应急刊物等,在民众中普及危机安全应急教育和培训,设立网络热线和电话热线等形式增强公众应急意识、提高公众避险和自救互救能力,在全社会营造了浓厚的应急救援文化环境。

从西方发达国家的成功经验来看,政府必须在思想上高度重视对应急救援及应急文化的建设,要在"以人为本"的指导思想下加强对该文化的宣传,使得广大人民群众都能掌握和了解应急处理的基本常识,提高社会处理和应对危机的能力。那近年来我们中国对于应急文化和应急救援又有些什么举措呢?

(二)国内应急文化与应急救援的措施

当前在我国经济社会高速发展下,突发事件不论从发生的频率还是复杂程度方面都对应急救援提出了更高的要求。

早在2005年8月,由北京专业调查公司发布的《城市居民危机意识》调查报告显示：北京市民中有 40% 不知道哪里有避难场所，更有近 70% 根本没有想到过避难。[11]《地震灾害情景下农村自救互救能力研究》调查显示：在地震发生后，因自救互救效果不佳导致大量的群众未能被成功营救。民众盲目逃生或者等待被动救援，以及在实施援救过程中措施不当，在一定程度上可能会造成二次伤害，这样极不利于救援工作的实施。[12]通过对突发事件的后果进行分析研究表明，我国应急文化存在民众应急意识淡薄、防灾应灾能力薄弱、自救互救能力欠缺等问题。探寻其根源，就是中国民众的应急意识普遍不高，应急文化匮乏。

现阶段，由于我国对应急文化的理论研究不够，造成应急文化建设起步晚、发展缓慢，并且没有很好地继承中华民族优秀传统应急文化，使得我国对应急文化相关方面研究的缺失，导致在突发事件应对的过程中产生不必要的损失，因此，需要国人对应急管理相关工作有更好的认识与了解。

（余　飞、李　琳、朱　辉、陈万里，同济大学）

参考文献

[1] 吴晓斌.应急救援体系探讨与实践[D].长安大学，2013.
[2] 唐均.紧急救援[M].中国人民大学出版社，2009.
[3] 黎健.美国的灾害应急管理及其对我国相关工作的启示[J].自然灾害学报，2006，15(4)：33-38.
[4] National Response Framework. Homeland Security. January 2008：73.
[5] 金菊.美日两国突发事件应急管理的基本做法与经验借鉴[J].经济研究导刊，2009(20)：203-204.
[6] 《国务院关于全面加强应急管理工作的意见》，2006年.
[7] 王家义.突发公共事件应急管理体系研究[D].武汉理工大学，2006，6：5.
[8] 冷俐，何宁.论我国应急救援力量体系之构建[J].中国应急救援，2008(9).
[9] 赵成根.国外大城市危机管理模式研究[M].北京：北京大学出版社，2006.
[10] 朱得.日本应急文化对我国应急管理的启示[D].中国人民公安大学，2017.
[11] 丘峦.中评网社评：中国人普遍缺乏灾害危机意识[EB/OL].(2008-02-03)[2014-12-19]. http://www.crntt.com./crn-webapp/doc/docDetailcreate.jsp?conluid=93&kindid=2773&docid=100561919&mdate=0203003440.
[12] 杨小二，张永领.地震灾害情景下农村自救互救能力研究[J].华南地震，2016，36(1)：30-35.

第二节 应急文化与应急管理

一、应急管理概述

（一）应急管理的定义

应急管理是指在政府指导下，科学处理四大类突发事件，包含一般突发事件、较大突发事件、重大突发事件、特别重大突发事件，从而保障人民生命财产安全，维护公共秩序，避免或减少重大灾害事件的发生率，在事件发生时能科学、合理的处置，减少伤害影响，在事件发生后能做好善后处置，减少延续性伤害。应急管理在公共突发事件的事前预防、事中应对、事后处置和长期预防中起着十分重要的作用，保障着公众的生命健康和公共财产安全，是社会良性、健康、有序发展的重要保障。应急管理应当是对公共突发事件的全覆盖和全过程管理，针对突发事件的不同发展阶段做出相应的风险识别、预警管理、控制管理、紧急处置和善后处理五个阶段性对策。作为一项动态的管理，包括预防、准备、响应和恢复四个阶段，是个体系化的工程，在突发公共事件中通常包含应急预案、应急机制、应急体制和应急法律，实施应急管理的目的是减少人员伤亡，降低财产损失，控制破坏程度，以尽可能快的速度和小的代价终止紧急状态，尽快恢复到正常状态。为了使应急管理高效高能，通常会制定一系列的制度并设置相应的条件保障。

世界主要国家自 20 世纪 90 年代以来对应急管理工作高度重视，我国也于 2018 年 3 月组建成立了国家应急管理部，积极开展应急管理理论研究、制度建设、规范化管理和实践创新，致力于打造高效、高能的应急管理体系。虽然我国以"一案三制"为基本框架的应急管理体系建设取得了较好的进步和突破，但对比世界应急管理工作先行国家，还存在着一定的不足和短板。

（二）应急管理的特征

应急管理活动的具体特征表现如下。

1. 政府的主导性

在突发事件后，政府需要在极短的时间内作出科学的决策。一般情况下，政府日常通过制定规章制度来开展常态化的管理，进行事前的规划和安排，对可能产生的行为结果有一定的预判性。政府主导性是由政府的行政管理职能决定的,政府掌管行政资源和大量的社会资源,拥有严密的行政组织体系,具有庞大的社会动员能力,这是任何非政府组织和个人无法比拟的优势,只有由政府主导,才能动员各种资源和各方面力量开展应急管理。

2. 社会的参与性

《突发事件应对法》规定,公民、法人和其他组织有义务参与突发事件应对工作,从法律上规定了应急管理的全社会义务。尽管政府是应急管理的责任主体,但是没有全社会的共同参与,突发事件应对不可能取得好的效果。

3. 措施的紧急性

应急管理是对已经造成或是可能造成严重社会危害的事件采取应急处置措施,通常此类应急措施有赖于决策者,以较短的时间用最有效、最合理的方式处理突发事件。大部分的突发事件很特殊,政府在处理的过程中形成了不同的管理权限、资源调动模式、管理手段、工作程序和应急架构,在这些分类处理中也形成了显著的应急管理特殊性。

4. 行政的强制性

在处置突发事件时,政府应急管理的一些原则、程序和方式将不同于正常状态,权力将更加集中,决策和行政程序将更加简化,一些行政行为将带有更大的强制性。当然,这些非常规的行政行为必须有相应法律、法规作保障,应急管理活动既受到法律、法规的约束,需正确行使法律、法规赋予的应急管理权限,同时又可以以法律、法规作为手段,规范和约束管理过程中的行为,确保应急管理措施到位。

5. 目标的公共性

应急管理追求的是社会安全、社会秩序和社会稳定,关注的是包括经济、社会、政治等方面的公共利益和社会大众利益,突发事件是发生在公共领域的事件,威胁到的是全社会或者局部社会的利益,应急管理就是为了尽可能减少突发事件造成的社会损失,维持社会公共秩序,为社会全体公众提供全面优质的公共产品,为全社会提供公平公正的公共服务。

6. 管理的局限性

一方面,突发事件的不确定性决定了应急管理的局限性。另一方面,突发事件发生后,尽管管理者作出了正确的决策,但指挥协调和物资供应任务十分繁重,要在极短时间内指挥协调、保障物资,本身就是一件艰巨的任务,特别是一些没有出现过的突发事件,物资保障更是难以满足。加之受到突发事件影响的社会公众往往处于紧张、恐慌、激动之中,情绪不稳定,加大了应急管理难度。

7. 过程的循环性

应急管理涵盖突发事件的全过程,在事件发生前、发展中及发生后都需要应急管理,在应急事件发生后各个阶段的活动都彼此相互联系、相互影响,因此在处理突发事件时,需形成相互协调、相互合作、相互促进的良好循环。

(三)应急管理的基本任务

1. 预防准备

要通过应急管理预防行动和准备行动,建立突发事件源头防控机制,建立健全应急管理体制、制度,有效控制突发事件的发生,做好突发事件的应对准备工作。

2. 预测预警

采取传统与科技手段相结合的办法进行预测,将突发事件消除在萌芽状态。一旦发现不可消除的突发事件,及时向社会预警。

3. 响应控制

突发事件发生后,能够及时启动应急预案,实施有效的应急救援行动,防止事件的进一步扩大和发展,是应急管理的重中之重。

4. 资源协调

应急管理机构应该在合理布局应急资源的前提下,建立科学的资源共享与调配机制,以有效利用可用资源,防止在应急中出现资源短缺的情况。

5. 抢险救援

确保在应急救援行动中及时、有序、科学地实施现场抢救和安全转送人员,以降低伤亡率、减少突发事件损失。

6. 信息管理

突发事件信息的管理是避免引起公众恐慌的重要手段。应急管理机构应当以现代信息技术为支撑,如综合信息应急平台,保持信息的畅通,以协调各部门、各单位的工作。

7. 善后恢复

应急处置后,应急管理的重点应该放在安抚受害人员及其家属、稳定局面、清理受灾现场、尽快使系统功能恢复或者部分恢复,并及时调查突发事件的发生原因和性质,评估危害范围和危险程度。

二、美国联邦应急文化与应急管理体系

（一）联邦文化管理架构

美国突发公共卫生事件管理体系经历了从"国家—州—地方"的松散型三级管理架构向"联邦疾病预防与控制系统—地方（州）医院应急准备系统—地方大都市医疗应急系统"的向心型三级应对体系转变,其中联邦疾病预防与控制系统是体系的核心,主要负责疾病预测、流行病控制、大规模防疫和研究实验；地方（州）医院应急准备系统承担保障和管理作用,主要负责药物供给、治疗实施、沟通系统、检疫与隔离、医疗人员培训和医院间协调；地方大都市医疗应急系统是地方层面的一个具体应对系统,主要负责地方的药品储存与发放、突发事件应对和协作管理、医护管理、培训计划、早期预警和报告、沟通机制,以及伤者转移。

（二）前瞻式监测系统

美国拥有强大的事件监测系统,包含突发事件的预警监测,对一些高危事件进行预防；事中监测,及时应对动态变化的事件,尽力降低损失。美国的监测系统覆盖到医院的多条线,不仅包含医疗救治,连药品储备和医疗信息系统也纳入监测体系中。美国已建立应急指挥中心,在危机事件发生时,紧急事务管理局将建立起专项事件的应急系统,负责总协调和总指挥,疾病预防中心负责具体开展实操性的工作。为加强对监测系统的保护,美国制定了详细的制度和法案,加强宣传,提高全民的监测意识。

（三）常态化应急队伍

美国通过建立常态化应急队伍以提高应急人员的应急能力,队伍的组成中不仅包含医疗救治人员、防疫人员、军队协作人员,还有由政府部门工作人员组成的管理人员,对事件的整个处理过程担负起领导和指挥作用。对待这些应急人员的培训主要有培训班、讲座、模拟演练和自主学习四种模式。美国建立了应急培训系统平台,不仅可以对应急人员进行知识教育,同时也能开展相应的学习考核。美国的大学也开设了应急培训课程,特别是对公共卫生事件的应急培训,日常也非常注重开展不同类型的应急演练。

（四）及时性应急储备

为避免事件发生时物资和资金储备不足，美国建立了良好的应急储备机制，物资储备包含基本生活物资、医疗救治物资、通讯物资、临时住所等，对这些物资的保存也有专门、专局进行管理，并设有一定的时效性保障物资及时到位；应急资金储备包括中央、地方财政和专项资金的储备，这部分资金不仅被用作事件发生时的资金补充，同时也用作日常培训演练、灾后生活恢复、特批事件的处理。

（五）普及性应急意识

美国非常重视培养公众的危机意识和应急能力，一方面通过各类应急演练，不断强化、循环固化民众的应急知识；另一方面，通过多渠道的宣传教育进一步培植美国国民的应急理念和前瞻性危机防范意识。美国专门设有应急能力考试，客观地反映测评人员在应急准备、应急计划、应急管理及指挥系统方面的知识储备，测评人员可以通过测评结果了解自身的应急能力情况，从而加强针对性的学习和改善。

（六）向心型应急政策

美国联邦政府对应急管理实行连续性政策，先后颁布《国土安全总统令 20 号/国家安全总统令 51 号》《国家连续性政策实施计划》，指导政府、社会各类机构开展应急连续性工作，基于各方力量职责职能持续运转，实现紧急状态下国家主体功能运行正常的目标，建立并确保宪政制度、政府领导、抵御敌对势力、促进国际和谐等国家优先事项的连续性，在此基础上，各政府行政部门明确部门基本职能和主要任务，制定连续性预案，明确各类救治、管理程序和内容。

三、日本内阁应急文化与应急管理体系

（一）忧患意识

由于所处的特殊地理环境，日本经常遭受台风、地震等自然灾害的侵袭，相对恶劣的环境让日本民众"与生俱来"一定的忧患意识，在历次应对灾难的过程中，让日本民众产生了强烈的危机感与孤独感，使得他们时刻保持高度的警惕性和对应急知识及应急能力相对较高的渴求性。

（二）行为习惯

日本有鲜明的自肃传统文化，即自我约束、自我克制、自慎，不给他人增加麻烦，因此在公共事件中，自肃意识对建立良好的应对行为有着重要的作用。日本民众一些诸如鞋尖向外、贵重物品藏枕套等简单的生活习惯都体现出了预备下

的应急防范措施。

（三）物资储备

与美国的政府性储备不同的是，日本民众在生活中也做好了物资、环境等应急储备，每个家庭和公司都会备有防灾应急包以储存粮食、药品、手套、电筒等应急物资，适合不同人群、不同种类事件的应急需求。

（四）应急科技

应急文化和科学技术的投入有着密切的联系，日本政府将预警信息和相关灾难报道及时发送至民众手机和媒体平台，也可以在发生灾难时利用GPS系统查找受困人群，受困者也可以使用软件规划逃生路线。

（五）应急教育

日本的应急教育从小抓起，通过反复的模拟应急训练，培养学生的防灾应急意识，从而进一步培养学生积极重视应急的态度。日本的应急教育从小学开始一直持续到高中，长时间的训练形成了日本人一种应急条件反射。日本的应急教育非常细致，除了学校教育以外，社会教育也非常完备，逃生手册、逃生装备等覆盖婴幼儿、成人、老人，内容细化到避难动作的分解。日本政府也十分重视培养日本民众的自救、互救能力，在真正面对突发事件时，日本民众可以根据日常培养的应急技能进行紧急避险，政府可以更集中精力组织社会营救和突发事件的处置应对。

（六）社会服务

日本政府投入了大量的资金兴建种类繁多的防灾设施，包括防灾博物馆，一方面展示日本经历过的灾难历史和黑色文化，另一方面也提供了很好的防灾减灾培训服务。通过大大小小的防灾馆来开展防灾体验式教学。同时日本也设置了标识清晰、科技含量高的应急避险场所，各个社区也自发建设居民自治的防灾组织，并进行二级分类，划分为宣传班、灭火班、救护班等，各类型防灾班根据自身特点配备精良，分工明确，应对突发事件时候各司其职。

（七）信息管理

日本政府在长期的灾害和突发事件应对中已建立起一套完备的应急信息管理机制，各部门之间相互协同，行政系统内部形成了畅通的信息管理和共享机制，包含信息收集、汇总及反馈共享，保障组织内部纵向信息传播渠道的畅通，能有效防止基层因信息传递延误导致的突发应急管理失效。如2020年1月，我国爆发新冠肺炎疫情，虽然当时日本国内尚未有感染和疑似患者，但当日本政府监测到信息后,及时协同相关部门,从1月6日开始陆续在官网、电视等渠道公开发布肺炎信息,并向公众发出及时预警,号召高风险地区归国者做好防范,及时就医。

四、中国式应急文化和应急管理体系

(一)"一案三制"管理体制

我国政府应急管理工作起步较晚,至2007年才初步建立"一案三制"的应急管理体制。近年来,国务院相继出台了一系列法规制度,不断完善国家和地方的应急管理组织结构和工作机制,至2018年应急管理部成立,开启了我国应急管理组织结构的一次整体性重构,我国应急管理体制从枢纽型的政府应急管理办公室开始进入综合型的政府组成部门。为解决现实中遇到的各种难题,统筹应急力量和资源,各地也先后建立了应急管理委员会,高配应急管理部门领导,增强应急管理部门的组织协调能力。

(二)机遇与挑战

新时代中国特色社会主义现代化进入加速发展时期,中国人民在迈向实现中国梦的伟大征程中面临各种新的机遇和挑战。群众的物质需求逐渐得到满足,从而带来对安全的需求越来越强烈,对于应急管理的认识也越来越客观,公众的安全意识有了很大的提升。基于我国中国特色的社会主义本质,我国的应急管理工作始终坚持以人民为中心的基本理念,以总体国家安全观为指引,制定的各项方针政策的出发点和立足点都在于人民,使得应急管理有了坚实的政治基础。我国经济实力、科技实力和综合国力的不断提升,为应急管理提供了充足的人力、物力和技术保障。

(三)新发展阶段特征

1. 目标广泛

应急管理以社会安全、有序、稳定为重要目标,重点在于经济、政治、社会等体系稳定的保障,将"人民至上、生命至上"作为应急管理的核心思想,切实保障人民的利益不受侵害。

2. 综合协调

2018年我国实行机构改革,成立了应急管理部,将之前分散的职能相对整合,为形成中国特色的应急管理体系提供了强有力的支撑,充分保障了应急管理部门的指导性作用,协同其他相关部门发挥其专业特性。

3. 全面系统

我国应急管理强调全面性管理，关注应急管理的综合能力建设，对应急队伍建设标准和专业化培养提出了高质量的要求。应急管理工作涉及政策、制度、技术、保险、标准等多个领域深层次的问题，强调事后经验总结和事前预警防范相结合，注重整体系统性的发展。

4. 主体多样

我国的应急管理具备共建共享、共治共享的治理格局和特性，政府是应急管理的核心力量，企事业单位、社会机构共同协助，建设社会应急管理治理网络，保障多方力量的主体积极、主动、有效参与，实现政府、企业、机构、个人的交流融入，推动应急管理工作的高效运转，形成跨领域、跨区域、跨主体的合力。在新冠疫情防治初期，口罩紧缺，中国政府积极协同企业，部分汽车企业甚至改装生产线，主动加入口罩生产队伍，在短期内就将口罩产能提了上来。

（四）中国式应急管理演进经验

中华人民共和国成立以来，自然灾害频发，国家和社会发展也受此影响，我国应急管理工作经历了综合减灾阶段、综合应急阶段和公共安全治理阶段三个时期，在救灾的过程中逐步总结经验，形成了一种应激式的发展模式，但始终坚持以人民为中心的主旨，满足人民日益增长的对公共安全的新需要。

1. 坚持党的统一领导

我国相较于其他发达国家而言，应急管理启动较晚，对应急管理的制度化构建也相对较迟，但是中国又拥有较高的人口密度，特别是"非典"疫情的发生促进我国应急管理工作从灾害管理向应急管理转变，在主体、过程和灾种方面实现了全面管理，汶川地震、南方洪涝、新冠肺炎等救援和救治得益于党中央统一指挥，在此前提下各部门协调配合，快速反应、高效应对，尽可能在较短时间内有效控制伤害情况，彰显中国特色社会主义制度下中国共产党集中力量办大事的制度优势。

2. "一案三制"体系下双制度发力

自《中华人民共和国突发事件应对法》颁布以来，我国明确了建立"统一领导、综合协调、分类管理、分级负责、属地管理"的应急管理体制，在运行制度管理中，我国拥有一套科学有序的应急管理机制。在2020年初的新冠肺炎疫情中，我国积极向世界各国分享抗疫经验，并向受疫情所困的国家提供医疗和物资上的援助，体现了国际社会人类命运共同体的崇高价值。近年来，我国应急管理逐渐凸显政府主导的趋势,并积极发挥社会团体、基层组织、政企团体等在突发事件应对中的重要作用,明确建立了"党委领导、政府负责、社会协同、公众参与"的社会管理格局。

3. 管理关口不断前移

中华人民共和国成立以来,我国应急管理理念不断发生变革,逐步从应急救援向风险管理迈进,从后期补救转变为前期预防,将各种潜在因素纳入国家应急管理规划之中。在经历"非典"之后,各部门应急预案的编制成为有效管理的一项重要任务。国家层面也制定了多项兼收并蓄的应急预案,涵盖了各类突发事件,开启了建设中国特色社会主义现代化应急管理体系之路。

4. 信息化水平不断提升

当前科学技术日新月异,日本、美国等应急管理前瞻性较好的国家,均积极发展应急管理信息技术。我国在2008年汶川地震的救援过程中积极利用信息分析技术、GIS系统等探测受灾全貌并加强物资的合理调配。在新冠肺炎防治过程中,通过互联网、大数据的分析应用,开展远程会诊、流调排查、定位探查、线上教学等工作,将信息技术融入应急管理的各个环节之中,打通数据共享渠道,实现多主体的高效共享与协作。

五、我国应急管理发展的新趋势

作为社会治理的一项重要工作,应急管理承担着防范化解重大安全风险、及时应对处置各类灾害事故的重要职责,担负保护人民群众生命财产安全和维护社会稳定的重要使命。党的十八大以来,我国经济社会发展的理念和思路实现了重大调整,其中最重要和最主要的体现就是谋求创新发展、协调发展、绿色发展、开放发展、共享发展的新发展理念。在新发展理念指导下,我国应急管理理念与制度有重大突破与转变,形成与当前和未来安全风险挑战形势相适应的应急管理新理念。

(一)侧重思维、制度创新

当前,世界各国面对的风险挑战具有高复杂性和不确定性,相应生成的突发事件具有非常规性甚至超常规性。进入工业社会以来,人类社会逐渐形成规范化的组织制度,划定清晰的职责边界和管理权限,实现社会治理的高效、快捷。当遭遇突发事件后,人们往往通过总结经验教训,进一步完善应急管理制度。2001年"9·11"事件发生后,美国政府总结得出的教训是"缺少想象力";在经历了汶川地震以后，中国政府加强了对灾害的事前教育。面对百年未有之大变局，"以不变应万变"的经验思维已无法适应不断变化的新局面，应当通过预判可能产生的新形态，重新界定影响应急管理能力的变数，提升以变应变、创新求变的水平，在制度建设中平衡好变与不变、集中与分权、统一指挥与灵活响应等关系。

（二）注重协调能力提升

应急管理是全政府、全社会共担的一项职责，参与主体不仅包含政府部门，更涵盖广大的人民群众。组建专有应急管理部门，使各国应急管理工作有了得力抓手，也能使主体管理部门在维护公共安全的各项政策执行时更加有力。应急管理是一项高度复杂的事业，需要多种类型的专门技术与人力支撑，要求多部门协同配合。例如，防汛抢险必须由水利、气象、自然资源、应急管理等部门形成合力；新冠疫情发生后不仅各级医疗机构全力投入，居委、街道等各基层管理组织也积极响应投入其中。在2019年11月举行的中央政治局第十九次集体学习上，习近平总书记强调，要发挥好应急管理部门的综合优势和各相关部门的专业优势，根据职责分工承担各自责任，衔接好"防"和"救"的责任链条，确保责任链条无缝对接，形成整体合力。可见，应急管理部门是政府行政体系的一部分，作为部分去协调全局，势必存在一定障碍，现代应急管理的本质特征是综合，应急管理部门存在的最大意义在于协调，必须通过深化改革，进一步将制度优势转化为治理效能，通过总结经验、加强横向沟通、全面回顾在应急突发事件中的人员管理、协调指挥、组织协同、制度建设等关键因素，不断整合完善，推动改革持续走深走实。我国新冠疫情能在短时间内取得阶段性胜利的重要经验之一是：充分发挥国家疾病控制中心、应急管理部门的牵头抓总作用，调动其他专业部门积极参与。我们可以将经验通过制度设计固化下来，从根本上解决应急协调存在的顽瘴痼疾，让权责匹配成为现实。

（三）向国际发展格局趋近

新冠肺炎疫情的发生加剧了世界格局的演变，也促使中国加快构建以国内大循环为主体、国内国际双循环相互促进的新发展格局。从世界大势看，全球化是人类历史发展的必然，随着国力的日渐强盛，中国日益走近世界舞台中央。中国特色的应急管理以开放发展的理念为指导，以助力推动"一带一路"建设、构建人类命运共同体为己任，践行总体国家安全观中"既重视自身安全，又重视共同安全"的思想，大力提升跨国境人道主义救援能力，更好地展现中国的天下情怀、大国担当,同时更加有效维护中国的海外利益,为国家和平发展贡献力量。在新冠救治过程中,中国始终积极救治踏入国门的新冠患者,无论国籍,接纳治疗,展现了大国担当和责任。

(四) 坚持创新和社会动员

维护公共安全是政府义不容辞的责任,在共享发展的理念下,如何构建共建、共治、共享的风险治理和突发事件应对新格局是摆在面前的一条必由路径。从世界经验看,打造全社会共同参与的应急管理新体系是应对高度复杂性、深度不确定性风险的重要举措。突发性事件发生后,可能会造成大范围的严重破坏,有时候会超越政府的应对能力,关键应急物资的峰值需求可能会对看似强大的应急体系发动"点穴式"攻击,诸如交通、医疗、通信等关键基础设施也有可能出现整体性瘫痪。针对此类问题,政府在构建应急体系时对复杂情景有充分的预判,以大概率思维认识应对小概率事件,动员全社会广泛参与,因为社会公众的支持与配合是维护社会基本运行功能的必要条件。

社会动员彰显"集中力量办大事"的制度优势,这也是我国应对重大突发事件的长项。未来,社会动员要使全社会力量成为应急管理中的利益相关者,常态化地参与风险的社会治理,实现突发事件风险防范责任人人共担,应急管理安全收益人人共享,提高公众的应急参与意识,提高自发参与率,着力解决无序、无效参与,提高社会公众参与应急管理的有效性。

(余　飞、李　琳、朱　辉、陈万里,同济大学)

第三节　应急文化与应急传播

一、应急传播概述

(一) 应急传播的定义

应急传播实则包含了两个关键词,即应急与传播,对其进行定义,首先应明确这两个关键词的内涵。

"应急"明确了应急传播的对象。何谓"急"? 这里其实指的是突发事件或者突发公共事件。在《人民警察法》《药品管理法》《政府信息公开条例》及各种规章、规范性法律文件中,"突发事件"或者"突发公共事件"已经多次出现,2007年颁布的《突发事件应对法》和2006年发布的《国家突发公共事件总体应急预案》中,都对突发事件应对中的信息发布(传播)进行了详细的规定,也就是说在法律上已经将应急传播与一般的传播活动进行了明确区分,应急传播属于突发事件应对中的一个重要环节。当然突发事件的应对是应急管理中的一个部分,隶属于应急管理体系之中,其包括多方面内容,比如事前预案、事中决策、事后救济及对社会、市场、公众、舆论等的应对。应急传播为整体应急管理而服务,在当今信息发达的整体态势之下,应急传播不仅仅局限于应对突发事件的信息发布,也包含了在应对突发事件过程中信息的搜集、分析、处理及沟通传播等多项环节,后者还是应急管理成败的关键因素之一。

"传播"则界定了应急传播的性质。应急传播从本质来说仍然属于传播范畴,同样具备传播的普遍规律,包括通过各种传播媒介进行传播活动,但其又是一种特殊的传播行为,不仅仅起到信息发布的作用,也是构建了人际与组织层面沟通的一座无形桥梁,其中,其所依托的大众传播媒介常在应急传播活动中处于核心地位,起到上传下达的作用。

综合以上两个方面,大致可将应急传播的概念定义为:贯穿于突发事件应对各个环节中,并存在于政府、组织及公众之间,用于信息搜集、分析、处理及沟通等的传播活动。

(二)应急传播的作用

突发事件、突发公共事件本质上都是具有社会负面效应的事件,这些事件是否会持续发酵、是否会导致社会动荡、是否会造成政府或社会组织的公信力丧失,又或者是否能往利好方向转归,都与应急传播的影响力有着紧密的联系。所以进行应急传播最重要的目的就是消除事件的负面影响。

通过应急传播将舆论向正面引导,首先就要遵循突发事件的发展规律。按照突发事件的周期顺序,应急传播主要包括以下方面。

(1)突发事件相关信息源的采集、上报和汇总。

(2)相关主体借助新闻发布制度进行快速回应。

(3)政府自身采取相应应急措施并通过对媒体、其他社会组织信息的协调、干预,实现信息公开。

(4)在突发事件结束后,对相关传播活动进行分析,并通过一定的传播手段进行宣传教育,消除负面影响等。

中国传媒大学电视与新闻学院教授陈作平曾在人民网举办的一场传媒沙龙讨论中表示,"当危机事件或者突发事件出现时,政务微博或者官方机构必须要有回应,如果能够提供比片面消息源更精确、更权威的信息,舆论场马上会改变过来。"这就告诉我们,当突发事件发生之际,若能第一时间收集信息并整合各方信息后,通过官方机构权威平台发布基本事实,发出准确评论,调动协调各种应急传播公共资源,能切实有效地引导舆论,从而降低突发事件所造成的社会负效应,维护社会稳定。

(三)应急传播的主体

应急传播的核心主体是政府、公民与媒体。从本质上来说,应急传播是对涉及的各个利益主体间权利、义务、责任等关系的重新调整与确立。突发事件、突发公共事件常具备危害性较大的特点,而基于此,在整个应急传播过程中涉及的利益主体往往众多,这些主体可以是政府、公民、媒体、军队、学校、医院、银行及其他社会组织等。而自始至终贯穿于应急传播整个过程中的是政府、公民、媒体三方主体,不论是在最初的信息收集、汇总,还是到信息的发布、传播,再到信息的反馈、分析,都与这三方主体的利益关系最为紧密,所以说政府、公民与媒体是应急传播的最核心主体,三者之间权利、义务关系的界定,最终决定了应急传播的基本走向与突发事件所引发的社会效应。

(四)应急传播的特征

概括地说,应急传播应具有四个特征:快、短、频、准。

1. 快

应急传播,应对突发事件及突发公共事件,毫无疑问,其应该是迅速反应,这就是其"快"的特征。信息发布越早、越快,广大群众掌握突发事件的相关信息就越及时,因信息不对称造成的民众负面情绪或者恐慌心理就会越少,相关组织在处置突发事件时就越能掌握主动权,通过应急传播来安抚、服务、引导民众的功能和效果就越明显。

2. 短

应急传播的消息发布,需要简短精练,概括性强。民众对于突发事件或突发公共事件需要能迅速捕捉到核心信息,无论是文字描述还是广播传达。如若进行长篇赘述,民众没有办法在即刻就获得实质性的信息,不利于应急消息的传播。因此,言简意赅是应急传播消息发布的核心之一。

3. 频

应急传播中,某一突发事件在一段时间内消息发布的频率应快,实时反馈。一方面这能反映政府、组织层面对该事件的高度关注,同时也迎合了民众对该事件持续关注的心理特征。这是组织层面与人际沟通中必不可少的关键步骤,较高频率的有效应急消息的发布,可以一定程度上消除社会负面影响。

4. 准

应急传播虽然有以上三个特征,但有一个关键的特征是以上三个特征的基础,那就是"准"。应急传播不可因为讲究"短、频、快"而将没有经过核查、不实的信息发布出去,这反而会引发更多的社会负面影响,导致政府、组织公信力丧失,导致公众不满情绪升级。所以应急传播发布消息前,一定要对收集到的信息与相关组织进行核实、确认无误后再向公众发布,这样才能保证应急传播的有效性。

自 2020 年新冠肺炎疫情暴发以来,围绕疫情就不断出现一些突发事件及对其的应对,应急传播起到了及时通报情况、稳定民心的作用。这些应急传播也很好地体现了它的四个特征。如下面这则例子——

2021 年 1 月 20 日上海某医院微信公众号发布消息:

情 况 通 报

1 月 20 日,我院在对外包后勤保障人员开展例行新冠肺炎核酸检测中发现一人检测结果可疑。根据防控要求,已对该人员进行进一步临床检查和实验室复核。同时,已对相关人员进行追踪排查和流行病学调查。后续结果将及时向社会公布。

××医院
2021 年 1 月 20 日

2021 年 1 月 21 日该医院微信公众号再次发布消息:

重 要 通 知

因疫情防控需要,自 1 月 21 日起,我院×院区(×路×号)门诊停诊。

××医院
2021 年 1 月 21 日

该医院在事件突发之际,即通过医院的微信平台发布了消息,凸显了应急反应迅速"快"的特征;两条消息加起来总共不足200字,但是却将事情基本交代清楚,体现了应急传播"短"的特征;前后两条消息相隔不足24小时,又体现了应急传播"频"的特征。最重要的是这两条消息"准"而无误,以医院官方平台为载体,向大众发布了切实的消息,避免了谣言四起,起到安抚民心的有效作用。

(五)应急传播的发展趋势

新媒体的蓬勃发展给传统媒体带来了巨大的冲击力,2000年以前一直是传统媒体的黄金时代,无论是纸质媒体(报纸、杂志)还是电视广播,都是老百姓获取信息的主要来源。曾经在上海早间地铁中,几乎人手一份当时销售量领先的《新闻晨报》。然而随着互联网普及,网络媒体开始出现,其以海量信息、信息发布快速、信息获得低廉等优势,开始与传统媒体抢占市场份额,进而"分得一杯羹"。再加上近年来智能手机的普及,更多的新媒体纷至沓来,浏览方便,随时随地都能获取信息,更是对传统媒体造成了难以估量的影响,传统媒体逐渐湮没于这些新媒体之中。面对主流媒体的大转型,应急传播的发展趋势也是值得进一步探索。

在新媒体条件下,应急传播又该如何与时俱进呢?从现有环境来看,应急传播要保证其应急战斗力,主要来源于其主体中媒体的内生动力,应急传播中媒体的转型可以考虑从以下两方面进行。

1. 利用新媒体平台来传播

简而有效的方法,不外乎利用已有的新媒体资源进行应急传播。政府或组织都可以依托新媒体平台搭建自身官方发布平台,当前使用率较高的新媒体平台有微信公众号、微信小程序、新浪微博,只要做好日常维护,在突发事件发生时就可以利用这些平台迅速发布相关消息。

2. 传统媒体自身的革新

(1)工作框架改造。传统媒体本身也存在一些诸如各部门工作无交集、各自为政、条线过细的弊端。如一份综合性报纸,就可分新闻版、娱乐版、体育版、各版面负责人只负责自己版面的采编,对于其他版面不涉及,所以极易造成某一版面人员缺失时无人可顶的局面。所以当某一领域内有突发事件发生,需进行应急传播时,也可能会发生相关人员不足,其他人完全无法接手的局面,最终导致应急传播无法顺利进行。打破传统媒体各部门陈旧式工作格局,创新改造,是应急传播保持战斗力的方式之一。

例如从 2009 年 1 月 1 日起,为实现新闻的全面提速和全面落实《央广新闻》轮盘化运作的战略构想,中央人民广播电台中国之声按栏目设置的内部编制被完全打散,原有的 40 多个栏目也被大量压缩、撤除、替换,原来众栏目各自为政的格局也被完全打破,整个中国之声共用同一个 400 人规模的采编后台。这也大大提高了中国之声作为国家级媒体的应急传播能力和水平。

(2) 资源网络融合。应急传播的基本要点和根本点在于畅通各种公共应急资源的流通渠道,提高资源整合水平和资源配置能力。所以在这个全球一体化的时代,传统媒体也不宜单打独斗,而是充分利用网络资源,加强自身与各有关部门的联系,比如与公安、消防、交通、气象、海洋、卫生、城管等部门的互动合作,将这些部门的应急网络与媒体自身的应急传播体系自上而下进行深度融合,形成一张网,一起并入一个地区或一座城市的整体应急系统同步运行,以此全面提升新闻媒体应急传播体系的覆盖面、反应速度和服务水平。比如 1991 年 9 月 30 日开播的上海交通广播(调频 105.7 兆赫+中波 648 千赫)是中国大陆第一家以交通信息为主导的广播媒体,始终坚持"宣传、疏导、服务、娱乐"的办台宗旨,形成了以移动人群为主要服务对象,全天及时通报路况为主干,维护城市交通秩序、增强交通安全意识、方便市民群众出行,促进上海交通建设的节目制作与播出模式。随着科技的日新月异,近年来上海交通广播与上海城市交通管理部门紧密合作,通过高科技手段,有效掌控上海城市交通动态,交通广播直播室能实时观测城市主要交通节点的动态图像,城市路网交通流量 GIS 地图直接进入直播室。同时,通过 GPS 定位技术,随时掌握近 3 万辆出租汽车运行状况,交通广播记者可以和任意一辆行驶的出租车驾驶员通话了解道路交通情况。另外,铁路、航空、水运及交通清障救援系统都与交通广播保持紧密联系。长三角交通广播联盟等广播媒体的紧密合作,保证了城际间高速公路状况的及时沟通。每小时 4 次定点路况播出,24 小时全天候直播保证了信息及时发布。这就是媒体平台对其他资源网络融合的典型案例。

二、应急传播与应急文化之间的关系

(一) 应急传播和应急文化传播

在说应急传播和应急文化之间的关系前,要先明确应急传播不等同于应急文化传播，这两者概念完全不同，不可混为一谈。

1. 应急传播和应急文化传播的内容不同

应急传播的内容是针对突发事件或突发公共事件的信息，包括突发事件发生的时间、缘由、进展、后续处理、影响结果等情况的发布；应急文化传播的内容则是针对应急文化本身，是将应急文化涵盖的应急知识、社会意识形态、思想、道德、法律、社会心理等文化观念和行为准则进行传播。所以应急传播是对一个具体的、突发的事件进行传播，而应急文化传播则是对一种文化进行传播。

2. 应急传播和应急文化传播的时间不同

应急传播是对具体的、突发的事件的传播，因此其传播有一定的时间范围。应急传播的时间始于突发事件发生的那刻，根据事件的性质结束于该事件完结以后，或者是该事件负面影响消除之后，抑或是该事件不再受关注之后。应急传播的时间长短，与该突发事件对社会产生影响持续的时间长短有一定联系。

而应急文化传播，由于并不是对于某事件进行传播，是对应急文化这种无形事物的传播，因此其没有明确的开始与结束的时间点，可以贯穿于日常任何时间进行传播，不受时间限制。

3. 应急传播和应急文化传播的目的不同

应急传播应对的往往是突发的灾难、突发的对公共安全有害的恶性事件，所以从某种程度上来说，应急传播的目的是为了消除这些突发事件产生的负面影响，安抚民心，保持社会稳定，恢复社会正常秩序。

而应急文化传播，传播的则是应急文化观念和行为准则，其根本目的是保障人民安全。比如日本就一直有应急文化的传播，因日本是一个多地震国家，所以作为一个灾害频发的国家，日本提倡"自救、共救、公救"的理念。1995年神户地震后，日本政府逐渐强化防震应急演练力度，定期在学校和办公场所举行地震演练。如东京都内的小学每个月都要进行防震防火的避难演习。新宿区立江户川小学全校有118名学生，为使学生在地震发生时不会慌乱，学校每年实行一次地震演习，借助区里的地震体验车让学生"亲身经历"地震。地震体验车可以模拟七级地震时的震动。在演习中，当广播说地震发生时，学生们立刻从平时被系在教室课椅背后的口袋中取出防灾头罩戴在头上并跑出校舍。这样的演练其实就是一种应急文化传播。由于长期被应急文化熏陶，所以日本民众根据长期养成的技能和习惯自主避险,媒体、社会组织、政府也都以最快的速度和非常专业的方式投入救灾。所以说应急文化传播的目的不是让民众害怕灾难,而是当灾难发生时,民众有足够的能力去应对灾难,进行自救与互救,政府有能力施行共救与公救。

(二)应急传播和应急文化

1. 应急文化衍生出应急传播文化

应急传播和应急文化之间又是怎样一种关系呢?从概念来看,应急文化是上层建筑,是人类在应对各类灾害事故的应急活动中创造出来的各种应急意识、行为准则、道德规范、价值观念等的总和,其直接目标是提升全社会应急素质,其最终目标是增强人类地域灾害事故的应急能力,其宏观目标是保障人类安全生存和发展的环境。而应急传播是应急文化外化于形的表现之一,隶属于应急文化之中,也可以衍生出应急传播文化。

从文化理论层次分析看,应急文化可以分为三个层次,即核心层、中间层和浅表层。核心层是应急意识和价值观,中间层是应急制度和规范,浅表层是行为方式、技术体系和物质条件。应急传播可以跨越应急文化的中间层和浅表层两层。

应急文化中的制度文化是人们在应急事件中构建的应急体制、机制和法制。在应急传播中,需要发展应急传播制度文化来调整和处理各种相互关系,规范应急行为。此外,人们对突发事件的传播态度、意识、行为规范、技术能力和知识水平,以及最终形成的应急传播的效果,也都需要制度文化发挥保障作用。所以说应急传播制度文化是应急传播发展不可缺少的组成部分,也是塑造应急文化核心层的主要机制和载体之一。

应急文化的浅表层是行为方式、技术体系和物质条件,应急传播本质上是一种应对突发事件的行为方式,它既需要技术支撑也需要物质保障。应急传播文化是人们在多次应急传播实践活动中积淀下来的社会心理、思维和行为方式、习惯等具有外显性形态的应急文化中的一种,或者说是在精神价值观的支配下及在应急制度规范制约下的自觉活动,是应急文化体系的表征之一。而当突发事件发生之时,做好应急传播,则也需要成熟的传播技术与传播平台,这些是应急传播文化的物质基础,这样在应对突发事件时才能做好快速、准确、有效地信息传播,消除事件产生的公共负面影响。

2. 应急文化建设利于应急传播建设

应急文化建设是人的建设，坚持以人为本、生命至上、民生第一的理念，将保障人民群众的生命财产安全放在首位，逐步形成"政府引导，多元参与"的应急文化体系，是应急文化建设的出发点和落脚点。而应急传播建设也离不开应急文化的建设。

在2020年初刚发生新冠肺炎疫情时，由于社会信息传播便捷且方式多样，海量消息占领了手机、电脑屏幕，然而这些消息中不乏谣言。如何避免假消息的传播，这其实和我们日常应急文化建设息息相关。在疫情最为严峻的时候，各个省市卫健委都及时召开新闻发布会，公布疫情最新的消息。在应急文化建设较好的地区、社区，大众对政府有信任感，自然会以官方的消息为准，从而不传谣。

另外，应急文化建设中应急心态文化建设是非常重要的。所谓应急心态，是指人在遭遇突发事件时的心理反应，可以是恐慌的、害怕的、消极的，但也可以是积极的、正面的，每个人的心态是不一样的；应急心态文化是指在应急管理过程中属于意识形态的价值体系或观念，包括人们的安全观念和思维方式等，这是应急文化的核心和灵魂。应急文化建设在应急心态文化层面体现为社会各界对公共安全的高度重视和主动参与。

应急心态文化建设就是要让人在面对恐慌、灾难、死亡等危险时，仍然保持良好心态，树立强大的求生欲望，这样在一定程度上能规避突发事件所带来的灾害。同理，在应急传播中，也会有不同的应急心态，而应急传播中人的心态也会主导着突发事件的转归，尤其是传播主体积极的心态可以传播出正能量，在一定程度上可以使事件对社会的影响向利好的方向发展。如果传播主体是抱着消极的、负面情绪的心态进行事件传播，则有可能会进一步扩大事件的负面影响，从而造成更加糟糕的态势。同样是在新冠肺炎疫情严峻时期，政府始终发声，传播"人民生命至上"的信念，积极应对疫情，组织各地医疗力量支援武汉，在当时鼓舞了大家的士气，增加了民众的信心，事实也证明了在正面传播的影响下，中国上下一心，很快就将疫情的局面控制住。所以说需要重视应急文化建设，尤其是要注重应急文化心态建设，这其中也包括了应急传播文化心态的建设。

三、应急文化的传播

应急文化传播是应急文化建设中不可或缺的重要组成部分，没有有效的传播活动,应急文化就无法真正深入人心,这样也必然无法起到应急文化建设致力于保障人民安全的重要作用。因此,应急文化建设过程也是应急文化的传播过程。要做好应急文化传播,就要着眼于制度、人才与物质建设,物质建设中又包括平台与产品的建设。

（一）应急文化传播的制度建设

1. 应急文化传播制度建设的意义

开展任何工作都应制度先行,无论是政府层面进行应急文化的传播,还是某一组织机构进行应急文化的传播,在进行应急文化传播之前都需要有明确的规章制度。

（1）构建好的制度,保证制度的严肃性。有了完善的制度体系,在以制度为准则的标杆下,应急文化传播就有了明确的指导思想、相应的传播方式方法,以及切实的传播目标,能保障应急文化传播最终所起到的社会效应。

（2）抓制度落实,提高制度执行力。应急文化传播制度的生命力在于执行,制度一旦建立就必须不折不扣地执行,维护制度的权威性,否则再好的制度也会形同虚设。在一定意义上,应急文化传播执行制度比制定制度更重要。执行制度实际上是排除执行干扰、解决制度梗阻的问题。

2. 应急文化传播制度建设的方式

制度需要更加科学合理。科学、合理、有效的制度是协调人与人关系的最有效手段,也是管理的最有效手段。为了保证应急文化传播制度能够被更好地遵守执行,首先制度的制定必须规范,必须符合国家法律法规,不能凌驾或超越法律法规。其次制度的内容要具体,包括传播内容、传播对象、传播方式、传播目标。再次,制度的修改要及时,在制度执行的过程中,可能会发现有不符合应急文化传播规律的短板之处,通过实践,定期修订完善制度,以利于应急文化传播可持续地发展。

（二）应急文化传播的人才建设

1. 应急文化传播人才建设的意义

千秋基业,人才为本,人才是推动发展的第一资源;治国经邦,人才为要,人才就是能科学运用知识和技能推动发展的人。文化的传播发展也离不开人才这个主体,应急文化传播也需要人才来推动。唐代文学家韩愈的《师说》云:"师者,传道授业解惑者也。"应急文化传播中的"师者",即为应急文化传播的人,传授的是面对突发事件时的应急意识、行为准则、道德规范、价值观念等,所以说人才建设也是保证应急文化能否顺利传播的一项非常重要的建设工作。人才是应急文化传播的生力军,其在一定程度上也直接决定了应急文化的传播质量。

2. 应急文化传播人才建设的方式

打铁还需自身硬,所以进行应急文化传播的人,其自身应对应急文化有深刻的认识与理解,能将应急文化的理论知识真正进行转化运用,在突发事件降临之时,本身有足够的知识储备与能力去应对突发事件,保障人民生命安全、社会安全稳定。也正因为如此,应急文化传播需要加强人才队伍的建设。建设方式如下。

(1) 完善人才选拔的机制。用好人才,重点要建立良好的选人用人机制,将真正的应急文化传播人才选出来、用起来,形成广纳贤才、人尽其才的制度体系。一是要提高精准识别的能力,善于识人德才、识人本质、识人潜能,及早发现、及时培养,源源不断选拔使用人才,为应急文化传播注入新的生机活力。二是深化人才发展体制机制改革,完善人才培养、改进人才评价机制、创新人才流动机制、健全人才激励机制,最大限度将人才的奋斗精神、创造活力激发出来。

(2) 进行系统的定期培训。从培训的内容来说应紧扣两点:① 应急文化;② 传播学。应急文化的培训,可以丰富传播者本身应急文化的知识,提高传播者的应急文化素养;传播学的培训主要包括传播的规律、传播的方式、传播的目标,这将有助于传播者有正确的方式方法向大众输送应急文化内涵,使传播效果最大化。

从培训的时间来说,宜定期进行。任何文化都是在不断发展的,应急文化亦如此,所以在一段时间后就要对传播者及时更新应急文化知识与理念,顺应应急文化的发展。

(3) 激励人才实践历练。实践长才干,历练出人才。应急文化最终传播到目标对象,还是需要应急文化传播人积极主动地开展传播,在传播的过程中,其实不仅仅是目标对象受益,也会使传播人本身获益,传播过程中传播人能汲取到丰富的经验,为今后的应急文化传播进行积淀。

(三) 应急文化传播的物质建设

1. 应急文化传播的物质建设意义

应急文化建设过程其实也是应急文化的传播过程,而传播需要平台,也需要产品。没有平台,传播就没有媒介;没有产品,应急文化传播也成为无源之水;没有有效的应急文化传播活动,应急文化不能深入人心。所以要扎实地进行应急文化传播的物质建设。

2. 如何进行应急文化传播平台建设

(1) 应急文化传播离不开传统媒体平台的影响力。传统媒体平台虽然正经受着智能化时代的强烈冲击,似有夹缝中求生存之势,然而不可否认,传统媒体在今天仍然具有其优势,而且也在不断寻求着突破。

其优势表现在:第一,传统媒体由于长期准确、高质量的报道而积攒了超高的公信力;第二,传统媒体的人才团队是文化素养高、专业能力强的队伍;第三,传统媒体的覆盖率也非常高;第四,传统媒体的传播内容都具有高品质与可靠性。所以受众对于传统媒体的信任度、专业认可度也远超新媒体,为广大受众所推崇和喜爱。

因此进行应急文化传播,仍然可以借助传统媒体的社会影响力,通过报纸、杂志、广播、电视等将应急文化进行广而告之,避其短处,紧抓传统媒体的优势,进行应急文化的建设。具体措施,如联合以文化为主题的报纸杂志,开设应急文化专栏项目,从应急文化的理论思想到活动开展,形成全方位的系列报道,从而形成有体系的传播建设。

(2) 运用好新媒体平台进行应急文化传播。近年来,新媒体如雨后春笋般生长,其以方便快捷占据了传播市场。应急文化的传播必然也离不开新媒体,应急文化传播平台的建设,即是要做好"互联网+应急文化"的建设。

无论是政府、组织还是个人进行应急文化传播,新媒体平台的选取都应遵循两点原则:首先应选用公信力较强的、管理严谨的新媒体平台,这也是提升自身公信力的方式之一;其次选取受众较广的新媒体平台,这样可以保证人群的覆盖面更广,提高应急文化传播的有效性。并且充分利用新媒体的优势,结合文字、视频的创作方式,进行应急文化的传播。

(3) 应急文化传播基地建设。应急文化的传播是源远流长的,不单单是传播一个知识点。怎么样传授给受众,而受众也乐于参与学习和吸收是个难题,传统的说教式有时并不喜闻乐见。近年来"沉浸式体验"一词流行,其最初的含义是提供参与者完全沉浸的体验,使用户有一种置身于真实世界之中的感觉。应急文化的传播也可以通过沉浸式体验的方式进行,这样可以提升受众的兴趣与意识。

比如进行应急文化的基地建设,诸如各种灾难事件的体验场馆,让老百姓到体验馆学习。比如在上海科技馆就有地震模拟场馆,让大家感受地震发生时的震动。应急文化基地建设的目的就是希望通过模拟场景、沉浸式体验学习,让受众身临其境,当遇到真实情况会反应更冷静,是提升应急文化传播效能的建设。

(4)社区应急文化宣传栏建设。应急文化建设的最终目标是保障人民的安全,在突发事件发生时,尤其是灾难性事件发生时让人民有能力去处理,保护自身的安全。所以应急文化传播应走进社区,与老百姓近距离接触。因此,应急文化传播的平台也可以是社区,贴近居民的生活区,利用社区的文化宣传栏,开辟应急文化的宣传系列专项,比如进行防火、灭火知识的宣传,这样可以让应急文化传播更接地气。

3. 应急文化传播产品的创制建设

应急文化让大众接受,则需要将无形的内涵外化于行,这就需要应急文化产品的支撑,应急文化产品的创制过程也是应急文化的传播过程。诸如各种宣传品、培训纲要、演练方案等的设计,都可以成为应急文化传播的载体。

应急文化产品创制出色的国家,莫过于我们的邻居日本。频繁的灾难和惨痛的教训让日本政府投入了大量人力和财力进行防灾减灾产品的开发和研究。这类产品大致可分为四大类:应急生活用品、自救求救工具、灾后维生用品、基本医疗配置等。日本的这些应急文化产品提示应急文化传播的目的不仅仅是对防灾减灾知识进行宣传与教育、训练,也应该将与自然灾害防范应对有关的知识运用到现实生活之中,创制出更多能在突发灾难发生时,为大家所用的真实物品,为民众的安全提供物质的保障。

(余 飞、李 琳、朱 辉、陈万里,同济大学)

第四节 应急文化与文学创作

在漫长且悠久的历史中,世界各地人民都曾饱受灾害之痛。无论是地震、旱涝等自然灾害,还是战乱、矿难等人为灾害,都给人民的生命财产安全带来巨大危害。本章主要以文学作品为分析蓝本,挑选古今中外以灾害为题材的文学作品,在对其分析的基础上,总结其中的应急文化,为当下的应急文化建设提供历史智慧。

习近平总书记指出:"应急管理是国家治理体系与治理能力的重要组成部分,承担防范化解重大安全风险、及时应对处置各类灾害事故的重要职责,担负保护人民群众生命财产安全和维护社会稳定的重要使命。"通过对相关文学作品的分析,从中汲取经验教训与古人的应对智慧,才能使今人与后人在应对突发危机时,采取有效得当的处理措施,更好地化解危机。正如李修文所说:"灾难文学的唯一伦理,就是反思灾难。"[1]文学中叙述的故事或假或真,有近有远,但若能重新回到时间的河流,去寻找被人们遗忘的灾难历史,或能从痛苦中寻求希望,为建设有中国特色的应急管理体系添砖加瓦。

本节按灾难种类分为瘟疫、战争与自然灾害三部分,并分类挑选出不同时期的文学作品予以分析阐述,各部分按时间顺序予以排列。

一、自然灾害与应急文化

自然灾害是人类最常见且危害性最大的灾难种类之一。与瘟疫、战争等灾难不同,自然灾害如旱涝灾害、地震等难以预防且发生后造成的破坏性极大。本章以自然灾害为背景,遴选不同时代的文学作品进行分析,以此探析其中体现的应急文化。

(一)有关自然灾害的古代文学作品中反映的应急文化

商周时期是中国文化的第一个高峰期。此时段的中国尚处于自然崇拜十分盛行的时期,人们在灾害面前的抵抗能力还比较脆弱。例如家喻户晓的"大禹治水"故事,《孟子》对此曾有详细记载,兹引如下:

"当尧之时,天下犹未平,洪水横流,泛滥于天下,草木畅茂,禽兽繁殖,五谷不登,禽兽逼人。兽蹄鸟迹之道,交于中国。尧独忧之,举舜而敷治焉。舜使益掌火,益烈山泽而焚之,禽兽逃匿,禹疏九河,瀹济漯,而注诸海;决汝汉,排淮泗,而注之江,然后中国可得而食也。"[2]

在当时的社会中,一旦洪水来临,天下即会遭受巨大祸患,世间被洪水覆盖,草木疯长而猛兽四出。大禹在这样的条件下临危受命,他任命益担任主火之官,益放火焚烧生长不绝的草木丛林,才成功驱赶野兽。与此同时,大禹疏通天下九河,使河流入江入海,地面洪水终得退去,人们重新获得了耕种的土地,从而继续生活。大禹治水在很大程度上是传说故事,展现了先民们改造自然和抗击灾害的精神。从目前见到的一些文学作品中来看,虽然古人有不少关于灾害预防的名言警句,如《礼记·中庸》:"凡事预则立,不预则废。"《诗经·豳风·鸱鸮》:"迨天之未阴雨,彻彼桑土,绸缪牖户。"《逸周书·文传》:"天有四殃,水旱饥荒。其至无时,非务积聚,何以备之?"但应急管理是项系统工程,就当时的社会条件来说,面对突发性的灾难事件如洪水、干旱、地震、雷电等,无论是技术条件还是应急知识与能力,都还非常薄弱。正如学者所说:"应急管理是针对各类突发事件(包括自然灾害、事故灾难、公共卫生事件和社会安全事件),从预防准备、监测预警、处置救援到恢复与重建等方面进行全方位、全过程的管理。"[3]

(二)近现代文学作品中体现的应急文化

1."丁戊奇荒"中反映的应急文化

我国是一个灾害发生频率较高的国家,即便到近代社会,爆发在华北五省的大规模旱灾亦带来了近千万人口的死亡。或有人问,当时的中国已有数千年辉煌历史,难道依旧无法应对发生的饥荒吗?答案尽管残酷却是肯定的。"丁戊奇荒"的爆发使华北各地哀鸿遍野,各地文人针对饥荒写出了大量文学作品,用以反映当时灾民之艰,民生之困。其实在当时,政府并非不想吸取数千年来的治灾经验,历代皇帝亦在各地兴建粮仓以应对突发状况,但粮仓长时间不被使用,加之各地历任官员的贪腐,本用作赈灾急用的粮仓真到用时已是空仓。按应急管理常识来看,政府固然做到了预防与准备,但却缺少有效的监测与预警举措,致使大批应急粮早在使用之前即空空如也。人多粥少的情况只能加速粮食物价疯涨,进一步加剧饥荒程度。正所谓是"晋豫燕秦无一穗",[4]家家户户是一点粮食也没有。还有人针对物价疯涨写道:"米珠日翔贵,斗粟价十千。"[5]"一勺黔娄粥,十枚子绀钱"[6]。

除却对灾荒惨景的同情外,当时的文学作品已不局限于灾害本身,开始对灾难发生的原因进行反思,并希望从中吸取经验教训以供后人借鉴。当时的诗人认识到饥荒的出现固然与气候异常有关,但为何发生在华北五省但又以山西最为严重呢?他们敏锐地发现山西商业气息浓厚,晋人皆从商,导致"金生粟死稼穑事贱,乃弃水利荒田畴"的局面。[7]金钱再多在漫天遍野的饥荒面前也是毫无作用,诗人讥讽写道:"金银满把不可食,黄蒿白骨无人收。"[7]其实灾荒的出现除天灾外,很大程度是人祸的产物,文学创作者同样认识到这一点。当时饥荒遍野但官府竟还大肆征税,"催科之吏怒且嚎"[8]"昨夜哄传租吏来,前村打门声急哉"[9]。由此可见,在漫长的农耕文明时代,我国一直是"小政府、大社会"体系,为数不多的官员统辖数百万平方千米的土地与千万乃至上亿人口。这放在古今中外任何一个地区,都可以说是对政府管理能力的巨大考验。上古时期的中国尚且是原始部落时代,几乎没有任何成型的管理体系可以应对灾难。进入封建社会后,虽然政府职能日趋完善,但在彼时的交通通信与医疗卫生条件下,应对灾难的能力依旧贫弱。

通过对以上文学作品的分析,可以得出以下几点结论。其一,我国古代政府没有完全形成应急文化与应急管理体系,因此面对种种灾荒与突发事件,赈灾效果不理想。其二,在温饱尚且未能解决的民间,水旱灾害、蝗灾及其连带的饥荒、瘟疫一旦发生,农民应对与解决能力欠缺,只能依赖政府救助或逃亡其他地区谋生。其三,在政府规模小、官员少且没有建立现代财政体制的情况下,政府应对灾荒往往在金钱物资方面出现众多问题,这极大拖延救灾有效程度,致使大量民众伤亡。总而言之,在农业文明时代,上至政府下至百姓,应急管理文化还未真正形成体系。

2.《温故一九四二》中体现的应急文化

当代学者范藻认为:"时间的流水会冲淡痛苦的记忆,而文学的存在将为生命建立一座永恒的纪念碑,而痛定思痛的理性反思则是这座纪念碑最沉重而深刻的基座。"[10]文学中的世界并非完全真实甚至是完全虚构,但这并不能抹除文学的重要性,反因其特有的虚构性使文学中的世界更加生动,更能令人产生身临其境的感觉。

《温故一九四二》由刘震云撰写,其体裁并非是传统意义上的小说,而是带有写实色彩的纪实文学,在某种程度上可算是"历史"的别样叙述。谢丽指出:"刘震云试图打破历史与文学的疆界,重建一个文本的历史。"[11]故事通过采访口述,与查找当年的报纸报道、档案记载与回忆录、日记等史料相结合,将发生在1942年河南的这一场大灾荒清晰展现出来。正如小说开头所写:"一九四二年夏至一九四三年春,河南发生大旱灾,景象触目惊心……大旱之后,又遇蝗灾。灾民五百万,占全省人口的百分之二十……寥寥中原,赤地千里,河南饿死三百多万人之多。"[12]可以说在中国近代历史上,前文提及的"丁戊奇荒"固然在灾难程度与死亡人数上更为严重,但在1942年饥荒发生的同时,日军正对中国疯狂进攻。此时的中国身处内外交困之局,对饥荒的处理也更加困难。

正如现代法学所述,任何符合"突然发生,造成或者可能造成重大严重社会危害,需要采取应急处理措施予以应对的自然灾害、事故灾难、公共卫生事件和社会安全事件"定义的事件,通常被视作是"突发事件"。[13]为此需建立系统的突发事件应急管理体系,培养民众的应急文化素质,在政府与民间的通力合作下将其影响降至最低。根据小说叙述,可以将灾难发生时的应急措施分为三个主体,一是灾民群体本身,二是中国政府,三是身处中国的传教士与西方记者。

面对如此严重且波及范围如此之广的旱灾及其引发的饥荒,民众的应对能力是最弱小的。河南三千万百姓中有近三百万被饿死,人间悲剧时刻上演。但即使是如此的无可奈何,河南百姓也没有坐以待毙,活下去是他们一切行动的动力。一般来说,百姓的谋生之道可分为三个方面。其一是"吃大户",在文中,"我"的舅舅范克俭在当时是一位地主,家中粮食被没有任何出路的百姓全部"取走"。其二是"千里大迁徙",正如清朝初年的山东百姓"闯关东"一样,河南百姓选择向西即未受灾的陕西出发。他们在路上"以树皮(树叶吃光了)与野草维持着那可怜的生命"。[12]大量百姓未到陕西之前或饿死或在扒火车的途中被火车轧死。其三则是最惨绝人寰的卖掉自己的儿女用以换粮食。

或有人问,这一时期的政府已与封建社会完全不同,他们为何不能遏制住这场人间悲剧。其实这话只说对了一半,当时的中国固然已经摆脱帝制,但毕竟还是一个农业为主的国家,生产能力依旧孱弱。更致命的是当时中国正处于艰苦抗战时期,国内处于十分混乱的状态。国民政府的贪腐与忽视是加剧灾荒的致命原因,在天灾降临时,大量救济粮以军资名义充公,再以救济粮名义贩卖给民众。更有大量粮食直接被当地政府贪墨,可以说是雪上加霜。正如作者在文章戏谑道:"我估计在我们这个东方文明古国,无论发生什么情况,县以上的官员,都不会发生吃的问题。"[12]无数百姓成为"灾难和成功的承受者和付出者。但历史历来与他们无缘"。[12]

综上所述,《温故一九四二》一书固然由今人撰成,且文学性高于真实性。但书中多采用当时新闻报道与档案资料,且饥荒确有其事并非虚构。完全可以本书为分析蓝本,对其中体现出的国家应急能力与应急文化进行提炼分析。根据书中基本叙述可以看出:其一,当时虽建立名义上的"现代"国家,但经济实力与生产能力依旧底下,并未真正实现现代化。这导致在处理突发事件时经常无所适从,处理效率低下甚至无法处理。其二,在当时农民占据全国绝大多数人口的情况下,百姓面对突发事件更是束手无策。他们没有任何救急存款,没有交通工具可逃离受灾地,更没有面对灾难时的应急处理能力与意识。总之,《温故一九四二》为我们展示出一个尚未完成现代化的农业国面对灾害时的状态,国家应急体系与应急文化建设明显滞后。

(三)当代文学作品中体现的应急文化

《唐山大地震》由纪实文学作家、记者钱钢著成,此书作为报告文学的重要作品,内容取材于钱钢当年的一线采访,正如钱钢在序言中所说"居于灾难核心的是什么?是人。是人性。是人的悲剧"。钱钢用笔记录下当时的中国人在面对如此剧烈灾难时的真实反映,他说道:"对无数的悖论,我没有答案。但我相信,答案埋藏在20世纪最惨烈灾害的废墟里面,埋藏在我曾经目睹、曾经记录的历史里面。"[14]

按现代应急管理学的定义来看,应对突发状况,政府需建立起完整的"一案三制"体系。"一案"即指应急预案,简单来说就是在事件发生之前广泛搜集之前案件信息,在掌握各种情报基础上预测突发事件可能造成的各种后果,从而针对此作出相应预案,做到未雨绸缪。"三制"则指体制、机制与法制,意味着国家与社会在面对突发状况时所具有的处置能力与法律保障。[15]根据相关定义,按震前、震中与震后三部分对《唐山大地震》一书进行分析,由于其纪实性较强,更可以反映出当时中国真实的应急能力与应急文化建设。

唐山大地震死亡人数达24万余人,与同时期世界各国的地震相比,是最为惨烈的一次。如此惨痛的灾难给今天的中国也带来了经验与教训,如何能够更好地在中国培育公民的应急文化意识,提升中国的应急管理能力,是唐山大地震留给我们的重要遗产。按地震发生前的基本常识来看,地震的发生一般有相应征兆如老鼠会满街跑、蜻蜓低飞或天空出现色彩各异的"地光"。正如钱钢在书中所写的,当时北戴河一带的"鱼儿像是疯了,7月20日前后,离唐山不远的沿海渔场,梭鱼、鲶鱼、鲈板鱼纷纷上浮、翻白,极易捕捉,渔人们遇到了从未有过的好运气。"但这些"幸运"的渔人并未预料到,几天后他们将迎来灭顶之灾。除鱼儿行动异常外,唐山及其附近地区的飞虫、鸟类行动也发生异常。钱钢写道:"7月25日,油轮四周海面上的空气'咝咝'作响,一大群深绿色翅膀的蜻蜓飞来,栖在船窗、桅杆、灯和船舷上,密匝匝一片,一动不动,任凭人去捕捉驱赶,一只也不飞起。"[14]其他的诸如动物开始"逃难"等异常现象也时常出现。如果能及时发现并作出相应处置,地震应该不会造成如此惨烈的伤亡。说到底,在当时的中国,政府与社会尚未形成一套现代化的应急处理机制,也就是没有建立起"一案三制"体系。民众心中缺乏如何躲避灾害的应急文化常识。

人们都知道地震发生时有所谓的"黄金12秒",意即地震发生后的12秒内是最佳逃生机会。这对于今天的人们来说都能明白,但对1976年的唐山人来说却是陌生的。据钱钢震后的采访,当时的人们在地震降临时是不知所措的。例如文中说当时唐山火车站内的景象:"整个候车室灭了灯,一片漆黑。房子摇晃起来,候车室乱作一团。喊爹的,叫妈的,人踩人的,东西碰东西的,什么声音都有……不一会儿,'轰隆隆'一声,整个车站大厅落了架,二百多口子人哪,差不多全给砸在了里面!"[14]据统计,唐山大地震造成的直接损失达30亿以上人民币,而震后的救灾与重建花费资源更是无法计算。

震后,在党中央的正确指挥下,大批军队与医疗队被派往唐山负责震后救援与重建工作。唐山是我国重要的重工业城市,存在若干大小煤矿,地震的发生使上万名工人被压在地下。在断电断水、没有现代救援设施的一片废墟中,只能靠被困于地下的工人自救,在这样的情况下抢救效果可想而知。钱钢在文中写道,当时的唐山人把希望寄托在了机场之上,作为当时为数不多的能够与外界沟通的场所,机场到处是"伤员和逃难的人群"。"空军唐山机场只有一个小小的卫生队。当成千上万灾民涌来时,这个仅有40名医护人员的卫生队,像是汹涌巨浪上一条单薄的小木船。"[14]

全国各地在震后共派遣200多个医疗队共计1万多名医疗者赶赴唐山。条件的极度匮乏使他们不得不进行大量的野外手术救援。与此同时,上万辆汽车拉着数千万吨粮食赶赴唐山以解决灾民生活问题。1976年的中国,尚未进入改革开放,经济虽较1949年前有所改善,但依旧无法达到应有水平。我们可能会有疑问,震级如此之高的地震,政府与科研人员在震前没有作出一定的预测吗?其实地震局并非是毫无作用,就在1975年海城地震之前,地震局即成功预测出这场地震的发生。但是到21世纪的今天,地震依旧无法被人类精准预测,否则汶川大地震与日本的福岛大地震也不会造成如此惨重的损失。通过钱钢的采访,可以得知唐山大地震发生之前,国家地震局的确没有发现唐山有5级以上地震的可能。[14]无数地震工作者在震后受到唐山百姓的指责,但不可否认的是,在条件十分落后的情形下,这群知识分子始终没有玩忽职守过。

地震不同于水旱灾害与瘟疫,其发生之迅速、危害之巨大,是其他任何灾害无法比肩的。因此应对地震也是对一个国家应急能力与应急文化建设最为严峻的考验。唐山大地震的发生,是中华人民共和国成立以来最为惨重的一次自然灾难,同时也反映出我国的应急文化建设依旧任重而道远。

(1) 国家尚未建立起"一案三制"的完整应急管理体系,在现有科技无法做到精准震前预测的情况下,无法针对地震这类突发事件作出有效应对,加剧地震伤亡程度。

(2) 震后限于科技、经济与医疗条件,无法做到精准救治与治疗,大量人员因长期困于倒塌建筑或地下而伤亡。

(3) 民众在缺乏有效公众教育的情况下,面对饥荒类的灾难尚且有逃生之地,但面对地震这类灾害几乎没有任何预防与躲避经验的知识,应有的逃难"黄金12秒"被大部分人浪费掉,从而丧失最佳逃离时间。

总之,正如作者所说:"应当把这一段历史留给后代。"尽管在大自然面前,人们的搏斗是惨败的,但这始终无法磨灭其意义。正是在一次次与自然与死亡搏斗的历程中,国家的应急文化普及工作与应急管理体系才日渐成熟,历史将正确评价我们的过往。

二、瘟疫灾害下的应急文化与文学创作

瘟疫是介于自然灾难与人为灾难中间的一种灾害类型。在医疗条件相对落后的古代社会,瘟疫一般多发于自然灾害之后,由于大量人口死亡导致细菌滋生等原因而出现瘟疫。在现代社会中,由于环境污染、病毒不断变异等各种因素,疫情的产生原因与应对方式也更加复杂多变。

(一) 有关瘟疫的古代文学作品中反映的应急文化

东汉末年,一场席卷神州大地的瘟疫降临世间,著名文学家曹植在文中记载:"建安二十二年,疠气流行,家家有僵尸之痛,室室有号泣之哀。或阖门而殪,或覆族而丧。或以为疫者,鬼神所作。夫罹此者,悉被褐茹藿之子,荆室蓬户之人耳!若夫殿处鼎食之家,重貂累蓐之门,若是者鲜焉!此乃阴阳错位,寒暑错时,是故生疫。而愚民悬符厌之,亦可笑也。"[16]毫无疑问,在曹植的记述中,发

生在公元212年的这场瘟疫是十分严重的,成千上万的百姓因病死亡,甚至连"建安七子"都因瘟疫逝世五位。而且曹植敏锐地发现在当时疫情肆虐的情况下,"荆室蓬户之人"即穷人家罹患瘟疫的情况与死亡率十分严重,而"鼎食之家"即富贵人家的感染者则少很多。由此曹植推断当时疫情如此严重的根本原因除缺乏基础的医疗手段与气候异常之外,与当时社会出现的严重贫富分化与物质条件的差距有着根本性关联。

一般来说对于流行性疫情,其传播包含三个基本环节,分别是传染源、传播途径与易感人群。由此推理可得,要想阻断疫情传播,有三方面必须是要做的,一是发现并有效控制传染源;二是切断传播途径;三是保护易感人群。作为生活在21世纪的我们,尤其是经历过2020年新冠疫情的每个人来说,这已是基本常识。但并不妨碍我们对曹植敏锐观察力的赞叹,他虽没有现代科学观念下的医学知识与应急文化理念,但已经发现疫情肆虐背后的深层原因。王嘉悦认为曹植文学叙述中心发生了转移,"除了文人阶层在以灾难事件为叙述对象的文学作品已经摒弃了之前的神话叙事体系,表达了对自然界的客观理解和人类面对自然灾害时能动性的肯定。"[17]贫穷百姓罹患瘟疫后不明所以更无钱医病,传染源即使发现也无可奈何,更不用说他们能够有效切断传播途径了。贫穷百姓的生活空间又十分狭窄,一旦一人感染可谓是全体遭殃,因此疫情才能如此蔓延,而富贵之家则身居高墙大院,拥有足够的财力应对,因此得病率要小很多。

(二)西方文学作品中体现的应急文化

西方文学与中国文学在写作路径、语言特色与文化背景等方面截然不同,但无论是中国还是西方国家,都曾面临过无数灾难。西方文学作品中也有大量关于灾难的作品,如薄伽丘的《十日谈》、马尔克斯的《霍乱时期的爱情》等。本节选取为人熟知的《鼠疫》作为分析蓝本,借以了解面对灾难时西方国家与民众的应急意识与应急文化。

《鼠疫》是世界级名著,作者阿尔贝·加缪也是世界级文学家。在2020年新冠疫情盛行的时候,许多人又重新翻起了《鼠疫》这本小说,从虚构的世界中感受现实。鼠疫的故事说起来很简单,北非一座名叫奥兰的小城里突然爆发鼠疫,故事的主人公里厄是一名医生,他与志愿者塔鲁面对危机没有退缩,而是联手组建起卫生防疫队,并与鼠疫奋勇抗争。故事中有各式各样的人物,有想逃离城市的,有消极度日坐以待毙的,作者并未强调主人翁的伟大,而是用平淡的笔触描写面对疫情,人们的日常有着怎样的变化,又是怎样应对这场疫情的。

尽管故事并非发生在中国,且是完全虚构的世界。但这并不意味着对我国读者毫无价值,相反作者通过本书表达出的人们在面对危难时的表现,是十分值得我们了解的。正如上文所说,加缪没有采取英雄主义式的激情写法,其写作目的有两点,其一是归还英雄主义应有的次要地位,其二是赋予真理原本的面目,两者的共同点即四个字"去伪存真"。与其说该书是一本小说,不如说是一种虚构世界的纪实文学,一切都按常识与逻辑来,去掉主人公的神圣性与偶像色彩。[18]这显然更有利于笔者将其作为分析蓝本,从中为我国的应急文化建设吸取经验。

20世纪40年代的奥兰城十分普通,人们的生活也十分平淡。但在某天却突发发生了一件奇怪的事情。主人公里厄大夫走出诊所时突然发现楼道中出现了一只死去的老鼠,多年的行医经验告诉他这只老鼠不应该死在这里。当天晚上他在回家时再度发现一只咯血的老鼠,与此同时全城各地都开始出现死掉的老鼠。在里厄居住的地方,"从地下室到阁楼,十来只老鼠死在楼梯上",为此里厄还特意给政府打去电话,但此时的民众显然没有意识到问题的重要性。很快在几天内,死去的老鼠数量成千上万地增长,不久里厄大夫的门房突发疾病死去,鼠疫正式开始了。[19]

加缪的描写是十分淡然且纪实性明显,透过鼠疫爆发前的小镇故事,我们可以清楚地看到,当老鼠接二连三死去,大多数人并非将其放在心上。在主人公发现问题之初,门房为证明房屋的干净程度,还竭力辩解老鼠的死不过是意外。面对如此突然又迅速的疾病,读者或许以为政府会对此十分重视,并立刻派遣专门医疗队前来救援。但显然这件日后会影响整座城市数万人生命的大事,对当时的政府与民众来说并不重要。正如加缪在书中开篇所写,城市的市容和生活状态都是如此的"平淡无奇",很少经历混乱的人们始终不相信灾难会降临到他们的头上。"我们的同胞做梦也想不到,这年春天会发生这么多的变故",[19]加缪此言或许是鼠疫能够如此蔓延原因的最好注脚。

事实上,即使在现代社会,除却医生之外,也很少有人会对重视这样的事情。我们今天强调应急文化建设,是因为有无数惨痛的历史摆在前面,世界各国一次次灾难的发生,留下的教训很少但惨痛却很多。文学中塑造的世界固然是虚幻的,但同样可以印证这一点。

作为主人公的里厄大夫极具主见且富有行动力，他迅速向政府发出通知并组建医疗队伍，在无数死亡案例的冲击下，奥兰城被宣布封城。至此鼠疫不再是与奥兰百姓无关的事情，而成为"我们大家的事了"，被封闭的压抑与死亡的恐惧成为民众心中最大的恐慌。尽管里厄大夫将全部精力投入到救援当中，但应为抗疫主体的政府与官员，此时则尽显丑态。例如里厄在请求政府颁布相应防疫通告时，一级级政府的回应都是"办不到，没有权限"，缺乏政府的强力管控，"到了傍晚，人们照例拥挤在大街上，或者在电影院前排成长队"。学者高玉指出，我们无法说加缪笔下的虚拟世界在现实中是否真的有原型，但在奥兰城中，鼠疫之所以造成如此之悲剧，"在于他们都是为奥兰城政府的官僚主义和愚蠢所犯的错误而付出代价"。[20]

鼠疫是恐怖的，无数民众因此被迫"龟缩在"城内，且时刻有因病死去的患者。这种无法预料到的死亡威胁是最可怕的。但鼠疫终归有结束的一天，人们终究会恢复正常的生活。这值得欢呼吗？当然值得，但这是最终的胜利吗？当然不是。正如作者在结尾所说："这部纪事不可能是最后胜利的纪事。本书仅仅见证了在危险关头，人们不得已做了些什么，同时也表明，今后再遇到类似情况，还应该做些什么：所有当不成圣贤，又不甘心横遭灾祸的人，当然要将个人的伤痛置之度外，努力当好医生，抗击瘟神及其武器乐此不疲制造的恐惧。"[19]我们今天倡导的应急文化建设，不正是在告诉人们我们以往面对危险做了些什么，在未来的危险中又应当做些什么吗？应急文化有千万种理论与概念，有极为漫长的建设道路要走。若每个公民都能明白加缪的这句话，也就明白了我们国家大力建设应急文化的本质。

三、战争灾难下的文学创作与应急文化

如果说自然灾害与瘟疫是人类无法预料且难以控制的灾难，那么战争则是完全由人类自身引发的灾难。战争带来的威胁相较于自然灾害更为广泛，大规模战争如两次世界大战等，更成为覆盖全球各地的世界性战争，死伤人数达千万，即使是最猛烈的瘟疫与自然灾害，也无法达到如此强大的破坏能力。战争是人类社会出现后的产物。

（一）有关战争的文学作品中反映的应急文化

战争对人类的摧残不仅在于生命，更在于其给生者带来的巨大创伤与阴影。

尽管战争是人为发动的灾难,是可预见性的,但由于战争波及面之广远远超过自然灾害,全国性战争乃至世界性战争在历史上比比皆是。故人们的生命财产安全在战争的摧残下反显得更加脆弱,战争面前如何应对,如何保全自身的生命财产安全,无疑是应急文化体系中最为复杂的部分。

在漫长的中国古代社会中,是否拥有足够的人口与土地,成为各政权是否强大的关键因素。因此,对土地与人口的争夺,成为各政权之间开展战争的核心要素。为人熟知的战国七雄,正是在数百年的互相争斗中被慢慢崛起的秦国逐一吞并,最终得以建立大一统的秦朝,开启了我国长达2 000多年的封建帝制时代。正如同《木兰辞》中所说:"将军百战死,壮士十年归"。[21]可以说在我国漫长的历史中,除却被镇压的地区性的农民起义外,动辄以更换政权为目标的全国性战争中,几乎无人可以躲过战争的威胁。元代著名文学家张养浩曾撰有《山坡羊·潼关怀古》,对战争与百姓之间的关系作出生动叙述,兹引如下:"峰峦如聚,波涛如怒,山河表里潼关路。望西都,意踟蹰。伤心秦汉经行处,宫阙万间都做了土。兴,百姓苦;亡,百姓苦。"[22]正如张养浩所说,战争对掌权者来说是夺取政权与守卫政权的手段,无论是政权兴起还是灭亡,带来的结果都是大量民众的伤亡。

应急措施是政府与民众在面对突发性灾难时所做出的一系列应对举动,应急文化则是对其进行的理念与精神上的提升与凝练,能够很好地反映出一个国家是否有应对灾难的能力。战争本身由某一政权发动,无论其是正义抑或邪恶,而民众则是被动一方,如果战争发动者如同刘邦入关中之后,能够与百姓"约法三章",[23]确保民众的生命财产安全,那么民众则能在战争中幸存。如果像项羽入关后肆意屠杀百姓,甚至出现"嘉定三屠"此类惨案,则民众的应急文化再强也无法躲过战争带来的生命威胁。当年秦用强权与武力征服六国,百姓死伤无数,而仅在几十年后,秦人又同样遭战争的劫难,正如杜牧在《阿房宫赋》中所云:"燕、赵之收藏,韩、魏之精英,齐、楚之精英,几世几年,剽掠其人,倚叠如山。一旦不能有,输来其间。鼎铛玉石,金块珠砾,弃掷逦迤,秦人视之,亦不甚惜……使天下之人,不敢言而敢怒,独夫之心,日益骄固。戍卒叫,函谷举;楚人一炬,可怜焦土。呜呼!灭六国者,六国也,非秦也。族秦者,秦也,非天下也。嗟乎!使六国各爱其人,则足以拒秦,使秦复爱六国之人,则递三世可至万世而为君,谁得而族灭也?秦人不暇自哀,而后人哀之;后人哀之而不鉴之,亦使后人而复哀后人也。"[24]战争的发起者亦是战争的受害者,数千年的中国历史也可以说是一部王朝的兴衰史,一代代王朝兴起又灭亡,百姓则成为战争危害下最大的受难者。

综上所述,战争灾难相较于自然灾害与瘟疫来说,其危害性有过之而无不及。在后两种灾难的威胁下,往往是政府与民间联手,一同应对旱涝、地震或瘟疫灾害,民众的应急意识与社会的应急文化培养也在一次次的灾难考验下得以逐渐增强。但战争带来的危害则完全不同,在战争中,政权与民众之间形成对立关系,且动辄全国性的战争使民众几乎没有任何地方可以避难。在现代社会中,民众已具有相当的现代应急文化常识,但这依然无法阻挡战争的到来与威胁,在农业文明时代,战争面前的民众就更是无所适从了。

(二) 反战文学与应急文化

进入20世纪以来,世界各国在建立起前所未有的紧密关系的同时,因利益纠纷产生的嫌隙与矛盾也愈发增大。由此先后爆发两次世界大战,数亿人口被卷入其中,死伤人口数千万,严重阻碍了世界经济的发展与进步,且造成了不可弥合的战争创伤,带来了一系列复杂的战后问题。在战争带来的巨大创伤下,二战后世界各国涌现出一大批优秀的反战文学家,他们以战争为题材撰写出大量的反战文学作品。透过对反战文学作品的分析,可以透过文学的视角重新观察战争、反思战争,使人们意识到和平才是最为宝贵的。如果说在战争面前人们几乎没有任何防备能力,那么反战思想与爱好和平思想的出现与普及,则是面对战争时最好的应急文化。

日本是二战法西斯国家之一,是侵华战争、太平洋战争的发起者与刽子手。时至今天日本方面对侵华战争依旧抱有负面态度,不承认给中国人民造成的伤害。整体来说日本文学界并未形成良好的反战思维,但这不意味着没有反战文学家的出现。1911年出生的田村泰次郎,曾于日军侵华战争时期入伍赶赴中国战场,1945年被俘后遣返日本,他是战争的亲历者同时也是战争的记录者。他在战后曾撰写大量战争文学作品,其真实度甚至被一些历史学者当作史料使用。

战争面前最好的应急文化即是人们和平与反战思维的萌发壮大,这是应对战争最大的法宝,也是阻止政府任意发动战争的最佳武器。田村泰次郎作为被遣返的日本士兵,他亲密接触过战争,深知战争对人性的巨大摧残。他回国后撰写了大量的文学作品,其中《春妇传》是最能表达田村泰次郎反战情绪的一本著作。在书中他对日本军人尤其是军官予以痛斥,当时的日本高级军官只为战功而从不考虑普通士兵的姓名,一些军官甚至将士兵视作买卖的商品,让他们充当自己战功的炮灰。日本残暴的军国主义同样是作者在书中猛烈批判的对象，田村采用种种隐喻的手法，将日本侵略其他国家的罪行揭露出来，写到日本即使取得了胜利也只是一种泡沫式的虚假胜利。所谓的"东亚共荣"不过是日本侵略他国土地和掠杀他国百姓的借口。在其他书中，田村泰次郎还将他的战场经历进行改编，对日军屠杀中国百姓的惨案予以揭露。他笔下的日军公然违抗国际法令，对百姓任意屠杀，杀掉的百姓甚至比杀掉的士兵还要多。[25]

对于日军惨无人道的暴行，田村在书中采用各种各样的夸张怪诞手法予以表示，日军的兽性与原始本能在战争中彻底展露出来，战争将人变成了魔鬼与野兽。其实对于战争来讲，最优秀的战争艺术的展现，无论是影片还是文学作品，都在于其反战性。无论战争的场面多么宏大，叙述手法多么精妙，若战争艺术的表达反而让人们喜欢战争，则是极其失败的展现。正如作家邓一光在反战文学小说《人，或所有的士兵》中写道的："远离战争，不论它以什么名义。"[26]反战与和平，是应对战争最好的应急手段。

（刘　越、袁　铭，上海大学）

参考文献

[1]　李修文,何映宇.灾难文学的唯一伦理,就是反思灾难[J].新民周刊,2020(5).
[2]　[清]焦循撰,沈文倬点校.孟子正义[M].北京：中华书局,1987：374-377.
[3]　夏一雪.应急管理——整合与重塑[M].天津：天津大学出版社,2019：9.
[4]　[清]丁丙.清代诗文集汇编·松梦寮诗稿(卷四)[M].上海：上海古籍出版社,2010.
[5]　[清]严以盛.清代诗文集汇编·梦影庵遗稿[M].上海：上海古籍出版社,2010.
[6]　[清]江人镜.清代诗文集汇编·知白斋诗钞[M].上海：上海古籍出版社,2010.
[7]　[清]皮锡瑞.清代诗文集汇编·师伏堂诗草[M].上海：上海古籍出版社,2010.
[8]　[清]冯煦.清代诗文集汇编·蒿庵类稿[M].上海：上海古籍出版社,2010.
[9]　[清]陆廷黻.清代诗文集汇编·镇亭山房诗集[M].上海：上海古籍出版社,2010.
[10]　范藻.回顾·总结·前瞻：有关灾难文学创作和研究的评述[J].西昌学院学报(社会科学版),2010(2).
[11]　谢丽.生命本位下的历史建构——解读刘震云的《温故一九四二》[J].新闻与评论,2014(193).
[12]　刘震云.温故一九四二[M].武汉：长江文艺出版社,2016.
[13]　黄宏纯.突发事件全面应急管理[M].北京：北京理工大学出版社,2018：2.

[14] 钱钢.唐山大地震[M].北京：当代中国出版社,2017：9.
[15] 黄宏纯.突发事件全面应急管理[M].北京：北京理工大学出版社,2018：15-34.
[16] [魏]曹植著,赵幼文校注.曹植集校注·说疫气[M].北京：中华书局,2016年：262-264.
[17] 王嘉悦.中国灾难文学及其流变[D].吉林大学,2016：9.
[18] (法)阿尔贝·加缪.鼠疫[M].长沙：湖南文艺出版社,2018年,译者序。
[19] (法)阿尔贝·加缪.鼠疫[M].南京：江苏凤凰文艺出版社,2020：7-19.
[20] 高玉.从加缪《鼠疫》看瘟疫后的自然—社会伦理重建[J].西南大学学报(社会科学版),2020(4).
[21] [清]张玉谷著,许逸民点校.古诗赏析·木兰诗[M].北京：中华书局,2017：519.
[22] 山西省地方志办公室编纂.历代咏陕诗词曲集成：山坡羊·潼关怀古[M].西安：三秦出版社,2007：108.
[23] [汉]司马迁撰,中华书局编辑部点校.史记·高祖本纪[M].北京：中华书局,1982年：362.
[24] [唐]杜牧撰,吴在庆校注.杜牧集系年校注·阿房宫赋[M].北京：中华书局,2007：10.
[25] 李敏,王振平.田村次太郎战争小说中的反思与局限[J].日本侵华南京大屠杀研究,2019(2).
[26] 邓一光.人,或所有的士兵[M].成都：四川人民出版社,2019.

第五节 应急文化与美术创作

在梳理了远古图腾到明清文艺思潮的发展历程后,李泽厚强调美是感性与理性、形式与内容、真与善、合规律性与合目的性的统一。"由再现(模拟)到表现(抽象化),由写实到符号化,这正是一个由内容到形式的积淀过程,也正是美术作品为'有意味的形式'的原始形成过程"。[1]追溯美术的源头,将人类的审美和认知对象化为美术作品,沉淀为"有意味的形式",是本节探讨美术创作与应急文化关系的学理基础。

应急文化是人类在应对各类灾害事故的应急活动中创造出来的各种应急意识、行为准则、道德规范、价值观念等的总和,其直接目标是提升全社会应急素质,最终目标是增强人类抵御灾害事故的应急能力,宏观目标是保障人类安全的生存和发展环境。[2]应急文化是应急(包括应对灾害事故或突发事件的事前预防、预备,事中响应、救援,事后恢复、重建)在意识形态领域和人们思想观念、行为方式等方面的综合反映,包括应急观念文化、应急行为文化、应急制度文化与应急物质文化等。或者说,应急文化是在长期的应急管理实践中不断创造的以防灾减灾救灾为目的且被社会广泛认同和遵循的应急思维观念、应急行为方式、应急法规制度、应急体制机制和应急物质保障的总和。[3]在推动社会变革的运动、应对公共事件的反应中,美术创作以图像化、形象化、直观化的优势,在公众传播方面能够发挥积极的作用。

以中国为例,20世纪30年代在鲁迅的倡导下蓬勃发展的新兴木刻版画运动,不仅在艺术方面借鉴欧洲木刻版画的实践经验,与中国传统版画形成了较大的差异,艺术面貌整体更新,而且在推动社会变革的启蒙和民族存亡的紧要关头,以低成本、易操作、更直观的优势,在民众中起到了重要的发动作用;2020年爆发新冠疫情以来,美术界不仅创作了钟南山、张文宏、一线医务人员群体形象,也通过平面海报等的创作,借助自媒体的传播力度,迅速在民众中宣传防控政策、普及防控知识、凝聚全民共识、引导居民行为,为筑就全民疫情防控阵地起到积极的引领作用。

与美术同在艺术门类下的艺术设计,在应急文化范畴内,具有与美术创作相似的社会功能,因此,在与美术创作互为补充的考量中,需要将目光投向艺术设计领域。放眼世界,以包豪斯为代表的现代设计所提倡的理念具有典型意义。包豪斯为代表的设计奠定了现代设计教育所包含的造型基础、设计基础、技能基础三方面知识,并逐步形成体系。格罗皮乌斯任校长时提出"艺术与技术相统一"的崇高理想设计风格,不仅打破了设计领域的等级划分,其简单、低成本、实用的风格及乌托邦理想,顺应了工人阶级为代表的无产阶级的需求,成为国际共产主义运动的一部分而为纳粹所不容,最终迫于政治压力而关闭。可以说,绘画、设计、雕塑等创作,既是艺术与科技的融合,也是艺术与政治的结合,在社会激荡和变革、突发事件的应变中,都体现了美术创作的推动和引领作用。

一、美术创作在应急文化建设中的作用

美术是连接心灵与精神的艺术,在应急文化建设中,美术创作可以引导社会舆论、鼓舞人心、凝聚力量,参与宣传防疫政策、科普防疫知识,以审美为前提,融入应急管理中,成为应急文化建设中的积极因素。

(一)引导社会舆论

新冠疫情防控是一次典型的应急管理事件,在这次事件中,医护人员、基

层干部、志愿者等群体勇于担当、无私奉献，民众们配合防疫，凝心聚力要打赢这场防疫攻坚战。艺术家们则发挥自身专长，用各种形式创作描绘、记录抗击疫情的人们，以及这场疫情给生活带来的影响，在这场应急事件中彰显出艺术的力量。

应急文化所对应的各类灾害事故和突发事件往往与群众的切身利益密切相关，很容易在短时间内引起公众的热切关注，引发广泛的社会舆论。媒体发布的每一则信息，都如同投入湖水的石子，引发二次传播，激起民众间的热烈讨论，带动出质疑、愤怒及恐慌等各种情绪。尤其是互联网时代，人们获取新闻的途径不再只有报纸、电视，微信公众号、新浪微博、今日头条等自媒体平台也在为用户源源不断地推送各类新闻。面对繁杂与多样的信息，如何正确地引导舆论、化解舆论冲突对于应急措施的有效开展、社会的和谐稳定有着重要的意义，而直观、明了并富有感染力的美术作品能够在舆论引导方面起到强有力的辅助作用。

从信息传播的视角来看，现代社会人们生活节奏越来越快，产生了新的快餐文化，移动互联网更加速了快餐文化的大范围流行，也改变了人们的阅读习惯，越来越多人习惯用碎片化的时间去阅读碎片化的内容。这一方面削弱了传统新闻媒体报道的舆论主导权，人们将在各个平台浏览到的碎片化信息作为事实判断的依据，损害传统媒体的公信力；另一方面，碎片化信息内容繁杂且更新速度快，人们每天要接收巨大的信息量，更加拒绝"长篇大论"和深度阅读，图像比文字更能抓住人们眼球，视频比图片更能吸引用户在页面停留。因而美术创作的图像化表达正好能满足互联网时代应急文化舆论传播的需要，官方媒体依然是应急文化宣传的主阵地，与美术创作相结合，能起到更好引导舆论的效果。

2020年2月，《光明日报》以《共饮一江水——从上海到武汉的共同战"疫"》为题，用整版刊发了上海大学上海美术学院师生的多幅美术创作，学院师生用手中的画笔描绘了上海人民与武汉人民患难与共，以多种方式支援武汉抗疫的情景。《东航包机驰援武汉》（水彩）描绘了上海首批医疗队和随行记者乘东方航空公司包机抵达武汉天河机场的情景，《党员社区报到》描画了上海街道社区干部检查门岗、门禁，穿梭在街道中的工作场景，《上海石化加紧生产6 600吨聚丙烯医用料》描绘了上海石化公司为应对市场防护用品紧缺问题，工人们加紧医用牌号聚丙烯的生产,为下游企业提供原料保障的情景。还有医护人员上前线、志愿者加入生产流水线、高铁司机增援武汉局等场景,都被艺术家用手中的画笔记录了下来,这些美术创作兼具艺术审美和思想深度的功能,传达出团结一致、以爱抗疫的精神,具有强烈的民族感召力。

新冠疫情暴发时正值中国的传统佳节——春节前夕,离乡外出务农、求学的人都盼望着回家过年,但春运期间大量人口聚集和流动给了新冠病毒可乘之机。当许多人在延续过年团聚的传统习俗和防控新冠疫情需要之间举棋不定的时候,央视新闻微信公众号在1月24日发布《我践行,今年春节这样过!》系列海报,宣传少聚会,不吃野味,用电话、视频等方式拜年,宅家少出门、出门戴口罩等疫情防控措施,号召大家从保护自己、保护他人出发,为战胜疫情过一个别样的中国年。系列海报被搜狐网、腾讯网及众多地方网络媒体转发,黄底白字的海报设计简洁醒目,起到了很好的舆论引导作用。

优秀的美术创作也因其具有较高艺术价值和商业价值而自带舆论热度。2020年2月,海派著名书法家、篆刻家韩天衡因感怀于钟南山院士耄耋之年为国为民战斗在武汉防疫第一线的精神和事迹,刻制了一方钟南山院士的姓名印章,引发多家媒体报道和网友的热烈讨论,有些人认为印章既记录了国家大事又是两位老人精神交流的信物,非常有意义,有些则认为刻章对当下的防疫无用,艺术家有炒作之嫌,无论对这件事是赞成还是反对,这枚印章无疑引起了大众对疫情防控、对以钟南山院士为代表的一线防疫战士的新一轮关注和了解。

应对突发性灾害,信息的准确、有效传播及社会动员和认同构建是应急管理措施高效开展的关键,美术创作不仅能快速传递关键信息,还能凝聚共识、坚定信心,通过引导社会舆论,助力应急文化建设。

(二)给予精神慰藉

灾后恢复和重建也是应急文化建设的一个重要方面。灾害的巨大破坏性不仅表现在物质方面的经济损失,而且表现在对社会秩序和人民生命安全的威胁,更重要的是其给人的心理带来强烈和显著的影响,特别是身临其境的受灾者,当灾难过后,强烈的惊吓和悲恸刺激会使人们处于一种非正常的心理状态,如果不及时治疗,容易产生灾后综合征,对生活工作造成严重影响。[4]灾后的恢复重建工作除改善居民居住条件、公共服务和基础设施重建、受灾产业恢复壮大、自然生态系统恢复等物质方面的恢复和重建外,受灾群体心理和精神层面的恢复重建也是帮助其恢复正常生产生活秩序的一项不可缺少的工作。相比对躯体和生命造成的损伤,灾害对人的精神和心理造成的损伤是无形的、不可见的,但其影响可能会更加深远,甚至更加难以治愈。

有学者对1998年张北地震震中一所中学的学生进行创伤后应激障碍(PTSD)发生率和症状调查研究,发现地震后17个月青少年发生创伤后应激障碍的概率极高,出现疑似事件重现的动作或感受、警觉性过高、强烈的生理反应、强烈的心理痛苦和烦恼及反复闯入的痛苦回忆等症状[5],可见地震对青少年的心理状态产生的长期伤害。另有学者在2008年汶川地震后,对汶川、北川、绵竹3个极重灾区882位居民的心理健康状况进行测评,结果显示灾区居民焦虑症状概率为22.6%,抑郁症状概率为19.7%,在地震发生的一年半后,仍有近一半的居民觉得自己的心理状态比地震前更差,居民的心理健康只依靠心理工作人员是不够的,解决居民生活和健康的需要是心理干预的基础,灾区居民的心理重建需要各个方面工作的共同促进。[6]

音乐、美术、诗歌等艺术形式能够激起人们情绪上的共鸣,引发人们对事件的回忆与思考,从而帮助治疗心理创伤和疾病。艺术对心理的疗愈作用已经得到了国内外广泛的研究与应用,20世纪五六十年代,国外就出现了艺术治疗(Arttherapy)这一心理治疗方式,将艺术创作作为治疗过程,一方面缓解情绪上的冲突,帮助自我认识和自我人格的完善,另一方面希望通过艺术作品的表达达到个人与环境的统一[7],在艺术从业人员的指导下,通过学习、创作和艺术欣赏等过程使患者再现创伤经历,发泄潜意识当中压抑的情绪,能够达到放松的目的[8]。2016年,中国美术馆举办了"自闭症儿童艺术疗愈"专场公益活动,展出自闭症儿童的绘画作品,并邀请自闭症儿童现场参与绘画和手工创作活动;2020年,上海刘海粟美术馆以"疗愈艺术"为主题,举办了"情绪地图:共享疗愈艺术工作坊""故事商店""豆本工作坊"三项活动,通过互动性装置艺术达到艺术疗愈的效果。

美术一贯与人的心灵和精神相连,美术创作是艺术治疗的代表性手段,通过进行美术创作或观看和欣赏美术作品,创作者和观众能够发泄压抑在心中的情绪,释放灾害带来的心理压力,有助于受灾人群的灾后精神恢复和重建。美国加州1989年发生大地震后,有学者发展出了以绘画为主要干预手段的艺术治疗方案，中国学者张雯在对这套绘画心理辅导方案做了进一步整理修订之后，将其推广应用于汶川大地震灾后危机干预实践中，在针对不同群体的灾后心理干预中收到了预期的效果，有参与者表示通过绘画驱散了之前压抑的、不愉快的心情，也有参与者表示对汶川大地震"这场灾难有了更加理智的思考，体会到生命的可贵和团结的力量"。[9] 2003年6月，深圳市关山月美术馆举办了"NO SARS艺术海报邀请展"，邀请深圳、香港、澳门三地的平面设计师进行创作，用生动、直观的图形语言记录"非典"这场突发性公共安全事件，并宣传了人们为抗击"非典"所做的斗争，突出"珍爱生命，相信科学，众志成城，力抗非典"的主题，在表达对抗非一线工作者致敬的同时，激励广大民众众志成城、上下一心，获取抗非典斗争的最终胜利，参观展览的观众能够感受到展览在为当前"非典时期"全国上下众志成城对抗SARS助威，为人类早日攻克病毒祈福，向国际社会展示中国人民重振美好生活的信心，展览引起了热烈的反响。[10]

创伤和压力越不可承受，人们就越难以用语言去表达，美术创作给了经历灾难的人们另一个情感表达的出口。在应急文化建设中，美术创作面向大众，用图像治愈记忆，用笔触抚平伤痛，激励人们重拾面对灾害的勇气和战胜灾害的信念，鼓舞受灾群众重建对美好生活的期待，给予灾后疲惫的心灵以精神慰藉。

（三）参与科普教育

应急文化从形态体系上，可以划分为应急观念文化、应急行为文化、应急制度文化和应急物质文化，其中，应急观念文化和应急行为文化是面向个体的应急文化形态，观念文化在应急文化中处于基础性、支配性的地位，行为文化则作用和决定企业和组织的制度文化和物质文化。[11]构建面向全民的应急宣传教育体系是应急文化建设中的关键一环，向公众普及应急知识，组织开展应急培训和演练活动，培养公众建立科学的应急观念，形成应急行为规范，提高公众应对突发性灾害的能力，是提高社会应急管理能力、构建应急管理体系的基础。

面对突发性灾害，国家与政府的救助措施固然起到力挽狂澜的作用，公众的自救与互救则更能在第一时间减少灾害带来的损伤，有学者研究自然灾害多发国家日本的应急管理建设经验后认为，当突发事件来临的时候，在一定的阶段，最能减少损失的方式就是自救,当事人或者说在场的人能够在最短的时间将突发事件消灭是最值得推荐的。[12] 应急文化首先是一种应急思维和危机应急意识,是一种防灾避险、自救互救的思想心理、精神和行为习惯方式。[13] 公众的自救、互救与政府的救助相互配合,才能让应急管理制度和物质发挥最大效能。文化是一种思维方式和价值观念,应急文化建设需要提高公众的社会参与意识和责任意识,重视应急知识和行为的科普宣传,加强面向公众的应急文化教育,让公众建立起应急观念和行为规范。

除审美功能外,教育和认知功能也是美术的重要社会功能。蔡元培在1917年发表《以美育代宗教说》一文中就强调了美术对于社会风气改良的重要作用[14],在我国古代画论中也有绘画的作用是"恶以诫世,善以示后""存于鉴戒者图画也"等观点。[15] 从思想政治教育的角度看,美术创作通过塑造艺术形象、创作艺术作品将思想道德观念传达给观众,通过激发观众的情感共鸣,潜移默化地转变观众的思维方式。优秀的文艺作品经常能通过作品中人物的行为选择,昭示人们在社会生活中应该做什么、不应该做什么,应该提倡什么、又应该反对什么,这对于传递正确的价值观,帮助人们树立正确的理想信念,有着重要的意义。[16] 在应急文化建设中,美术创作能够以简单、直观的形式指导、规范群众的行为,图像化的传达也更易于理解且令人印象深刻,在应急管理中起到很好的教育宣传作用。

自2011年起,应急管理部国家减灾中心主办的国家减灾网,每年都会在5月12日全国防灾减灾日发布一张宣传画,2018年以奔跑的人为主体形象,号召大家行动起来减轻身边的灾害风险,2019年以波涛汹涌的洪水、堤坝和城市的高楼大厦及卫星等元素为背景,宣传"提高灾害防治能力、构筑生命安全防线",主题鲜明,起到很好的宣传号召作用。2020年3月,国家卫生健康委疾控局、宣传司,联合中国疾病预防控制中心发布了《依法精准防控新冠肺炎疫情系列海报》,科普客运场站及交通运输工具、办公场所与公共场所、商场和超市等三大类场所中,工作人员和大众应该采取的防控措施和注意事项,系列海报以蓝色为主色调,采取文字和绘画相配合的设计,简洁大方又生动形象。中国应急管理网的"科普馆"一栏,也多采用海报设计、动画视频及图文解说等方式进行防灾减灾科普教育,让严肃的科普教育知识增加了一些趣味性,也更易于大众理解和记忆。

对应急文化建设来说，美术创作因具有生动性、直观性等特性能够将应急知识有效传达给公众，作为一种强有力的宣传形式，相关主题的美术创作能够达到提高社会防灾减灾意识、规范公众应急行为的目的；对于美术创作来说，参与应急文化科普教育是美术创作社会功能的发挥，能够提高美术这一艺术形式的影响力，加强美术与公众的联系，优秀的专题美术创作也能够提高公众审美能力，是社会美育的一部分。

二、美术创作推动社会变革

社会变革和转型时期社会矛盾激化，在诸多不稳定因素的作用下极易有冲突性事件发生。应急文化所对应的不仅仅是人为或自然导致的灾害性事故，如社会运动、暴力冲突、恐怖袭击、战争等社会变革和转型时期的突发性事件也是应急文化建设所应该关注的内容。2001年清华大学公共管理学院、中国行政管理学会等在北京联合举办了"社会变革中突发事件应急管理"研讨会，就是从学术的角度研讨社会变革中突发事件的应急管理。[17]

在这种特殊时期，艺术的重要性不容忽视。美术创作成为矛盾各方宣传主张、传播思想的武器，而艺术自身也受到社会变革的影响诞生出新的创作理念和创作形式，美术创作在这一时期往往能迸发出新的生命活力。可以说，美术创作与社会变革是相辅相成的。这里以中国新兴木刻版画运动的发展和德国包豪斯学校为案例，谈谈美术创作对社会变革的影响。

（一）新兴木刻版画运动

新兴木刻版画运动在民族解放和国家独立的革命历程中发挥了不容小觑的功能。新兴木刻版画运动由鲁迅倡导发起，其发展大致经历了四个阶段，即萌芽时期（1931—1937年）、成长时期（1937—1949年）、繁荣时期（1949—1966年）、转型时期（1966年至今）。在成长时期，正值抗日战争和解放战争时期，版画顷刻能办的特点，帮助中国人民进行战斗；繁荣时期为社会主义、现实主义服务的创作导向，成为唯一遵循的创作方法，版画也成为社会发展的直接参与者。[18]

鲁迅固然极力主张用文学来唤醒中国"这种沉默的国民的灵魂"，但在看到中国当时文盲问题的广泛性和复杂性之后，就开始提倡用新文字和图画来推动民族文化进步，促进民族意识觉醒。鲁迅认为木刻相比于其他美术创作形式更具有普遍性，是"合于现代中国的一种艺术"，要"客观地把它变成大革命的武器"。[19]

1931年夏天,鲁迅在上海举办了"木刻讲习会",请来日本的美术教师内山嘉吉向爱好木刻的中国青年讲授创作木刻的技法知识,鲁迅亲自主持并担当翻译。之后,研究木刻的团体在各地纷纷涌现,1933年,国立杭州艺专成立了木铃木刻研究会,而上海美专附近成立了涛空画会,1934年夏李桦、赖少其等在广州市立美术学校创立了现代版画会,金肇野、唐诃等在北平发起创立了平津木刻研究会。这些木刻社团开办训练班、出版国外优秀版画作品、举办展览,新兴木刻运动的队伍逐渐壮大起来。

1937年"七七事变",全面抗战爆发,原本集中在上海、杭州、北平等城市的新兴木刻团体,不得不转移到国民党统治的大后方和共产党领导的解放区,重庆、桂林,以及解放区的延安成为新兴木刻运动新的中心。[20]1938年6月,中华全国木刻界抗敌协会成立,该协会团结全国木刻界人士,发展木刻艺术,进行抗日宣传。1942年5月,毛泽东在《在延安文艺座谈会上的讲话》明确了文艺服务工农兵的思想,木刻版画创作迎来了黄金时期,形成了反对侵略、争取解放的抗日木刻艺术。[21]这种用木刻版画描绘战争时代风貌、宣传抗争思想的美术创作延续至解放战争时期,直到中华人民共和国成立才告终。

新兴木刻版画运动标志着我国木刻创作的复兴,从此开始了我国现代版画的学习、继承和探索创作的历程。它和中华民族的解放事业紧密相关,与人民大众的命运血肉相连,是我国革命文艺的一个重要组成部分。[22]鲁迅的革命思想和艺术理念深刻影响了一批木刻创作青年,他对木刻版画的大力推崇和扶持直接推动中国的木刻艺术从传统走向了现代,鲁迅也因此被誉为中国"新木刻之父"。

新兴木刻版画运动展现了美术创作宣传教育功能对社会变革的推动作用。对于美术创作者来说,文化与艺术领域的变革往往与社会的变革紧密联系在一起,美术创作理念和形式的变化与这一时期各种思想政治的激荡密不可分,美术创作者会自然而然地肩负起思想政治宣传的任务。

就新兴木刻版画运动而言,抗战时期的艺术家不仅仅是美术创作者,也是心系中华民族存亡的革命战士。如果说笔杆是文学家的武器,那么对于当时的木刻创作者来说,他们手中的木板和刻刀就是斗争武器,木刻版画就是他们激励广大人民群众、对抗民族侵犯者和分裂者的炮弹。这些版画家具有很强的时代使命感,他们非常注重艺术社会功能的发挥,常常从社会和革命需要的角度来进行创作思考,其作品多为揭露和批判社会现实,展现底层人民生活现状,或表达革命和抗战的决心,展现民众反抗侵略的激情。如江丰创作的描绘当时社会底层人民劳动场景的木刻作品《码头工人》,再如胡一川创作的刻画革命工人准备到前线去抗战杀敌场景的木刻作品《到前线去》等,这些美术创作通过对社会现状和斗争场景的刻画,宣传了抗战思想,希望能唤醒民族气节、凝聚民族精神,从而教育和组织民众团结一致、救亡图存。此外,很多外国人也是通过木刻版画来了解中国抗战的,美国著名作家赛珍珠主编了《从木刻看中国》的中国木刻集,1945年4月美国《生活》杂志用专页介绍中国木刻,标题就写着"木刻帮助中国人民进行战斗!"。

另一方面,新兴木刻版画运动也展现出美术创作在宣传教育上所具有的不可替代的优势。对于热衷于木刻版画的原因,鲁迅在1930年出版的《新俄画选·小引》中提道:"当革命时,版画之用最广,虽极匆忙,顷刻能办。"此外,木板与刻刀适宜于强烈的表现,强烈的黑白对比也是增强木刻画面力度的因素。[23]木刻版画能够快速印刷传播的特点,以及其良好的宣传感染力,加之图像所具有的大众性,使新兴木刻版画成为革命时期一股强有力的宣传力量。"新兴木刻运动既有政治层面需求,也有艺术层面的需求。鲁迅认为学医救不了国,将东欧等的版画带到中国,举办木刻讲习班,培养了一批版画家,成为延安时期的骨干。黑白木刻制作简易、印刷方便、传播性强、成本低,具有铜版、油画等不具备的应对社会需求的条件。当时的版画家既是艺术家,也是革命者。"上海大学上海美术学院版画专业副教授桑茂林如是说。

(二)德国包豪斯

包豪斯是位于德国的一所艺术和建筑学校,全称为公立包豪斯学校(Staatliches Bauhaus),创建于1919年。包豪斯(Bauhaus)是一个是由其创办者,德国著名建筑家、设计理论家瓦尔特·格罗皮乌斯(Walter Gropius)所创造出来的词汇,为德语 Hausbau(房屋建筑)一词倒置而成,德语中"Bau"意为建筑,动词"bauen"是建造之意,"Haus"为名词,是房屋之意。

1918年德意志帝国因战败而宣告崩溃,1919年2月建立起魏玛共和国。这年,在魏玛工艺与实用美术学校任校长的格罗皮乌斯将该学校与魏玛美术学院合并,成立了公立包豪斯学校。包豪斯承接了魏玛工艺与实用美术学校的理念,即将艺术与工业结合起来,学校的办学方针包括手工艺和机器生产结合、学校教育和社会生产相联系等,强调艺术的实用性和社会功能的发挥。

1925年,包豪斯从魏玛市迁至德绍市,学生人数空前增长,教学体系成熟完善,学校逐渐进入一个辉煌时期。1928年,瑞士建筑师汉纳斯·梅耶(Hannes Meyer)接替格罗皮乌斯成为新任校长。梅耶具有激进的社会主义思想,他的政治立场与学校的一些教职员特别是德绍政府相左,在政府和舆论的压力下,1930年梅耶辞职,校长职务由密斯·凡德罗(Mies van der Rohe)接任。1931年,纳粹控制了德绍市,密斯·凡德罗将包豪斯迁至柏林。1933年希特勒建立了纳粹德国,实行独裁统治,包豪斯被德国政府下令关停。最终密斯·凡德罗以经济困难为由宣告包豪斯解散。

德国表现主义大师奥斯卡·施莱默曾说,"包豪斯的四年,不仅反映出了一段艺术的历史,而且还反映出了一段时代的历史,因为在这里所反映出的,还包括一个国家、乃至于一个时代的土崩瓦解"[24]。包豪斯的发展,其所宣扬的办学理念及其所代表的艺术主张都与当时德国所经历的社会变革息息相关。包豪斯创立的年代正是德国工业迅速发展的时期,包豪斯就是为了解决随着工业革命所产生的社会问题而创立的。创办者格罗皮乌斯认为"必须形成一个新的设计学派来影响本国的工业界,否则一个建筑师就不能实现他的理想",继任者汉纳斯·梅耶认为"每个适于生活的设计,都是当代社会的写照……作为设计者,我们是社会的公仆。而我们的工作服务于人民"[25],第三任校长密斯·凡德罗认为"无论城市的规划中我们需求的是集中化还是分散化,起作用的是实用效果,而不是价值标准"[26]。

1914年,德国在钢铁、化学和电力工业方面超过欧洲其他国家,在采煤和纺织工业方面则跟随英国之后,工人占据了德国总劳动力的极大比重。与之相对的是战败德国匮乏的物资、高昂的物价、高失业率和动荡不安的政治局势,德国民众生活在苦难之中。包豪斯的伟大之处在于把设计艺术从以前专属于某个特定的贵族阶层、某些国家和民族的垄断中解放出来,将其普及到社会大众,从而大幅度降低了设计艺术的制造成本、全面提高了生产效率,促使艺术全方位融入日常生活之中。[27]以建筑为例,欧洲传统的哥特式或维多利亚风格的建筑,结构与造型复杂而华丽,充满了装饰性构造,这样的建筑造价高昂且费时较长,只有上层阶级负担得起。格罗皮乌斯则提倡采用机械化手段批量生产价格低廉的为大众服务的住宅,他强调建筑设计功能第一、形式第二,并反对装饰、反对复古,满足工业时期大规模、批量化生产的需要,提高建筑的经济效益。另一方面,欧洲传统建筑室内大多幽暗阴冷,很少见到阳光,格罗皮乌斯则使用透明材料作为建筑的主体,例如他设计的鞋楦厂——法古斯工厂,使用了大面积的玻璃幕墙和钢梁结构,从而为工人提供更舒适、健康的工作环境,而他设计的包豪斯校舍被誉为最能体现包豪斯特点的建筑,由简单的立体几何造型搭建而成,同时充分运用玻璃幕墙让大量光线能够穿进室内,校舍内部包括教室、礼堂、饭堂、车间等,具备多种实用功能。

包豪斯是现代设计的摇篮,其所提倡和实践的功能化、理性化和单纯、简洁、以几何造型为主的工业化设计风格,被视为现代主义设计的经典风格,对20世纪的设计产生了不可磨灭的影响。[28]上海大学美术学院设计专业教授金晖认为,"包豪斯产生时代的社会危机是世界范围的。马克思主义通过阶级斗争建立一种新的社会制度,艺术家期冀建立一种新的生产方式。早期的包豪斯成员都是共产主义的政治倾向,部分成员都参加了左翼政治联盟,他们希望通过设计建立世界共同体,因此,包豪斯的设计强调去除装饰,一方面可以降低生产成本,另一方面的意义在于消除国家和阶级的界限。目前盛行的高科技风格和极简主义风格,某种程度上也是继承了包豪斯的理念。包豪斯产生的历史背景与中国新兴木刻运动处于同一时期,有应对社会变革需求的共性需要。"金教授指出,设计对当代世界范围内的热点问题尤为关注,并起到了重要的作用,例如皇家艺术学院针对叙利亚难民进行的难民包设计,有效解决难民潮的安置问题;新冠疫情期间的隔离仓等,都是比较典型的应急设计案例。

与新兴木刻运动不同的是,包豪斯对社会变革的推动作用不在于宣传,而更趋向于针对当时的社会矛盾,以设计解决当下的社会问题。包豪斯将艺术从特定的阶层、民族和国家的垄断中解放出来归还给大众,这一艺术理念与当时的社会进程是相契合的,其教师和学生的设计作品也改善了工人和底层人民的生活条件,为工人阶级、无产阶级的抗争提供了支持和保障。可以说,包豪斯不仅是一所学校,更是一种推动社会更新的力量①。"包豪斯不能简单地定义为一种艺术运动,而更是一种社会运动,因为其表达的不仅仅是一种新的设计思想,更是

---

① 有研究关注包豪斯的共产主义情结,为理解设计推动社会变革的力量提供了认知的不同视角。参见单铮荣《浅议包豪斯的共产情结》等。

一种新的社会理想",杨钢认为,包豪斯的艺术家们虽然不完全是革命者,但他们将新的社会思潮以艺术的形式传输到大众文化中,而且至今仍能感受到这场精神革命的光辉。[29]

(宋国栓、王 笛,上海大学)

参考文献

[1] 李泽厚.美的历程(第一版)[M].北京:生活·读书·新知三联书店,2015:17.
[2] 安纯毅,王萍,姚新强.应急文化体系及建设路径初探[J].四川地震,2020(3):30-34.
[3] 王秉.变"技术—制度—文化"为"文化—制度—技术",以先进的应急文化为引领[J].中国应急管理报,2019(07).
[4] 董惠娟,李小军,杜满庆等.地震灾害心理伤害的相关问题研究[J].自然灾害学报,2007(01):153-158.
[5] 赵丞智,李俊福,王明山等.地震后17个月受灾青少年PTSD及其相关因素[J].中国心理卫生杂志,2001(03):145-147.
[6] 彭丹,李晓松,张强等.汶川地震灾区居民心理健康状况的影响因素分析[J].现代预防医学,2012,39(06):1333-1336.
[7] 王祖承.艺术治疗[J].上海精神医学,2006(02):104-106.
[8] 杨晓光,孙月吉,吴军等.艺术治疗的概念、发展及教育[J].医学与哲学,2005(03):57-58+64.
[9] 张雯.灾后绘画艺术心理辅导方案应用实例[J].艺术评论,2008(07):18-24.
[10] 陈湘波.用艺术振奋精神——关山月美术馆举办"NO SARS艺术海报邀请展"活动综述[J].美术,2003(08):24-27.
[11] 罗云.发挥文化引领作用,建设应急文化体系[N].中国应急管理报,2019-02-12(007).
[12] 李杰.全球特大城市应急体系建设的经验与借鉴[J].党政论坛,2017(02):54-57.
[13] 罗忠桓.提升应急管理社会参与力[J].中共山西省委党校学报,2015,38(03):60-64.
[14] 刘芳.蔡元培美育思想与美术教育"现代"品格的确立[J].美术观察,2020(03):73-74.
[15] 牛童.美术的社会功能[J].民营科技,2016(12):200.
[16] 李征.基于思想政治教育视野下的文艺教育功能探析[J].河南师范大学学报(哲学社会科学版),2012,39(01):250-252.
[17] 季哲."社会变革中突发事件应急管理"专家研讨会在京召开[J].中国行政管理,2002(02):18.
[18] 桑茂林.黑白木刻[M].上海交通大学出版社,2019:5.
[19] 陈烟桥.新中国的木刻[M].商务印书馆.1951.
[20] 周爱民.延安木刻艺术研究[M].河北:河北教育出版社,2009:27.

[21] 任晓敏.新木刻版画的兴起与发展[J].文物鉴定与鉴赏,2019(18):54-55.
[22] 桑茂林.黑白木刻[M].上海:上海交通大学出版社,2019.5.
[23] 苗普.时代里程碑——鲁迅与新兴木刻版画运动探析[J].中国美术,2019(05):138-143.
[24] 弗兰克·惠特福德.包豪斯[M].北京:生活·读书·新知三联书店,2001:14.
[25] 汉内斯·迈耶,罗瑜.包豪斯与社会[J].新美术,2020,41(04):19-22.
[26] 弗兰克·惠特福德.包豪斯——大师和学生们[M].成都:四川美术出版社,2009:250.
[27] 胡兰凌.基于时代背景的包豪斯设计[J].长春大学学报,2013,23(11):1508-1510.
[28] 陈甘赞,刘奇靠,应炎迅.浅析包豪斯对中国设计教育的影响[J].读书文摘,2017,(5):38.
[29] 杨钢.社会主义思潮下的包豪斯[J].装饰,2007(041):127-128.

第五章
应急志愿服务

近年来,世界各国突发性公共危机事件频发,如强地震、核泄漏、恐怖袭击、矿难爆炸、超级病毒传播、群体事件等,破坏严重,且有不断加剧的趋势,对各国的社会治理提出了新的挑战。而随着突发性公共危机事件的陆续出现,作为社会治理力量之一的应急志愿服务重要作用愈发凸显。《中国注册志愿者管理》规定,志愿者是指"不以物质报酬为目的,利用自己的时间、技能等资源,自愿为国家、社会和他人提供服务的人"。[1]学界普遍认同的是一般意义上的志愿服务概念,即志愿服务是一种群体或者个人自愿利用自己的知识、技能、精力或财富,不计报酬地帮助他人和促进公共事业的行为,是一种典型的利他性行为。[2]本书所讲的应急志愿服务则是基于普通意义志愿服务基础之上,具有公共危机事件治理特性且发生在危机处理过程中和过程后的一种自愿、无偿的利他性行为。

第一节 应急志愿服务的特点

与常规志愿服务相比,应急志愿服务的服务对象具有特殊性,应急志愿服务的服务对象是突发性公共危机事件,此类事件具有突发性、紧迫性、严重危害性、影响广泛性等特点,这就决定了应急志愿服务本身的突发性、复杂性等特点。除此以外,再结合其自身的概念及发生发展情况,主要有以下六个特点。

一、主要针对突发性公共危机事件

突然发生的、需要紧急处理的事件通常被人们称之为紧急事件,或者突发事件。在我国,根据《中华人民共和国突发性事件应对法》,所谓突发事件,是指突然发生,造成或者可能造成严重社会危害,需要采取应急处置措施予以应对的自然灾害、事故灾害、公共卫生事件和社会安全事件。此处,突发事件即突发性公共危机事件,具有突发性、公共威胁性和紧急性三大基本特征,其根本特性是公共威胁性,指向的对象是特定区域内所有公民,也就是指该区域内每个人都有可能成为公共危机侵害的对象,其实质就是危及公共安全、破坏正常的社会秩序和人类安定的生存空间环境,侵犯到公民的人身安全和财产安全。[3]俗话说,天有不测风云,人有旦夕祸福,往往这类突发性自然灾害更是让人措手不及,损失惨重。

以2008年南方大雪灾害为例,自2008年1月上旬开始,大气环流突变,使得大部分地区由晴暖天气转变为低温、多雨雪天气,最终演变为黄河及其以南地区接连发生严重的大雪灾害。主要呈现以下四个显著特点:影响范围较广、持续时间较长、强度较大、多种灾害并发。1月21日,持续性低温冰冻雨雪天气已经开始产生叠加效应,影响已经超过自然灾害本身,各种次生、衍生灾害开始产生:(1)部分地区电力供应显现危机,开始大面积、长时间停电;(2)铁路、公路、航空运输告急,大规模旅客滞留、受阻,交通拥堵局面急剧恶化;(3)南方电厂发电用煤告急,越来越多地区的民众生活受到寒冷、停电、停水、食品供应紧张、房屋倒塌的影响。[4]据统计,此次灾害直接经济损失达1 014亿元人民币。这就是公共危机事件中自然灾害类的典型,以其突发性、紧迫性、不确定性、威胁性、无序性,以及破坏性为特点。

应急,简而言之,就是应对紧急事件或突发事件,需要紧急处理的事件。本书所讲的应急志愿服务中的"应急"正是针对该类突发性公共危机事件而言的,其完整的含义就是指应对突发性公共危机事件的志愿服务,主要目的是化危为安,即作为政府以外的社会补充力量参与到应急管理中,处理一切危机事件所带来的影响和危害,尽可能地在政府救援领域之外的地方发挥作用,减少危机事件所带来的损失,尽快地恢复正常的社会秩序。

二、参与主体多元化

应急志愿服务的参与主体即应急志愿者,主要包括政府主导、民间力量及国际志愿服务组织志愿者三种类型。

（一）政府主导且直接管理的志愿者

首先结合志愿服务无偿性的特点，必须排除政府部门、事业单位采用系统内部紧急动员、派遣的隶属于卫生系统、教育系统、公安系统、建设系统等的专业技术工作人员。[5]比如2020年新冠疫情暴发初期，全国各地各大医院所派出的救援医疗团队成员，都不属于应急志愿者，因为他们参与救援救助都是行政动员和行政命令的结果。相对应，非行政动员和命令的一类称为"政府社会化志愿者"积极参与着应急志愿服务，属于应急志愿者之一，即"政府有关部门发布招募信息，社会志愿者报名参加或自己组队参加各种搜救、安置和医疗等方面的志愿服务"[6]。该类志愿者具备专业性较强、资源丰富、动员能力强等特点。参与这类志愿服务的志愿者获得参与应急的消息是由政府发布的[5]，但他们的参与是自发的，而非强制，且是不计报酬，即无偿的。

（二）民间组织的志愿者

其包括正式在官方机构注册运行的民间组织、非政府组织等所吸纳的志愿者及自发参与危机事件应急的个体志愿者。首先是官方机构注册运行的民间组织所吸纳的志愿者，主要指在法律上属于社会团体法人或是由政府发起成立后自主运行较好的诸如红十字会、各类慈善基金会、共青团属下的青年志愿者协会等，在中国历来的公共危机事件处理中都起到了极为重要的作用，有较大影响力。其次是非政府组织（Non-Governmental Organizations，NGO）所吸纳的志愿者，NGO具有民间性、组织性和自治性等特性，其在国家整体法律框架限制内但同时在体制上又独立于政府之外，涉及的领域也相当广泛，包括环境保护、医疗教育卫生、科教文卫事业及社会保护与救济等。多能关注到官方政府应急机构所不能关注到的地方，对政府应急管理起到了较好的弥补作用。故在应急管理中，他们可以根据公共危机事件侵害所产生的需求提供多种多样的援助，及时有效且组织力强。在抗震救灾志愿服务中，一向强调"第三部门"身份的社会组织作了一次耀眼的集体亮相。这些社会组织提供服务专业细致、持续时间长、服务领域广，主要包括社会福利、社会救助、社会慈善、残障康复、社会优抚安置、法律援助、社区重建、文化重建、产业恢复等九大类。在救援初期，NGO即形成了多个联合办公室。据统计，地震发生后，有300余个NGO进入四川，形成两个联合办公室和多个地区性网络，开展联合行动，持续提供服务。[7]最后是自发参与危机事件应急的个体志愿者。这部分志愿者是未在任何组织、机构中注册的非正式志愿者,参与应急志愿服务多是个人自发行为,他们来自全国甚至全世界各地的各行各业,有学生、教师、企业家、自由职业者等,在整个应急志愿服务体系中人数众多、年龄跨度较广,出于对社会的责任和对他人的怜悯之心临时参与服务,未挂靠任何组织,多搭伴做事或者以个人方式提供力所能及的服务。

(三) 国际志愿服务组织中的志愿者

类似于2001年美国"9·11"事件和2008年"5·12"汶川大地震等危害性极大、影响范围极广的公共危机事件,多因当前媒体报道传播等,不仅国内民众关注较多,国际也颇为关注,故也有许多国际志愿服务组织积极号召来自世界各地具有专业服务技能的志愿者参与到危机的应急中。联合国志愿人员组织(UNV)从属于联合国开发计划署(UNDP),是联合系统内最大的直接向发展中国家输送各种人员的组织。成立于1970年,从事和管理与国际志愿者事业相关的各类事务,旨在通过志愿服务来促进世界的和平与发展。2008年汶川大地震救援期间,其积极参与了相关志愿服务合作项目,贡献了自己的力量。爱心蚂蚁国际志愿者团队成立于2008年汶川大地震灾后,由广西青年志愿者陈词联合一群来自世界各地的志愿者自发成立的民间公益组织,自"5·12"四川汶川地震灾后救援和重建之始,该组织通过整合各类资源,积极投身于灾区儿童教育和成长的公益支教活动,为灾后震区儿童的健康成长带去了一份薄力。

三、服务内容多样化

应急志愿服务是参与主体在响应和恢复以重大灾害为主的突发性公共危机事件中无偿提供服务的利他性行为。考虑到面临情况和问题的紧急性、复杂性,故应急志愿服务可提供的服务内容和形式应是多种多样的。一般来说,应急志愿服务主要包括以下四种类别。

(一) 专业服务

应急志愿服务针对的是突发性公共危机事件。一般来说,该类事件通常伴随着各类不确定性风险因素的集中式爆发,会在短时间内打破某一物理区域的平衡状态,导致各种问题的出现,而为了更有针对性地解决这些问题,就对应急力量的专业性提出了更高的要求。古人云"闻道有先后,术业有专攻",因此面对破坏性巨大的公共危机事件,特别是极其不可控的自然灾害类事件和公共卫生事件时,应急志愿服务中诸如紧急救援、心理疏导、物流运输、信息通讯、基建整治及搭建等专业性的服务自然成为最为关键的服务内容,能在较短的时间内发挥出巨大的作用。另外,诸如2003年"非典"的治疗防控本身就自带医疗卫生等的专业性要求,在此志愿服务中一方面要挑选具备相关专业知识技能的志愿者参与服务;另一方面也强调志愿服务开展方式方法的专业性,两者结合即为应急志愿服务中的专业服务。比如在我国台湾地区,参与志愿者组织都需要经过专业的培训,且参与课时不得低于18个,课程内容涵盖灾害准备、火灾灭火、医疗救护、简易搜救、灾害心理与团队组织、志愿服务伦理、课程复习与仿真等,课程完成经考核合格后颁发证书。另外在每年的4月、10月份对毕业合格取得证书的学员进行复训,时间不得低于10个小时。[8]

(二)科普宣传

突发性公共危机事件影响了公众安定的生活,给正常的生活秩序带了极大的挑战。在面临生命健康和财产安全等威胁时,普通民众们的反应首先是惊慌,其次是容易轻信各类谣言,以寻求心理的安慰和解决所谓的现实危机,风波之后就会坚定地想要通过规范渠道了解最为准确科学的信息。由此,针对危机本身的知识信息、自救互助、心理疏导等科普宣传类志愿服务就应运而生了,其可以通过口口相传、自媒体推送、培训讲座及情景模拟等途径来开展,这类服务开展的广度越大、覆盖范围越广,效果就越好,同时也会极大地减少危机应对过程中次生伤害的发生次数。2020年初突如其来的新冠疫情,打乱了人们正常的生活轨迹,初期极大的不确定性和急剧的伤害性在全国范围内造成了民众的恐慌,一时间"喝酒、涂风油精、吃大蒜、香油滴鼻等行为可以预防新冠肺炎"等流言飞起。针对此情况,因疫情隔离防控的要求,许多疫区之外的志愿者难以提供一线的技能类服务,故转而通过线上开展远程服务,其中也有相当多的科普宣传类服务,大大缓解了疫区内群众的恐慌。相对于灾害发生过程中进行科普宣传,在危机发生之后对危机发生、发展和结束及应对的整个过程加以总结、归纳和梳理所得出的经验和理论更值得进行科普宣传,可以在下一次同类型危机来临时极大地减少损害。

(三)慈善捐款

危机产生势必造成重大的人员伤亡和财产损失,而开展医疗救助、危机处理、物资援助等往往都需要大笔资金的不间断投入,而应急志愿服务本身也是需要急剧消耗人力、物力、财力的行为活动,故也需要大量资金的筹措来保障服务的顺利开展。灾难无情人有情,2008年5月12日四川汶川特大地震发生已经10多年了,面对那场巨大的浩劫,党和政府带领人民群众万众一心抗震救灾的生动场面至今依旧历历在目。在地震发生后,作为联动各大慈善基金会的中华慈善总会按照党中央部署于第一时间启动"万众一心,抗震救灾"行动,接收了来自社会各界救灾捐助,同时号召全国各地700多个慈善会积极行动起来,共同为抗震救灾做工作。[9]截至2009年5月12日,社会各界捐款总额达到760多亿元。[10]据财政部报告,截至2008年9月25日12时,各级政府共投入抗震救灾资金809.36亿元。中央财政投入734.57亿元,其中应急抢险救灾资金331.32亿元,灾后恢复重建资金403.25亿元。地方财政投入74.79亿元。据民政部报告,截至2008年9月25日12时,全国共接收国内外社会各界捐赠款物总计594.68亿元,实际到账款物594.08亿元,已向灾区拨付捐赠款物合计268.80亿元。

（四）后勤保障

志愿服务的主体是志愿者,也就是人本身。有人的地方就有消耗,也就需要吃、喝、拉、撒、睡等一系列生理机能运作——特别是在参与应对公共危机事件的应急志愿服务时,人的体能机能是在急剧消耗的。而与此相应的各类物资、食品等也是在急剧消耗的,故针对危机本身和志愿者本身的后勤保障就必不可少。一方面,针对危机本身,主要有物流运送、交通疏导、身心检查等;另一方面,针对志愿者本身,后勤保障主要体现在食宿、安全和健康等方面,除此以外,也可能会出现新冠疫情期间一线抗疫医护人员子女看护保障等特殊类型保障。2020年春节前期,新冠疫情突发,随后重灾区武汉迅速封城,医护人员缺少必要的交通工具,大量涌现的城市志愿司机就是该时期志愿参与最典型的体现。快递小哥汪勇,在疫情暴发后,牵头建起了医护服务群,主动联络餐饮店为医护人员提供饮食保障。另外,只要医护人员有需要,该群的志愿者们都会设法解决。[11]不仅如此,武汉慈善总会善缘义助基金会长韩雪组织发起的"善缘义助"爱心车队,在武汉率先发起接送医护人员上下班的志愿活动。大年三十当天参与进来的志愿者已达4 000多名,他们对一线的志愿需求反应迅速,并且高效地组织和行动了起来。[12]

四、服务过程具有阶段性

当前,突发性公共危机事件的应对,即应急管理主要涵盖预防与应急准备、监测与预警、应急处置与救援、事后恢复与重建等四个环节[13],具有明显的阶段性。相应地,应急志愿服务也具有明显的阶段性,按时间线索来看,分为危机事件前、危机事件中和危机事件后。

首先是危机事件前,主要指配合应急管理过程中预防与应急准备、监测与预警环节的相关服务。《礼记·中庸》中提到"凡事预则立,不预则废"。也就是说做任何事情之前都必须有所准备,否则就会措手不及,节节败退。《中华人民共和国突发事件应对法》第六条也明确规定:国家建立有效的社会动员机制,增强全民的公共安全和风险防范意识,提高全社会的避险救助能力。对于突发性公共危机事件,政府机关和普通群众都需要坚持以预防为主、防治结合,以此来化解潜在的风险或是更加有效、更加迅速地应对事件,减少或消除事件所产生的危害,而作为补充力量的应急志愿服务在此环节中主要的服务对象是普通群众,服务内容则是开展各类突发性公共危机事件的科普宣传,服务形式有主题报告、讲座沙龙、情景演练、技术培训、资料发放、知识竞赛等。以强地震应急志愿服务来说,在地震可能发生前,就非常有必要开展常规的、系列的抗震类科普宣传,向民众普及地震相关的自救、自护、救灾及互助等知识,以此增强其应急意识,增加其应急常识,提高其应急能力。

其次,是危机事件中,这是应急志愿服务最为关键的环节,所有的服务内容都应围绕应急处置与救援来开展。突发性公共危机事件的爆发势必以大批量的人员伤亡及极大的社会恐慌情绪蔓延为特征,故抢救更多身处于危机之中的人员成为应急志愿服务的第一要务。抑或是类似于2014年昆明火车站暴力恐怖袭击事件的应急服务中心在于迅速抓捕恐怖分子,严惩幕后黑手,引导公众舆论,缓解社会恐慌。总体来讲,这一缓解的服务特点为时间紧迫,必须争分夺秒,因此可谓是时间紧、任务重、要求高。除此以外,还有针对事件本身特殊性而产生的各类志愿服务。特别是诸如2008年"5·12"汶川大地震等造成极为复杂受灾情况的危机事件,更是需要包括紧急救援、卫生防疫、群众安置、物资运送、心理辅导、无偿献血、治安维护、法律援助、环境保护等各种类型的服务。

最后,是危机事件后,该环节的应急志愿服务旨在尽快恢复社会正常秩序,将突发性公共危机事件带来的损失降到最低,这一阶段的服务内容紧紧围绕重建展开,重点在于通过基础设施重建、产业产能恢复与重建、民众心理与社会重建等方式使受影响的生活、文化教育、医疗快速恢复正常的秩序。其中,社会重建方面的志愿服务主要包括社会秩序和生活等方面的重建,原因在于危机事件将原有的社会平衡状态彻底打破,大大影响了国家和社会的正常运作,经济发展也受到了极大的影响。另外,民众心理的重建在危机事件发生之时及之后都是需要长期持久地开展,有着志愿服务的巨大需求,需要全社会倾力支持。

五、国内外发展程度差异大

目前,我国志愿服务事业经过了几十年的发展,已经取得了长足的进步,正在逐渐系统化、专业化和规模化,但相比之国外,差距依旧较大。志愿服务本身在我国的发展较晚,应急志愿服务的发展更是滞后于志愿服务整体的发展,且历史很短暂。因此,应急志愿服务在国内外发展程度差异较大。

国内最早的应急志愿服务产生于2003年"非典"疫情期间,是跟随着中国政府真正意义上的应急管理工作正式启动而开始的,但当时整体的组织化和服务能力还很弱。所谓的应急志愿服务也只是自发的、不成体系的服务,甚至该类型服务概念才刚刚被部分国内民众所知。之后,随着中国社会风险程度的加剧,各种卫生事件、自然灾害的频发,中国政府也逐渐加强对应急管理工作的重视和指导。其中志愿服务作为公众参与社会治理的有效方式,也越来越受到重视。《国务院关于全面加强应急管理工作的意见》(国发[2006]24号)明确要求研究指定动员和鼓励志愿者参与应急救援工作的办法,加强对志愿者队伍的招募、组织和培训。政府《"十一五"期间国家突发公共事件应急体系建设规划》中,要求依托共青团中央、中国红十字会、中国青年志愿者协会、基层社区及其他组织,建立形式多样的应急志愿者队伍,重点加强青年志愿者队伍建设,到2010年达到每百万人中有100名应急志愿者。通过构筑社会参与平台和制定相关鼓励政策,逐步建立国家支持、项目化管理、社会化运作的应急志愿服务机制,发挥志愿者队伍在科普宣教、应急救助和恢复重建等方面的重要作用。

2008年汶川地震成为我国应急志愿服务的里程碑。2010年舟曲特大泥石流、2013年雅安地震、2015年天津港"8·21"特大爆炸事故、2019年江苏盐城响水"3·21"化工厂特大爆炸事故,以及2020年至今的新冠肺炎疫情传染等一系列重大突发事件中,志愿服务一直走在应急管理的前列,在紧急救援、心理干预、灾后重建等方面发挥着重要作用,对政府完善共建共治、化解突发性公共危机事件产生了重大影响。

各种危机催生了应急志愿服务事业,同时中国应急志愿服务事业的潜力也正是在应对危机的过程中才得以彰显。但凡事都有双刃剑,中国应急志愿服务在这短短十几年的发展中,特别是在每一次应对突发性公共危机事件中也暴露出了一系列的问题,诸如应急志愿服务尚未正式纳入中国应急管理和救援体系内;全国性的应急志愿服务体系和科学高校的应急志愿服务机制尚未形成;中国应急志愿服务专业化发展路径缺乏顶层设计和统一的方案;清晰明确的相关法律法规还未提出和制订;长期稳定的国家性应急志愿服务资金储备库还未建立等。而这些问题在其他国家早已发现和重视,并且正在逐渐解决和完善的过程中,部分实践也相当成功。2020年2月25日中共中央政治局的常务会议也强调要针对这次疫情应对中暴露出来的短板和不足,健全国家应急管理体系,提高处理急难重险任务的能力。

学者江汛清在《国外应急志愿服务的特点及对我国的启示》一文中认为国外应急志愿服务主要有以下特点。

(1)志愿服务本身发展较早,氛围较为浓厚,因此新生类别的应急志愿服务发展也较快。如美国联邦政府在20世纪60年代开始就以出资人和主办者身份介入志愿服务,2009年肯尼迪政府在10月1日生效的《爱德华·肯尼迪服务美国法》中就将"培养和保持应急志愿服务能力"纳入其中,且要求创建全国志愿服务预备队,以此来应对各类公共突发事件或者自然灾害的紧急救援任务。[14]

(2)建立起了较为系统的志愿服务管理体系,且非常重视管理过程的规范化、系统化,类似于美国、英国、日本等发达国家相当重视高效运转的应急志愿者组织体系。也就是指一旦发生紧急事件,可以迅速反应,通过调取事先建立的志愿者信息数据库来组建具有针对性的应急志愿者库。

(3)国外政府普遍把志愿服务纳入了应急管理体系内。如创立于1979年的美国联邦紧急事务管理署(FEMA)就是统合军队、警察、消防、医疗及民间就难组织等防灾救灾力量和资源的国内应急志愿服务联邦政府机构,除了聘请专职工作者之外,还聘有具备灾害紧急救援专业知识和技能的志愿者上千名。除此以外,美国还有公民服务队计划、消防服务队计划、守望美利坚计划及加盟计划和组织等应对各式各样突发事件的志愿服务机制。

(4)应急志愿服务法律体系不断完善。日本1998年通过了《特定非营利活动促进法》,美国有《应急计划和社区知情法》《综合性环境应急响应、赔偿和责任法》等,其应急管理援助协约主要通过州与州之间的认证和许可来保护跨州应急救援的政府职员和被纳入各州官方体系的应急志愿者。[14]

(5) 长期稳定的应急志愿服务资金投入。在美国的应急志愿服务体系中,有一部分资金来源是由政府通过体制内的应急救援体系分支机构提供给志愿者,多以救援装备的形式出现。[15]除政府支持以外,欧美应急志愿服务相关协调机构还依托完善的社会支持网络接受着来自全国各地募集的资金、物资和劳务等,他们完善的社会支持网络除媒体政府外,还有社区、宗教及民间机构等。[5]

因此,针对现阶段我国应急志愿服务存在的问题,我国应积极学习借鉴各国现今的应急志愿服务经验,将应急志愿服务正式纳入应急管理体系中。加强顶层设计,加大资金投入,完善相关法律,健全机制体系等,以此来缩短我国与国外应急志愿服务的发展差距。

(黄丽娜,上海大学)

参考文献

[1] 共青团中央.中国注册志愿者管理办法[Z].2013年修订-01-02.
[2] 杜鹃.少数民族大学生志愿服务现状发展研究——以西南民族大学为例[D].四川:西南交通大学,2013.
[3] 候保龙.公民参与重大自然灾害性公共危机治理问题研究[D].江苏:苏州大学,2011.
[4] 闪淳昌,周玲.从 SARS 到大雪灾:中国应急管理体系建设发展脉络及经验反思[J].甘肃社会科学,2008(04).
[5] 毛凯英.公共危机应急中的志愿者[D].上海:华东政法大学,2016.
[6] 宋劲松.欧洲国家志愿者参与应急管理的经验研究[J].四川行政学院学报,2011(1).
[7] 江海.应急志愿者服务管理体系研究[D].四川:电子科技大学,2008.
[8] 丁元竹.非政府公共部门与公共社会[M].北京:北京经济出版社,2005.
[9] 李本公.中华慈善总会的汶川地震救援 http://www.xinhuanet.com/gongyi/2018-05/12/c_129869481.htm,2018-05-12/2021-08-28.
[10] 中华人民共和国民政部官方网站《民政部公告第 135 号》.http://jzs.mca.gov.cn/article/jzjz/gzdt/201003/20100300063048.shtml,2009-03-09/2021-08-30.
[11] 央视新闻快递小哥汪勇:聚拢温暖守护英[DEB/OL]2020-03-20j.http://news.cctv.com/2020/02/24/ARTIgkbbHo30RcROB054XwNj200224.shtml.2021-08-30.
[12] 湖北日报网.善缘义助,两个人到万余人参与的爱心涌动[EB/OL].[2020-03-20]. http://news.cnhubei.com/content/2020-01/27/content 12650639.html.2021-08-31.
[13] 钟开斌.中国应急管理的演进与转换:从体系建构到能力提升[J].理论探讨,2014(02).

[14] 宋劲松,王宏伟.美国应急志愿者管理制度及其经验借鉴[J].北京行政学院学报.2012(04).
[15] 江汛清.国外应急志愿服务的特点及对我国的启示[J].青年探索,2012(02).

第二节 应急志愿服务的类型

在我国,根据《中华人民共和国突发性事件应对法》,所谓突发事件,是指突然发生,造成或者可能造成严重社会危害,需要采取应急处置措施予以应对的自然灾害、事故灾害、公共卫生事件和社会安全事件。而针对突发事件所采取的志愿服务行为称之为应急志愿服务,故根据服务对象划分,应急志愿服务分为自然灾害应急志愿服务、事故灾害应急志愿服务、公共卫生应急志愿服务和社会安全应急志愿服务,以下为各类应急志愿服务类型的具体介绍。

一、自然灾害应急志愿服务

自然灾害,是指因自然异变给人类生存带来危害或者破坏人类平衡生活环境的自然现象。学者黄崇福将自然灾害定义为:由自然事件或力量为主因造成的生命伤亡和人类社会财产损失的事件。[1]《国家突发公共事件总体应急预案》中定义的自然灾害主要包括水旱灾害、气象灾害、地震灾害、地质灾害、海洋灾害、生物灾害和森林草原火灾等。[2]自然灾害有破坏性、多样性、多变性和普发性的特点。判断突发事件为自然灾害必须具备以下三个条件:一是灾害产生是因为自然环境;二是产生破坏是由于自然异变;三是受自然异变造成的损失是人类本身、财产和资源。自然的不可控使得自然灾害一直是人类社会发展史中的重要障碍之一。[3]中国的自然风貌复杂多变,自然灾害事件的频繁发生导致了很多人员伤亡和财产损失及环境的破坏,政府在应急管理上投入了许多的人力、物力和财力,大大提升了国家治理体系和治理能力。但是在官方领域和范围之外,政府也越发重视非政府组织及公民个人的作用。自然灾害引发的公共危机事件所产生的影响巨大,积极响应号召,参与到自然灾害事件发生后的应急志愿服务中是社会和国家所倡导和鼓励的。

通过近些年的努力,学界对自然灾害导致的公共危机事件中志愿者的参与特征、机制、模式等研究都取得了一定的成果。陈帅帅在《我国自然灾害性公共危机治理中志愿者参与机制研究》一文中就将我国志愿者参与自然灾害志愿服务的特征概括为三点：志愿者参与热情高、响应速度快，参与范围广，志愿者群体复杂多样。[4]2008年四川汶川大地震发生的第一时间内，我国就有300多个志愿者组织在第一时间内赶往了灾区，开始组织灾害危机救援。据相关部门统计，在这次地震灾害中，共有20多万名志愿者参与了应急救援服务工作，仅四川省绵阳市当地就有9 000多人次参与地震救灾。[5]再以其他一些自然灾害性公共危机事件为例，如2010年舟曲特大泥石流、2013年雅安地震、2021年台风烟花导致的河南洪涝等灾害事件中，志愿者们都是在第一时间内自发或者由相应组织号召奔赴现场参与抢险救援，极大地增强了应急救援的时效性。

无论是哪种类型的应急志愿者，他们的来源都非常广泛，根据社会角色划分，有工人、企业家、教师、医生、演员等；以年龄为依据划分，不仅有充满热情的中青年志愿者，还有部分老年志愿者，参与到灾害救援、安置及恢复等各个阶段，大大补充了政府应急力量之外的服务领域。学者林佳颖在针对汶川地震和芦山地震的重大自然灾害志愿者管理研究中，将志愿者参与的组织类型划分成了政府志愿者组织和非政府机关志愿者组织两种，同时初步总结出了一套积极的管理模式经验。

（1）建立志愿者准入退出机制，规范志愿者参与服务的纪律性。

（2）建立快速反应机制，自发搭建联动平台，实现志愿者和相关组织精准有效的供需对接

（3）志愿者可主动寻求政府组织协作，建立如雅安地震后的社会组织和志愿服务中心这样的应急组织体系和指挥中心，建章立制增强组织规范性。

（4）志愿者也可自行组织并有效使用各种媒体发布灾区最新消息，不间断地招募大量志愿者补充救援，从而实现自然灾害公共危机事件应急志愿服务从无序到有序的过渡。[6]

河南理工大学的王笑然还创造性地提出了志愿者参与自然灾害的"互联网＋"精准救助模式，力求实现救助的规范有序、高效精准。以上种种都是学界对自然灾害公共危机事件中志愿者参与及志愿服务本身的相关研究理论成果，反哺到实践中可促进我国应急志愿服务中自然灾害应急志愿服务的发展。

另外，在看到我国志愿者积极参与自然灾害应急志愿服务的同时，服务过程中暴露出的诸如志愿者服务缺乏专业性、志愿者自身权益难以得到保障、志愿者

的参与缺乏持续性、志愿者管理缺乏政府自上而下的统一指导等问题也不容忽视。

二、事故灾害应急志愿服务

事故灾害又称治安灾害事故,是指在生产、生活过程中,由于事故的行为人故意或过失的行为,违反国家法律、治安管理法规及其他安全管理规定,危害社会秩序和公共安全造成人员伤亡和物质损毁的灾害性事故。[7]事故灾害通常包括工矿企业事故、火灾爆炸事故、运输事故、海空难事故及其他重大灾害事故。国际上一般称死亡人数超过12人的事故为重大灾害事故。据国家安全监督管理局统计,2000—2016年间,全国发生安全事故826起,共计造成150万人死亡。

如2015年"8·12"天津港特大火灾爆炸事故,给人民生命财产安全带来了巨大危害。2018年5月12日23:30左右,位于天津市滨海新区天津港的瑞海公司危险品仓库发生火灾爆炸事故,造成165人遇难,8人失踪,798人受伤,204幢建筑物、12 428辆商品汽车、7 533个集装箱受损。[8]截至2015年12月10日,依据《企业职工伤亡事故经济损失统计标准》等标准和规定统计,已核定直接经济损失达68.66亿元。经国务院调查组调查认定,天津港"8·12"瑞海公司危险品仓库爆炸事故是一起特别重大的生产安全责任事故。[9]事故发生后,党中央、国务院高度重视,中央领导人连续做出重要指示。在重大突发性事件中,志愿服务作为应急救援管理体系的重要组成部分,是体系机制中的重要主体,能够在第一时间发挥其强有力的作用。另外,在诸如"8·12"天津港特大爆炸事故、山东日照"7·16"火灾爆炸事故等事件中,因面对的灾害情况更加复杂多变,为了防止或减少志愿者参与救援时次生灾害的发生,就更需要充分调动各种专业救援力量,诸如医疗救援、心理咨询等具备相关专业力量的社会组织等。有鉴于此,面对这一需求,在事故灾害应急志愿服务中,我们就需要促进社会组织和志愿者的专业化发展和网络建设。

(1) 需要组织更多专业性的社会团体和专业志愿者,具备参与有关政策设计和技术研究的专业能力。

(2) 也需要社区型社会组织和社区志愿者的参与,提醒社区居民进行风险防范和应急预案的制定及推广,进行基于个人、家庭的应急能力建设。

（3）还需要各类社会组织、志愿者的积极参与，从灾难的社会救助、心理辅导等方面就灾难各阶段的峰值性需求进行供应和柔性地参与。[10]

以上主要是针对事故灾害发生前的预防及灾害发生后应急志愿服务即时性内容的探讨。鉴于灾害发生后严重的损失和伤亡，特别是人为原因造成的事故灾害，我们应该在灾后及时迅速地寻找到灾害源头，有针对性地布置应急救援工作，同时将相应的应急志愿服务力量及时补充到真正需要的地方，除此以外，更要针对灾害发生的源头，通过科学调查和系统分析探究清楚事故的具体原因，以此来强化将来的风险防治。

不可忽视的一点是，重大事故灾害的发生仅靠政府单方面的严防死守，并不能实现企业生产、生活的长治久安，故建设和强化基于个人、家庭、社区、企事业单位自身及社会组织在内的，科学有效的应急体系也是刻不容缓且必不可少的。世界各国、各国际组织出台的关于防灾减灾的宣言、公告、意见等也都强调了志愿者和社会组织在灾害预防工作中的重要性，同时也强化了个体、家庭及社区在社会风险治理方面的关键作用。

另外，随着现代社会面临的突发事件形态日益复杂，系统化和极端化特征开始凸显，关联性增强，呈现出影响范围广、涉及领域多、人力物力资源需求大的特征，即所谓跨域性特征[11]，针对跨域的复杂性，结合重大灾害事故的紧迫性，事故灾害应急志愿服务需要在强化属地管理、部门管理的同时，通畅信息、资源在区域内部的流通渠道，形成合力，从而充分发挥现有的应急志愿力量。

三、公共卫生事件应急志愿服务

根据《国家突发事件应急体系建设"十三五"规划》，强化社会参与，形成各方联动机制是当前国家应急管理体系的重要组成部分。社会不仅是公共管理的服务客体，在突发事件中更是不可替代的行动主体。[12]公共卫生事件是一种突发的、可能会造成严重社会危害的紧急事件，与公共卫生健康密切相关。对于其基本定位，我国相关法律有明确的阐述，2003年5月9日公布并实施的《突发公共卫生事件应急条例》规定，本条例所称的突发公共卫生事件，是指突然发生、造成或者可能造成社会公众健康严重损害的重大传染病疫情、群体性不明原因疾病、重大食物和职业性中毒，以及其他严重影响公众健康的事件。[13]此后，《国家救灾防病与突发公共卫生事件信息报告管理规范》将重大动物疫情也纳入了其中，将其范围进一步扩充。故鼠疫、霍乱、禽流感等都在其列。正在流行的新冠肺炎疫情无疑是一场突发性的、全球性的公共卫生事件,对世界各国正常的生产生活秩序造成了严重影响。面对突如其来的疫情,党中央统领全局,带领着全国各族人民用一个多月的时间初步遏制了疫情蔓延势头,用两个月左右的时间将本土每日新增病例控制在个位数以内。[14]和以往的地震灾害、爆炸事故一样,此次中国抗击疫情的实践证明,志愿服务参与突发性公共危机事件,与政府形成合力,是应急的重要因素。据中国青年志愿者协会统计,2020年1月31日前,全国就有8.5万名青年志愿者上岗服务。截至2月10日,各级共青团和青年志愿者协会预计招募青年志愿者93.7万名,实际上岗服务志愿者48万名。[15]2020年2月23日,习总书记在统筹推进新型冠状病毒肺炎疫情防控和经济社会发展工作部署会议上强调,广大志愿者等真诚奉献、不辞辛劳,为此次疫情防控作出了重大贡献,要支持广大志愿者开展心理疏导、情绪支持、保障支持等服务。[16]

一般来说,参与公共卫生事件应急志愿服务的主体包括各行各业的青中老年各年龄阶段的群体,但就本次新冠疫情来说,参与主体主要是自上而下组织发动的社区(村)居民志愿者、党员志愿者及青年大学生志愿者,特别是社区(村)志愿者在常态化疫情管理和疫情防控上起到了极为重要的作用。在服务内容上,志愿者参与突发性公共卫生事件的服务主要包括基层秩序维护和管理、公共卫生事件本身相关知识和真实信息的宣传普及,以及保障居民基本生活需要。[17]尤其是在保障居民基本生活需求方面,志愿者们细心备至,为受影响的家庭提供了诸如线上教育辅导、心理健康疏导、物资运输配送等服务,受到社会民众的极大认可。

另外,针对公共卫生事件本身的性质,此类应急志愿服务的核心目标在于实现公共卫生安全、保障民众的生命健康权,故其具有时间上的延展性,在灾害发生时,也就是在应灾环节,志愿者可以通过参与诸如科普宣传、咨询辅导、社区服务等各类具体的服务工作中为应急工作助力,而在灾害发生后乃至相当长的一段时间内,即在灾后重建环节及下一轮灾害未发生之前,政府应当倡导志愿者、社会组织等更多地参与到卫生保障、疾病预防,以及健康促进等卫生建设相关服务工作之中。[18]良好的防灾、应灾、减灾循环离不开政府对公共卫生事件应急志愿服务体系化、法治化的促进。

四、社会安全事件应急志愿服务

《国家突发公共事件总体应急预案》和《中华人民共和国突发事件应对法》中规定，社会安全事件属于突发性事件，其一般是指在社会安全领域发生的，造成了人员伤亡、财产损失和环境破坏等负面影响，且会严重引发社会公众恐惧与不安的突发性公共事件。[19]主要包括恐怖袭击、重大刑事案件、群体性事件、经济安全事件等。如昆明"3·1"恐怖袭击事件涉及恐怖袭击和涉外等多重性质，重庆"10·26"持刀行凶案件则是重大刑事案件，2014年底上海外滩踩踏事件属于群体性事件，2009年的力拓案更是牵扯偷税漏税、商业间谍、政界腐败等多重问题在内的经济安全事件的典型。社会安全是构成国家安全的一个原生要素和传统要素，因此相较于其他类型的突发性公共危机事件，社会安全事件影响更为广泛，[20]也是社会公平正义和国家安全稳定的主要指标。[21]由于社会安全领域的范围较广，因此社会安全事件的发生在现代社会具有一定的普遍性。重大社会安全事件会造成极其严重的危害，需要立即采取应急处置措施。[22]其主要有以下基本特征。

(1) 突发性和紧急性。猝不及防地发生和发展导致了巨大的损失和影响。

(2) 不确定性。事件的起因不能第一时间明确，诱因可能单一，也可能多面；结果更是多种多样，且因管理的多变性使得其发生和发展方向多变，故具有高度的不确定性。

(3) 社会性和扩散性。社会安全性事件可以影响大众生活和社会秩序。事件的发生和发展是动态的，其影响和危害也具有扩散的特点。[23]

另外，除对照其特征来判定社会安全事件外，也可以根据具体的法律法规来对其定性并采取相应的应急措施。《突发事件应对法》第46条规定：对即将发生或者已经发生的社会安全事件，县级以上地方人民政府及其有关主管部门应当按照规定向上一级人民政府和有关主管部门报告，必要时可以越级上报。

学者周定平指出，社会安全事件的应急管理是以事件即将发生或已经发生为逻辑起点的。某一事件一旦被确定为社会安全事件，有关政府及其部门应当立即启动应急预案，组织各种应急资源进行现场应急管理，并按照规定向上一级人民政府及其相关主管部门报告。若发生的事件没有被认定为社会安全事件，而只是一般事件，则采取常规管理的措施进行处置。[24]这个过程涉及社会管理状态的合法转移性和事件的分类处理。一个危机事件常常会引发另一个危机事件，甚至系列的连锁反应，造成接二连三的损伤损害，其破坏性又分为有形和无形两种。有形伤害是指肉眼可见、即时能感知到的，包括财产损失和生命健康受到威胁；无形伤害则包括社会公众因事件引起的心理创伤和由此导致的各类社会不稳定因素等。一般来说，通常无形危害破坏性更大，影响也更难以消除，因此必须高度重视。[24]

人们在公共危机事件发生过后特别是社会安全事件过后会产生不安、焦虑等情绪，需要及时有效地处理和应对。我国正处于经济、社会转型的关键时期，充分了解众多社会安全事件的类型，掌握其产生的真实原因，及时有效地预防和应对，才能将其所带来的危害降至最低。在这个过程中，无论是社会安全事件黄金救援时期内的医疗援助、人员安置、秩序维护等方面，还是事件发生之后的心理咨询援助、法律援助、舆情舆论引导等方面，作为政府力量有效补充的应急志愿服务都大有可为。

（黄丽娜，上海大学）

参考文献

[1] 黄崇福.自然灾害基本定义的探讨[J].自然灾害学报，2009(18).
[2] 中国政府网.解读《国家突发公共事件总体应急预案》.
[3] 李超.我国自然灾害应急中的志愿者管理机制完善研究[D].北京：电子科技大学，2015.
[4] 陈帅帅.我国自然灾害性公共危机治理中志愿者参与机制研究[D].天津：天津财经大学，2018.
[5] 详见中国地震局门户网站：http://www.cea.gov.cn/publishldizhen_j/468/5531101710/101715/20170809013907777159189/index.html.
[6] 林佳颖.重大自然灾害中志愿者管理研究——以汶川地震和芦山地震为例[D].成都：四川省社会科学院，2014.
[7] 蔡少铿.关于城市建设与城市治安灾害事故的思考[J].中国人民公安大学学报，2005(03).
[8] 天津港"8·12"瑞海公司危险品仓库特别重大火灾爆炸事故调查报告公布 http://www.xinhuanet.com/politics/2016-02/05/c_1118005206.htm：2021-08-29.
[9] 李媛媛.公共危机事件网络舆论引导问题研究[D].济南：山东师范大学，2016.

[10] 慈善公益网.面对事故灾害,公益组织还可以做什么? https://www.csgyb.com.cn/comment/shiping/20150818/1231.html;2021-08-29.

[11] 张勤,艾小燕.志愿服务在重大突发事件中的应急联动新探索[J].中国行政管理,2020(10).

[12] 魏娜,王焕.国内外志愿服务研究主题演进与热点比较研究——基于2008—2018年的数据分析[J].中国行政管理,2019(11).

[13] 国务院.《突发公共卫生事件应急条例》,http://www.gov.cn/gongbao/content/2003/content_62137.htm,2003-05-09.

[14] 国务院新闻办公室.《抗击新冠肺炎疫情的中国行动》白皮书[EB/OL].http://www.scio.gov.cn/zfbps/32832/Document/1681801/1681801.htm.

[15] 杨宝光.他们为何不可或缺.中青报·中青在线,http://zqb.cyol.com/html/2020-02/13/nw.D110000zgqnb_20200213_1-07.htm,2020-02-13.

[16] 毫不放松抓紧抓实抓细防控工作,统筹做好经济社会发展各项工作[N].人民日报,2020-02-24(01).

[17] 蒋锦.突发公共卫生事件志愿服务机制建构[J].减灾纵横,2021(01).

[18] 陆士桢,吕文康,王志伟.公共卫生事件中的志愿服务体系建设——以社会治理现代化为视角[J].广东青年研究,2020(01).

[19] 李娇娜.社会安全事件应对的政府绩效评估实证研究[D].杭州:浙江大学,2013.

[20] 刘跃进.国家安全体系中的社会安全问题[J].中央社会主义学院学报,2012(02).

[21] 郑杭生,洪大用.中国转型期的社会安全隐患与对策[J].中国人民大学学报,2004(02).

[22] 翁列恩,李娇娜.应对重大社会安全事件政府绩效评估的理论基础和模型设计[J].中国行政管理,2013(04).

[23] 王秋颖.社会安全事件预警及管理对策[J].沈阳大学学报(社会科学版),2018(06).

[24] 周定平.关于社会安全事件认定的几点思考[J].中国人民公安大学学报,2008(05).

第三节 应急志愿服务的案例

灾害是一个社会性事件,其实质是社会物质财富的损失与人身的伤亡。[1]但凡是灾害,都具有破坏性,尤其是巨灾,如南方冰雪灾害、汶川地震灾害、舟曲泥石流洪涝灾害等,其破坏性更大。为了挽救生命、保护财富,政府必须组织开展有效的救灾行动。在紧急情况下,救灾还可能升级为与军事化级别相同的行动,或本身就是军事化行动。可以说救灾是一项极为复杂的、社会性的、半军事化的紧急行为。[2]灾害救助属于救灾的重要范畴,而灾害救助中的志愿服务活动自然也不能各行其是,必须遵循一定规范。到底灾害救助中的志愿服务活动是怎样的呢?下面就从"5·12"汶川大地震、"8·12"天津港火灾爆炸事故及"3·1"昆明火车站暴力恐怖案等公共危机事件中探寻真实的志愿服务身影。

一、"5·12"汶川大地震

2008年5月12日四川汶川大地震的志愿服务是我国历史上最大规模的一次志愿者行动,给中国现代志愿服务事业的发展提供了重大契机,一方面强化了公民责任和公民意识,弘扬了传统的志愿精神;另一方面推动中国志愿服务建设走向了更深程度的制度化、常态化、规范化。因此,这一年也被公认为中国"志愿服务元年"。[3]

(一)"5·12"汶川大地震基本情况

2008年5月12日14时28分04秒,中国四川省阿坝藏族羌族自治州汶川县境内发生了特大地震。根据中华人民共和国地震局的数据显示,此次地震的里氏震级达8.0 Ms、矩震级达8.3 Mw,地震烈度达到11度。此次地震的地震波已确认共环绕了地球6圈。地震波及大半个中国及亚洲多个国家和地区,北至辽宁,东至上海,南至香港、澳门、泰国、越南,西至巴基斯坦等国家和地区均有震感。"5·12"汶川地震严重破坏地区超过10万 km²。其中,极重灾区共10个县(市),较重灾区41个县(市),一般灾区186个县(市)。截至2009年5月25日10时,共遇难69 227人(实际应该为8万多人),受伤374 643人,失踪17 923人。其中四川省68 712名同胞遇难,17 921名同胞失踪,共有5 335名学生遇难或失踪。直接经济损失达8 451亿元。是中华人民共和国成立以来影响最大的一次地震。

故经国务院批准,自2009年起,每年5月12日为全国"防灾减灾日"。根据《中国减灾行动》白皮书显示实,参与此次紧急救援、深入灾区的国内外志愿者达300万人以上,在后方参与抗震救灾的志愿者达1 000万以上。临时志愿者、各类慈善公益基金会、非政府组织及高校统一召集调度的大学生志愿者在整个救援过程中发挥了极大的作用。

(二)志愿服务参与的自然灾害救援和灾后重建

灾害,特别是重大灾害发生后,组织救援不仅仅是政府的职责,同时也是全体公民应当积极参与的活动。只有充分调动民间的人力物力和财力,才能够缓解政府部门实际的救援压力,同时对政府部门的社会治理起到重要的补充作用。

从救灾初期看,当得知灾情,志愿者们马上汇集,组成队伍赶往灾区进行救援。大家来自五湖四海,有共青团组织,也有红十字会组成的小型救护队伍,还有很多大学生。从灾害发生开始,到志愿者们组成队伍赶到灾区,最快的队伍不超过8个小时。除此之外还有一部分学校的老师、个体经营业主也都纷纷赶到,他们爆发出惊人的参与力量。[4]队伍中很多人在专业部队还未到达前就率先营救伤员,成为帮助政府救助的得力助手。[5]志愿者们在此次抗震救灾中成为政府行动的有力补充,他们发扬"奉献、友爱、互助、进步"的青年志愿者精神,深入灾区开展医疗救治、心理调适、卫生防疫、物资分发及秩序维护等工作。从救灾深入过程来看,在未受灾地区,志愿者们则积极开展捐款捐物等活动,以实际行动间接为抗震救灾作贡献,充分展示了志愿者们的高尚情怀。据共青团四川省委的信息:截至5月19日,通过共青团系统报名参加抗震救灾的志愿者达到106万。据粗略估算,成都市民约占10万,其余更多来自川外。除去各地政府、企事业单位组派的大量志愿者团队,学校组织的大学生约占40%,其余便是个人志愿者。在众多的灾民安置点、医院里,主要汇聚着由学校统一调度的本地大学生志愿者,承担医务护理、灾民服务、心理抚慰等工作。四川的十几家NGO在震后三天即组成"5·12"民间救助服务中心,在灾区迅速拓展出10个左右的救助点,并试图弥补更多人口相对稀疏、政府难以覆盖的灾区。[6]据共青团四川省团委6月15日的统计,地震之后奔赴灾区的有登记的志愿者达到137万余人次,而未经组织自发前往灾区的志愿者人数更多。[7]

从灾害重建看,参与抗震救灾的大批志愿者逐渐发展成为社会组织和专业救援团队,在灾区开展持续的志愿服务工作。尽管政府在灾后重建工作中居于主导地位,但是政府工作在某些方面存在一定的局限性,例如地震后灾区残疾人士的日常生活照料、灾民的心理辅导及灾区社会秩序的重建方面,需要专业的医疗护理、心理疏导及社会文化重建等方面的专业知识和技能,这些都成为志愿者和社会组织重点发挥作用的领域。[3]另外,在灾后重建过程中,全国各大慈善机构也充分发挥了自身的优势与特色,发动各行各业捐款捐物投入实际性的重建过程中。据民政部《全国接收救灾捐赠款物及管理使用情况公告》显示,截至2008年11月25日,共接收国内外各界捐赠款物合计751.97亿元,其中中国红十字会总会共接收捐款46.9亿元,接收捐赠物资折价6.08亿元。中华慈善总会接收捐款9.19亿元,接收捐赠物资折价1.56亿元。经批准可以开展抗震救灾捐赠活动的包括中国老龄事业发展基金会、中国宋庆龄基金会、中国青少年发展基金会等在内的16家全国性基金会,共接收捐款10.9亿元,接收捐赠物资折价2.58亿元。[8]

值得一提的是,此次抗震救灾中,志愿者和社会组织所展示出的巨大潜力引起了政府的高度重视,由此打破了过去政府自上而下主导开展志愿服务的模式,开始了自上而下和自下而上结合式的志愿服务运行模式,激发出了志愿服务新的活力。志愿服务不再仅仅局限于"上行下效",而是开始了唤醒人们内心本身对奉献的渴望,激发志愿者参与救援服务的热情。具体来说,在2008年以前,志愿者服务主要是以政府部门等官方组织为主导,并没有形成社会广泛参与的局面,直至2008年以后,大量民间志愿者的参与使得志愿服务形式更加多元化,不再单一依靠官方力量。民间的社会组织在此次救灾过程中发挥了前所未有的作用,开展的志愿服务主要集中在应急救援、物资供应、心理援助和灾后重建等多个领域。

二、"8·12"天津滨海新区爆炸事故

(一)"8·12"天津滨海新区爆炸事故简介

"8·12"天津滨海新区爆炸事故是一起发生在天津市滨海新区的特别重大安全事故。[9]2015年8月12日22时51分,位于天津市滨海新区天津港的瑞海公司危险品仓库发生火灾爆炸事故。本次事故中爆炸总能量约为450吨的TNT当量,造成165人遇难(其中参与救援处置的公安现役消防人员24人、天津港消防人员75人、公安民警11人,事故企业、周边企业员工和居民55人),8人失踪(其中天津消防人员5人,周边企业员工、天津港消防人员家属3人),798人受伤(伤情重及较重的伤员58人,轻伤员740人),304幢建筑物、12 428辆商品汽车、7 533个集装箱受损。截至2015年12月10日,依据《企业职工伤亡事故经济损失统计标准》等标准和规定统计,事故已核定的直接经济损失达68.66亿元。

经国务院调查组认定,"8·12"天津滨海新区爆炸事故是一起特别重大的生产安全责任事故。

2016年11月7日至9日,"8·12"天津市滨海新区爆炸事故所涉27件刑事案件一审分别由天津市第二中级人民法院和9家基层法院公开开庭进行了审理,并于9日对上述案件涉及的被告单位及24名直接责任人员和25名相关职

务犯罪被告人进行了公开宣判。宣判后,各案被告人均表示认罪、悔罪。天津市交通运输委员会主任武岱等 25 名国家机关工作人员分别被以玩忽职守罪或滥用职权罪判处三年到七年不等的有期徒刑,其中李志刚等 8 人同时犯受贿罪,予以数罪并罚。

(二)事故灾害中志愿服务的内容

根据事故灾害事件的定义可知,"8·12"天津滨海新区爆炸事故是一次重大事故灾害。造成了严重的人员伤亡、经济损失及社会秩序的混乱。针对这些问题,志愿者们又是如何参与其中解决的呢?

根据"8·12"天津滨海新区爆炸事故新闻发布会时团市委书记徐岗介绍,青年志愿者们参与的服务内容具体分为五类,此五类服务内容皆可通用在其他事故灾害事件的应急志愿服务中。

1. 救援救治

事故灾害类事件发生之时,最紧急的问题便是人员的伤亡问题,故生死攸关之际,志愿服务的首要内容就是通过组织训练有素的专业医疗人员及时赶往灾害现场,或者政府设定的救治点,配合参与有效的救援。接到官方应急救援中心的指令后,团市委通过共青团官方微博、微信向全市青年志愿者发起倡议,迅速组建起了各类青年志愿者队伍。许多爱心志愿者和支援团队紧急行动起来,第一时间赶赴现场附近的医院和安置点参与救援。这其中既包括蓝天救援队、天津北门医院医疗救护志愿服务队这样的专业医疗团队,也有核心区团副志愿服务队、近海与爱同行服务队等一大批团属的志愿者团队。还有阳光义工爱心社、新滨海义工协会、滨海助残志愿者协会等许多社会青年公益组织。这些志愿者团队和广大市民们在应急指挥中心的统一指挥下,紧张有序地开展了有效的救援救治活动。例如,泰达二小等三个安置点、第五人民医院等三个诊疗医院,专门设置了青年志愿者服务站,有 1 200 多名青年志愿者主动承担起了交通疏导、秩序维护、物资登记、搬运和发放等相关工作。

2. 心理疏导

突发性事故灾害不仅严重威胁人们的生命安全,更会给人们造成极大的心理创伤。面对死亡、失去,及时有效的干预,给予正确的心理疏导和救治对事件当事人极为重要。当不可逆转的灾难降临时,临床医生、心理医生、社会工作者和志愿者们组建的救援人员可以形成一个有力的心理支撑体系,使得灾后人们的应激性心理障碍降到较低水平。针对事故可能引发的各类心理应激问题等，依托相关单位和机构招募了一批又一批的专业心理咨询师组成了心理疏导志愿团队奔赴救援一线。在开展了业务培训后，积极为遇难人员的家属和受伤人员提供心理疏导等帮扶。据了解，在整个团队组建过程中，还有不少暑期放假在外地的高校教师和大学生心理辅导专业的志愿者们也不断地赶回天津，持续性地开展了大量的工作。

3. 义务献血

当出现重伤员较多，就近血库血型告急时，属地及时发布求助公告，广大青年积极参与义务献血也是事故灾害类应急志愿服务中较为常见的内容。一方面，针对伤员救援存在较多用血需求的情况，团市委以预约登记、统筹规划的模式发动广大青年积极参与义务献血；另一方面，大批市民朋友也积极赶往天津市血液中心参与献血。

4. 捐款捐物

天津团市委、市青联、市青企协积极号召全市青年企业家、团干部和广大青年捐款捐物，这也得到了上海、广东、湖北、贵州等兄弟省市共青团组织的积极响应和大力支持。事故发生后，中国红十字会系统与社会各界快速反应，积极参与紧急救援救助工作。在红十字会的组织下，多家爱心企业纷纷向总会捐款捐物，支持救援救助工作。辉瑞公司通过中国红十字会总会向天津市红十字会捐赠人民币100万元，用于天津滨海新区爆炸事故的灾难救助和伤员救治。百特医疗用品有限公司捐赠价值150余万元的医药物资；安斯泰来制药（中国）有限公司捐赠价值60余万元的药品；北京诚鑫康润医疗设备有限公司捐赠价值18万元的医用洗手液。衣恋集团捐赠价值9万余元的300个家庭救助包在滨海职业学院、滨海职专等安置点发放。救助包内有毛毯、蚊帐、防水席、餐具、衣物、洗漱卫生用品、医疗药箱、手电等生活用品。爆炸事故发生后，各地红十字会和社会各界纷纷奉献爱心援助灾区，开通24小时募捐救援渠道。恒大集团通过该区红十字会捐赠价值20余万元的大米、食用油和1 000箱矿泉水。

5. 舆论引导

一般来说，事故灾害类事件由于其本身的影响力及导致的严重后果，事情发生后都会引起社会公众的高度关注，迅速成为舆论热点，但如果舆论没有被及时有效地引导，公众的猜测和不满就会蔓延从而造成社会性次生灾害，故在政府及相关部门之外的舆论引导方面,应急志愿团体也可发挥作用。事故发生后,共青团天津市委、天津市青年志愿者协会也发出致全市青年志愿者的倡议书,号召科学有序参与救灾志愿服务、自觉抵制传播谣言行为、积极开展灾后重建志愿服务;天津妇联通过官方微博发出"心灵抚慰服务召集令"。宝坻区、西青区委发出致全区党员的倡议书,倡议不信谣、不传谣,不盲目去事故中心区域,认真做好本职工作。

三、"3·1"昆明火车站暴力恐怖案

(一)"3·1"昆明火车站暴力恐怖案的基本情况

"3·1"昆明火车站暴力恐怖案是指2014年3月1日21时20分左右,在云南省昆明市昆明火车站发生的一起以阿不都热依木·库尔班为首的新疆分裂势力一手策划组织的严重暴力恐怖事件。该团伙共有8人(6男2女),现场被公安机关击毙4名、击伤抓获1名(女),其余3名落网。此案共造成平民29人死亡、143人受伤。2014年9月12日,"3·1"昆明火车站暴力恐怖案一审宣判,被告人伊斯坎达尔·艾海提、吐尔洪·托合尼亚孜、玉山·买买提死刑,剥夺政治权利终身;被告人帕提古丽·托合提无期徒刑,剥夺政治权利终身。2014年10月31日,"3·1"昆明火车站暴力恐怖案二审判决,维持一审判决。2014年9月,9名疑涉昆明火车站"3·1"严重暴力恐怖犯罪案件的嫌疑人在印度尼西亚被印方警方发现。其中4人在苏拉威西被警方围捕,3人逃进森林,另2人趁乱逃入马来西亚。2015年7月,印度尼西亚法院对其中三名来自中国新疆的维吾尔族人进行审判。

(二)社会安全事件中的志愿服务重心——心理疏导和救援

2014年3月1日晚,昆明火车站发生的恐怖袭击事件造成了严重的人员伤亡,更造成了极大的社会恐慌情绪的蔓延。对伤者和伤者家属及社会民众们都造成了看不见的伤害——心理创伤,这也是社会安全事件的共性特征,因此,及时有效的心理疏导和救援也就成了社会安全事件中应急志愿服务的核心内容。"和自然灾害相比,恐怖袭击事件给伤者、遇害者家属乃至市民造成的心理影响更大,因为其破坏了人际之间最基本的安全感。这也给心理干预工作增加了难度,因为不仅要处理事件对他们造成的心理创伤,更要修复其对人际关系的信任。"专家团队负责人、北京安定医院心理危机干预与压力管理中心主任西英俊

如是说。从事发第二天起,云南省便开始筹建心理救援队,为昆明火车站暴恐事件中的遇难者家属、伤者及事件亲历者等人群提供心理辅导和干预。截至4日上午,已有80多名志愿者报名参加心理救援队,包括大学老师、医生、在校研究生等,每名志愿者都具备国家认证的心理咨询师资质,很多人还拥有心理学专业背景及相关从业经验。

事件发生后的前三天是生命救援的黄金时段,而三天之后则是开展心理救援的最佳时机。4号起,云南省红十字会赈济救护部的心理援助热线正式开通。"1日晚上,我正在火车站送朋友,看到有人拿着刀砍,我非常恐惧,拼了命向前跑,虽然没有受伤,但回到家晚上一闭眼,脑海里就闪现当时一幕幕的场景,完全不能入睡。"云南省红十字会9楼的一间办公室内,心理援助热线志愿者牟结正在接听一位李先生打来的电话,类似的求助电话自热线开通起,一位志愿者一天就能接到上百个,且来自全国各地。另外,来电咨询者也分为很多类,有伤者或目击者自己打来电话求助,也有家属来电询问,这都需要志愿者们耐心地进行心理辅导。

据了解,云南省心理学会的专家开设了《心理危机救援技术指南》公益课程,对志愿者进行集中培训。云南省红十字会则开通了两部心理援助热线电话,安排了12名具备心理咨询师资质的志愿者每天9时至21时轮流值班,向需要心理援助的民众提供电话服务。[10]

(黄丽娜,上海大学)

参考文献

[1] 王子平.灾害社会学[M].长沙:湖南人民出版社,1998.
[2] 我国防灾减灾情况介绍[EB/OL].http://www.mfb.sh.cn/mfbinfopl.at/platformData/infoplat/pub/shmf_104/docs/200801/d_54815.html,2008-01-04/2021-08-31.
[3] 从"5·12"汶川地震看中国志愿服务在灾害管理中的进阶 http://www.chinadevelopmentbrief.org.cn/org3499/news-12991-1.html,2020-05-12.
[4] 王徽.在危机应对中前行的中国应急志愿行动:现状与困境[J].青年探索,2010(02).
[5] 林菁菁.应急管理中的志愿者参与问题与对策研究[D].江苏:南京工业大学,2017.
[6] 徐楠.理想主义涤荡百万志愿者[N].南方周末.2008-05-22.
[7] 冯华.建立志愿服务的可持续机制探析——以"5·12"汶川大地震为例[J].社会工作下

半月(理论),2008(10).
[8] 数据来源:全国接收救灾捐赠款物及管理使用情况公告,中华人民共和国民政部门户网站,http://www.mca.gov.cn/article/zwgk/tzl/200812/20081200023223.shtml.
[9] 国务院.天津港"8·12"瑞海公司危险品仓库特别重大火灾爆炸事故调查报告(全文).2018-08-12.
[10] 曹政.心理干预治疗看不见的伤害[N].健康报.2014-03-07.

第六章

应急文化宣传教育

第一节 应急文化与法治教育

一、应急法治教育的重要性

（一）法治教育是我国的明确方针

法治教育一直以来都是我国推动依法治国发展方略的一项基础性工作,是我国社会主义法治化建设实现的重要保障。自1985年起,党中央连续实施了七个关于大学生法律知识宣传教育的"五年计划"。2016年,中共中央、国务院联合转发《中央宣传部、司法部关于在公民中开展法治宣传教育的第七个五年规划(2016—2020年)》(以下简称"七五"普法规划),并向社会发布了通知,要求各级政府和地方有关部门结合实际认真学习并贯彻落实。该规划明确提到,全民普法、守法都是推进我们依法治国持续坚定不移的基础性事业。深入开展法治宣传教育,是贯彻落实党的十八大和十八届五中全会精神的重要任务,是实施"十三五"规划、全面建成小康社会的重要保障。第七个五年的法治宣传教育工作要遵循以下原则：坚持中心、服务大局；依靠群众,为群众服务；坚持学以致用,普遍治理；坚持分类指导,突出重点；坚持创新发展,注重实效。

第七个五年法治宣传教育规划工作措施的要求如下。

(1) 健全普法宣传教育机制。各级党委和政府要加强对普法工作的领导,宣传、文化、教育部门和人民团体要在普法教育中发挥职能作用。将法治教育纳入精神文明创建,开展群众性法治文化活动。人民团体、社会组织要在法治宣传教育中发挥积极作用,健全普法协调协作机制,根据各自特点和实际需要,有针对性地组织开展法治宣传教育活动。

(2) 健全普法责任制。实行国家机关"谁执法谁普法"的责任制,建立普法责任清单制度。健全媒体公益普法制度,广播电视、报纸期刊、互联网和手机媒体等大众传媒要自觉履行普法责任。

(3) 推进法治宣传教育工作创新。创新工作理念,坚持党和国家工作大局、服务人民群众生产生活,努力培育全社会法治信仰,增强法治宣传教育工作实效。

(二) 法治教育是依法治国的基础

要实现依法治国,建设社会主义法治国家,必须全面推进科学立法、严格执法、公正司法、全民守法,其中,全民守法是建设法治国家的重要环节,是弘扬法治精神的一项基础工程。法律的实行主体是公民,如果公民不遵守法律,即使有十分完善的法律制度,也不能发挥其治理作用,更无从谈起建设法治国家了。全民守法要求全体中国公民学法、知法、尊法、守法、用法,法律面前人人平等,任何个人和组织都不得有超越宪法和法律的特权。而普法又是全民学法、知法、尊法、守法、用法的前提。全民普法,是指在全体公民中普及法律知识,以增强公民的法律意识。

由此可见,唯有进行科学有效的法治教育,公民才能学法、知法、尊法、守法、用法,进而实现全民守法,依法治国。

(三) 应急法律容易被忽略

应急相关法律法规适用的情形是突发事件发生之时,日常生活大多数情况下是不涉及的,因而比较容易被我们所忽略,通常公民很少会专门进行涉猎学习。而需要明白的是,应急相关法律法规是每个公民都需要了解,并在应急情况下遵守的。在突发事件的情况下,本身就会造成一定的人身或财产损失,而在紧急情况下违反法律法规,往往会造成较为严重的后果,进一步产生更广泛的不良社会影响。所以要避免突发事件下违纪违法的情况发生,就需要进行常态化应急法治教育,使应急法律法规深深植入公民的心中,而不是等到危险情况发生的紧急情况下,才后知后觉什么可以做,什么不可以做。因此,应急普法是十分重要也是十分必要的。

二、目前应急法治教育存在的问题

我国目前所采取的应急法治教育措施主要是普法,以下便针对应急普法现状提出问题。

(一) 缺乏系统的宣传队伍

普法是一个以点带面、需要长期开展、专业性较强的庞大工程,要实现常态化、具有连续性的普法宣传教育,需要完成的任务、做的事情特别多,所以必须有一个系统的工作模式与稳定的工作人员。而单位、部门通常对于法治宣传教育的重视程度不够,普法工作往往落在基层应急管理部门上,但却没有给予其足够的经费,经费不足导致无法购买充足的普法资料、聘请专业的普法人员,进而影响法治教育的实际成效。此外,人力投入也严重不足。法治教育工作任务繁重,负责的成员却往往只有几人,且人员流动性十分高,通常没有专职人员,无法形成一个稳定的工作环境。尤其是对于应急法律这种相对容易被忽视、非日常应用的法律,其受到的重视程度可想而知。工作压力大、任务多、时间短,顾此失彼,对法治教育工作的完成效果自然无法保证。

(二) 缺乏良好的群众法治基础

步入 21 世纪以来,随着法律体系的完善,从根本上改变了无法可依的情况,我国公民的法治意识也逐步增强,基本可以做到依法办事。但目前对于法治领域的教育相对比较匮乏,公民的法律知识水平依然十分欠缺。且步入法治社会之前,"熟人社会"等观念深入人心,因受传统思想观念的影响,或者由于一些负面的新闻报道,公民容易产生对法律制度不信任的观念,更倾向于采取法律之外的手段解决法律问题。

此外,我国公民的法律意识水平差距较大。我国经济处于一个飞速发展的时期,不同地区间的发展还不平衡,故不同地区民众受教育水平不同,从而导致公民的法律意识有着较大的差距。通常,城市地区的民众法律素质较高,而农村地区的民众法律素质较低。中国自古以来便是一个农业大国,农村人口数量大,我们甚至可以说,农民的法律素质决定国民的整体素质水平,我国群众的法治基础依然是较为薄弱的。对于日常运用较多的婚姻法、刑法等民众可能还有所涉猎,而对于应急法律的了解一片空白的人不在少数。很多人抱有"应急法律只是偶尔才运用一下,等发生了再说吧"的观念,往往只有在突发事件发生的情况下,才会想起来还有应急法律的存在。

(三) 缺乏可考的实际效果审查

在法治教育工作中,大多数的单位与部门往往将大把的时间精力投入到计划安排上去,注重普法的形式,有工作计划与领导机构,但对内容落实的检查与工作成效的监督却不作安排,即使有相关制度也往往是软指标,得不到足够的重视。走形式走过场的现象十分普遍,工作总结也大多由工作计划修改而来,长期习惯于做纸上文章而轻视实际应用,形式主义严重。而普法的真正目的不是为了写一份看上去尽善尽美的报告,而是为了真正向大众普及法律知识,进行法治教育,但在实践中却完全反过来,形式大于实质,主次颠倒。

(四)缺乏有效的联动统筹

如何做到法治教育联动统筹协调,可以说是法治教育人员最头疼的一个问题。法治教育工作通常需要多个部门间的合作,而目前的法治教育工作较难统筹协调。首先各个部门共同参与的积极性不高,各自为政、唱独角戏的现象普遍存在,往往只是消极抱有完成自己分内工作了事的态度,不进行有效沟通,无法形成良好的配合与合作。其次,各部门科学组织协调各种社会资源的职能发挥不充分,各种社会资源难以集中,常常是"看得见管不着,管得着看不见",无法最有效率、最有效果地完成工作。最后,尚未形成党委统一领导、部门分工负责、各司其职、良性循环的工作格局,目前法治教育工作的责任制度与具体分工往往不够清楚明确,互相"踢皮球"的情况时有发生,自然会影响法治教育工作的有效开展。

三、应急法治教育的对策建议

(一)健全落实普法责任制和激励机制

完善普法工作责任机制,明确各部门和各单位的普法机构应该履行的相应职能、职责。任务和责任具体到人,常抓不懈,真正做到"千斤重担大家挑,人人头上有指标"。完善相关普法协调机制,克服部门、单位、乡镇、街道之间工作不沟通、不协调、不合作的现象,形成各级单位与部门共同参与、协调进行、齐抓共管的新格局,增强普法工作合力。只有这样才能做好普法工作,普法的质量才能得到提高。

同时,进一步健全激励机制。现有对于普法效果的设置通常是软指标,且其量化标准往往与基层工作的现状实际融合较差,其考核结果不具备适用性,无法切实反映普法成效。且其指标所占比例过低,综合考核中的权重较小,缺乏完善的激励机制,普法工作得不到足够的重视。因而,要进一步完善激励机制,更新普法考核标准,提高考核比例,切实反映普法工作情况。

（二）建立系统化、多样化的法治教育机制

完善法治教育工作领导机制。建立以党委、政府为核心的领导机制，确实把应急法治教育工作纳入重要日程，统一部署、统一实施、统一指导、统一检查，形成以党委统一领导，人大、政协监督，政府实施，各单位、部门各负其责、各尽其能、齐抓共管的工作新局面。完善组织保障机制，通过制度来确定法治教育组织机构的职能和权限，建立系统化、完备化的法治教育机制。同时加大投入，做好应急法治教育工作，必须保证一定经费、人力、物力的投入。在经费、人力、物力方面统筹计划，合理安排，保证要钱有钱，要人有人，要物有物，克服法治教育工作中普遍存在的经费缺口大、人员不足、物资短缺，宣传力度薄弱等困难。

补齐短板，法治教育形式多样化。挖掘民间文化资源，鼓励编制、编导和编排法律文艺节目，使枯燥乏味的法律条文生动形象，提高民众的接受度，更好地提高普法效果。利用广播，按时定期播放有针对性的节目，让老百姓广泛接受法制教育，潜移默化地将遵纪守法、学法用法的意识植根于心。要充分利用社区活动场所等平台，开展法制讲座、法律宣传咨询、法治文艺演出等活动，寓教于乐，让老百姓在日常生活中接受法治文化的熏陶，培养起崇尚法治的理念。[1]

（三）加强对党政干部的应急法治教育培训工作

依法治国，建设社会主义法治国家已成为治国的最高方略写进了《宪法》，因此，广大群众尤其是党政领导干部的法治思想认识高低十分重要。应当统一思想，充分认识到进行法治教育是依法治国的重要基础工程，这是建设中国特色社会主义国家的重要保证和长远战略。要充分认识到从思想上进行切实有效法治教育的重要性和必要性，做好持久战的准备，不懈怠、不推诿、不应付，群策群力，持之以恒，才能保证法治教育工作抓铁有痕、踏石留印，努力推进普法教育工作取得实效。

其次，党政领导干部应该起到带头和表率作用。党员和领导干部是我们的领头羊、领军者，如若党员、领导干部都不懂法，甚至以身犯法而不自知，那么人民群众又如何形成良好的法治意识，更何谈建设法治社会、法治国家。所以要切实加强党政领导干部和党员、公务员的法律学习，并将其作为法治教育的一个重点，领导要亲自参加各类法治教育活动，带领各级干部与群众学习相关法律，以身作则，调动大家学习的积极性。

（四）增加应急文化方面的教学内容

推动建立常态化、持续性应急法治教育工作的重点是在高校中增加应急方面的宣传内容和课程。各级学校定期研究法治教育工作,指导学校利用校园环境开展校园法制短剧比赛、法制小报制作比赛、法制漫画比赛、观看司法审判等活动,在校内营造浓厚的法治氛围,使学生们在潜移默化中提高法治意识。加强特色的法治文化阵地建设。要充分应用村(社区)文化广场及活动场所等平台,广泛开展法制讲座、法律宣传咨询、法治文艺(戏剧、讲故事、小品)演出等活动,寓教于乐,让老百姓在日常生活中接受法治文化的熏陶,在潜移默化中培养起崇尚法治的理念。此外,在相关专业设置应急法学课程,着力培养能够适应应急管理和法治实践需要的专业人才。应当像重视培养经济、科技人才一样培养应急管理人才。早早地培养并发掘应急管理人才,补足现有应急领域的缺失。

此外,由于我国正处于高速发展阶段,经济发展不平衡造成各地区的发达程度不同,这种不平衡也体现在教育领域。发展程度高、教育更完备的地区其民众的法律素养普遍较高;而在发展程度较低、教育不够完备的地区,民众的法律知识水平往往较为欠缺。所以在增加应急管理文化相关教学内容的时候,要考虑到在不同教育水平下的知识基础差距,对症下药,选择最适合该地区的方式与内容进行法治教育。

(五)通过新媒体进行法治宣传教育

随着移动互联网技术的迅猛发展和移动手机的全面普及,现在网络与智能设备已基本成为公民获取信息最快捷、最方便的途径。新媒体覆盖面广、时效性强、内容形式多样,利用网络虚拟空间可以使应急法治教育实现对社会公众的全覆盖,产出大家喜闻乐见、易于接受的法治教育内容。2017年5月17日,中共中央办公厅、国务院办公厅印发并实施的《关于实行国家机关"谁执法谁普法"普法责任制的意见》中指出:注重依托政府网站、专业普法网站和微博、微信、微视频、客户端等新媒体技术开展普法活动,努力构建多层次、立体化、全方位的法治宣传教育网络。可见,运用新媒体等进行法治宣传教育这一方式是十分关键且必要的。各级领导干部要加强对新媒体宣传方式的重视程度,突破传统思维,为应急法治教育注入活力。

四、应急普法经验借鉴

(一)国内

1. 深圳市应急管理普法经验

深圳市高度重视应急管理普法工作,按照国家和广东省工作部署,大力推动落实"谁执法谁普法"的普法责任制,全方位、多种形式开展应急管理普法工作,在全市应急管理系统营造了遵法、学法、守法、用法的良好氛围。

(1) 主题式普法。围绕《安全生产法》宣传周和安全生产月、安全生产万里行、防灾减灾日、消防安全日、百人百场安全应急知识宣讲等主题,深圳市每年举办多场应急管理主题普法宣传活动,面向全体市民,特别是对企业一线从业人员、外来务工人员等进行普法宣传,做到安全生产宣传教育送教上门、安全体验进社区、安全知识进校园,通过现场咨询、专题宣讲、派送读本、张贴海报、有奖知识竞答、互动体验等形式,面对面线下宣传,同时配合门户网站、微信、微博等新媒体线上宣传推广,将《安全生产法》等相关法律法规及应急知识普及到社会大众。近年来全市共举办2万余场安全主题宣传活动,现场参加人员达180万人次,开展网络公开课、专家访谈、网络直播等线上活动8 000余次,线上线下参与人数超过500万人次。

(2) 精准式普法。为切实提高应急管理普法活动的针对性和实效性,深圳市突破传统普法模式,以高危企业为主要受众,有计划有步骤地探索开展精准普法活动。2017年以来,先后在宝安、龙岗、龙华、坪山区组织开展了8场面向粉尘涉爆企业、锂电池企业、涉有限空间企业的精准普法活动,普法对象包括企业负责人及安全管理人员、街道办及社区安全管理人员、工业园区安全管理人员等,累计参加人员近5 000人,发放法律宣传手册1万多份,派送宣传品1.2万份。活动现场设置播放警示视频、典型企业发言、行政处罚案例分析、法律法规及行业标准解读、法律知识有奖问答等多个环节,内容丰富,主题鲜明,重点突出,取得良好的普法宣传效果。

(3) 警示式普法。主要形式如下:① 联合深圳电视台黄金栏目《第一现场》,推出"城市安全哨"专题节目,至今已播出8期,分别涉及电动车违规充电、违规焊接作业、防台风、煤气使用安全、地质灾害防范、防台风公众版、危险货物运输、消防安全等应急管理热点主题。节目通过现场直击、专家点评并辅以动画模拟复盘等方式,重点曝光企业违法行为、严重隐患及突出问题,督促企业自觉遵守应急管理法规,促进相关监管部门和辖区政府尽职履责。节目一经播出得到社会各界的热烈反响,仅在深圳广电——壹深圳APP平台,平均每期节目播放量超40万次。② 开展以案释法,定期通报典型处罚案件。对全市应急管理部门依法作出的行政处罚、行政强制等典型案例进行汇总,定期筛选出具有警示教育意义的案例在局门户网站对外公布,公布内容主要包括违法事实、处理结果和法律依据等。2017年以来,累计公布300余起典型处罚案件。③ 制作15万张《千里之堤溃于蚁穴——企业安全生产主体责任缺失警示录》警示片并逐一发放到企业,通过讲述发生在深圳市的多起因企业未落实主体责任而造成的较大事故,以事故责任人现身说法,提醒广大企业主要负责人知法敬法,自觉守法。

(4) 讲故事式普法。近年来深圳市应急管理局联合深圳广电集团制作播出8期《安全婆婆嘴》以案说法节目,制作《夺命电风扇》《沉重的电动车》《断线蓝风筝》《有限空间》《森林防火》《台风来临》等6部主题微电影,通过精心设计编排、生动演绎,将应急管理和安全生产法律知识融入栏目及剧本情节中,让广大群众在观赏节目的同时轻松获取应急管理法律知识。上述节目及微电影通过深圳电视台播出,同时在"深圳应急管理"微信公众号、"学习强安"平台中发布,累计观看人数已达数百万人次,在腾讯视频和官方抖音播放量超过2 000万。

(5) 培训式普法。主要有三种形式:① 组织开展"安全大讲堂"系列活动,邀请国内、省内安全领域权威专家,面向全市安全监管干部、部分企业负责人、安全管理人员,以及市民代表进行12期的安全知识专题宣讲,现场参加人员达4 000余人。同时通过微信公众号将活动内容在线上推广,浏览次数达5万多次。② 积极开展市政府规章《深圳市生产经营单位安全生产主体责任规定》(市政府308号令)宣贯工作,全市共编印、发放《308号令释义读本》近20万册,编写推送"6项29条"主体责任清单,累计培训政府安全监管人员和生产经营单位人员27万余人。③ 创新开展"安全第一课"培训活动。宝安、龙岗、龙华、坪山等各区结合辖区外来务工人员众多、企业密集等特点,对辖区群众按类别、分阶段开展安全意识、应急知识、安全生产、居家安全、出行安全、常识素养等常态化培训,切实提高广大市民的安全意识和法治意识。截至2019年8月,"龙岗第一课"线下课堂已培训220万人次,"宝安第一课"累计开展1万3 450场次,培训187.3万人次。

(6) 学习式普法。主要有以下两种方法:① 强力整合安全文化资源,创新运用融媒体思维和移动互联网信息技术,开发上线"学习强安"APP并于2019年6月正式上线,供广大群众免费使用。"学习强安"致力于打造应急管理、安全生产和防灾减灾各领域的宣传、教育、学习、培训一体化平台,公共安全知识多功能图书馆和区应急管理部门自管平台,中小企业培训管理工具,引导企业和广大市民群众自主学习应急管理法律法规和相关知识,努力提升全民安全素质和应急自救能力。② 在"深圳应急管理"微信公众号上开设在线学习测试栏目,将市政府308号令等有关安全生产法律法规规章内容嵌入,方便企业负责人、安全管理人员及广大市民在线浏览使用,随时随地学法考法。

(7) 体验式普法。早在2010年,深圳市就已建成开放现代安全实景模拟教育基地,设施设备和体验项目均为当时国内领先水平,多年来为广大市民提供了优质的安全教育体验服务,平均每年接待约15万人次。近年来全市各区安全教育基地建设发展迅速,特别是开馆仅一年的南山区安全教育体验馆,定位为集工业、交通、消防、建筑施工、居家等行业(领域)安全科普知识和防护技能于一体的公益性、综合型安全体验教育平台,采用互动投影、AR、VR等先进多媒体互动技术开展安全知识科普教育,将应急管理法律法规、标准等内容和现代电子科技手段相互关联、有效融合,通过沉浸式的互动体验方式,增强安全体验的真实感和知识学习的趣味性,高效地向体验者传播应急管理法律法规。该体验馆平均每年接待企业员工、中小学生和市民8万余人次。

2. 应急管理普法知识竞赛

为了贯彻落实习近平总书记提出"要坚持把全民普法和守法作为依法治国的长期基础性工作"的重要指示,自2019年9月开始,应急管理部、司法部、全国普法办以"弘扬法治精神强化应急管理"为主题,联合举办了首届全国应急管理普法知识竞赛,开创了应急管理普法新篇章。

为了最大程度发动群众参与竞赛,让普法活动走到老百姓身边,知识竞赛采取了"两线"衔接联动的形式。"两线"即线上+线下,线上网络预赛加线下现场总决赛。

知识竞赛线上答题活动刚刚上线就吸引了众多参与者的眼球:答题形式与内容既具有趣味性,又落实了知识普及;既有喜闻乐见的普法答题,又有耳目一新的看图识隐患、学法赢积分等,赢得了全国各地参与者的好评。

经过了一个月的激烈比拼,据统计,知识竞赛线上活动共有1 303万余人参加,线上答题有1.19亿余人次参与,超过12.5亿人次点击浏览普法答题和学习界面。参与人员涵盖了机关单位、企业、在校学生、社区居民等,参与总人数和社会各界关注度远高于同类其他知识竞赛,应急管理相关法规得到了广泛的传播和学习,全民安全素质和应急知识能力得到了有效提高。

此次知识竞赛的独特之处在于:前期预热准备充足、活动方案完善、网络安全可靠、题目设置严谨、媒体宣传到位,在全国掀起了一波前所未有的普法、学法、用法大浪潮,效果与参与人数远超预期。竞赛在守正创新、充分运用"互联网+"思维和方法开展普法活动方面作出了有益探索,开辟了应急管理普法的新路径,打造了应急管理普法的新品牌,提升了应急管理普法的新高度。

(二)国外

国外一些发达国家十分重视全民素质教育,通过法律教育实践培育公民的法治精神和信仰,对于我国开展中国特色应急管理法治教育工作有一定的借鉴意义。

1. 美国

在美国高校法制教育中,法制教育的内容所涉及的范围较广,凡是与美国公民息息相关的法律几乎都会在高校中独立授课,这是与中国宏观型授课模式的区别所在,即从美国小学开始一直到高等教育阶段,学校都会为学生提供选修自己感兴趣法制课程的机会,进行专门授课。

美国高校十分重视法治教育途径的创新。具体表现在:一是法治教育存在于多门学科。除了专门的法治类课程之外,还分散在其他课程的教学当中,如政治课、职业道德课、历史课、人文课等。二是发挥隐性教育的功能。美国高校把法治教育与校园文化建设紧密结合起来,要求课堂教学和校园文化环境相一致。比如在美国高校的学生俱乐部活动、社团活动、节日庆典活动,以及社会实践服务等不同程度渗透着法治教育,传递美国的法律价值观。三是发挥"三位一体"的重要作用。学校与社区、家庭、宗教组织等建立了制度化的联系,在平时的生活中进一步学习并践行法律,培养良好的法律素质和法律行为习惯。

其次,美国高校的法治教育在如东区天主教高中等,通过开展法律模拟实践、参与法律援助等活动,让学生以不同程度、多元化方式间接参与立法修法执法。[2]

2. 日本

日本作为地震、海啸等自然灾害频发的国家,从多种灾害事故中汲取了丰富的经验,高度重视应急科普宣传教育工作,并起到了良好的效果,扎实推进公民应急知识的普及,使公众面临重大事故能够理性应对,遵纪守法,十分值得我们学习借鉴。通过重大事件纪念日宣传、编写应急宣传地图手册、将防灾教育列入中小学生教育课程、政府出资建设市民防灾体验中心等各种形式,向公众宣传防灾避灾知识,提高自护能力。

日本政府将媒体纳入应急灾害管理体系。日本专门设有应急广播,能够将灾情危害和应对措施及时地传播到公众之中,告诉公众发生了什么、应该如何应对、怎样可以避免损失和伤害等。日本电视台除了会对发生的灾害进行集中报道之外,在平时的节目中也会适当开设灾害避难内容,如定时邀请专业人士宣传防灾知识,实现常态化普及应急基本知识。日本的报纸对于应急防灾知识的普及也有着极强的责任感。

日本高校将应急法治教育纳入日常工作。在日本,绝大多数的高校一般都设有应急防灾的机构,专门负责学校突发事件预防工作、学生演练、应急知识宣传等工作。在教育工作中,老师通常神情与语气严肃,避免学生以随意态度面对应急法治教育。学校系统化地宣传普及应急知识,增强了学生面对应急事件的法治意识。

日本专门编写应急防灾教材与手册。首先是面向高校师生编写了《学校防灾手册编写纲领》《提高生存能力、推进防灾教育》《灾害管理与应急教育指导资料》等指导性教材,其内容与呈现形式针对不同年龄段的学生身心特点,兼具趣味性与知识性。其次,面向社会居民编写手册,日本各都道府县编有《危机管理和应对手册》《防灾手册》等材料,指导应急教育和防灾知识普及工作,通常以大家喜闻乐见的漫画形式呈现,免费发放,让受教育者以轻松的心情接受知识。[3]

利用节日进行普法教育。日本与应急防灾有关的节日分两类:一是全国性节日。1982年日本政府将每年的9月1日(关东大地震纪念日)定为"全国防灾日";每年1月17日(阪神大地震纪念日)定为"防灾与志愿者日"。在这些纪念日,电视上会播放专题节目进行应急安全教育和法治教育。将每年的11月5日定为"海啸防灾日",专门以海啸为主题进行应急防灾减灾教育及法治教育,同时在各地举办专题演讲会。

日本设有专门的教育场所或基地。在全国各地建立了大大小小、种类不同的地震博物馆、防灾知识宣教馆,市民可以免费尽情体验。馆内会有专业人士以现场演示讲解、情景模拟等方式向参观者强调应急安全、应急法治知识的重要性。

(吴金津,上海财经大学)

参考文献

[1] 龚柯宇.疫情防控背景下普法效果检视——以"大理扣押征用口罩事件"展开[J].乐山师范学院学报,2020(6):133-138.
[2] 喻军,张泽强.美国高校法制教育的经验及其启示[J].当代教育理论与实践,2012(12):88-90.
[3] 陆继锋,曹梦彩,陶玟杉.日本应急防灾知识普及的经验与启示[J].5·12防灾减灾日专栏,2019(5):48-52.

第二节 应急文化与心理健康教育

一、应急文化与心理健康

当前我国对应急文化的研究尚处于起步阶段,对于应急文化的理解也众说纷纭。陈安认为,从广义上来说,应急文化主要是指在紧急情况下,人们长期形成的行为方式和心理习惯;从狭义上来说,应急文化主要指的是在面对突发事件和紧急情况时,人们形成与应急相关的行为活动、价值标准、思想意识等。[1]该观点从广义和狭义两方面指出了应急文化的长期建设性及在紧急情况下对人们行为方式、思想意识、价值标准等的重要指导作用。陈旭等认为,应急文化是指人们在应急管理实践中形成的应急意识和价值观、应急行为规范及外化的表现等。[2]应急文化建设的具体内容,应包括应急心态文化、应急制度文化、应急物质文化和应急行为文化。[3]

心理健康是指人在成长和发展过程中认知合理、情绪稳定、行为适当、人际和谐、适应变化的一种完好状态,是健康的重要组成部分。当前,我国常见精神障碍患者和伴有心理行为问题的人数逐年增多,因个人极端情绪引发的恶性事件也时有发生。同时,公众对常见精神障碍和心理行为问题的认知率比较低,缺乏防治知识和主动求助意识,仍有患者及其家属有病耻感。加强心理健康促进,有助于促进社会稳定和人际关系和谐、提升公众幸福感。党的十九大报告提出要加强我国社会心理服务体系建设,《健康中国行动(2019—2030年)》将心理健康促进行动纳入其中,并将建立精神卫生医疗机构、社区康复机构及社会组织、家庭相互衔接的精神障碍社区康复服务体系,建立和完善心理健康教育、心理热线服务、心理评估、心理咨询、心理治疗、精神科治疗等衔接合作的心理危机干预和心理援助服务模式作为重要的行动目标。[4]心理健康教育是实现这一奋斗目标的重要环节,也是构建完善应急文化体系不可或缺的一部分。应急文化视域下的心理健康教育是指以心理学、教育学、社会学、行为科学及临床心理学等多种学科的理论和技术,预防或减少因应急突发事件导致的各类心理行为问题的产生,从而促进心理健康,提高公众生活质量。主要包括心理健康宣传教育、心理咨询或辅导、心理疾病治疗、心理危机干预等。

二、应急文化视域下的心理健康教育

心理健康教育的对象有儿童、青少年,大中小学校的学生(含各类高职高专院校),社会大众;各级各类医疗机构和专业心理健康服务机构的工作人员,各机关、企事业单位、高校和其他用人单位的心理辅导工作人员。

应急文化视域下的心理健康教育应体现三个目标。第一,发展性目标,即通过心理健康教育使个体的认知能力、情感、意志等得到发展,从而成就自我,使自己的人生体现新的价值和意义。第二,预防性目标,通过心理健康教育认识到心理状态与身心疾病之间的关系,从而提高心理素质,自觉调整心理状态,增强免疫力和社会适应能力,达到心理预防的目的。第三,弥补性目标,如果因为某种原因,如应急事件,出现了心理问题,甚至心理疾病,就可以通过心理健康教育来转变健康观念,消除心理障碍,增进心理健康,起到心理弥补效果。

应急文化视域下的心理及健康教育应以发展性目标和预防性目标为主。参照《健康中国行动(2019—2030年)》提出的个人和家庭目标如下。

(1) 提高心理健康意识,追求心身共同健康。每个人一生中可能会遇到多种心理健康问题,主动学习和了解心理健康知识,科学认识心理健康与身体健康之间的相互影响,保持积极健康的情绪,避免持续消极情绪对身体健康造成伤害。倡导养德养生理念,保持中和之道,提高心理复原力。在身体疾病的治疗中,要重视心理因素的作用。自我调适不能缓解时,可选择寻求心理咨询与心理治疗,及时疏导情绪,预防心理行为问题和精神障碍发生。

(2) 使用科学的方法缓解压力。保持乐观、开朗、豁达的生活态度,合理设定自己的目标。正确认识重大生活、工作变故等事件对人心理造成的影响,学习基本的减压知识,学会科学有益的心理调适方法。学习并运用健康的减压方式,避免使用吸烟、饮酒、沉迷网络或游戏等不健康的减压方式。学会调整自己的状态,找出不良情绪背后的消极想法,根据客观现实进行调整,减少非理性的认识。建立良好的人际关系,积极寻求人际支持,适当倾诉与求助。保持健康的生活方式,积极参加社会活动,培养健康的兴趣爱好。

(3) 重视睡眠健康。每天保证充足的睡眠时间,工作、学习、娱乐、休息都要按作息规律进行,注意起居有常。了解睡眠不足和睡眠问题带来的不良心理影响,出现睡眠不足及时设法弥补,出现睡眠问题及时就医。要在专业指导下用科学的方法改善睡眠,服用药物需遵医嘱。

(4) 培养科学运动的习惯。选择并培养适合自己的运动爱好,积极发挥运动对情绪的调节作用,在出现轻度情绪困扰时,可结合运动促进情绪缓解。

(5) 正确认识抑郁、焦虑等常见情绪问题。出现心情压抑、愉悦感缺乏、兴趣丧失,伴有精力下降、食欲减退、睡眠障碍、自我评价降低、对未来感到悲观失望等表现,甚至有自伤、自杀的念头或行为,持续存在2周以上,可能患有抑郁障碍;突然或经常莫名其妙地感到紧张、害怕、恐惧,常伴有明显的心慌、出汗、头晕、口干、呼吸急促等躯体症状,严重时有濒死感、失控感,如频繁发生,可能患有焦虑障碍。一过性或短期的抑郁、焦虑情绪,可通过自我调适或心理咨询予以缓解和消除,不用过分担心。抑郁障碍、焦虑障碍可以通过药物、心理干预或两者相结合的方式治疗。

(6) 出现心理问题要及时求助。可以向医院的相关科室、专业的心理咨询机构和社会工作服务机构等寻求专业帮助。要认识到求助于专业人员不等于病情严重,而是对自己负责任的表现。

(7) 精神疾病治疗要遵医嘱。诊断精神疾病,要去精神专科医院或综合医院专科门诊。确诊后应及时接受正规治疗,听从医生的建议选择住院治疗或门诊治疗,主动执行治疗方案,遵照医嘱全程、不间断、按时按量服药,在病情得到有效控制后,不能急于减药、停药。门诊按时复诊,及时、如实地向医生反馈治疗情况,听从医生指导。精神类药物必须在医生的指导下使用,不得自行任意服用。

(8) 关怀和理解精神疾病患者,减少歧视。学习了解精神疾病的基本知识,知道精神疾病是可以预防和治疗的,尊重精神病患者。要认识到精神疾病在得到有效治疗后可以缓解和康复,可以承担家庭功能与工作职能。要为精神疾病患者及其家属、照护者提供支持性的环境,提高患者心理行为技能,使其获得自我价值感。

(9) 关注家庭成员心理状况。家庭成员之间要平等沟通交流,尊重家庭成员的不同心理需求。当与家庭成员发生矛盾时,不采用过激的言语或伤害行为,不冷漠回避,而是要积极沟通加以解决。及时疏导不良情绪,营造相互理解、相互信任、相互支持、相互关爱的家庭氛围和融洽的家庭关系。

三、应急事件的心理援助机制

心理援助,是指对受突发事件影响的群众及时给予适当、适时的心理援助,以最大限度地减少突发事件对心理造成的危害,使之尽快摆脱困难或尽量减轻痛苦。突发事件或灾难发生后,涉及突发事件人员中的一部分(包括受灾群众、援救人员等)可能发生心理障碍,常见的有急性应激障碍、创伤后应激障碍、抑郁、焦虑、分离障碍、酒精中毒、药物滥用、自伤、自杀等。因此,灾难发生之后,在场的意识清醒且可以活动的人员应当立即开展现场处置和救援工作。有关部门应当立即启动应急预案,调动救援队伍实施救援。在这个过程中,要特别注意,不仅需要进行物质和医疗卫生救援,还应当立即开展应急事件的心理危机干预,采取科学有效的方法,利用心理学原理和技术,对整个受灾群体和高危人群实施心理疏导,减轻灾后不良心理应激反应,避免心里痛苦的长期性和复杂性。为此,要做好心理援助工作者的筛选、培训和实际工作中的督导,真正做到心理救援工作以人为本。[5]

(一) 心理援助的目标

依据心理学相关理论,基于世界各国的灾后心理援助经验,心理援助的总目标是在灾后建立心理援助的长期机制,分类、分阶段地为受灾群众提供心理帮扶,降低受灾群众的心理创伤程度,激发内在潜能,提高受灾群众面对灾难和挫折的能力,培养积极、乐观、向上的心理品质,帮助其认识生命的意义和价值,促进个体顺利发展。具体目标如下。

(1) 依据心理学等相关理论,结合过往有效经验,及时为受灾群众提供心理援助,帮助受灾群众逐步恢复心理健康,重建自信,增强承受挫折和适应环境的能力。

(2) 及时甄别心理危机高危人群,给予科学、有效的心理咨询和治疗,帮助他们尽快摆脱灾难带来的阴影。预防和减少心理疾患的发生。

(3) 重点关注儿童、妇女、老人等群体,同时给予救灾人员充分的心理支持和社会资源,构建科学、高效的心理援助机制,提高心理援助的工作成效。

(4) 面向社会大众普及重大灾害发生后的心理健康知识,降低民众的心理恐慌,增强其自我心理调节能力。

(5) 为政府相关部门的应急事件灾后救援提供心理学支持。

(二) 心理援助的原则

根据对大规模灾害心理援助的经验,结合灾害对人类心理的影响及文化特点,心理援助工作者应遵循以下原则。

(1) 心理援助与解决现实生活问题相结合。在对援助对象进行心理帮扶时,首先要收集信息,结合当地的风俗文化和风土人情,了解其社会支持系统是否可靠、是否具备基本的生活保障、是否处于安全的环境。

(2) 心理援助与心理自愈相结合。对于单一个体,心理援助应帮助其减轻应急事件造成的负面心理影响。在此过程中,重在引导受助对象积极配合。要恰当地向其说明灾后可能出现的心理障碍类型,帮助其正确认识自身的应激反应,引导受助者主动参与并调整情绪。避免在救援过程中过于强调"帮助",而忽视了受助者自身心理恢复的潜力,避免其对心理援助产生依赖。

(3) 心理援助与自我保护相结合。作为心理援助人员,要在心理干预过程中保持共情,深切体会受助者的情感。在此过程中,心理救援人员可能会因灾难本身、周围环境、过度疲劳、工作不够熟练等因素,导致自身产生不良心理应激或替代性创伤。因此,心理援助工作者要做好充分的救援准备,互相协作,分阶段、分重点科学地安排救援工作,尽可能避免出现替代性创伤。

(4) 科学有效与以人为本相结合。以科学的态度对待心理危机干预,明白心理危机干预只是灾难救援的一部分。对不同需求的受助者应综合运用干预技巧,实施分类干预,依据心理学相关理论和实践经验,为受助者提供个性化帮助。

(三) 心理援助组织机构及职责

对于大范围的突发事件,最有效的心理援助要通过心理援助组织的指导来有效地开展。

(1) 成立心理援助及现场危机干预领导小组,按照上级有关部门指示和工作安排明确分工,开展心理救援工作。

(2) 工作网络建构和人员选用。通过已有心理援助专家库、媒体、网络、社区等方式多渠道广泛招募并筛选工作人员。相关机构和人员主要有政府组织、民间救援组织和非政府救援组织及专业心理救援人员。

政府组织:主要是指各级应急指挥中心,卫生、公安、消防、司法等机构。主要职责是普及危机知识、组织协调心理援助行动、心理重建的政策支持及宣传,社会动员等。特别强调一点,当应急事件发生时,政府的紧急应对及公开回应对于受灾人群来讲也是非常重要的心理援助。

民间组织及非政府组织:主要指志愿者、社区救援队伍和其他相关组织。这类组织具有社会渗透及灵活性强、运作成本低等优点,便于对受助者提供深入细致、个性化的服务,尤其是心理援助、人际关系修复、心理重建等方面。

专业心理援助组织工作人员:指经过专门训练和不断实践的专业人员,主要包括心理学家、精神卫生科医师、心理咨询师及其他相关专家、教授等。主要职责是组织、评估、督导心理危机干预。

(3) 制定管理制度。及时制定相应的规章制度对于保障心理援助组织机构的正常运行非常关键。应该包括财务管理办法、人事调配管理办法、物资管理办法和工作人员守则和工作细则等。

(四) 心理援助的时空框架

为了有效地组织心理援助,根据突发事件对人的影响,以时间与空间为维度来构建心理援助的工作框架,见表6-1。[6]

表6-1 时间、空间二维心理援助工作框架

	灾难中心	灾难的周边地带	非灾区
救助阶段(应激)	A	B	C
安置阶段(冲击)	D	E	
重建阶段(复原)	F		G

基于该框架,简要概述如下。

1. 重灾区的应激阶段(A)

主要指在灾难中心地带的几小时至数天。该阶段的主要任务是保证生存,开展生命救援和生存需求急需满足。心理援助的工作主要是渗透在生命救援之

中。例如,汶川大地震中救援官兵为解救被困的受灾群众,在加速开展排险的过程中,不断地保持与受困者对话,进行各种形式的鼓励,从而加大生存希望。

2. 灾区周边地区的应激阶段(B)

主要指灾难发生后灾区周边地区的几小时至数天,灾区周边地区群众一般亲历这种灾难,但没有构成严重的生命伤害和财产损失,如汶川大地震的成都地区。但是民众在心理上受到惊吓,焦虑情绪明显,并担心灾难会再度来袭。因此,该阶段对灾区周边群众心理援助的主要任务是通过直接接触等方式稳定恐慌情绪、缓解焦虑。针对特殊人群,如儿童、老年人等进行群体心理干预。

3. 非灾区的应激阶段(C)

在灾难发生的几小时至数天,非灾区的社会大众主要通过各种途径,特别是新闻媒体间接了解灾难的后果,也会在心理上感到恐慌和焦虑。针对这部分民众的主要任务是规范媒体行为,通过媒体、网络等渠道以稳定恐慌情绪,缓解焦虑。进行灾后心理健康教育,包括通过手册、电视栏目和报纸专栏及网络、电话热线等方式传播科学应对灾难的知识和策略。

4. 重灾区的冲击阶段(D)

主要指灾难中心地区的一周至数月。这一时期,对于重灾区民众来说生存已得到基本保证,但还会不断回溯灾难发生的情景,极易产生灾后压力综合症状,因此要对受灾人员、救灾人员进行心理评估。根据心理创伤程度的不同,分层、分阶段、分重点开展个体与团体心理干预。

5. 灾难周边地区的冲击阶段(E)

指灾后周边地区的一周至数月。此时灾区周边地区群众的恐惧焦虑症状有所缓解,有可能会出现灾后压力综合症状。此阶段的主要任务是开展心理健康教育,主要通过社区、学校等渠道开展心理健康知识普及。

6. 灾区的重建期(F)

灾难发生后的半年至数年后,灾区大部分人恢复常态,但少数人仍可能受灾难阴影影响。灾难之后,群众的应激反应一般会在 1~3 个月逐渐缓解,但是相当比例的人们仍可能继续遭受灾难带来的不良反应,除了应激性心理障碍之外,焦虑症、忧郁症、生理心理疾病的患病人数都会增加。加之全社会,特别是媒体对灾区的关注度逐渐降低,使受灾群众感到社会支持大幅下降。因此,需要面向受灾群体持续、系统地开展心理援助。主要任务是对个体进行深度和持续的心理干预;开展枢纽人群培训和本地心理援助队伍建设;建立心理援助服务体系,助力灾后重建长期的心理援助工作。

7. 可能发生灾害区(G)

对于灾区以外的更广泛的区域,要通过此次灾害事件的反应,总结经验,开展灾害心理援助的准备。

(五)心理援助策略与方法

从临床来看,重大灾难发生之后,约有25%的受灾群众会从短暂性应激状态转向创伤后应激障碍。只有尽早和有效的心理疏导,才能够及时为更多的人化解精神上的痛苦,降低心理疾病的产生,帮助受助者重建信心。一般来讲,心理危机干预的工作步骤主要有了解基本信息,确定问题,确定援助方法,共同探寻可变通的应对方式,制定行动计划。

实施心理危机干预需要借助一定的理论基础,具有代表性的有:① 平衡模型,主要用于早期干预,用于稳定当事人的情绪,帮助其恢复到危机前的平衡状态;② 认知模型,主要根植于事件和围绕事件境遇的错误认知,目标是帮助当事人认清危机事件或境遇的真相,扭转错误认知,重新获得理性思维;③ 心理社会转换模型,充分考虑人的社会属性,在考察危机、干预危机时,将个体的社会环境及由此产生的社会影响作为关键的关注点,评估其与危机有关的内、外部因素及其对危机的影响程度,进而帮助当事人调整现有的心理状态,将内部应对方式与社会支持、环境资源相结合,从而获得对自主生活的控制;④ 临床医学定向模式,主要针对有创伤后应激障碍和其他精神症状的人群,采取医学筛查和门诊,以及住院治疗的方式帮助受灾群众。在实际工作过程中,要根据具体情况,不同阶段灵活运用相关模型。

从实践经验来看,心理危机干预的具体技术主要包括如下六个方面。

1. 沟通技术

心理援助工作人员与受助者建立关系、探寻问题、寻求改变的过程,其实是逐步深入了解的交流过程,因此,沟通技术是进行心理危机干预最基本、最重要的专业技术之一。建立互相信任的帮扶关系需要通过良好的沟通来实现,良好的沟通为实现有效干预创造最为基础的条件。否则,心理援助的处理策略将难以实施,干预效果也将大受限制。影响人际沟通的因素有很多,涉及心理学、社会学、语言学等多方面,在援助过程中,应当注意以下几点:以诚恳尊重的态度进行沟通;避免信息矛盾;保持言语与非言语一致性;避免给受助者不切实际的承诺;运用平实的语言,以言简意赅的表达方式沟通,避免使用难懂的专业术语。

2. 支持技术

在突发性灾难事件发生后,大量受害者的社会支持系统受损,形成负面应激因素。此时,给予当事人积极的、无条件的接纳和支持,感受来自心理援助工作者的共情、理解、尊重、真诚、关怀与陪伴,可以帮助当事人建立临时的社会支持系统,并尽力帮助受害者解决其急需处理的问题,必要时运用环境改变或转介精神卫生医疗机构以获取必要的医疗资源帮助,从而对受害者起到平复心理创伤的作用。主要的支持技术有倾听、减轻痛苦、解释与指导。

3. 放松训练

放松训练是一种通过调节当事人自主神经兴奋状态,以达到减轻焦虑和恐惧的行为干预技术,用于缓解因恐惧和焦虑而产生的全身肌肉紧张、心悸、四肢发冷、面色苍白、呼吸局促、出冷汗等现象。放松训练常用的方法有四种。

(1) 渐进性肌肉松弛法,让被干预者遵循由四肢到躯干、由上到下的系统顺序,人为地对局部肌肉群进行收缩紧张,随后立即放松,使肌肉达到比原先更加松弛的状态,从而达到放松的目的。

(2) 腹式呼吸法,让被干预者采取一种慢节奏的腹式呼吸取代浅而快的局促、紧张呼吸状态,通过膈肌的上下运动将氧气深深吸入肺内,从而减轻焦虑。

(3) 注意集中训练法,即通过默想或指导意向,让当事人把注意力集中在某个视觉刺激、听觉刺激或运动知觉刺激上,或者让当事人想象愉快的情景或影像,从而达到肌体和情绪的放松。注意集中训练常常结合其他放松技术一起使用。

4. 心理宣泄技术

精神分析角度认为一切心理障碍都是压抑造成的,被压抑的东西堆积到一定程度就会暴发,从而导致心理障碍。把压抑的东西释放出来,才能从根本上消除心理障碍,这种情绪释放的过程就是心理宣泄。经历突发性灾难后,需要专业的危机干预者采取关怀、耐心的态度,为当事人提供恰当的宣泄渠道,帮助他们宣泄不良情绪,从而获得极大的精神解脱。常用的心理宣泄方法有:宣泄操,即鼓励受助者通过叫喊、哭泣、捶胸顿足、打沙袋等方式将负面情绪释放出来;情景游戏,干预者设置某种情景,或者发起某种活动,把求助者的情绪带出来;艺术治疗,如绘画、音乐、舞蹈等,也能起到宣泄情绪的作用。

5. 紧急事件应急晤谈技术

紧急事件应急晤谈,又称为集体晤谈或危机事件应激报告模式,是一种系统的、通过交谈来减轻压力的方法。经历应急事件的个体,可以按不同的人群分组进行团体晤谈。目的是通过公开讨论内心感受,相互间得到支持与安慰,帮助当事人缓解心理创伤。灾难发生后 24~48 小时之间是理想的干预时间。需要注意的是,严重事件晤谈不适宜处在极度悲伤期的受害者,若时机不好,可能会干扰其认知过程,引发精神错乱。

6. 转介技术

心理援助工作人员大多经历了专业训练,具有比较丰富的专业基础知识,能够更好地理解当事人并给予其必要的帮助。但是,这并非意味着无所不能。每一位心理援助工作人员擅长的领域、工作能力等也有差异,所以要根据实际情况选择适合的受助对象。在必要的时候,必须将受助对象介绍给其他工作人员、咨询机构或医疗机构接受心理疏导或心理疾病治疗,这就是转介。例如,当干预者认为自己的专业能力无法为受助者提供适宜且有效的服务时、发现受助者可能患有较严重的精神障碍,需要接受专业精神卫生医疗机构诊疗时、当受助者出现移情,将感情移植到心理咨询师身上时,若出现以上不利于干预过程实施的情况,就要出于受助者的利益进行转介。

从总体趋势来看,心理学领域在不断发展,应急事件管理和处置的经验也在不断优化,在此过程中,心理援助的技术和措施也日趋精细化、多样化,也更加强调多学科合作,以集中各学科的优势力量组织和执行干预项目。

(宋亚丽,上海大学)

参考文献

[1] 夏保成,王碧,陈安.从灾难影视中看中外应急文化[J].河南理工大学学报,2015,16(3):296-300.
[2] 陈旭,张力文,柯晓兰等.防范化解重大安全风险与应急文化建设[M].西南财经大学出版社,2020.
[3] 谢菊.应急文化视阈下的社会组织研究[J].新视野公共管理变革,2011(3):44-26.
[4] 健康中国行动推进委员会.《健康中国行动(2019—2030 年)》,2019.

[5] 闪淳昌,薛澜.应急管理概论:理论与实践(第二版)[M].高等教育出版社,2020:388-397.
[6] 陈雪峰,王日出,刘正奎.灾后心理援助的组织与实施[J].心理科学进展,2009(03):499-504.

第三节　应急文化与公共安全教育

文化与教育的关系是什么？文化本身就有一种教育力量,其体现在两个方面。第一,文化在特定的时间和空间内形成了一种文化环境和文化氛围,能够对生活在其中的人们产生思想熏陶;第二,一个社会的文化以不同的方式影响着教育活动。教育本身也是一种重要的文化现象,具有双重的文化属性。一方面,教育是一种传达和深化文化的手段,这与文化构成的内容和形式有关。[1]另一方面,教育过程和教育实践者本身也体现了文化的意识形态、价值取向和行为方式等特征,使其成为文化的本体。由此可见,教育和文化有着密切的联系。

从应急文化的概念和内容来看,应急文化建设的目的是将文化的力量转化为应急管理能力,而这一目标的实现离不开持续、全面的公共安全教育。因此,应急文化建设与公共安全教育建设是同向共进的。

应急文化属于公共文化,是由政府主导、社会参与形成的应急文化体系,是为人民群众普及应急文化知识、培养应急技能,满足群众生存及安全需求的各种公益性文化机构和服务,具有全民参与和非营利的性质。无论是应急避难所这类防护体系的建设,还是应急管理机制和应急法制的优化建设,应急文化建设的最终落脚点在于人民,特别是人民群众公共安全意识的提升和应急技能的掌握,这是预防思想的重要体现。我国应急文化体系在长期的实践中充分体现了中国特色社会主义制度的显著优势,一次次成功应对重大突发事件,离不开公共安全教育的大力推进。

一、应急文化与公共安全教育的关系

公共安全教育是防控和有效应对各类突发事件的保障,是应急文化建设的基础。目的是了解各类突发事件的应对过程,增强人们的公共安全意识,掌握自我保护的方法,培养应对突发事件的能力。公共安全教育的核心内容是公共安全观念和行为的培养、公共安全体系和设施的建设。公众往往是突发事件最直

接的接触者,也是应急处置过程中反应最迅速者。在政府、社会和学校的宣传推广及教育培训的影响下,公众具备的基本安全意识、心理应对素质、应急事件处置能力等对各类突发事件的发展会起到极大的作用。突发事件的快速处理不仅是对公众个人能力的考验,也是对整个社会综合应急能力的考验。

二、公共安全教育的原则

(一)全面性

首先是教育对象的全面性。公共安全教育的对象覆盖全体公民及各类组织机构,并不是针对个别群体的教育。同时,公共安全教育的覆盖面应当尽可能做到全覆盖,在社会各阶层都要普及公共安全知识,以提高全民应对危机的综合素质和能力。公共安全教育内容的全面性不仅包括基本层次的公共安全知识与技能、行为准则和法律意识,还包括深层次的公共安全观念、心理素质和综合的应急技能与协作能力。需要注意的是,在对全民进行公共安全教育时,要注重教育对象的层次性和教育内容的系统性,无论是对政府、企业、社会组织还是学生、社区居民、农民工、社会弱势群体等,都要根据其特点及其当下所处的社会环境,有针对性地进行公共安全教育,确保全民掌握基本的公共安全知识和自助互助技能,形成各个阶层之间公共安全教育的有效衔接。

(二)人民至上性

人民至上,生命至上。人民群众既是公共安全建设的主体,也是安全建设的客体。公共安全是民生之本,公共安全建设的最终落脚点是保障人民的安全生活需求。我们要以人民对美好生活的向往为奋斗目标,把人民的生命安全放在最高位置,不断深化改革,改善民生,让老百姓有获得感、幸福感、安全感。党的十八大以来,以习近平同志为核心的党中央为推进国家治理体系和治理能力现代化作出重大战略决策,全面部署推进新时代应急管理工作,创新发展了新时代应急管理理念,构建了中国特色应急管理体制和应急能力体系,积极推进我国应急管理体系和能力的现代化。

(三)实践性

公共安全教育要注重实效,应急能力的提高必须通过实战演练来实现。通过实际演练,有利于公众形成良好的应急意识和应急习惯,及时发现个人在危机应对中存在的观念差异和错误行为,让公众在模拟演习中增加自救和逃生的知识技能,更多地了解各种灾难,提高应对危机的心理素质。"5·12"汶川地震中,安县桑枣中学2 200名师生无伤亡是定期疏散演习的最好例子。从2005年开始,该校学生每学期要进行一次紧急疏散的演习。学校规划好每个班级的疏散路线,每次应急演练都井然有序。正是多年的应急演练,在危急关头才挽救了师生的生命。

(四)层次性

从认识公共安全到应对公共危机,是一个从理论到实践,不断学习、积累和发展的过程,公共安全教育由此呈现出一个层次。公共安全教育的对象也具有层次性,在中小学教育中,开展公共安全普及性教育,帮助中小学学生了解日常生活中的公共安全,同时可以开展一些实操性的技能培训。在大学中则可以开设公共安全教育的专门课程,系统性地向学生教授公共安全知识及危机应对技巧。在企业、社区、农村等地,公共安全教育基地是安全教育最有效的形式。针对不同地区、不同层次、不同对象的特点,科学设计和建立公共危机教育培训基地,利用多种实物、多种形式,如图书、报刊、影视、图书馆、文化馆、展览馆等,使全民都能够受到公共安全教育。

三、新时期公共安全教育的措施

党的十八大以来,习近平总书记多次就公共安全发表重要讲话。2013年11月,党的十八届三中全会首次提出健全公共安全体系的理念,标志着我国应急管理进入公共安全体系建设的新阶段。2014年10月,党的十八届四中全会将总体国家安全观正式写入全会报告,这一理念提出了中国公共安全体系建设的根本指导战略,重塑了中国公共安全体系建设的观念。2017年10月,党的十九大将坚持总体国家安全观作为新时代坚持和发展中国特色社会主义的基本方略之一。目前,我国的公共安全教育还存在着教育体系建设有待完善、教育意识不强、教育形式单一等诸多问题。在国家总体安全观的指导下,可从国家、社会、学校三个层面来加强新时期公共安全教育。

(一)国家层面的顶层设计

1. 树立新时代公共安全的新理念

随着经济和科技的发展,我国公共安全形势发生了深刻的变化,显现出复杂性、非传统性、不确定性等特征。自然灾害风险更明显地表现出其纯自然性减弱的特征,近年来各地暴雨气象灾害接连引发了大面积城市内涝,也发生了由强风暴袭击引起的长江"东方之星"客轮倾覆事件。生产和技术领域的风险越来越多地呈现新兴风险的特征，如天津港发生的"8·12"特大火灾爆炸事故。社会生活领域的风险日益显露出非传统的特征，如恐怖主义、网络安全等非传统安全风险日益凸显。且这些风险还呈现出由社会风险转化为政治风险、国内风险转化为国际风险的趋势。

因此，公共安全建设要跟上国家现代化的步伐，要进一步从政治和战略高度认识公共安全风险治理的重要性，确立公共安全风险治理的政治性、战略性地位，在实现创新、协调、绿色、开放、共享的发展进程中居安思危，未雨绸缪，努力规避人为风险、新兴风险和非传统的风险。

2. 健全国家公共安全体系

在总体国家安全观的统领下，积极推进新时代我国公共安全体系和能力的现代化建设，实现从碎片化治理到系统化治理的转变，善于总结、继承、创新我国应急管理体系的特色和优势，例如，我国应急管理中所呈现的集中力量办大事、党的统一领导、对口支援、群众路线、基层党组织、军地协同等优势。从而进一步将中国特色应急管理制度优势转化为治理效能，运用中国特色应急管理制度优势应对重大安全风险的冲击。依靠制度化和法治化，确保国家安全战略能力和应急管理能力不断提升，把各个领域涉及国家安全的要素纳入战略考虑。将所有安全因素，包括外部安全与内部安全、传统安全与非传统安全、自身安全与共同安全等进行整体分类，统一评价，科学、合理、全面地确定资源的利用。

3. 加强安全文化建设

安全文化就是通过对人的观念、道德、伦理、态度、情感、品行等深层次人文因素的强化，利用领导、教育、宣传、奖惩、创建群体氛围等手段，不断提高人们的安全素养，增强安全意识，改正不安全行为，把人们从被动地服从安全管理制度，转变为自觉主动地按安全要求采取行动。安全文化建设能够凝聚群众，引导人们规范安全行为，形成内在的自我约束，是社会和谐运行的协调剂。安全文化建设的内容包括社区安全文化、交通安全文化、消防安全文化、休闲娱乐安全文化和保健安全文化。在人类的生存和社会发展过程中，必然面临各种各样的突发事件，为有效应对和处置这些突发事件，必须通过加强公共安全文化建设，在企业、学校、家庭中以创新方式进行宣传教育，增强每个社会成员的安全意识，提升综合安全素质。

4. 一体化宣传防控工作机制

新闻媒体在宣传公民应急自救知识、形成应急文化方面都发挥着不可替代的作用。通过媒体传播和舆论引导,能够凝聚起全国人民全力以赴、共克时艰,应对危机的强大正能量。建立统一的突发事件新闻发布制度,对突发事件发生的全过程进行追踪报道,建立良好的信息沟通渠道,使公众及时准确地了解突发事件的进展情况,可以控制和引导事态发展。利用电视、报纸、微信、微博等全媒体平台,全方位、高频次、多形式对公共危机事件进行宣传报道,可帮助老百姓掌握正确的公共安全知识和技能,及时消除各种谣言,稳定社会秩序。

(二) 社会层面的协同参与

中国共产党第十九届中央委员会第四次全体会议提出,必须加强和创新社会治理,完善党委领导、政府负责、民主协商、社会协同、公众参与、法治保障、科技支撑的社会治理体系。建设人人有责、人人尽责、人人享有的社会治理共同体,确保人民安居乐业、社会安定有序,建设更高水平的平安中国。公共安全治理是一种通过人的主观能动性化解社会风险、推进社会进步的主体行为。人民群众在公共安全治理中的主体作用愈益凸显,国家力量和社会力量相互作用,相得益彰。

现代社会公共风险的特点决定了必须系统整合各类应急资源,动员国家、社会等力量进行民主协商,推进共同治理。从微观层面看,每个人都是社会共同体的组成部分,面对危机,谁也不能独善其身。个人利益的有效维护取决于社会其他成员的一致行动,甚至个人权利的转移。从宏观层面来看,随着全球化和信息化的发展,地区与地区之间、国家与国家之间的物理边界变得模糊,紧急联系的趋势日益明显,这就要求各方树立共商共建的共同体理念。

1. 企业

参与社会治理是企业的一项重要职责。企业在资金、材料、技术方面具有独特的优势,这些资源也是人类战胜灾害、提高社会治理和应急管理能力的重要基础。不断提高企业的应急管理能力,积极参与应急管理,也可以为企业带来多方面的效益。企业要将安全教育纳入日常管理,制定安全生产规章制度,对安全生产和事故预防进行宣传教育。健全安全教育培训制度,创新教育培训形式。落实企业安全生产主体责任,建立安全提示工作群,建立科学规范的安全管理体系。分行业领域组织开展"开工第一课"等专题培训活动。企业要积极组织员工参加安全生产月、消防宣传月、安全文艺汇演、安全知识竞赛等活动。定期组织职工开展安全应急演练。加强企业安全文化建设,推动企业安全文化创建和安全诚信体系建设等。

2. 社区

就城市公共安全风险管理而言,安全风险产生前的预控阶段需要公众的充分参与。城市领导和管理者应为公众参与城市治安治理提供制度和平台,鼓励公众积极有效地参与。村民委员会、居委会等群体性自治组织处在社会基层,在治安管理中发挥着独特的作用,居委会等群众性自治组织建设应纳入经济社会发展的整体,从办公空间、人员、经费、等方面支持和鼓励其发挥风险调查、信息收集、纠纷解决、邻里守望等群防群治的传统优势。借鉴发达国家社区应急响应小组(CERT)系统的经验,构建由社区工作者、行业委员会成员、物业服务人员、电网工作人员和社区成员组成的常备应急力量体系。制定规章制度,村民委员会、居民委员会等群众性自治组织可以按照规范流程开展应急工作,充分发挥以社区为基本单位、政府为主导、居委会与物业管理公司协同工作的机制。

3. 农村

结合脱贫攻坚和乡村振兴工作,将公共安全设施纳入同步规划、同步施工、同步实施,建立和完善农村应急避难场所、区划标识等,因地制宜开展有针对性的灾害避险逃生、自救互救演练。各地要选取熟悉农村和村民状况的人员担任安全官、安全宣传员、监督员,定期开展集中培训和宣传轮训,全面开展社会化宣传。丰富宣传形式,通过张贴海报、发放宣传资料、签订安全责任书、播放典型案例等形式,让广大群众了解公共安全知识。结合乡村振兴和入户走访活动,开展"入门入户"宣传活动,让案例知识"村村上墙、户户张贴、人人学习"。充分利用社区、农村的公务栏和广播,让宣传条幅挂起来、安全知识贴出来、温馨提示响起来。积极开展群众性安全文化创演活动。

4. 家庭

家是最小国,国是千万家。国家公共安全体系的建设离不开每一个家庭的付出与努力。在家庭范围内进行公共安全教育,家庭成员之间能够相互影响,相互促进,形成良好的教育氛围,不仅能够帮助家庭成员获得安全知识和技能,也能进一步推动文明和谐社会的建设。社区可以开展"安全文明家庭""五好家庭""我把安全带回家"等家庭成员共同参与的活动,激励居民积极开展安全教育。

在小区内张贴安全标语,并指导家庭加强安全防范,定期开展家庭燃气、用电、防火等安全知识宣讲,定期查找、消除安全隐患。编印发放应急与安全知识手册等宣传品。广泛开展以公共安全为主题的志愿服务活动。提倡家庭基本安全教育、保险等资源投入,建立并推广家庭应急物资储备清单等。[2]

（三）学校层面的积极引导

学校致力于公共安全教育是时代赋予的责任,也是高校自身建设的重要组成部分。学校特有的公共安全教育环境能够实现校园内全员参与公共安全工作,有效落实安全教育任务,推动校园安全文化的形成。学校积极开展公共安全教育是各项活动安全有序进行的保障,是培养学生综合素质的有效方式,是构建和谐社会的必然要求。

1. 创新校园安全文化建设的新形式

在建设校园文化的过程中,学校应该采用多种方法,如通过课堂教育、宣传板报、多媒体等形式,将安全文化融入学生教育中。创造出一种校园安全文化氛围,从而影响学生的价值观念,进而促进学生树立"安全第一,预防为主"的安全观。利用各种形式开展安全教育周、月、日等活动,同时也可以邀请政府相关职能部门开展教育讲座,提高师生的自救、自保、防灾、脱险能力,从而全面提高校园安全文化建设的质量。同时,在课堂上除了知识教学意外,可加入情景模拟、应急训练等实践性内容,通过模拟突发事件场景,加入防身术、溺水自救、遇火灾逃生技巧、突发疾病自救、防盗防身等训练内容,培养学生的应急技能。

2. 发挥校园安全文化建设中人的主体作用

人是安全文化建设中最活跃、最积极的因素。公共安全文化建设需要全体成员的参与。校园安全文化建设要以人为出发点,以文化为载体,形成浓厚的文化氛围,提高人的安全意识和规范人的行为。注重发挥教师的示范引领作用,表彰安全文化建设的典型;发挥学生干部、党团员的朋辈引领作用,带动周围同学遵纪守法,提升安全素养。同时,倡导校园安全文化要多突出关注人的需要,从解决师生关注的安全问题着手,这样更有利于和谐文化氛围的形成。加强学校周边环境的安全系数,充分发挥教师和学生的角色,在安全预防方面树立榜样,帮助周围的居民进行安全管理,形成校内、校外安全同向、共振的局面,相互促进安全建设。

3. 增强校园安全文化的吸引力和影响力

对学校安全文化建设进行统一规划、统一指导,加强各部门之间的合作,将安全文化理念与学校文化建设相结合,做好学校文化建设工作,促进学生安全意识的提升。一方面,要以学生喜闻乐见的方式呈现安全文化,让学生参与校园文化建设,通过定期危险演练,普及安全知识,提高灾害应急响应能力。另一方面,要重视学生的思想政治教育,把安全文化融入到思想政治教育中,潜移默化地提高学生的安全意识。在政治理论课的教学中增加专门模块和讨论环节,并融入危机应对的典型案例和典型人物,发挥典型示范教育功能。

4. 拓展公共安全知识教育内容

我国公共安全教育发展的现状之一是强调传统的安全教育,包括国家安全、生命安全、消防安全、交通安全、食品卫生安全等。这些安全问题具有发生频率高、危害大的特点,必须长期关注。除传统安全威胁外,许多非传统安全问题的影响也日益突出。非传统安全问题是政治安全、军事安全、经济安全、社会安全等问题相互交织、相互影响的结果,对社会稳定和国家关系构成严重威胁。与传统安全相比,非传统安全的内涵更加广泛和复杂。因此,必须丰富公共安全教育的内容,逐步将工作重心向非传统安全教育转移,具体包括恐怖主义、武器扩散、生态环境破坏、资源短缺、信息安全、科技安全、经济安全、非法移民、毒品走私等方面。因此,公共安全教育必须结合传统和非传统安全威胁,使学生更全面地掌握安全知识。[3]

5. 学生心理健康问题不容忽视

在校园安全管理的过程中,学生的心理健康问题也应得到重视。学校要积极发挥辅导员和班级骨干的主观能动性,关心学生的学习和生活,也要重视心理咨询室的作用,使其可以成为学生缓解不良情绪的场所。[4]也可开设相关课程,以提高学生对心理问题的认识,有积极应对心理健康问题的意识。重视学生的心理健康有利于提高学生的人际交往能力、适应环境能力、抗压能力等,还可以减少校园安全事故的频率。

四、国外公共安全教育的有益经验

本土化的公共安全教育是中国治理体系和治理能力的重要组成部分,但面对公共安全呈现国际化、不确定性、复杂性等特征,这就要求我们充分了解国际公共安全教育,充分发挥我国公共安全体系的特点和优势,结合国外公共安全教育的有益实践,积极推进我国应急管理体系的完善和优化。

（一）美国

美国安全理事会将 6 月定为"国家安全月",每年确定不同的主题。纽约等地通过政府部门、社区志愿者、学区、红十字会、网络等多渠道和机制,为公民和企业提供危机应对知识和各种安全培训。从幼儿园到小学,学生们开始接受正规的急救培训。中学生每周至少要上一门急救课程,并延伸到大学阶段,内容也在不断进阶。通过建立政府与公民之间的互动合作,共同应对各种危机,良好的危机意识和应对能力已成为公民的基本素质之一。国会还通过立法,每年投资 30 多亿美元用于食品安全网络、生物恐怖主义和动植物流行病的早期预警和快速反应系统,以及公共教育系统。[5]

（二）日本

在每年固定的防灾日、防水月、危险品安全周等防灾宣传日期间,以展览、媒体宣传、发放应急物资等形式,广泛开展应急专题教育活动,将国家应急意识的培养纳入日常教育。还通过编写《危机管理和应对手册》《应急教育指导》等教材进行对学生开展防灾救灾教育。还设有足够数量的应急教育培训中心和防灾博物馆,让人们体验真实的灾害场景,如大阪就设有经验型防灾学习设施。

日本是个地震多发国家,在防震抗灾的应急文化方面做了大量工作。《东京都震灾对策条例》明确规定了东京政府知县、市民和企业的职责,也在条例开头强调了两个理念:一是基于"自己生命自己保护"之自我责任原则的"自救"理念;二是"我们自己的城市(社区)我们自己保护"的"共救(互救)"理念。[6] 中小学普遍开设应急教育课程,仅在小学阶段就达到了 40 学时,被分别安排在汉语、地理知识、历史启蒙、人与自然等课程中,以培养学生的应急意识和能力。建立相互协作的公共应急救援机制,并以"动员群众"为重点,提出"自救、共救、公救"的理念,政府和专业机构相互合作,建立健全公民自治防灾组织和企业自身防灾体系,既充分体现政府的责任,又通过提供各种培训、学习和实践机会,培养公众的应急意识。日本大多数商店都出售灾害应急袋,其中装有饮用水、压缩食品、收音机、常用药品、简易帐篷、便携式厕所等。购买并保存这样的应急袋,一旦地震发生,不能在短时间内依靠救援时可以以此为生。日本中央政府通常每年花费 3 万亿至 4 万亿日元用于防灾准备。日本各地还成立了许多防灾救灾团体,如消防队、水上保护队、妇女防火俱乐部、青年防火俱乐部、儿童防火俱乐部等。[7]

(三) 德国

德国把加强国家应急意识作为应对突发事件的重要内容。建立联邦、州、地方各级应急培训学院和基地,对应急管理人员、各类应急志愿组织和公民进行系统的应急知识培训。一般在小学阶段开始设置相关的应急教学内容。建立危机防范信息系统,出版《居民保护》等出版物,普及防灾救灾知识。[8]通过小册子、互联网、展览和听众热线等介绍如何处理急性流行病、危险化学品泄漏和恐怖主义危机。

德国也是一个特别重视应急管理工作的社会化国家,在应急管理过程中充分发挥政府、民间的力量,形成了一个专业化与社会化相结合的应急管理体系。德国各种各样的志愿者组织也很多,如德国红十字会(TRK)、德国工人救援协会(ASB)等,这些组织的志愿者在消防队的协调下,结合各自特点,参与各种不同的灾难救援工作。[9]

(刘　菁,上海大学)

参考文献

[1] 黄献清.反腐倡廉——教育、文化建设两手抓[J].传承,2008(22):16-17.

[2] 王晓红.我国家庭应急产业发展的动力机制与路径探析,2020(7):120-130.

[3] 雷晓康.突发公共事件应急管理的社会动员机制构建研究[J].四川大学学报(哲学社会科学版),2020(4):37-41.

[4] 于扬,王本余,李志兵.关于公共安全教育融入教师教育治理体系的反思[J].黑龙江高教研究,2020(8):116-119.

[5] 喻军,张泽强.美国高校法制教育的经验及其启示[J].当代教育理论与实践,2012(12):88-90.

[6] 陆继锋,曹梦彩,陶玫杉.日本应急防灾知识普及的经验与启示[J].5.12防灾减灾日专栏,2019(5):48-52.

[7] 杨力.突发事件应急意识和能力建设探讨[J].中国安全生产科学技术,2011,7(08):154-158.

[8] 顾桂兰.培养公民危机意识,预防突发事件发生——各国应对公共危机的做法值得我国借鉴[J].现代职业安全,2009(02):70-71.

[9] 国家安全生产应急救援指挥中心.建筑施工安全生产应急管理[M]北京:煤炭工业出版社,2017:6.

第七章

灾难世界下的应急文化典型案例

第一节 马航失踪事件的应急文化与舆情应对

一、马来西亚航班(MH370)失踪事件概述

2014年3月8日北京时间00:42,马来西亚航空公司一架载有239人的飞机于吉隆坡(Kuala Lumpur)国际机场飞往北京首都国际机场,航班号为MH370,原定于北京时间2014年3月8日6:30抵达北京。但在2014年3月8日约01:20,航班在马来西亚和越南的交界处与胡志明管控区失去通讯联络,同时失去雷达信号。经过中国方面相关监管部门证实,该航班一直未与中国管制部门联络或进入中国空管情报范围。随后,马来西亚航空公司与马来西亚政府当局启动紧急行动搜救飞机,多国也采取相应紧急措施应对这一突发事件,一时国际关注聚焦于此。

马航MH370(外文名MAS370)即马来西亚航空公司第370号航班,执飞机型为波音777-200ER。该航班总共运载239人,其中包括227名旅客(2名婴儿)及12名机组人员。航班的旅客来自15个国家或地区,中国旅客154名(包括1名婴儿、1名中国台湾乘客)。航班原定于从马来西亚吉隆坡国际机场飞往北京首都国际机场,全程约为3 700 km,到达目的地的正常时间为北京时间3月8日6:30。

2014年3月8日凌晨0点38分,马航MH370航班滑行在马来西亚吉隆坡的跑道上,等待机场空管搭台的指令。在经过长达4分8秒与吉隆坡塔台的通

话之后,在凌晨 00:42,马航 MH370 航班按照预定计划起飞。凌晨 1 点 01 分,机长扎哈里·艾哈迈德·沙阿(Zaharie Ahmad Shah)通过无线电台与地面塔台保持正常通信。凌晨,机长与塔台进行了最后一次通信联络,航班即将飞离马来西亚吉隆坡的空管区到达越南的胡志明。一切都显得再平常不过。

但是在 2014 年 3 月 8 日 01:20,MH370 航班突然在马来西亚与越南的交界处于胡志明管控区失去联络,同时失去雷达信号,也未收到该航班发出的任何求救信号。经过中国方面的相关部门证实,该机一直未与中国管制部门联络或进入中国空管情报范围。

8 日早晨 8 点 44 分,马来西亚航空公司官网发布首份对外声明,声明证实飞往北京的 MH370 次航班 8 日 2 时 40 分与苏邦空中交通控制中心失去联系。马来西亚航空公司与马来西亚当局随后采取紧急行动搜寻失联客机。北京时间 9 时许,距航班失联时间已经过去了近 7 小时。MH370 航班配备了 7 小时的航油,至此航油已经基本耗尽,这意味着飞机如果没有降落到某个地区,就已经坠毁。

中国方面,外交部发言人秦刚表示,中国外交部、驻马来西亚使馆和驻越南使馆启动应急机制,全力配合做好相关工作。[1]随后李克强总理就飞机失联事件做出重要批示:立即启动应急机制,与马方民航部门加强沟通联系,督促加大搜寻力度,尽快核实机上中国乘客具体情况。要在境外中国公民保护机制框架下,与外方共同做好应急救援准备,并会同有关地方及时妥善做好乘客家属信息通报、安抚等工作。[2]

3 月 8 日 10:30,交通运输部部长杨传堂在中国海上搜救中心组织召开紧急会议,宣布立即启动一级应急响应,成立马航失联客机应急反应领导小组。南海救助局、广州打捞局、广东、海南海事局已启动一级应急响应,14 艘专业救助船和 6 艘海事执法船及 2 架巡航救助飞机已经做好了应急出动准备。

中国海警指挥中心获悉马来西亚一架航班失联后,立即调派距客机可能出事海域最近的中国海警 3411 船前往。中国海警 3411 船已启动应急预案,正全速赶赴相关海域,预计 9 日下午抵达。

3 月 8 日 12:00,马来西亚航空公司在北京丽都假日饭店组织召开记者会,介绍马来西亚航班的失联状况,约 100 多名记者到达会场准备采访马来西亚航空公司负责人。

3 月 8 日 13:00,马航首席执行长阿末佐哈里(Ahmad Zohari)表示,飞机是在马来西亚和越南领空之间失去联系的,没有关于飞机途中遭遇恶劣天气的报告,飞机也没有发出求救信号。[3]

3月8日约13时13分,广东海事旗舰海巡31船和海事直升机做好应急待命准备,如果发现消息将立即与广东省海上搜救中心联系。广东海事局还公布了海上救援电话。

3月8日约14时47分,中共中央总书记、国家主席、中央军委主席习近平对客机失联事件作出重要指示:要求外交部、驻外领事馆与所在国的有关部门密切配合,做好搜救和善后工作。交通运输部、民航局等有关部门启动应急机制,积极配合做好工作。并进一步加强民用航空的安全检查,保证民用航空运行绝对安全。[4]

3月8日下午,在马航举行的首场新闻发布会上,发布的消息仍然是"失去联系",也没有给记者提问的机会,场内场外一片骚乱,引发广大不满情绪。当天,包括中国、马来西亚、印度尼西亚、美国、新加坡、越南及菲律宾在内的七国参与搜救。17时许,马航组织乘客亲属前往越南失联地点。17时11分,马来西亚代理交通部长希山慕丁·胡先(Xishan Muding Hu Xian)通报,失联客机失踪地点为北纬06°55′15″,东经103°34′43″。马来西亚海军、空军已出动在此范围内展开搜索。17时20分,王毅紧急召开部级联席会议,决定做好各方面应急处置工作。外交部副部长谢航紧急约见马来西亚和越南使节。17点26分左右,参与搜救的越南飞机在马航疑似失联范围的海域内发现一条长约20 km的油剂带,稍后海上还升起了烟柱。

3月9日0时左右,美国第七舰队派出驱逐舰参与搜救,同时美国方面开始调查客机失联是否涉及恐怖势力参与。3时,中国排水量最大的综合船坞登陆舰两万吨舰"井冈山"号出发搜寻失联客机。3时30分马航赴京处理失联飞机的工作组成员在北京丽华饭店对150名乘客家属道歉,并联系马来西亚驻华使馆安排与家属见面。9时,马航在吉隆坡召开记者会,仍无法确定飞机位置,中国交通运输部派出12名潜水员,中远"泰顺海"轮抵达,未发现可疑漂浮物。12时,海警3411号抵达。

12时20分,马来西亚部长通报发现有两名乘客使用假护照登机,现正在对所有乘客的身份进行核查,不排除有航班被劫持的可能性。14时50分左右,马来西亚和越南的搜救船在可疑海域发现飞机疑似残骸。17时,中国、马来西亚、越南、菲律宾、印度尼西亚、新加坡、美国、泰国、澳大利亚、英国等至少10国已派出至少25架飞机和40艘舰船,在可疑海域展开搜救。22点30分,越南方面称找到疑似飞机舱门的碎片。

3月10日4时,国际刑警组织在查看了所有马航MH370乘客登机所用的证件后,表示发现更多"可疑护照",发言人呼吁各国重视国际刑警组织数据库,尽快发现异常。约15时33分,中国海警3411船10日发现两条较大油污带,根据肉眼观察,有可能与失联航班有关,海警船已经完成了取样。19时后,越南方面表示之前发现的疑似漂浮物未得到确切证实,搜救工作未取得最新进展。20时,马来西亚方面召开新闻发布会,确认之前的油带与失联客机无关。

3月11日,灾难救援的黄金72小时已经过去,各国的搜救工作依然没有获得明显进展。马来西亚媒体透露,失联马来西亚航班的最后踪迹不是在近日多国海空力量搜寻的马来西亚东部海域,而是马六甲海峡北部,客机的搜索范围扩大到马六甲。当天19时,国际刑警组织公布了关于使用"可疑护照"乘客的调查结果,两名冒用失窃护照的乘客均为伊朗人,经过调查,二人涉及恐怖主义的可能性较小。

3月12日,马来西亚航空局总监表示对失联客机的搜救范围扩大至安达曼海(Andaman Sea)。3月13日,美国将搜救范围再次扩大至印度洋海域。

3月20—25日,澳大利亚卫星在南印度洋发现疑似MH370航班残骸的物体,但不确定是否属于失联航班,澳大利亚军方正努力获取更加清晰的图像。

4月15日,蓝水打捞公司(Blue Water Recoveries)负责人、世界顶级残骸专家戴维·默恩斯(David Moines)确切表示已经检测到来自失联飞机黑匣子发出的四次脉冲信号,残骸地点大致确认。

4月29日,由澳大利亚主导的南印度洋MH370残骸搜索工作进入水下搜索阶段,至此,其他各国的空中搜索阶段告一段落。澳大利亚方面仍然留存了一架飞机,以配合日后发现飞机残骸后的打捞工作等。10月10日,澳大利亚交通安全局发布的马航MH370中期报告确认,MH370航班可能因为燃油耗尽在印度洋上方低速盘旋后最终坠入海面。[5]

2015年1月29日,马来西亚民航局宣布,马航MH370航班失事,并推定机上所有239名乘客和机组人员已遇难。[6]

2015年7月29日,法属留尼汪岛(Reunion Island)的海滩上发现一块长约两米的飞机残骸(见图7-1)。8月6日,当时的马来西亚总理穆罕默德·纳吉布·阿卜杜尔·拉扎克(Mohammad Najib Abdul Razak)表示:"在留尼汪岛发

图 7-1 法属留尼汪岛发现的马航 MH370 客机残骸

现的飞机残骸的确来自 MH370 航班……MH370 航班客机悲剧性地在南印度洋终结。"[7]在附近,当地居民还发现了行李箱、矿泉水瓶、皮革等其他疑似物品。在失踪了 500 多个昼夜之后,MH370 航班的残骸被首次发现。

2015 年底,一名南非少年在莫桑比克共和国(The Republic of Mozambique, Mozambique)度假时发现一块飞机残骸。2016 年 2 月,一名美国游客在莫桑比克海岸游玩时同样发现了一块飞机残骸。2016 年 4 月 20 日,时任澳大利亚基础建设和交通部长达伦·切斯特(Darren Chester)发表声明,称澳大利亚运输安全局提供的技术报告证实,在莫桑比克发现的飞机残片来自失事的马航 370 航班客机。[8]

2016 年 6 月,在坦桑尼亚奔巴岛(Pemba Island)海滩发现一块飞机碎片,通过外形推断可能来自飞机的机翼襟翼,碎片发现的地点与客机残骸的漂移模型基本一致,极有可能来自 MH370 客机。

2016 年 8 月,马来西亚官方首次承认,马来西亚航空公司 MH370 航班的机长扎哈里·艾哈迈德·沙阿(Zaharie Ahmad Shah)曾在自己家中模拟飞行过与这架客机疑似坠入南印度洋相似的路线。[9]但是马来西亚交通部长廖中莱(Liow Tiong Lai)提醒大家,模拟器中有数以千计的模拟飞行线路,这个发现不代表飞机失事一定是机长所为,只能说"有可能有预谋"。

2016 年 9 月,马来西亚交通部长廖中莱表示,在非洲坦桑尼亚海滩发现的大块飞机碎片,经澳大利亚运输安全局专家确认,飞机碎片上的信息与之前 MH370 出厂日期符合,因此,证实是马航 MH370 客机的残骸,该碎片是近来发现疑似残骸中最大的一块。[10]

2016 年 11 月 2 日,澳方公布关于马航 MH370 客机的最新报道:飞机在坠入海中时处于无人控制的飞行状态。[11]对卫星的分析数据显示,飞机襟翼在坠毁时可能并未展开。一般而言,在受控降落期间,飞行员会展开襟翼。澳大利亚运输安全局(Australian Transport Safety Bureau,ATSB)负责指挥 MH370 搜索的官员表示,如果襟翼没有展开,几乎肯定可以排除飞机坠毁时有人操作的推论,并且有效验证目前搜寻区域的正确性。

2017 年 1 月 16 日,马来西亚交通部长廖中莱表示,现阶段对于马航 MH370 客机的搜索工作将会在 2 周内结束。在对 12 万 km² 的搜索区域进行搜查后,将会组织三方会谈并发布最终报告。除非发现更加有价值的信息,否则政府将不会组织下一轮调查。

2017 年 1 月 17 日,澳大利亚、马来西亚、中国三国政府表示,对失踪马航 MH370 客机的深海搜寻工作已暂停。[12]三国在联合声明中表示,近期未有关于马航 MH370 具体位置的新进展,因此暂停水下搜索工作。

2018 年 1 月,马来西亚与美国海底探索公司海洋无限公司(Ocean Infinity)正式签约,委托该公司在印度洋上一块约 2.5 万 km² 的水域继续搜寻马航 MH370 客机。[13]此次搜索区域基于澳大利亚调查人员在去年 4 月发布的一份报告,他们对飞机残骸漂流模型研究后认为,MH370 航班的坠毁地点可能在原搜索点以北的区域。2018 年 5 月 29 日,为期 90 天的海底勘探计划再次无果而终。

2018 年 7 月 30 日,马来西亚政府向 MH370 失联者家属公布最终报告(见图 7-2)。这份报告内容共 822 页,已在互联网中公布并分发给失踪客机的乘客家属和经过认证的媒体。[14]

与之前报告不同的是,这次报告详细公布了调查人员在调查过程中记录的每一个字,几乎不经过任何编辑,没有任何内容的增加或删除。但是令很多乘客家属失望的是,报告只是对过去几年的搜救行动和调查行动进行了总结,并没有就飞机失踪原因作出交代。至今,马航 MH370 客机的失事原因和最终准确去向仍然成谜。

图 7‑2　马航 MH370 最终调查报告

二、马来西亚航班失联事件的应对措施

马来西亚 MH370 航班的失联是世界民航史上最扑朔迷离的事件之一。一架正常飞行的航班在毫无预兆的状况下突然消失,没有发射任何求救信号,239 名乘客和机组人员下落不明。事发后,世界多国启动了应对突发民用航空事件的响应机制,主要包括搜救行动和舆情处理两大部分,同时配备其他一系列的相关措施。下文将主要对这些措施进行介绍,并分析其中的优点与不足。

（一）国际联合大救援

在所有交通工具中,飞机的安全性最高,但是如果发生意外,后果将极其严重。马航 MH370 航班失联,最牵动人心的是飞机上 239 个鲜活的生命,因此启动救援机制是各国应对的第一要务。由于马航 MH370 在失联时没有发射任何求救信号,也没有显示遇到任何的恶劣天气,如果抓紧灾害救援的黄金 72 小时或许会有奇迹发生。从 3 月 8 日下午开始,一场民航史上史无前例的国际联合救援行动拉开帷幕。

有人曾打过一个比喻,这次搜救就像是从天安门广场上找一枚硬币,其实海上搜救的难度远比这个比喻要大得多。在茫茫大海上找一架失事的飞机,除了需要考虑飞机与大海面积的差距,还需要考虑气候、风向、海况等复杂因素。2009 年的法航 447 航班坠海事件,首 5 天内只找到了飞机的部分残骸,但是飞机的主要部分和黑匣子仍在大西洋海底深处(见图 7‑3)。

图 7-3 法航 447 飞机的残骸

直到 2011 年,一艘水下潜艇才发现坠落在深达 4 km 海底的飞机,经过长期的打捞和分析,最后认定是由于皮托管结冰导致飞机未能侦测空速,自动驾驶关闭,机员错误操作导致失速而酿成空难。[15]相比较而言,法航 447 客机在失事前曾向地面控制台发出过多次设备警报,而此次马航 MH370 客机失联之前没有发送任何的设备警报或求救信号,雷达和通信讯号凭空消失,最后失踪地点难以确定,无异于给本就困难的海上搜救增添新的挑战。

鉴于此次飞机失联情况复杂,涉及海域面积大、海上搜救艰难并且机载乘客涉及世界多个国家,一场国际性的联合救援在所难免。截至 3 月 9 日晚,中国、马来西亚、越南、菲律宾、印度尼西亚、新加坡、美国、泰国、澳大利亚、英国等国至少 25 架飞机和 40 艘舰船在可疑海域展开搜救。各国集结了强大的救援力量,利用高新科技装备进行立体化救援,可以说这是一场救援行动,也是一场国家实力的展示。

中国方面,绵阳舰是中国海军自行设计建造的新型导弹护卫舰。2014 年 3 月 9 日凌晨,绵阳舰从南沙海域紧急启航后,连续驶航 1 300 多 km,比预定时间提早 3 个小时抵达任务区进行救援(见图 7-4)。[16]包括井冈山舰、昆仑山舰、海口舰等海上救援力量也赶赴可疑海域进行搜救,同时西安卫星测控中心临时调动高分、遥感等 4 个型号近 10 颗卫星,为海上搜救提供技术支持。[17]

第七章 灾难世界下的应急文化典型案例 273

图7-4 绵阳舰执行搜救任务

进入海底救援阶段后,能在水下利用声呐、摄像机探测的蓝鳍金枪鱼-21型自主式水下航行器显得尤为瞩目。蓝鳍金枪鱼-21被称为美国海军目前最先进的水下探测器,其最大下潜深度为4 500 m,最长水下行动时间为25小时。被投放至海底后,蓝鳍金枪鱼-21将发射声呐脉冲扫描海底,脉冲将向两个方向以弧形散开,蓝鳍金枪鱼-21会接收到在脉冲范围内物体的反射声波,利用声波阴影判断物体高度并形成图像。[18]

除此之外,此次救援行动的主体不仅有各主权国家,国际组织、跨国公司等也发挥了重要作用。如国际刑警组织甄别出登机乘客中有两位使用可疑护照的伊朗乘客,成为搜救行动中又一重大发现。[19]但是由于救援行动涉及的是国际争端复杂的海域,搜救各国之间的合作仍然受到地缘政治的影响,互相交涉一定程度上延缓了搜救进程。另外各国之间没有建立一个明确的国际应急事件协调机制,无法在飞机失事后的短时间内划定明确的权限范围,各国及多方力量的指挥机制难以统一,这给本就复杂的MH370飞机搜救行动再添外在压力。

(二)"大众麦克风"时代的舆情处置

在突发事件发生时,一手需要抓事件处置,另一手需要抓舆情应对。在一些国际性的重大突发应急事件中,舆情应对的成败与否将直接影响到政府公信力、媒体信任度与企业形象,其重要性不可忽视。

此次马航MH370的舆情处理存在很大难度。首先,客机神秘失联疑团重重:波音系列飞机素来以安全性能高著称,且当时没有监测到飞机遇到了任何恶劣的自然状况,为何会发生意外?如果不是自然状况导致的,那是否存在人为破坏的可能?客机失联事件是否与恐怖组织有关?客机失联的原因一直未被揭开,最终去向也不明,这必然引发国际社会的大讨论。其次,当今社交媒体的发展使得公众可以直接参与到信息的传播中,他们不仅是信息的受益者,更成了甄别者和提供者,一个简单转发在个体互联度紧密的网络下可能会引起难以想象的舆论浪潮,这给事实真相的澄清带来很大的难度。

1. 马来西亚方面的应对状况

受到舆论压力最大的无疑是马来西亚方面。在大多数的情况下,航空公司重大突发事件的网络舆情传播大致会经历散播——集聚——热议——反复——消解等五个阶段。[20]在集聚阶段,之前处于散布状况的信息经由网民关注,会在短时间内被快速点击和转载,同时网民的评论也呈现集聚状态。此时的网络舆情已经处于危机阶段,存在向各个方向发展的可能性,如果此时没有拿出明确的声明和措施来回应群众,舆情主体将会受到多方舆论的重大冲击。2014年3月8日1时19分,MH370航班突然失去雷达信号。根据越南与马来西亚的空中管制中心之间通话录音记录显示,凌晨1点38分,胡志明方面向吉隆坡(Kuala Lumpur)通报了不能与MH370航班取得联系的情况。但是根据马来西亚方面发布的调查报告显示,3月8日5点30分,马方才启动官方搜救行动,这其中间隔了4小时的搜救空白。另外,马来西亚方面在3月8日举行的首场新闻发布会堪称混乱不堪。对于一场如此重大的民用航空事件,整场发布会仅仅持续了5分钟,没有给记者提供提问的机会,甚至没有给情绪激动的家属们一份完整的乘客名单,引发广大不满情绪。

当舆情随着事态发展进入热议和反复阶段后,由于媒体对事件的焦点化处置,网民的参与度进一步提高,公众舆论压力骤增。此时的舆论态势为谣言的出现提供了温床,各种不实消息甚嚣尘上,马航对此展开了一系列辟谣工作。正如英国的一位新闻工作者感叹:"MH370的报道规律如下:每天早晨谣言四起,傍晚就被辟谣——下一天周而复始。"[20]马方自身对此并没有进行很好的处置,频繁发布又频繁否定关键节点的信息,反而让自己陷入了谣言的旋涡。比如对航班是否曾经折返马六甲这一消息,马来西亚媒体引用空军司令罗莎里·达乌德

(Rosalie Daoud)的话表示,马空军雷达曾监测到失踪 MH370 航班在马六甲海峡上空飞行,并于 8 日凌晨 2 时 40 分在霹雳岛(Pulau Perak)附近从雷达上消失。[21]但是随后达乌德说自己从未发表过以上言论,"客机只是有可能折返"。

马来西亚政府和马来西亚航空公司在客机失联以来经受巨大的国际舆论压力,也采取了大量措施进行紧急搜救。但是在舆论处理方面,马来西亚方面的确存在内部沟通不畅,信息披露迟缓和混乱无序的状况,这为本就不利于马来西亚的舆论局面雪上加霜。

2. 中国舆情应对状况

在本次危机事件的舆论场上,除了马来西亚方面,表现较为显著的是中国。马航 MH370 客机上共有 154 名中国乘客,超过乘客总数的大半部分,且中国自身存在着广大传统媒体与非传统媒体作为舆论基础。中方面临着仅次于马方的舆论压力,如何正确处理舆论风波是摆在中国政府和中国媒体面前的一道难题。

应对舆情最好的方式不是回避,而是积极应对。马航失联的消息传出后不久,中国国家主席习近平和国务院总理李克强在第一时间作出重要指示;李克强总理紧急同马来西亚总理纳吉布通电话,敦促马方迅速有力开展救援工作;外交部立即启动紧急预案,驻外使馆启动最高级别应急机制,外交部部长王毅则中断了一个记者会,赶赴有关部门处理马航飞机失联的协调会……中国政府以切实的行动回应了质疑,给失联旅客家属和广大民众一份答复,体现了负责任大国的态度和人道主义情怀,受到国内外舆论的称赞。

应对舆论压力,媒体报道需要给出正确的方向指引,"软武器"与"硬武器"相结合。在软措施方面,由于失联的中国同胞占乘客的多数,主流媒体纷纷打出"等你回来""与你同在"等标语,迎合广大民众企盼乘客平安的心理。另外,中国媒体在对家属情绪的报道上秉持了伦理道德与职业操守,"镜头抬高一寸","有所为有所不为"。[22]在北京丽都饭店,记者们没有过度采访家属,也没有上传一些家属悲痛状况的图片,以免悲情的渲染对他们造成二度伤害。经过 2008 年汶川地震、2011 年甬温线特别重大铁路交通事故后,中国媒体对于突发应急事件的软处理已经获得长足进步,在新闻报道与情绪把控方面平衡适度。

社交媒体流行的当下,信息渠道的受众极易受到网络意见领袖的影响,进而导致谣言盛行,因此媒体报道的"硬武器"必须具备时效性和准确性两个特点,以深入采访、研究为群众还原真相。在对马航失联事件的报道中,西方媒体着重于对马航失联信息的发掘,借助中央情报局、美国联邦调查局等信息来源,屡屡爆出惊人新闻。而在此方面,中国媒体报道的劣势显现出来。首先,中国媒体报道仍然难以摆脱打"感情牌"的框架,对于一些实时性的搜救新闻多是依靠转发国外媒体的报道。部分媒体在转发之后也没有附带较专业性的解释,仅仅是在报道一个新闻,这显然难以回应国内广大的舆论浪潮。其次,部分媒体报道缺乏有效处理,从侧面助长了谣言的进一步传播。[23]虽然马航 MH370 事件扑朔迷离,至今不排除人为因素操控的可能性,但是在最后结论落定之前,媒体报道需要摆正民众的态度,不宜擅加推导或加入情绪化因素,从而让"阴谋论"有可能滋生的温床。

在中国应对马航失联事件的舆情处理中,可以看出我国勇于担当的责任感和高效的应急反应机制,但是仍然需要在媒体报道上下足功夫,拿出更有时效性和准确性的新闻回应可能产生的谣言。

(三)其他举措

处置应急事件需要新闻发布、信息公开。事故发生后,马航调查组共发布了 12 份对外声明和 3 份调查报告,召开了 42 次家属见面会。虽然马来西亚方面在进行信息公开时存在提供的信息前后矛盾、滞后等现象,但是其应对这一突然事件所作出的努力仍然值得肯定。

马航失联客机牵涉乘客众多,搜救工作进展困难,因此安抚家属是马航应急和善后处理必备的内容。对于家属的安抚工作,马来西亚福利部派出 20 多名心理辅导人员,分成几组做安抚家属的工作。赴京处理失联飞机的工作组在丽都饭店与 150 多名乘客家属见面并道歉,提供家属 3.1 万元慰问金以补助其生活需求,同时安排家属分批前往吉隆坡。在后期处理中,马方允诺提供中文版的最终调查报告给家属,保障家属知情权。马来西亚交通部长廖中莱表示,马来西亚政府将监督并确保马航向 MH370 客机乘客和机组人员家属作出赔偿。马航商务营运总监也表示马航将会按照《蒙特利公约》作出赔偿,家属也可以通过法律途径寻求更高赔偿。

在中国方面,保险监管部门立即召集涉及马航乘客承保的保险公司,对马航失联乘客的理赔工作进行紧急部署,同时要求各公司在排查乘客具体投保情况的基础上,部署应急处理措施。我国多家保险公司第一时间宣布正式启动理赔应急服务举措,开通理赔绿色通道,保障客户合法权益。

三、马航应急举措的文化余波

马航 MH370 客机失联是国际突发应急事件中的典型案例,各国为了应对这一突发事件采取了众多措施,这些措施不约而同地产生了诸多文化上的影响。部分影响在处置措施发生后表现得较为明显,而有些影响则是在缓慢进行之中。

（一）马航的信任危机

马来西亚航空公司在应对 MH370 飞机失联事件中的表现确有令人不满之处。首先,马航对于消息的处理缺乏效率和准确性。危机公关有"黄金 4 小时"的说法,在 3 月 8 日上午众多媒体发布关于飞机失联的消息后,马航在当天下午才召开了新闻发布会,对外信息公开明显迟缓。在一些重要消息的回应上,马航没有及时向媒体提供真实的搜救进展情况,给舆论留下了很大的窗口期。

危机应对不当使本就处于危机状况中的马航雪上加霜,严重损害了马航的声誉和收入。在 MH370 事件发生前,因为受到国内民营的亚洲航空公司和印度尼西亚狮子航空公司等廉价航空公司的冲击,马航近年来的业绩不佳。而在 MH370 事件发生后,马航尽管大幅降低机票并在国内采取营销活动,也无法挽回自己的颓势。大量旅客对于马航的信任度大大降低,"去吉隆坡有没有其他选择"成为旅客们担忧下常常提出的问题。

就事件本身的特殊性而言,没有人能够预料到客机的突然失踪,马航因此亏损巨大,并受到来自国内外的舆论压力,也是受害的一方。但是其作为一个大型的航空企业,在舆论应对上缺乏应有的能力,最终必然自食恶果。

（二）对民用航空安全的普遍关心

安全是民用航空永恒的主题。实际上,自"9·11"事件发生后,全球几乎所有机场、航空公司都加强了对于安全的管控,马航 MH370 飞机失联事件则再次引发人们对于民用航空安全的关注。

由于马航失联的原因仍然成谜,无法对这场悲剧提出总结性的启示,但是可以根据一些可能存在的因素,对航空安全的未来走向进行规划：飞机定位系统能否更加准确地确定飞机的位置？民航的反恐安保如何更好提升？记录飞机飞行数据的黑匣子如何更好地被追踪？

自 2014 年之后,航空安全标准发生了一些新的改变：ICAO（International Civil Aviation Organization,联合国国际民用航空组织）修改了公海上飞行员报告位置的时间,由间隔 30 分钟缩短为间隔 15 分钟。另外,ICAO 规定在未来 5 年内,所有飞机必须安装遇险自动跟踪装置,飞机遇险时每分钟至少发送一次位置信息。ICAO 理事会主席奥卢穆伊瓦·贝纳德·阿留(Olumuyiwa Benard Aliu)说:"这样做是确保一旦发生事故,我们就能立刻把飞机位置精确定位在 6 海里范围以内。"[24]

在安保方面,马来西亚航空公司吸取 MH370 事件的教训,已经将内部安保警戒级别提升至最高级别"Code Tango",包括严禁乘客携带部分物品登机,加强飞机在空中与地面的严格检查并实行新措施等。现任马来西亚航空公司首席执行官兼常务董事彼得·贝柳(Peter Bellew)曾表示:"我们没有计划做廉价航空。"[25]彼得透露,马航在事故后采用了世界上最先进的安全系统,已经竭尽所能在安全保障上获得长足进步,并将在未来的每一天为之努力。

另外,马航事件还引起了航空界关于黑匣子的争议。商业客机通常会有两款黑匣子,一款记录驾驶舱对话,另一款监测航速、高度、引擎状态等数千项数据,为空难调查提供关键证据。如果客机发生意外,搜救队没有及时找到黑匣子,将会给事态的澄清带来巨大的空白期,再加上海上搜救自身的困难性,空白期一定程度上又被扩大了。对此,国际上的专业学者提供了部分意见,包括将信号发送时长从 30 天延长至 90 天、采用可上浮的黑匣子,以及给机身安装水下信标等。[26]这些提议关乎技术与成本,民航界对于黑匣子的改革问题讨论不断,但是几乎可以肯定的是黑匣子的技术发展不可能止步于当下。

(三)寻求可能的国际安全合作机制

日益联系紧密的国际社会,任何国家都不能独善其身。国际航空涉及多个国家之间的往来,寻求可能的国际安全合作机制是必然趋势。

在本次马航 MH370 事件中,包括中国在内的 26 个国家参与了国际联合大搜救,这场国际搜救的范围之广、时间之久、行动之艰巨,深刻改变了人们对于传统航空事件处置状况的认知。虽然此次参与救援行动的各国表现出了"生命至上"的人道主义态度,几乎不惜代价拯救生命,但是仍然暴露出了国际社会面临重大安全挑战的现实压力。各国之间特别是东亚国家之间缺乏应急救援的体制,没有建立好互通和交流机制,信息交换受到阻碍,救援力量没有得到很好地分配。

事后,国际上寻求国际安全合作的呼吁日益加强。在中国方面,国防部发言人耿雁生表示,马航失联飞机的搜救工作,凸显了加强国际安全合作、共同应对非传统安全的必要性,中方将继续把非传统安全领域的合作作为重要选项。[27] 2014年4月15日,习近平总书记在国家安全委员会第一次会议上提出了构建国家安全体系,并系统阐述了"总体国家安全观"的重要思想。总体国家安全观强调传统安全与非传统安全的相互协调、国内安全与国际安全的紧密结合。2014年5月的亚信峰会上,习近平主席提出了"亚洲新安全观"。2017年初发布的《中国的亚太安全合作政策》白皮书则将"亚洲新安全观"落实到具体的实践中,探索制度化发展的途径。

在国际上,2014年7月29日,国际民用航空组织、国际航空运输协会、国际机场理事会和民航导航服务组织在蒙特利尔(Montreal)发表联合声明,呼吁各方团结合作,确保民用航空运输安全。[28]声明主张采用成立由国家和行业专家组成的高级别专家组,负责处理民用航空的安全隐患问题。2015年2月2—5日,国际民航组织第二次高级别安全会议在加拿大蒙特利尔召开,各国就新出现的安全问题、国家安全方案、安全信息共享、全球航空安全计划、加强地区协作和资源整合等议题进行讨论。[29] 2018年9月28日,国际航空运输协会理事长呼吁飞机设计制造商、机组人员、乘客和民航安全机构开闸多方合作,确保民用航空安全。[30] 2020年,面对新冠疫情的蔓延,国际航空运输协会呼吁各国和世界卫生组织、国际航空运输协会、国际机场协会等密切合作,协调应对疫情暴发。

国际航空安全建立在合作之上,马航MH370事件为各国之间的航空协作提供了一个现实的案例。虽然合作仍然受到包括地区争端、责任范围在内的多种阻力,但是人类命运共同体的现实指向会促使各国回到谋求共同利益的轨道上。

四、总结

在这场史无前例的民用航空应急事件中,各国针对事件发展态势采取了多种应对策略,随之产生了相应的文化影响。从事件本身到其影响的发生机制中,我们可以获得一些规律性的结论,并为日后相关问题的解决提供经验指导。

客机失联后所有措施的第一要义必然是尽可能挽救生命。灾害救援的黄金时间只有72小时,如何在危急关头与死神赛跑,这考验的不仅是救援力量自身的水平,更重要的是对于整体的宏观把握。此次救援中,各国本着人道主义原则开展国际联合行动,在具体实践中仍然暴露出一些问题,典型地表现在地缘政治影响救援进度和各国协调机制不一等方面,给本就困难的海上救援带来更多干扰。事后,包括中国在内的部分国家和国际组织发出了寻求国际安全合作的呼吁,但在实践上仍然需要一个各国利益共商的过程。正如习近平总书记一再强调,人类社会是一个大的共同体,任何国家都无法独善其身。在非传统安全领域的合作上,各国仍然需要携手共同应对未来的挑战。

鉴于此次事件的特殊性和复杂性,措施中较为突出的一点表现在对于舆情的管控中,舆情应对的成败与否将直接关乎政府与企业的可信度。在中国方面,我国政府勇于担当、及时布局,体现了负责任大国的形象。另外,中方媒体报道坚持"镜头抬高一寸"的人道主义原则,在突发事件的软处理上获得长足进步,但是在时效性与准确性方面仍需加强。而马来西亚方面几乎是树立了反面的案例,虽然马方确实作出了一定努力,但是在舆论处置上明显存在不当之处,突出表现在内部信息沟通不畅、信息披露迟缓和处置状况混乱无序等多个方面,从而使得谣言甚嚣尘上。这极大影响马来西亚政府的形象,也冲击了马来西亚航空公司的声誉和经营。无论是一个国家,还是一个企业,对于舆情的处理能力将在特殊时刻直接关系到民众的信任感,进而危及自身。在突发事件发生后如何合理回应并管控舆论?马航事件的舆情应对,给人们敲了一记警钟。

此次马航的突发事件引发了人们对于民用航空安全的思考,国际领域也采取了相关措施进一步增强安全管控,包括国际组织对航空安全标准的修正,加强地面与空中的安全保护,对黑匣子进行技术改革等。总结而言,MH370事件的悲剧很大程度上是一场意料之外的突发事件,我们需要汲取的是突发事件中出现的"必然"。在思想文化方面,对于"必然"的客观分析将有效服务于日后更为优质、高效的应急处置。

(张　旭,上海大学)

参考文献

[1] 外交部发言人秦刚就马来西亚航空飞北京航班失联答记者问.2014-03-08.http://www.xinhuanet.com/world/2014-03/08/c_126238054.htm.

[2] 李克强总理就吉隆坡飞往北京客机失去联系作出重要批示.2014-03-08.http://www.gov.cn/guowuyuan/2014-03/08/content_2633337.htm.

[3] 广东启动海上搜救应急预案 随时准备救援失踪马航班.2014-03-08.https://www.chinanews.com/gn/2014/03-08/5926960.shtml.

[4] 习近平就马来西亚客机失去联系作出重要指示.2014-03-08.http://www.xinhuanet.com/politics/2014-03/08/c_119671723.htm.

[5] 澳大利亚发布MH370中期报告:燃油耗尽坠入印度洋.2014-10-10.http://www.81.cn/jwgz/2014-10/10/content_6173440.htm.

[6] 马民航局宣布马航MH370机上所有239人已遇难.2015-01-30.https://epaper.gmw.cn/gmrb/html/2015-01/30/nw.D110000gmrb_20150130_3-12.htm.

[7] 马总理:法属留尼汪岛发现的飞机残骸属于马航MH370客机.2015-08-06.http://www.xinhuanet.com//world/2015-08/06/c_128097175.htm?url_type=39&object_type=webpage&pos=1.

[8] 澳交通部长:多项证据证实莫桑比克飞机残片确属MH370.2016-04-20.https://www.chinanews.com/gj/2016/04-20/7841746.shtml.

[9] 马来西亚官方首次承认MH370机长曾模拟疑似坠机路线.2016-08-07.http://news.cctv.com/2016/08/07/ARTI2270vEp9SbePK0X4Tcff160807.shtml.

[10] 马交通部长:坦桑尼亚发现飞机碎片确属MH370.2016-09-16.http://news.cctv.com/2016/09/16/ARTIYlJbYZYQ4PFVImuZ538R160916.shtml.

[11] 澳方公布MH370最新报告:飞机坠海时无人控制.2016-11-02.http://www.chinanews.com/gj/2016/11-02/8050756.shtml.

[12] 外媒:中马澳三国政府宣布暂停MH370深海搜寻工作.2017-01-17.http://www.chinanews.com/gj/2017/01-17/8126842.shtml.

[13] 马来西亚委托一美国公司继续搜寻马航370.2018-01-10http://www.xinhuanet.com/world/2018-01/10/c_1122240597.htm.

[14] 马航事件进展:失联家属获800余页MH370终极报告.2018-07-30.https://baijiahao.baidu.com/s?id=1607398470516629422&wfr=spider&for=pc.

[15] 法航空难最新调查显示驾驶文化导致悲剧发生.2014-10-14.http://www.chinanews.com/gj/2014/10-14/6676639.shtml.

[16] 中国海军绵阳舰抵达马航飞机失联海域投入搜救.2014-03-10.http://www.gov.cn/xinwen/2014-03/10/content_2635219.htm.

[17] 中国紧急调动近10颗卫星保障失联飞机搜救.2014-03-11.http://news.youth.cn/gn/201403/t20140311_4843744_1.htm.

[18] 马航最新消息:"蓝鳍金枪鱼"自主式水下航行器展开搜寻.2014-04-15http://www.guancha.cn/video/2014_04_15_222235.shtml.

[19] 卢芳华.马航370失联与国际联合大搜救[J].思想政治课教学,2014(06):27-30.

[20] 程琦,何亚,张静文.航空公司重大突发事件舆情传播中社交媒体的影响[J].交通企业管理,2015(111):9.

[21] 马空军司令说军用雷达曾监测到疑似失联客机信号.2014-03-12.http://www.

xinhuanet.com/world/2014-03/12/c_119742689.htm.

[22] 舆情观察：马航失联报道，有所为有所不为.2014－03－27.http://opinion.people.com.cn/n/2014/0327/c1003-24750867.html.

[23] 反思马航事件报道中的中国舆论场.2014－03－26.https://news.ifeng.com/opinion/wangping/mahangbaodao/.

[24] 《MH370 失联带来的变化》.2016－04－01.http://www.caacnews.com.cn/1/88/201604/t20160401_1194941.html.

[25] 马来西亚航空公司 CEO：马航已加大安保投入，未来很多机会在中国.2016－09－26.http://forex.eastmoney.com/news/1351,20160926667479243.html.

[26] "黑匣子"还可以怎样改进？马航事件再引飞机定位技术讨论.2014－03－14.http://travel.people.com.cn/n/2014/0314/c41570-24633715.html.

[27] 国防部：将继续把非传统安全领域国际合作作为重要选项.2014－03－27.http://www.xinhuanet.com/video/2014-03/27/c_119981254.htm.

[28] 国际民航业界呼吁团结合作确保航空运输安全.2014－07－30.http://www.xinhuanet.com/world/2014-07/30/c_1111865600.htm.

[29] 中国代表团参加国际民航组织高级别安全会议.2015－02－05.http://www.gov.cn/xinwen/2015-02/05/content_2814845.htm.

[30] 国际航协理事长：多方紧密合作有助于确保民航安全.2018－09－28.http://www.cs.com.cn/ssgs/gsxw/201809/t20180928_5877783.html.

第二节　西班牙大流感的应急文化研究

一、概述

西班牙流感是发生在 1918 年 3 月至 1920 年 3 月的一场全球性流行病，造成了约 5 亿人被感染、5 000 万～1 亿人死亡。这次流感共分为三波，其中以第二波最为凶猛。此次疫情是有史以来最严重的一次疫情，对人类造成了巨大的伤害。但是，人们也从这次疫情中学到了许多有效的抗疫方法，其形成的应急文化对今天仍有深远的影响。

（一）疫情时间线

1. 第一波疫情

1918 年 5 月，西班牙报道出了一场流感，这场流感来势汹汹，全国上下共有 800 万人被感染，连国王阿方索十三世（Alfonso Ⅷ）都不能幸免。而此时，第一次世界大战正进行得如火如荼。由于担心士气受到影响，各参战国不约而同地选择了视而不见,对疫情进行新闻管制。而属于中立国的西班牙得以报道关于流感的新闻,却因此受到了近百年的污名化。根据科学研究发现,第一例有确切记录的病例出现在3月4日美国堪萨斯州(Kansas)的军营,但是当时患者的症状只有头痛、高烧、肌肉酸痛和食欲不振而已,并没有引起人们的重视。由于美国参战,大量的美军漂洋过海来到欧洲大陆,同时也带来了病原体。4月,流感相继出现在法国、西班牙等欧洲国家,短短1个月左右的时间内就有200万人被感染。面对来势汹汹的疫情,各国还是秉承鸵鸟政策,对疫情守口如瓶,实行严格的新闻管制,一心关注战争,使得疫情更加肆虐。

这一波疫情虽然传播迅速,但死亡率并不高,和普通流感差不多,且死亡者大多是老年人和有基础疾病的患者。7月,大量病例康复,新增病例也逐渐减少,这波疫情也得到了缓解,各国纷纷宣布战胜了流感,而协约国也趁势反攻。

2. 第二波疫情

然而,就在各国宣布战胜流感后1个月,第二波疫情就排山倒海般袭来,从法国、塞拉利昂、美国开始,迅速席卷全球。由于第一波疫情并没有大量死亡病例,且为安抚民心和士气,英法美等国依然奉行鸵鸟政策,置人民的生命安全于不顾,纷纷宣称"这只是普通的支气管疾病,不是西班牙流感""只要做好防护,不必过度惊慌"等。

然而这次的病毒经过了变异,变得异常可怕,致死率极高,政府已经无法再隐瞒下去,就纷纷指责这是德国发明的生化武器。

这波疫情来势汹汹,有的人早上上班还健健康康,中午感染后,下午就病发身亡,连抢救的时间都没有。9月28日,美国费城(Philadelphia)正要举行一场为战争筹款的大型集会,医生劝解无效后,集会如期举行。仅仅3天后,美国费城大大小小31家医院全部爆满,仅有几十万人口的费城,在流感爆发高峰期一周就有4 000多人死亡。1918年,美国的平均寿命因此减少了12年。这种惨剧不仅发生在美国,全球都面临着流感的威胁。在开普敦(Cape Town),一位目击者称秋季爆发期使两三千名儿童成为孤儿[1]。其中一位担任了殡葬工作的孤儿讲述道:"我抬着棺材,捏着鼻子……不再有教堂的丧钟为死者悲鸣……因为连敲钟的司事都没有了。"[2]而在孟买(Monbay),10月的第一周死亡人数达到顶峰,与波士顿同步。大流感在印度大概造成了1 850

万人死亡。

此外,这波疫情还有一个明显不同的特点是,不同于一般流感的"U"形曲线,死亡率呈"W"形曲线,死亡者大多数为青壮年。经过后世科学家不懈的研究,人们发现这是由于"细胞因子风暴",也就是说,病毒激起了人类免疫系统的终极反抗,由于青壮年的免疫能力较强,更容易激起免疫系统的终极反抗,所以青壮年的死亡率极高。由于青壮年的大量死亡导致兵源不足,第一次世界大战也被迫提前结束。

一战落幕后,数以万计的民众涌上街头庆祝胜利,促使了病毒进一步肆虐,此流感蔓延全球,除了亚马孙河口的马拉若岛(Maraj)是当时世界上唯一没有感染报告的人口聚集地以外,从阿拉斯加(Alaska)的爱斯基摩部落到太平洋中央的萨摩亚岛(Samoan Ilands),无一幸免。

到了后期,人们才意识到积极干预的重要性,采取了一系列的措施控制疫情的传播。比如,患者用过的物品都要进行消毒,大量公共场所都停止开放,戴口罩也成了常识。终于在1918年冬天,第二波疫情才逐渐结束。

3. 第三波疫情

好景不长,正当人们以为疫情结束时,1919年1月,第三波流感再次袭来。这波疫情波及面积小于第二波,死亡率也小于第二波,但高于第一波。且第三波疫情很少在第二波疫情扫荡过的区域流行,而第一波疫情发生过的地区又发生了第三波疫情。这波疫情虽然相对温和,但持续时间非常长,缠缠绵绵一直到1920年春天才逐渐从人们的视线中消失。其中,3月是人类有记载的最后一例病例出现的时间。

(二) 流感的影响与成因研究

1. 流感导致的死亡人数

由于1918年流感距今久远,且缺乏资料,对于1918年流感的死亡人数,科学界一直没有定论。乔丹(E. O. Jordan)认为死亡人数为2160万,帕特森(Patterson)和派勒(Pyle)认为是3 000万,奥克斯福特(Oxfort)认为是4 000万,布内特(Burnet)认为可能高达1亿。根据帕特森和派勒的估算,如果将死于脑炎的人估算在内,死于流感的人数可能再增加50万。陶尼贝格(Tawney Berg)认为约等于5 000万。乔丹的估计是在1927年作出的,很长时间为人们所接受。米尔在1986年估计印度的死亡人数为1 800万,这样就对乔丹的数字形成挑战,修正后的数字波动在 2 470 万~3 930 万之间,总的死亡人数在 5 000 万~1 亿之间。[3]

2. 流感的社会影响

(1) 造成大量人口死亡,影响社会经济。由于大流感的死亡率年龄曲线呈 W 形,死亡率最高的是年轻人,所以许多国家在这次流感过后人口年龄结构发生了改变,人均寿命大大降低,由于年轻人大批死亡,流感过后各地区的结婚生育率也随之下降。同时,年轻人大量死亡不可避免地对劳动力供给产生影响。比如人口增长减缓造成农业产量降低,对印度经济的影响持续了数十年。[4]

(2) 影响了第一次世界大战的战局。大流感的爆发正处在军事史上一个关键时机。1918 年是协约国与同盟国战略决战的一年,数年大战导致严峻的经济和政治形势,迫使各国统治者决心尽快结束战争。正在此时,大流感爆发,对军队造成了严重影响。例如 1918 年 6 月 1 日到 8 月 1 日之间,200 万驻守法国的英国士兵中有 1 200 825 人被流感击倒,即便在战事最为吃紧的时候,他们也无法再充当有生力量。流感对后方也产生了影响,部分地区由于流感非常严重,一些军工厂被迫停工。流感也影响了军队训练和运输调动计划,战争动员大受影响。大流感的爆发加速了一战的结束。

(3) 促进了现代医学的建立发展和公共卫生政策的变化。著名传染病学家保罗·刘易斯(Paul Lewis)和他的团队在对抗疫情的过程中潜心钻研,大大发展了基础科学,现代医学就是建立在这个基础之上的。最终,他们从流感爆发中获取知识,孕育了现代的医学,不仅改变了美国,更影响了世界医学的发展。此外,1918 年疫情过后,许多国家卫生公共系统都纷纷开展了机构改革。南非还通过新的《公共卫生法》,1924 年美国出台《移民法》,专门列明了对新移民的公共卫生筛选条件。此外,欧美国家的大学先后设立公共卫生学院,公共卫生逐渐成为一门专业。[5]

(4) 促进了国际卫生组织的建立。由于此次大流感的影响,在国际联盟筹备阶段,各国纷纷主张配设有效的国际公共卫生机构。应此要求,1920 年国际联盟成立后,立即设立了临时卫生委员会,负责全球传染病的预防工作。1923 年 9 月,国联卫生组织正式成立,下设卫生委员会和医务部。该组织成立后开展了很多重要的基础性工作,为国际卫生事业作出了巨大贡献。[5]

3. 流感的病因研究

在当时医学界还没有发现病毒,当时的医学界以为这是一种细菌造成的传染病,因此并不了解为什么这流感会这么致命。直到1933年,英国科学家史密斯·安登威斯(Smith Andenwes)才第一次从人身上分离出病毒,并命名为H1N1。后来有许多科学家想知道为什么此病毒会如此致命,但都不成功;一是因为其危险性,二是因为当时的所有遗体都已用火处理掉。

在1997年,美国科学家杰弗里·陶贝格尔(J. Taubenberger)在《科学》周刊上发表了他与同事利用遗传学技术得出的研究成果,认为1918年的流感病毒与猪流感病毒十分相似,是一种与甲型(A型)流感病毒(H1N1)密切相关的病毒。至今,仍然可以在某些国家的猪体内发现这种病毒。

1998年2月,美国国防病理中心(Armed Forced Institute of Pathology, AFIP)辖下的分子病理部门在阿拉斯加的布雷维格教区(Brevig Mission)附近发现了一具被完整冰封近80年的爱斯基摩女子的尸体。布雷维格教区在1918年11月由于流感失去了85%的人口。4件样本的其中之一含有一些1918年流感病毒的基因物质。这个样本给予科学家第一手资料来研究这个病毒。

据2001年10月英国媒体报道,英国科学家正力图根据10名死于1918年大流感的伦敦人遗体,找到引起这场流感的病毒样本或碎片,分析其基因组特征,研究其为什么具有这么强的杀伤力和传染性。

2002年10月,美国国防病理中心与纽约西奈山医学院(Icahn School of Medicine at Mount Sinai)的微生物学家合作,开始尝试重建病毒。在一个实验中,他们成功制造了一个有两个1918病毒基因的病毒。

2004年2月6日,英国国家医学研究院(National Institute for Medical Research)和美国斯克利普斯研究院(Scripps Research Institute)重建了1918流感的红细胞凝集素(hemagglutinin,HA糖蛋白),并从中了解该蛋白分子如何改变形状来允许其从鸟类移到人类身上。

2005年10月5日,研究人员宣布1918病毒的基因序列已经被重组。2018年9月2日,葡萄牙POT生物实验室声称已经对该病毒基因完成了测序。[6]

二、疫情中人们的应急措施

(一)加强对疑似病例的监测管控

流感爆发后,第一批正式的防御措施于1918年8月实施。这包括一旦身边出现疑似病例,公民有义务通知有关部门。同时,一些大型人口集聚地也受到实时监测,如寄宿学校等。这一措施有效地减少了病例的扩散,可以及时地阻断传染源。

(二) 关闭公共场所

流感盛行前期,人们还照常举行大型集会,许多公共场所仍然正常开放。在第二波疫情后期,人们意识到了问题的严重性,1918年10月,电影院、酒吧等公共场所被强制关闭。集会的时间也被严格控制,连教堂的礼拜也被控制在5分钟之内。公共交通工具的乘客数量也被严格限制,纽约卫生局局长罗耶·科普兰(Royal Copeland)改变了公共汽车和地铁时间表以阻止公共交通工具过于拥挤的现象发生。[7]

(三) 强制性戴口罩

流感盛行期间,一些人意识到口罩的重要性,开始带上自制纱布口罩,这种趋势很快风行起来,后来人们被强制性要求戴上口罩。之前只有医护人员才会佩戴的口罩,成为人们日常生活用品。如果有人不戴口罩,将会被拒绝乘坐公共汽车、进入公共场所。比如美国亚利桑那州(Arizona)的图森(Tucson),政府卫生委员会发布一条规定:在图森城范围内,出现在公共场所的人必须戴至少四层干酪色布或七层普通纱布口罩,口罩必须遮住口鼻部。[8]但是,很快有医生就提醒大家,自制的纱布口罩是没有用的,因为纱布的网眼太大。于是,《芝加哥先驱观察家报》(Chicago Herald Examiner)在头版刊登了一则小网眼口罩制作教程。但是,病毒要比人们想象的小得多,这种口罩对于防止病毒传播的作用十分有限,但是这种戴口罩的意识依旧影响了后世,戴口罩成为传染病防治的重要手段之一。

(四) 采取隔离措施

在美国纽约,卫生专员罗亚尔·科普兰(Royal Copeland)采取了非同寻常的措施——隔离(富裕的患者被允许待在家中,寄宿和租房的患者则被送往市区医院,在那里接受密切观察)。[9]这种应对流感的方法是空前的——战前,流感根本算不上是值得注意的疾病。而在医院,病床与病床之间也有布隔开。到1918年10月6日,纽约每天有超过2 000人被隔离。随后,隔离措施被美国各州、全球各地实施。

(五) 公共卫生的加强

疫情期间,街道清洁和公共场所的消毒被认为是控制西班牙流感的基石。

公共卫生部门对预防流感提出建议并发表在报纸上。

避免不必要的拥挤现象……

咳嗽和喷嚏时掩口……

用鼻而非口来呼吸……

记住保持三清洁：清洁的口腔、清洁的皮肤、清洁的衣服……

食物是战胜疾病的武器：仔细挑选并细嚼慢咽……

饭前洗手……

及时排便……

衣物、鞋子、手套要宽松，让大自然作你的战友而不是凶手……

如果空气清新，尽可能深呼吸。[10]

一些地方政府还免费分发肥皂，并为亚健康人群提供干净的水。[7]并且他们还加强对公厕的清洁、加强对牛奶等食品的检测。随地吐痰更是被严格禁止，一些布告上写着"吐痰等于死亡"，仅在一天时间内，费城就有60名随地吐痰的人被捕。更有医生建议市民不要大量集聚，并提醒大家打喷嚏、咳嗽时捂住口鼻。人们走在街上都要尽量避开他人，即使说话也要将头扭到一边，防治和对方有呼吸接触。然而，由于医疗水平和人类认识能力的有限，这些措施并不能起到很好的效果，但这一做法为我们现在控制疫情提供了有效借鉴。可见，人们早已认识到讲究卫生对于阻止疾病传播的作用，只是当时人们并不知道病原体是什么，因此不能有效地进行消杀。

（六）其他

除了以上几条官方措施外，还有一些具体措施有效地阻止了西班牙流感的传播。

比如，西班牙流感造成了大量死亡，许多尸体来不及掩埋，长期停放的尸体携带病原体，容易传播病毒，于是政府组织警察或教士来集体收尸，并设立了尸体收集点，更废除了所有丧葬仪式。[7]

许多地区也进行了严格的疫检，所有出现流感症状的人都不允许进入州境、国境。这一措施有效延迟了疫情的传播，但不能阻止无症状感染者的进入。

此外，通过监测和自愿或强制的隔离来确定确诊病例，也有助于在没有有效疫苗或特效药时期抑制流感的传播。

三、应急文化的形成

（一）口罩成为对抗瘟疫的必备工具

西班牙流感过后，此前只有医护人员才会佩戴的口罩，成为人们日常生活用品，戴口罩成了预防传染病的重要手段之一。在此后多次大型流感的防治中，口罩都扮演了非常重要的角色。尤其是这次新冠肺炎，戴口罩为中国疫情防控作出了突出贡献。通过中国的新冠肺炎案例可以发现，确诊病例的密切接触者中，戴口罩者的感染率明显低于不戴口罩者的感染率，可见口罩的作用之大。2020年2月25日，武汉封城，全国上下紧急复工生产口罩，每天的产能可以达到7 619万只，能基本满足国内需要，可见疫情期间，人们对口罩的需求大大增加、对口罩的重视也不断增强。戴口罩已经成为中国人民的共识，出入公共场所都要佩戴口罩，甚至戴口罩已经成为一种习惯。虽然在某些国家，口罩成了政治斗争的工具，是否戴口罩成为政治立场的标志，但越来越多的人还是愿意珍爱生命、相信科学，认真佩戴口罩。

（二）公共卫生体系更加完善

在大流感之前，欧美的医疗卫生体系非常薄弱，医学更是不被人重视。许多医学院只要缴纳学费就可以入学，不需要任何专业科学教育，有的学生有许多门课不及格也可以被授予医学学士学位。医生们一边对传统治疗手段失去信心，一边又不愿意尝试新的治疗方法，导致"具备正常判断力和丰富经验的大多数从医人员不存偏见的观点是……如果任由所有的疾病自由发展，死亡和灾祸的数量将会减少"（雅各布·比奇洛 Jacob Bigelow 在 1835 年的演讲）。[11]而这次突如其来的疫情使得人们意识到医疗卫生水平的重要性，人们越来越重视科学、重视医学，对医学生的要求越来越高，医生的专业水平也越来越高。

著名传染病学家保罗·刘易斯和他的团队在对抗疫情的过程中潜心钻研，大大发展了基础科学，现代医学就是建立在这个基础之上的：他们研制出的疫苗和抗毒素、发展出的技术至今仍在使用；在某些项目上，他们取得的研究成果与今天我们的知识水准也相去不远。最终，他们从流感爆发中获取知识，孕育了现代的医学，不仅改变了美国，更影响了世界的医学发展。此外，1918 年疫情过后，加拿大、法国、澳大利亚、新西兰、印度、伊朗和俄国等国家卫生公共系统纷纷都开展了机构改革。南非还通过新的《公共卫生法》，将公共卫生局从一个小型咨询机构调整为联邦政府的重要部门。1924年,美国出台《移民法》,专门列明了对新移民的公共卫生筛选条件。[12] 此外,欧美国家的大学先后设立公共卫生学院,公共卫生逐渐成为一门专业。

(三)国际卫生合作越来越密切

同时,这次疫情还促进了国际卫生组织的建立。在国际联盟筹备阶段,各国纷纷主张配设有效的国际公共卫生机构。应此要求,1920年国际联盟成立后,立即设立了临时卫生委员会,负责全球传染病的预防工作。1923年9月,国联卫生组织正式成立,下设卫生委员会和医务部。为能从无到有地推动国际卫生合作,组织开展了很多重要的基础性工作。例如统一了疟疾、白喉、百日咳等流行及常见疾病的命名和统计方法;设定常用药物制剂的标准;建立流行病学信息收集与数据发布的全球共享渠道。尽管由于大国利益纷争,国联卫生组织后期不得不小心地与政治责任厘清边界,而且最终未能避免因政治原因彻底解散的命运,但这一伟大的合作愿景及其所指明的合作方向意义非凡。

以1920年成立的国际联盟卫生组织为前身,二战后,64个国家的代表于1946年7月在纽约举行了一次国际卫生会议,签署了《世界卫生组织组织法》。1948年4月7日,该法得到26个联合国会员国批准后生效,世卫组织宣告成立。此后,世卫组织多次在防治世界突发公共卫生事件中发挥巨大作用。如1974年,WTO发起意在保护儿童不受小儿麻痹症、麻疹、白喉、百日咳、破伤风和肺结核等疾病侵袭的免疫扩大计划,使越来越多的儿童免受这些流行病的折磨。世卫组织在新冠肺炎的防治、溯源工作中也发挥了不可替代的作用。世卫组织的目标之一就是"我们一起努力防治疾病,包括流感和艾滋病毒等传染病",而其也确实为传染病的防治作出了巨大的贡献。[13]

(四)其他

对疑似病例的监测管控。流感肆虐期间,一些大型人口集聚地也受到实时监测,如寄宿学校等。这一措施有效地减少了病例的扩散,可以及时地阻断传染源。这次新冠疫情中,实时监测、追踪病例行踪来仔细排查病例的做法就是借鉴了西班牙流感流行的经验。以中国为例,此次疫情中,中国做好流行病学研究,仔细追溯每一例病例的行踪,隔离所有密切接触者,一旦发现确诊病例,则立刻关闭病例所在的公共场所,防止进一步传播。这种做法有效地从源头控制住疫情的传播,促进中国抗疫工作的进行。

关闭公共场所。新冠疫情刚开始时,中国就迅速关闭各大公共场所,防止人员集聚,以暂停经济发展为代价换人民生命安全。而在国外,疫情刚开始时,许多国家并不重视,公共场所依旧照常营业,导致大量人员集聚、病毒传播迅速。到了后期,许多国家意识到关闭公共场所的重要性,纷纷实行"lockdown",如英国先后实行三次封锁,而最近的一次尤为严格,绝大多数的公共场所都被要求关闭。自封城以来,许多国家的疫情逐渐得到控制,可见效果之著。

注重公共卫生。新冠肺炎流行期间,对公共卫生的重视加强。比如回到家中摘戴口罩前后都要求用酒精消毒液消毒、洗手;各大公共场所每天都要进行消毒、通风;一旦有地方出现病例,立刻对该地区进行终末消毒;武汉解封前更是进行了全城消毒……

四、总结

西班牙流感是一场全球性卫生灾难,其死亡率是历史上因为传染病而导致的最高死亡率之一。虽然疫情刚开始的时候,为了不影响一战,人们普遍采取鸵鸟政策,造成了大量的死亡,但疫情后期,人们积极干预,最终战胜了病毒。

这次疫情使得人们认识了病毒这一病原体,发展了现代医学,也极大地改善了公共卫生。一些应对措施如隔离、卫生监测、戴口罩等方法为我们当今抗击疫情提供了宝贵的经验,形成了独特的应急文化。

以史为鉴可以明得失。马克·霍尼斯鲍姆(Mark Honigsbaum)的《人类大瘟疫》一书就尖锐地指出,人类之所以一次又一次被瘟疫打个措手不及的原因——傲慢。人类的傲慢和不同形式的狂妄自大阻碍疫情防控、撕裂社会、摧毁国民经济。大瘟疫的定期降临是人类为自己的傲慢付出的代价。希望我们可以从西班牙流感中获取更多的经验教训,以更好地应对疫情。

(张 旭,上海大学)

参考文献

[1] A. E. Baumgardt to Richard Collier, May 28, 1972, Richard Collier Collection, Imperial War Museum. IWM 63/5/1.

［2］ Albert Camus, The Plague, trans. Robin Buss (New York: Penguin Classics, 2002), 31.
［3］ 李秉忠.关于1918～1919年大流感的几个问题[J].史学月刊,2010(06):84-91.
［4］ 曾金花,张彦敏.1918—1919年大流感传播的原因及其影响[J].首都师范大学学报(社会科学版),2012(01):19-23.
［5］ 约翰·M·巴里著.钟扬,赵佳媛,刘念译.金力校.大流感——最致命瘟疫的史诗[M].上海:上海科技教育出版社,2008.
［6］ Magen Ellen Francis, Morgan Leslie King, Alyson Ann Kelvin. Back to the Future for Influenza Preimmunity—Looking Back at Influenza Virus History to Infer the Outcome of Future Infections[J]. Viruses, 2019, 11(2).
［7］ Martini M, Gazzaniga V, Bragazzi N L, Barberis I. The Spanish Influenza Pandemic: a lesson from history 100 years after 1918. [J]. Journal of preventive medicine and hygiene, 2019,60(1).
［8］ 历史上的大瘟疫[M].北京:中国发展出版社,2007.
［9］ 马克·霍尼斯鲍姆著.谷晓阳,李瞳译.人类大瘟疫:一个世纪以来的全球性流行病[M].北京:中信出版集团,2020.
［10］ Washington Post, Sept. 13, 1918, 1340.
［11］ 转引自 Paul Starr, The Social Transformation of American Medicine(1982), 55.
［12］ 李颖.1918年大流感对美国的影响初探[D].华东师范大学,2011.
［13］ 董汀.新冠疫情与1918年大流感比较及启示[J].现代国际关系,2020(08):53-60.

第三节　美国"9·11"事件与现代应急体系的形成

一、"9·11"恐怖袭击事件概述

"9·11"事件(September 11 attacks)又称"9·11"恐怖袭击事件,是2001年9月11日发生在美国纽约世界贸易中心(World Trade Center,以下简称世贸中心)与美国首都华盛顿五角大楼(The Pentagon)的一起系列恐怖袭击事件。在本·拉登(Osama bin Mohammed bin Awad bin Laden)及其领导的基地组织精心策划下,19名恐怖分子劫持4架美国民航飞机对美国标志性建筑物进行撞机,造成大批人员伤亡。

美国东部时间2001年9月11日上午8点46分,由波士顿(Boston)飞往洛杉矶(Los Angeles)的美国航空公司第11次航班撞击纽约世贸中心一号楼(亦称"北

塔")。9点03分,由波士顿飞往洛杉矶的联合航空公司第175次航班撞击世贸中心二号楼(亦称"南塔")。继纽约世贸中心遭恐怖袭击大约30分钟后,9点37分,由华盛顿哥伦比亚特区(Washington D.C.)飞往洛杉矶的美国航空公司第77次航班以每小时约853 km的速度撞击位于华盛顿的美国国防部五角大楼(见图7-5)。

10点02分,由纽瓦克(Newark)飞往旧金山(San Francisco)的联合航空公司第93次航班以每小时933 km的速度坠毁在宾夕法尼亚山克斯维尔郡(Shanksville, Pennsylvania)的旷野,距华盛顿哥伦比亚特区仅有20分钟的飞行距离,其原本的袭击目标很可能是国会大厦或者白宫。最后一架飞机在乘客的反击下坠毁,虽然没有对周边造成更多的伤亡损失,但也没有逃离机毁人亡的结果。整个袭击过程历时仅77分钟,却给美国造成重大人员伤亡和经济损失,其规模不亚于一次大规模的军事袭击。[1]

图7-5 美国"9·11"恐怖袭击现场

纽约世界贸易中心两座110层的摩天大楼在遭到袭击后相继倒塌,除此之外,世贸中心其余5座建筑物也因受震而坍塌损毁;五角大楼遭到局部破坏,部分结构损坏并坍塌;袭击事件令曼哈顿岛(Manhattan)上空布满尘烟。

当美国航空公司第11次航班于8:46撞击世贸中心时,乔治·沃克·布什(George Walker Bush)总统正在佛罗里达州(Florida)的一所小学参加阅读示范课,白宫内及与总统一起出访的人均不知道飞机被劫持。当他们获悉第二架飞机撞上世贸中心时才意识到这不是一起意外事故。布什总统随即搭乘"空军一号"专机飞往路易斯安那州巴斯代尔空军基地(Barksdale AFB)。白宫的官员们则被转移到白宫地下的总统紧急行动中心(Presidential Emergency Operations Center,PEOC,亦称"地堡"),军方的飞机在首都上空巡逻。布什总统下令全美所有客机必须在2小时内降落,不按照指示降落的客机必须击落。这是美国历史上首次关闭领空,全国各地大批民众被困机场。事件发生后,全美各地的军队均进入最高戒备状态,北美航空航天防卫司令部(North American Aerospace

Defense Command，NORAD)进入最高戒备状态。

对于这次恐怖袭击事件发生的原因,学界的分析判断不尽相同,一部分学者认为是美国在海湾地区的强硬政策及一直以来坚持的单边主义政策酿成的恶果,其根结还在美国自身;另有学者认为文化冲突是其根本原因,宗教激进主义组织的强烈反美情绪是他们实施恐怖活动的思想基础。阴谋论者则认为该袭击是布什政府自导自演的一场政治阴谋。

"9·11"事件是发生在美国本土的最为严重的恐怖袭击行动,作为这次恐怖袭击的结果,美国本土遭受了历史上最大的人员伤亡——遇难者总数高达2 996人(含19名恐怖分子),其中2 974人被官方证实死亡,另外还有24人下落不明。遇难人员名单中包括:四架飞机上的全部乘客共246人,世贸中心2 603人,五角大楼125人。纽约市消防局有343名人员牺牲——历史上紧急救援行动中牺牲人数最多;港务局警察署牺牲了37名警察——历史上警力的最大损失;纽约市警察局牺牲了23名警察,历史上警力损失数量处于第二位,仅次于那天港务局警察署牺牲的人数。在所有的美国城镇中,43个州的近800个城镇有人在此次事件中遇难,其中纽约市的遇难者最多,有929人。还有一些遇难者来自中国、圭亚那、澳大利亚等14个国家。[2]

美国经济遭受重创,并将全球经济拖入深渊。对于此次事件的财产损失各方统计不一,最直接的经济损失是使纽约市价值25亿美元的世贸中心双子塔瞬间成为废墟,五角大楼也严重受损,事发现场的清理工作持续到次年年中。2001年11月中旬联合国发表报告称此次恐怖袭击对美经济损失达2 000亿美元,相当于当年生产总值的2%。据安邦集团研究总部紧急事态小组的研究,"9·11"袭击对全球经济所造成的损害甚至达到1万亿美元左右。[3]纽约市是美国及全球的经济中心,国内生产总值高达4 200亿美元,据美国官方估计,纽约市在"9·11"事件中的经济损失高达950亿美元,2002年减少的工作职位达8.3万个,还有6万个预期增加的工作机会因恐怖袭击而消失。[4]"9·11"事件让美国经济雪上加霜,许多产业更遭遇到百年不遇的大劫难。其中,航空、保险、金融、旅游四大行业损失最为惨重。一个月内,仅美国六大航空公司裁员已逾10万人,2001年10月美国失业率上升到5.4%。[5]恐怖事件发生后,全球股市激烈动荡,经济损失巨大。一周内,纽约道琼斯工业指数下跌14.3%,为1929年经济大萧条以来的最大跌幅,市值损失1.38万亿美元,欧洲股票价格平均下降6%,全球其他主要股票市场也有不同程度的下跌。与此同时,美国和全球经济增长速度严重下滑。

阿富汗当地时间9月11日,阿富汗塔利班组织拒绝承认本·拉登是这起事件的幕后指挥者。但美国政府经过调查后仍将隐藏在阿富汗的沙特流亡大亨本·拉登锁定为恐怖袭击事件头号嫌犯。作为对这次袭击的回应,美国发动了一连串"反恐战争",并通过了美国爱国者法案(USA PATRIOT Act)。2001年10月,美国出兵阿富汗,标志着反恐战争的开始,美国推翻了包庇基地组织恐怖分子的塔利班政权,并铲除基地恐怖组织势力,至2014年美国总统奥巴马(Barack Hussein Obama)正式宣布阿富汗战争结束。2003年3月,美国又发动了伊拉克战争,推翻萨达姆政权,这场战争一直持续到2011年美军全部撤出为止。这两场因"9·11"而引发的战争出动了美军总计20多万的兵力和几千架的战斗机。据美国国会研究所计算,在未经通货膨胀率和国债利率调整的前提下,美国总共支出了1.4万亿美元军费。[6]本·拉登本人则是在2011年5月于巴基斯坦境内住所中遭美军海豹突击队击毙。

"9·11"事件是继第二次世界大战期间珍珠港事件后,历史上第二次对美国造成重大伤亡的袭击。"9·11"事件打破了原来平和、悠闲的社会生活,美国社会突然弥漫着紧张和不安,有的地区甚至出现局部的混乱,给美国民众造成严重心理伤害,特别是那些遇难者的家属。袭击事件发生在美国最繁华的地区,恐怖分子袭击了美国经济、政治、军事的象征,使公众对美国社会安全产生极大的怀疑。这一恐怖袭击事件已经成为美国人永远挥之不去的心病。[7]2001年9月25日,研究公司(Conference Board)公布,美国的消费信心指数由8月份的114点大幅跌落到97.6,为1990年以来最低水平。而后接二连三出现的炭疽病菌报告,引起了公众的白色恐慌,使得公众的心理接近崩溃。[8]美国专栏作家罗伯特·萨默森(Robert Summerson)说,恐怖活动炸毁的"不仅仅是世贸中心和五角大楼的一部分,而是美国的平静和安全感","美国人的自由假日从此画上句号"。[9]

"9·11"事件之后,美国政府对此次事件的谴责和立场也受到大多数国家的同情与支持;全球各地在事件后都有各种悼念活动。不仅美国的盟友对美国表示了同情和支持,非盟友国家也表示支持美国打击恐怖主义。"9·11"事件致使全世界的人都感到恐惧,而反对类似"9·11"事件的再次发生。该事件也使得此后国际范围内的多国合作进行反恐怖行动。

此次事件之后,美国在原世贸中心遗址上建立了九一一国家纪念馆,占地3万多平方米,它将世贸双子大楼留下的大坑建成巨大的正方形水池,水池外围刻着在纽约市、宾夕法尼亚州、五角大楼及1993年世贸爆炸袭击中丧生的遇难者名字。每年的这一天美国会开展各种形式的纪念活动。

二、"9·11"恐怖袭击事件中的应急行动

"9·11"袭击事件发生后,美国全国进入战时状态,一小时内飞机净空、三军警戒、总统进入指挥位置,政府紧急出台多项措施应对紧急局面、有效地减少了灾难损失。在面临国家紧急状态时,美国危机处理体系之所以能够有机协调、高效运作,关键就在于其拥有全面的危机应对网络。该系统网络不仅包括完备的危机应对计划和高效的核心机构,还包括志愿者组织、私人机构、国际资源及完备的危机通信等丰富资源。[10]

(一)应急行动

1. 拦截客机

美国东部时间2001年9月11日8时46分,距纽约246 km的马萨诸塞州(Massachusetts),两架F-15鹰式战斗机从奥蒂斯空军基地紧急起飞,前往拦截美国航空公司第11次航班。但由于11次航班的雷达被关闭导致空军飞行员无法确认飞机的正确位置,东北防空司令部在接下来的数分钟设法确认飞机的位置。

8时46分被劫持的美国航空公司第11次航班撞击进世贸大楼一号楼的上半部分,大楼第93层到99层被切断。在此后的17分钟内,纽约市、纽约和新泽西港务局进行了该市历史上规模最大、最复杂的搜救动员行动。

2. 救援行动

纽约消防局第一消防大队大队长在附近街区目睹了第一次撞击,他是第一位到达现场的指挥员。大约上午8时50分,他按照纽约市消防局的预案,在世贸中心一号楼的大厅内设立了事故救援指挥部。

在第一架飞机撞击第一座世贸中心塔楼后5秒内纽约消防局对袭击做出反应。在前往世贸大楼的途中,消防局长和其他负责人已经对一号楼和其他楼层的局势有清晰的认识,因为火势过猛而且位置接近大楼的顶层,于是决定主要的

任务是帮助救援。他们拉响5级警报，要求其他灭火班和云梯班及精锐的搜救队支援。

纽约市消防局长大约9:00到达，该局的事故救援指挥部也从一号楼大厅转移到西街对面的一处场所。上午9点，被派遣到现场的（包括与总指挥部联系的高级领导）共235名人员。几分钟后，执勤的曼哈顿南区消防总队长彼特·海登（Peter Hayden）来到现场并接替了现场指挥官的职务。大约在8:57之前，纽约市消防局负责人要求大楼工作人员和港务局警察对二号楼进行疏散，因为他们判断飞机对一号楼的撞击使得整个建筑群可能会发生有限的、局部的倒塌，但没有想到会完全倒塌。

灭火指挥部转移到西街后，仍有一些消防指挥员留在一号塔楼大厅内，组成了在建筑内进行灭火的战斗指挥部。他们留在大厅内是十分必要的，这样就可以利用一些重要的建筑系统，例如警报控制系统、电梯和通信系统。由于大火不可能扑灭，因而消防局的负责人作出重点救人的关键决定。在几乎没有任何信息的情况下，开始进行疏散。他们派遣消防队员进入楼内帮助数百名被困在电梯、楼梯间和房间内，以及因受伤而无法撤离的人员，还命令消防队员确定各层人员全部撤离。

上午9点03分，第二架飞机撞击世贸中心二号楼，从该楼第77层到85层穿进。二号楼被撞击后救援行动在规模上翻了几番，指挥员们立即调集另外的消防分队，并从一号楼调派消防分队前往救援。紧急事务反应系统升级了，通讯联络和指挥控制工作变得越来越关键和越来越困难。

随着动员令升级，调度员命令所有回应的消防分队到世贸中心附近上级指挥员指定的集结地点报到。9:15以前，在路上或在现场的纽约市消防局工作人员的数量远远超过了现场指挥官所要求的人数。然而，当这些消防分队接近指定区域时，许多分队并没有到指定区域报到，而是直接进入两座塔楼大厅或事故区域的其他地点。导致上级指挥员不能准确掌握所有消防分队的具体位置。另外，集结失败导致消防分队在进入塔楼大厅之前，不能得到必要的信息和准确方位。

在救援中，消防安全办公室的监听设备功能未被正常启动，因而世贸中心一号楼大厅内的指挥员们和他们派入楼内的分队之间的通信联络是零星的。关于处在危险中的市民的报告不断传到大厅中的救援指挥部，指挥员们决定继续尝试疏散和拯救市民,尽管存在通信困难。

世贸中心大厅的指挥员们没有可靠的消息来源,也没有关于事故区域全面形势的外部信息、塔楼的情形和火灾的发展情况。信息的缺乏限制了他们对形势全面估计的能力,从而影响作出具体的指挥与控制决定。结果是待在大厅里的负责人对于撞击区域及其以上的人是否能够被救援,以及能否开辟一条通往撞击区域的逃生路线不能形成一致意见。实施楼顶救援的可能性也由于无线通信故障被认为是不可能的。

3. 医疗行动

袭击发生后,美国卫生和公众服务部迅速成立全国医疗紧急系统,组织全美7 000多名医生、护士、医药专家及其他医疗人员赶往纽约和华盛顿受灾现场进行抢救工作。全国医疗紧急系统发言人堪贝尔·加德特(Campbell Gardt)表示,他们已组织了8个医疗救援小组,"这是美国历史上规模最大的一次救援行动"。[11]

紧急医疗服务现场指挥员助理在灭火指挥部中担任全部紧急医疗服务的指挥,向灭火指挥部报告情况。紧急医疗服务组织指挥官在世贸中心周围划定区域,集结救护车,对伤员进行鉴别归类、治疗并送往医院。纽约的多家医院,很快就接收了几百名伤者。另外,很多来自私立医院的医护人员也迅速集结到世贸中心建筑群周围。

美国红十字会在东部沿海各城市收集了60 000品脱的血,保证纽约市医院和华盛顿地区医院的输血供应。社区血源中心协会向纽约市各大医院紧急输送了1.5万品脱的血。当时通往曼哈顿的所有铁路和公路交通已全部停运,美国境内所有商业航班也已停飞,各大救援机构与军方联系,动用军车将血源送往纽约市和华盛顿。在华盛顿和纽约,人们自发涌向当地的献血中心踊跃献血。[12]

无线通信堵塞也对紧急医疗服务机构指挥员和救护车产生一定影响,发生这种现象部分原因是通常指挥频道与城市覆盖频道两个紧急医疗服务频道在同一频率上。因此大量救护车被反复请求派遣到世贸中心,使得通信堵塞问题加剧,导致紧急医疗服务调度员在9月11日应接不暇。除了要与救护车和指挥员联系外,调度员还要根据通过电话或计算机信息从911求救中心和纽约市警察局传来的求救请求而采取行动。大量且复杂的关于世贸中心袭击的信息使得调度员们要从他们接到的众多消息来源中核实每件事并迅速采取适当的行动非常困难。

4. 大楼倒塌

9点58分,世贸中心二号楼在10秒内倒塌了,大楼里的所有平民百姓和救援人员全部遇难。在广场、万豪大酒店和邻近街区的大量平民和救援人员也遇难了。大楼从上而下塌陷下来,刮起一股猛烈风暴,然后变成一片废墟。二号楼的倒塌摧毁了西街对面的事故救援指挥部,削弱了指挥和控制机构。二号楼一倒塌,纽约市消防局总指挥部及一号楼大厅、万豪大酒店大厅和西大街里的各指挥部就立即停止了救援工作。紧急救援服务队也停止了工作,因为他们最接近大楼。

一号楼中的消防队员和指挥员们最初无从知晓二号楼的彻底崩塌。许多人以为一号楼正发生局部坍塌。当一号楼大厅充满碎石和残骸时,一号楼大厅指挥部的第一大队指挥员迅速通过移动无线通信下达了撤退命令,但是由于无线通信问题,很多消防队员并没有听到这道命令,一些人从其他战斗员处得知指挥部已经下达了撤退命令才得以离开。

上午10点28分,一号楼倒塌了,在较高楼层还活着的人、较低楼层的人,以及最先赶来救援的好几十人都遇难了。纽约市消防局局长、港务局警察署负责人,以及他们的大部分高级助手都在一号楼的倒塌中牺牲,使事故救援临时处于无指挥状态。另外,倒塌发生后,许多紧急医疗服务人员不知道谁在代理紧急医疗服务指挥官。

上午11时,计划部门的一位高级官员接替紧急医疗服务指挥官,但是在接下来的近半个小时里,整个事故救援指挥仍不十分清楚。在这段时间里,一些高级消防指挥官都主动重建指挥部,导致多重指挥。上午11时28分,城市值班指挥员接替消防局长担任事故现场救援指挥官,全面恢复了现场指挥。

在接下来的几个小时、几个星期、几个月里,成千上万的平民百姓和纽约市、州、联邦工作人员夜以继日地投入工作,以使纽约市从废墟中重新站立起来,恢复往昔的面貌。

(二) 高层决策

1. 启动相关危机预案

袭击发生后,政府随即启动了《联邦应急计划》(Federal Response Plan)。

联邦紧急事务管理署遵照联邦应急计划和反恐怖主义预案展开工作。联邦紧急事务管理署在袭击发生后立即开启了位于华盛顿的指挥中心,该中心和联邦调查局的信息处理中心紧密合作,处理各种可能和已经发生的紧急事件。同时在华盛顿阿纳卡斯蒂亚(Anacostia)海军基地建立了动员中心,以协调民众的志愿救援工作。波士顿、纽约、费城(Philadelphia)、亚历山大(Alexander)、芝加哥、旧金山和丹佛(Denver)等 10 座城市的地区紧急办公室也紧急启动。联邦紧急事务管理署动员专为应对恐怖分子攻击暴行而训练的 12 个紧急应变小组,全力展开救难工作,其中 8 个都市搜救小组深入纽约倒塌的世界贸易中心大楼,搜救幸存者,另外 4 个紧急处理小组则派至五角大楼,在那里进行搜救行动。开展这些减灾手段和措施的同时,紧急事务管理要求美国工兵部队前来处理受害地区倒塌建筑物的清理工作,并立即向美国国会申请资金,以用于华盛顿和纽约等地区的救援项目。[13]

9 月 14 日,布什发表演说宣布国家进入紧急状态,启动《全国紧急状态法》。

9 月 24 日,布什根据《全国紧急状态法》相关授权下令冻结与拉登及其组织有关的 27 个账户在美国的资产。

同时,政府持续运作计划也紧急启动。当时美国的军用直升机将来自不同政府部门的近百名官员紧急接送到美国东部两个保安严密的秘密地下掩体中,这些人包括来自联邦各部门的 70~150 名中高级官员,对本部门的运作及部门间的协调情况非常熟悉,维持危机发生时政府的持续运作是他们的主要职能。白宫通信部门和联邦紧急事务管理署也对每一位总统适当接班人的所处位置进行不间断的跟踪监视。[14]

2. 加强国土防御

为防止恐怖分子的二次进攻,美国政府启动了多项防御措施。

第一,在战备方面,国防部长拉姆斯菲尔德(Donald Henry Rumsfeld)立即命令全国军队进入三级戒备状态即军队戒备状态升级。

第二,在控制危机扩散方面,联邦航空管理局按照空中交通及导航协助安全管制方案命令所有在空中的飞机降落,避免民航飞机继续被恐怖分子用作武器。

第三,在国内抓捕可疑分子。自 9 月 11 日起,美国移民规划局(the U.S. Immigration and Naturalization Service)同联邦调查局(Federal Bureau of Investigation,FBI)通力合作,根据联邦调查局提供的线索,以触犯移民法为由逮捕了一批非法移民,最终768名外国人作为有"特殊兴趣"居留者被捕。美国政府在"9·11"袭击后在监控美国本土上所付出的努力,包括审查穆斯林移民档案和驱逐非永久居民的做法,使基地组织在美国的行动自由受到了很大限制。[15]

3. 成立国土安全办公室

袭击发生后,尽管美国有许多机构负责评估薄弱环节并处理安保和准备工作中遇到的问题,但却缺乏一个高效的可以专门协调这些机构的政府部门。9月14日,副总统切尼(Richard Bruce Cheney)建议建立一个新的白宫部门来协调所有相关机构。9月20日,布什宣布成立国土安全办公室(United States Department of Homeland Security,DHS),由一位国土安全事务助理和一个国土安全委员会组成,并任命宾夕法尼亚州州长汤姆·里奇(Thomas Joseph Ridge)为第一任国土安全事务助理,该机构的主要职能是统一领导原来分散在不同部门的国内反恐工作,弥补原有危机反应机制的不足。该机构成立后,对于协调各个危机管理部门和情报部门的工作起到了关键作用。

(三)溯源基地组织

1. 充分发挥情报部门的作用

"9·11"袭击后,美国政府在国内收集情报的能力,以及在情报和执法部门间分享信息的问题成为首要问题。"9·11"事件之后不到一周,便出台了一个"爱国者法案"的较早版本,提案的核心条款是推翻竖在情报和执法部门之间的信息分享之"障碍墙"。这一提案在10月26日经签署后成为法律。

2001年9月12日晨,中央情报局就确定了恐怖袭击事件的元凶是本·拉登及其基地组织,使美国政府有了明确的反击目标,缓解了政府所承受的舆论压力。9月13日晨,中情局又提出"阿富汗秘密作战计划",旨在利用各种情报搜集手段、隐秘行动、先进技术,结合中情局的准军事力量和阿富汗反塔利班武装派别,配合美常规军事打击和特种部队作战,给恐怖主义网络以毁灭性打击。该计划弥补了国防部缺乏"非常规战争"计划的缺陷。在9月15日的内阁会议上,中情局局长特尼特(George John Tenet)提出了一个在阿富汗进行秘密战争的非常详细的计划和《全球扫恐计划大纲》等纲领性文件,提出先拿本·拉登及其基地组织开刀,然后逐步把反恐怖运动扩展到全球80多个恐怖分子活动的国家。这些情报与建议无疑对决策层后续决策与战略部署有着重要的参考价值。[16]

9月12日,联邦调查局找到了在匹兹堡坠毁客机上的黑匣子,并收集本·拉登可能与11日美国恐怖袭击事件有关的证据,查明了许多劫机者的身份。随后在波士顿市和佛罗里达州逮捕多人,初步确定共有24人直接参与了11日的劫机行动,最初的行动信号来自中东地区。9月17日,美国司法部正式公布涉嫌劫机制造恐怖事件的19人名单。[17]

2. 部署对基地组织的反击行动

"9·11"事件后,民众对国土安全存有极大疑虑,社会存在着普遍的恐慌。在美国决策者看来,只有迅速打击危机的制造者,才能消除危机的源头。美国对基地组织打击的首要障碍就是阿富汗塔利班政权,因为其为基地组织提供庇护。

"9·11"袭击事件的当天,布什便主持了国家安全委员会会议,宣告成立"战争委员会"。9月12日,根据中情局的情报分析结果,布什又主持召开了不止两次的国安委会议。这两次会议决定对基地组织进行坚决反击,主要确立了两项任务:一是建立反对基地组织及其庇护者塔利班政权的国际联盟;二是部署对阿富汗塔利班政权及基地组织的军事行动。

在建立国际联盟方面,美国主要从三方面入手,首先是争取阿富汗邻国的军事支持,掐断塔利班的外援。9月14日,巴基斯坦同意为美国提供关于基地组织和塔利班政权的军事情报,同意美国使用巴领空和过境打击塔利班。美国同时对不合作者发出威胁,任何继续庇护或支持恐怖主义的国家都被美国视为敌对政权。在美国的压力下,伊朗关闭了与阿富汗的边界,阿联酋和沙特先后同塔利班断绝了外交关系。其次利用同盟国的援助。如"9·11"事件后,北约组织最先启动了同盟条约,支持美国的一切军事行动;日本突破战后宪法,派自卫队护送美国小鹰号航母赴印度洋。最后是力争其他主要大国尤其是中国与俄罗斯的支持。在其努力下,中美缓解了2001年初因为撞机事件而带来的紧张关系。中国宣布支持美国的反恐行动,而俄罗斯也于9月24日宣布允许美军使用中亚战略走廊。

在军事打击方面,9月21日,布什便批准了国防部关于打击阿富汗的"持久自由"军事计划(Operation Enduring Freedom)。由于塔利班拒绝接受美国的全部要求,美国在得到英、德、法、意、日等盟国的军事支持及巴基斯坦、乌兹别克斯坦和塔吉克斯坦等国提供军事基地的情况下,于2001年10月7日正式发动对塔利班"持久自由"的军事打击。在两个月内,美国摧毁了塔利班政权并瓦解了基地组织,并于2001年12月扶植以哈米德·卡尔扎伊(Hamid Karzai)为首的阿富汗北方联盟接管政权,重建了阿富汗的政治秩序,同时继续在阿富汗和巴基斯坦围剿塔利班和本·拉登等基地组织残余势力。[18]

(四)其他应急行动

1. 利用媒体进行舆论宣传

布什政府注意利用媒体来恢复社会信心和正确引导舆论。首先是在第一时间利用媒体传递权威信息,积极引导公众情绪。"9·11"事件发生后,为了有效引导公众情绪,控制社会恐慌,权威、可靠的信息发布至关重要。布什在危机发生以后第二天明确指示新闻官至少每天一次将反恐怖进展告诉美国公众,并控制危机蔓延的信息和谣言。与此同时,大部分美国国内媒体的报道都非常理智,没有任何煽动群众情绪的非理性倾向。

其次是制定针对性的宣传战略。布什要求下属官员利用舆论保持公众对总统和反恐怖战争的信心,他指定白宫政治顾问休斯(Karen Hughes)负责宣传效果,要求国防部、国务院及其他政府部门都要在舆论宣传上协调动作。布什强调,这场战争的大部分将是隐蔽的,有部分内容不能公开谈论,因此需要一项更具创意的宣传战略。"9·11"事件后,政府对舆论导向更为关注,对军事消息的封锁更加严密。至于国内治安方面的新闻发布,政府和媒体也相当谨慎。

最后是利用媒体重塑政府形象,主要是利用媒体刻意塑造"反恐英雄"的领导人形象以获得民意支持。在事件发生后的几天中,布什的形象在电视媒体上不断出现(见图7-6),大量电视节目和新闻报道都在颂扬政府官员、公务员、警察、军人的克己奉公和爱国情操。一些主流刊物为"9·11"而出版的专辑几乎都是爱国主义的宣传材料。在"新战争"的国内外两条战线上,美国舆论几乎都是"一边倒",同政府对立的观点很少见。

美国媒体实时跟踪报道恐怖袭击事件和救援情况对救援行动宣传和实时信息发布起了重要作用。其中尤以网络媒体特别突出。有的网站进行了查找失踪人员、网上募捐、征集志愿者、呼吁献血等有益的活动。美国的政府门户网站起到了权威信息发布的作用,设置了美国响应恐怖事件的专题。

图7-6 "9·11"事件后布什总统发表现场演说

2. 广泛的社会动员

美国危机管理建设体系特别注重建立民间社区灾难联防体系,吸纳民间社区参与危机管理。"9·11"事件发生后,美国卫生与福利部(United States Department of Health and Human Services,HHS)火速成立全国医疗紧急系统的抢救工作,动员7 000多名医疗职工,80个救灾小组出动。美国红十字会(American Red Cross,ARC)也开展和参与了一系列的救援活动,在纽约建立了12个庇护所,在新泽西州建立了15个庇护所,在阿灵顿设立了2个庇护所;并建立了家庭互助中心,开设咨询电话,帮助寻找失踪人员;美国红十字会在纽约和华盛顿两个城市建立了急救小组和运尸小组。此外美国红十字会还提供了大量的救灾物资,在22个州的机场随时待命运往灾区,组织精神卫生科医生给救援人员和公众提供咨询和帮助。社区血源中心全国协会也与军方联系,向纽约市各大医院紧急输送了大量的血源。美国和华盛顿以外的美国人纷纷伸出援手,加入捐款、献血等活动中[19]。

美国在危机管理中动用了一切可利用的社会资源,私人机构诸如私立医院、保险公司、银行及个别商业组织。"9·11"的重创让美国股市无限期休市,美国联邦储备向其他银行提供现金,并表示会维持正常工作,以防止出现资金挤兑现象。

3. 政府提供心理与资金援助

在"9·11"事件中,美国联邦应急管理局(Federal Emergency Management

Agency，FEMA)在网站发布国情通告等官方信息的同时，还专门提供一些针对民众的援助，如给父母提供如何让孩子理解这次灾难的建议，专业的心理咨询机构及时对灾民进行心理辅导、安抚灾民情绪及进行心理治疗。

"9·11"事件发生后18年来，共有超过7 500名曾经参与救援的工作人员因吸入有毒气体罹患癌症。美国政府于2011年成立"'9·11'事件受害者赔偿基金"，为在"9·11"恐怖袭击相关的坠机事件中或事发后，清除残骸工作中遭受人身伤害或死亡的个人(或已故个人的代表)提供赔偿。2019年7月29日，美国总统特朗普(Donald Trump)签署法案，将《"9·11"受害者赔偿基金法》延长70年至2090年，使联邦政府得以继续向基金拨款，估计未来10年将拨款超过100亿美元。

三、"9·11"恐怖袭击事件的影响

"9·11"事件已经过去20年。不仅其本身成了美国历史的一个重要转折点，而且其余波仍然震荡着整个世界。"9·11"事件后，美国对本国的安全战略与体制进行大变革；在反恐上采取"先发制人"的战略，促进了世界各国反恐法律的制定，推动了国家反恐合作事业；此外，美国还加强了边检安全、空中安全、信息安全等多方面的安保措施，以保障美国境内的安全。

(一)美国安全体制与危机管理体系变革

"9·11"事件之后的两个月内，美国发生的最大变化是国家机器的强化。[20]"9·11"事件的发生，暴露了美国本土防御能力的脆弱及全球战略与国际关系现实的不适应性等问题，促使美国开始重新改组本国的安全战略与体制，推动了美国危机管理体系的变革。

在"9·11"事件之前美国安全战略的着眼点主要是关注世界上哪些国家会成为美国的主要对手、会给美国安全带来现实威胁，以及哪些国家会给美国推行霸权带来麻烦。"9·11"事件之后，美国虽然仍认为地区大国力量的不断壮大可能威胁到美国利益至关重要地区的稳定，但是将恐怖主义威胁置于首要地位之后，美国已强烈感受到再也无法明确把握威胁的主要来源。

国家安全体制，是关乎国家安全问题的根本制度和安全机构及运行模式体系化、程序化、规范化的总和[21]。体制离不开机构、制度和运作流程这三种最基本的构成要素，其实质就是三者间的有机统一和相互协调。在"9·11"事件之

前,美国的国家安全体制是基于二战后美苏冷战而创建。随着苏联解体,冷战结束,世界格局跨向"一超多强",美国对国家安全体制进行跨世纪的调整与变革,重点从冷战时期的"硬对抗"逐步转向"软进攻",主要通过政治、经济、外交、心理等非军事手段来推进美国的政治体制、经济模式和价值观念,实现战略目标[22]。

在"9·11"事件发生后,美国陆续出台一些新政策、颁布新法典,并且在政府架构和机构职能上作了大力度的变革,尽力完善自身的国家安全体制,提升自己抵御危机和恐怖袭击的能力。具体来说"9·11"事件之前,危机管理主要是美国联邦调查局的职责,而后果管理则主要是美国联邦应急管理局的职责,国家安全委员会负责联邦各个机构之间的协调。"9·11"事件之后"危机管理"和"后果管理"这两个词被"事件管理"所涵盖的同时,2002年11月,布什政府决定在FEMA的基础上创设"国土安全部",主要负责协调联邦政府不同部门在国内事件管理过程中的反应和努力,并领导联邦政府与地方之间的合作,形成了涵盖各类突发事件的应急管理体系。这是美国国家安全体制调整的重要举措,亦是美国联邦政府50多年来进行的最重大的一次调整。国土安全部是美国政府统一领导应急治理工作的核心部门,由联邦紧急事务管理局、海岸警卫队、移民与规划局、海关总署等22个联邦政府机构合并而成。国土安全部在全美设有10个地区代表处,主要负责与地方应急机构的联络,在紧急状态下,负责评估突发事件造成的损失,制定救援计划,协同地方组织实施应急救助。

与此同时联邦和地方应急管理的性质也发生改变,这些变化推动了对相关计划与标准的需求和相关项目的发展,布什政府签署《第5号国土安全总统令》,以"建立一个管理国内事件的综合性体系,提高美国政府在这方面的管理能力"。据此2004年美国《国家事件管理体系》及以此为模本的《国家反应计划》先后出台。2006年10月美国国会通过了《国土安全法案》,用以改进国家在应对恐怖袭击等方面的工作,其中包括加强港口安全等措施。2004年《情报改革法》的修正案试图确保情报机构之间更紧密的协调特别是在反击恐怖主义方面。

事实上,此类做法在全球范围内普遍存在,世界各国政府的组织结构和职能安排均需要根据社会现实的变迁或新出现的挑战而作出调整,其中包括为新生事物指定主管机关、调整不同机关之间的职责分配或将功能具有相关性的小部门组合成大部门等。除此以外,在各个政府职能部门之上还可能增设各种领导或协调机构,以化解人为划分部门职责所带来的边界模糊问题。我国党的"十七大"提出了国家机构实行大部制的构想,主要是指将政府或较为相近的职能部门加以整合,归为一个主管部门进行管理,利于实现职权明确、协调运行的机制。中共十八届二中全会所提的大部制改革和三中全会决定成立的中央国家安全委员会皆反映了中国最高领导层在此方面的新近努力。[23]

(二)全方位的反恐战争

1. 美国反恐态势的转变

"9·11"恐怖袭击事件标志着世界范围内的恐怖主义浪潮达到一个前所未有的阶段。信息革命为恐怖分子提供了价格低廉而高效的沟通和组织方式,使以前仅限于本地和本国警力管辖的恐怖组织具备了全球性特征。这使得全世界都不得安宁,当代恐怖主义针对的是全人类,给人类心理烙下了恐怖的阴影,是对全人类不宣而战的特殊战争,是对人类文明和基本价值观的挑战[24]。

在反恐方面,美国在"9·11"事件之后最明显的变化是采取攻势反恐。在"9·11"事件之前,由于害怕恐怖分子报复,美国在反恐方面比较谨慎。"9·11"事件后美国采取"先发制人"的战略,发动了一系列反恐战争。2001年10月7日,以美国为首的联军对基地组织和塔利班发起攻击,这标志着反恐战争的开始。美国在阿富汗的反恐战争持续数十年,2011年本·拉登被击毙,直至2014年美国总统奥巴马正式宣布阿富汗战争结束。

2003年,布什政府以伊拉克政府私自生产大规模杀伤性武器为理由,在没有确凿证据的情况下贸然将伊拉克视为支持恐怖主义国家,没有得到联合国安理会的授权便悍然发动伊拉克战争。美军凭借其三位一体的现代军事理念及先进的武器装备,仅用时1个月就消灭了伊拉克政府军的有生力量,同年年底,伊拉克总统萨达姆(Saddam Hussein)在逃亡途中被美军生擒,并在3年后被送上绞刑架。2011年,美国奥巴马政府开始逐步撤出驻守在伊拉克的军队。

美国在战争胜利后在伊拉克建立了一个听命于美国的傀儡政府,并着手清除伊拉克反政府武装及盘踞在伊境内的恐怖组织。这场战争几近摧毁了伊拉克的所有产业,大批伊拉克人失去了赖以生存的活计,而他们换来的却只是几张选票和无能的政治家。在此大环境下,原本潜伏在各处的反政府武装和恐怖组织纷纷活跃起来,他们使用极端伊斯兰教义对伊拉克百姓进行洗脑,并利用各种手段威胁他们加入恐怖组织当中。而随着伊拉克新政府军在与恐怖组织的交战中节节败退,恐怖组织的势力范围越来越大,并最终形成了拥有广袤地域的极端恐怖组织——伊斯兰国(Islamic State of Iraq and al-Sham,ISIS)。

除此之外,美国也积极采取信仰反恐、技术反恐、经济反恐等手段作为其国际反恐战争的重要内容,从外交、军事、财政等多个领域打击恐怖主义。"9·11"事件后,美国在中东地区的战略政策由实用主义向推进地区民主化改革转变。美国视中东为恐怖主义的大本营和滋生地,决意对中东进行民主改造,用美式民主和价值观遏制、淡化伊斯兰教的影响,从政治、思想和文化上控制这些国家,并许以经济上的好处,以平息阿拉伯国家反美、仇美的情绪,消除针对美国的恐怖主义根源。在伊拉克战争后,美国推出"大中东民主计划",然而这一计划当时遭到了中东地区主要国家的反对而宣告破产。

在伊拉克和阿富汗前线,美军依靠各种高科技装备与当地反美武装作战。反恐战争中,美军的伤亡远轻于敌军,技术进步就是主要因素之一。美军在战场上采取了很多技术措施:无人机、精确制导小炸弹、热像仪、声波探测仪、遥控武器战等。在美国国内,也是依靠技术手段反恐,用得最多的是窃听,其次是各种透视扫描仪。据外媒报道全球1/10的电话曾经被美国国家安全局(National Security Agency,NSA)监听过,2013年包括"棱镜"项目(PRISM)在内美国政府多个秘密情报监视项目遭到曝光。

恐怖分子的活动以其雄厚的资金为后盾,美国切断恐怖分子的资金来源,与国际组织和其他国家的金融机构合作,在金融领域打压恐怖分子。"9·11"事件1个月后,美国与其他国家共冻结了阿富汗塔利班政权、基地组织及本·拉登的资产达2400万美元。布什总统下令在财政部成立"恐怖分子外国资产追缴中心",由来自情报部门、执法部门和制定金融规章部门的代表组成,其核心任务就是处理全球范围内有关恐怖分子的财源,瓦解其财政基础。

美国在"9·11"事件之后的反恐行动还远未达到理想的效果,这种明显带有"以暴制暴"意味的策略非但未能减少恐怖主义威胁,而且使美国军力财力不断受损,国际形象跌至谷底。主要原因就在于美国借反恐之名行霸权之实,搞双重标准。美国所谓的反恐战争,仅仅是维护其世界霸权的工具罢了。但是,其思路还是值得我们借鉴和学习的:主动的姿态、有号召力的纲领、先进的手段、发展经济的实际措施,是反恐斗争所必需的。

2. 各国反恐法案相继制定

安全体制下的各项制度只有通过法律的形式将其固定下来,各有关安全的部门才能在法律的框架下按照既定程序开展工作,才能发挥各部门在保卫国家安全方面的作用。

2001年10月26日,布什政府以保障国土安全和反恐为名颁布了《爱国者法案》,该法律的副标题为:"法案旨在阻吓和惩罚发生在美国和世界的恐怖主义行为,并加强法律部执行中的调查手段等"。这个法案延伸了恐怖主义的定义,包括国内恐怖主义,扩大了警察机关可管理的活动范围。其中重新授权有关部门对公民进行窃听,查看公民上网记录、私人信件和电子邮件,甚至允许联邦调查局监视公民阅读书籍的情况,从而判断读者是否受到恐怖主义影响。

在此之后各国政府,尤其是西方政府纷纷将反对恐怖主义、制止恐怖活动作为保护国家安全的头等大事,采取的具体措施也成为检验政府行政能力的重要指标。各国的反恐法律纷纷出台。

2001年12月,加拿大反恐怖法案宣布生效。根据这项法律,主谋恐怖主义攻击活动者可被判无期徒刑,从犯最高可被判14年徒刑。执法人员在某些情况下可不用申请逮捕许可证就拘捕犯罪嫌疑人,并可将犯罪嫌疑人最长关押72小时。犯罪嫌疑人和任何知情者都必须出庭审讯。

2001年12月,英国通过了反恐怖紧急法案,以加大打击恐怖分子的力度。被怀疑"准备进行恐怖活动"的人,即使尚未采取任何行动,也可能因触犯这些条例而入狱。同时,警方在新反恐法的授权下,可以未经审判无限期关押恐怖嫌疑分子。

2004年12月,根据美国、英国和法国已经采取的安全措施,日本制定了安全措施草案,并将这些建议提交国会审议,以便使其成为日本移民法律的一部分。

2004年12月,俄罗斯杜马以压倒性多数初步通过一项新的反恐法案,赋予克里姆林宫极大的权力,包括在恐怖袭击威胁下,宣布全国进入紧急状态等。

另外,阿拉伯联合酋长国、印度尼西亚等国也纷纷颁布国家反对恐怖罪行法,加强国家安全保护措施。[25]

2015年12月,中国十二届全国人大常委会第十八次会议表决通过了《中华人民共和国反恐怖主义法》。法律自2016年1月1日起施行。《反恐怖主义法》对恐怖活动组织和人员的认定、安全防范、信息情报、调查、应对处置、国际合作、保障措施、法律责任等方面进行了规定。向世界表明中国政府和人民在打击恐怖主义势力、消除恐怖主义威胁、铲除恐怖主义滋生土壤等方面决不妥协的立场与态度。

政府颁布反恐法律措施，表明其保护国家安全的决心和意志，因此受到众多国民的拥护。但是，随着反恐法律的具体实施，国民也对这些法律措施是否能有效保护人权产生怀疑。因而随着形势变化与新问题的产生，不少国家也在对本国的反恐怖法进行不断的修改。

3. 加强国际反恐合作

目前，世界各国面临的安全环境具有一定的相关性，在战略伙伴或战略对手之间，都存在安全合作的需求。[26]联合国及有关国际组织和各国政府曾就打击恐怖主义活动召开多次会议，其中较为引人注目的会议有1970年海牙反劫机会议、1971年蒙特利尔保障民航飞机安全会议和1984年纽约有关人质问题的会议。

"9·11"事件后，联合国采取了一系列反恐措施。2001年9月28日，安理会通过第1373号决议，要求所有国家冻结任何涉嫌从事恐怖主义活动的个人资金或切断其经济来源，并成立反恐怖主义委员会，负责监督决议的执行情况。同年10月，安理会阿富汗制裁委员会将涉嫌参与恐怖活动的27个组织及个人列入制裁名单。2002年4月，联合国大会通过的《打击向恐怖主义提供财政资助的国际公约》生效。2005年9月14日，安理会通过第1624号决议，要求各国立法禁止煽动恐怖活动的做法。

联合国的这些反恐措施，无论是规模上还是具体内容上，都是以前任何组织和国家难以达到的。这充分说明，只有在联合国的主导下，全球反恐机制才能有效、公正、全面地建立起来。然而，联合国在反恐措施和职能方面能力有限，其主导地位受到了美国的限制，"9·11"事件后形成的国际反恐联盟眼下基本上已名存实亡。

（三）加强国内安保等安全措施

"9·11"事件调查委员会发现，11名劫机者在进入美国时都存在问题，他们或者修改了护照，或者在签证时说了一些很容易被识破的谎言。更惊人的是，"9·11"事件发生前数周，"9·11"事件策划者哈立德·谢赫·穆罕默德(Khalid Sheikh Mohammed)竟然获准进入美国。而早在5年前，他就被美国情报机构确定为恐怖分子，不得入境。遗憾的是，这些在美国国务院监视名单上的人没有被列入联邦航空管理局的"禁飞"名单,这导致他们最终登上了发起恐怖袭击的航班。

"9·11"事件之前,边界安全——包括旅行、入境、移民——并未被看作是国家安全事务。近10年间,一项完整的监控移民名单的制定和发放,使得边检能够获得恐怖分子的姓名和身份信息,限制恐怖分子流入美国境内。还要求本国和国外的航空公司飞入美国之前,将乘客和机组人员的电子信息档案传送至美国海关部门。这也成为美国针对恐怖分子的国家安全体制的一个重要组成部分。

此外,加强边境口岸安全也成为健全美国安全体制值得考虑的关键任务,为此美国在其边境增设了巡逻人员,并且在安检方面加强了对航空旅客行李的检查。2001年9月底,美国航空管理局(Federal Aviation Administration,FAA)推出了确保乘机安全的一系列新措施,规定所有的航空公司需对自己的航班进行彻底的检查,包括货舱和所有的服务门及机身外面的舱口盖。与此同时,航空公司必须仔细监督乘客及担负机组和服务的工作人员。

"9·11"事件之后,美国的航空安全作出的最大改变当属成立了美国运输安全管理局(U.S. Transportation Security Administration,TSA)。TSA是美国国土安全部下属的一个机构,负责美国境内公共交通的安全事宜,于"9·11"袭击事件后随国土安全部一同建立。在"9·11"事件过后的17年里,TSA为了航空安全制定了14项安全措施,这些措施被应用在美国且影响全世界:

1. 对旅客进行"细分";
2. 美国政府接管机场安全;
3. 检查可疑物品;
4. 识别出可疑迹象;
5. 机场有更好的技术来筛选设备;
6. 应用筛选人的新技术;
7. TSA制定了机场安检规则;
8. 禁止/限制可携带的液体;
9. 旅客提前到达机场进行程序复杂的安检;
10. 通过种族貌相进行区分和调整;
11. 建立恐怖分子观察名单;

12. 驾驶舱安全更加要紧；

13. 飞机上有更多的警察；

14. 飞行员可以携带枪支。[27]

TSA对欧盟航空安全影响深远。早在2006年，在卢森堡召开的欧盟理事会会议签署了新的《欧美航空安全协定》。根据该协定，欧盟航空公司将向美国执法部门提供前往美国乘客的34项个人信息，其中包括乘客的地址、电话和信用卡号码等。也就是说，TSA能够调取前往美国的乘客信息，一旦发现可疑，就可以列入恐怖分子观察名单。一旦TSA宣布一项新的安全措施，欧盟国家就需要跟随执行。

美国TSA的政策对中国的民航安全有或多或少的影响，中美之间近年来在航空安全领域不断地加强合作。对于中国的航空公司来说，想要顺利运营赴美航线，得先过TSA这一关。TSA要求所有赴美航班从2017年10月26日开始实施更严格的安保措施：包括登机前对旅客作安全访谈、对全球赴美航班分阶段实施保安管控等，管控内容包括前往美国的目的、与谁人同行等，对不同航空公司的要求有差异。[28]

且不说民航的安检系统存在问题，"9·11"事件暴露出美国航管反应无力的问题。当四架民航客机随意改变飞行方向、航线和高度时，航空管理局并未立即发现异常，当不明飞行物靠近国家的经济要害甚至是国防核心部位时，美国空中安全局没能及时察觉问题。

"9·11"事件后不久，FAA就制定了一系列空中安全措施，例如要求在美国空域内飞行的航空公司都必须安装加固驾驶舱门，以保护工作人员。在飞机飞行过程中，必须锁住该舱门。另一个重要措施要求驾驶舱内应始终有两名驾驶员，如此如果一名驾驶员因任何原因需要离开驾驶舱，另一名合格驾驶员可以掌控情况。实际上，美国在这一问题上已属领先，许多外国航空公司自2015年的"德国之翼"空难后才开始采取类似的措施。

至"9·11"事件发生时，美国民航管理局总共只有33位配备武装并受过训练的空中法警。除了为关系到国家安全的航程提供安保外，他们从不会出现在美国的国内航班。"9·11"事件后，美国运输安全局组建了隶属于美国联邦政府的空警队伍，这些空警武装警卫全部携带武器跟机飞行。

此外，美国在信息安全系统上也加强了安保措施。进入新世纪，因为基地组织借助遍布全球的发达通信网络，成功地策划并实施了复杂的跨国恐怖袭击，使得美国政府将国家信息安全在整个国家安全体制中的优先级得以升级。具体包括美国的重点保护单位、航班和机场的信息，甚至是美国总统的去向。近年来，为体现其对国家信息安全的重视，美国不仅宣布了新的网络空间安全国家计划，规划美国网络信息安全保障工作的发展方向，而且采取了各种有效措施，全面加强网络与信息安全。[29]

四、总结

震撼世界的"9·11"恐怖袭击事件是人类文明史上的至暗时刻。短短40分钟内，纽约市的标志性建筑物世贸中心双子塔轰然倒塌。美国有线新闻网立即开展现场直播，美联社、路透社、法新社纷纷以急电形式播发：美国遭到攻击。[30] 新世纪伊始，全世界的人们在各地共同经历了这一人间悲剧，一时间举国震怒，世界哗然。全球化时代，这一恐怖袭击事件不仅对世界经济造成巨大冲击，而且在世界各国人民的心灵上投射下一层恐怖主义的阴影。

"9·11"事件不仅是有史以来最严重的恐怖袭击事件，也是对美国本土的最大一次攻击，整个20世纪美国参与了两次世界大战，但本土从未遭遇过直接的攻击。"9·11"恐怖袭击事件造成了数千人的伤亡，这是美国自越南战争以来任何一场战争都未曾付出过的惨痛代价。其次，在经济上对美国产生严重威胁。世贸中心大楼作为美国繁荣经济的象征，顷刻之间灰飞烟灭，更不用说恐怖行动所造成的数百亿美元的直接损失。"9·11"事件发生后，美国经济一度陷入瘫痪。金融市场出现动荡的局面，包括股价暴跌、金价上涨、国际原油价格猛增、旅游业受到严重冲击、大量航空公司破产或重组、主题公园缓建、互联网泡沫彻底结束。"9·11"事件及随后的反恐战争，影响了人们的投资信心和消费信心，引起市场的过激反应，从而导致美国和世界经济更趋恶化。再者，"9·11"事件给美国民众的心理造成了无法愈合的伤害，美国人民的自信心与安全感大受打击。美国不可突破的神话已经破灭，过去美国人眼中的美国曾是世界，而这次沉重的打击使他们认识到美国是世界的一部分。"9·11"事件发生后一段时间内，美国民众普遍的恐惧感难以消除。

"9·11"事件发生后，美国政府迅速开展一系列救援行动。派出两架战斗机尝试拦截客机，最终拦截没有成功，美国航空公司11次航班和联合航空公司第

175次航班相继撞上世贸中心一号楼和二号楼。纽约市消防局的工作人员在第一时间赶到现场，火势过猛无法扑灭，开展的救援行动以救人为主。救护车与私立医院的医护人员在世贸中心附近集结并开展医疗救护行动。尽管无线通信问题对救援行动造成一定的阻碍，消防员们没有停止拯救和疏散市民。上午10点左右，世贸中心二号楼和一号楼先后发生倒塌，造成大批人员伤亡，救援行动在经历短暂停止后继续进行。美国民众在灾难面前表现出团结与爱心。

美国政府高层随即启动《联邦紧急计划》等紧急预案开展；启动联邦紧急事务指挥中心及多个城市的紧急办公室联合处理紧急事件；启动多项防御措施，军队戒备状态升级，加强国土安全；成立国土安全办公室，统一领导各个危机管理部门及情报部门。

情报部门在溯源基地组织中发挥重要作用，短时间内锁定案件元凶为该组织领导人本·拉登。遭受恐怖袭击，激起了美国普通民众的仇恨与爱国主义情绪。国内共识的形成为布什政府的单边主义外交政策提供了强大的动力。[31]美国单边主义对世界影响随之显著上升。布什总统快速通过战争决议。2001年10月7日，以美国为首的联军发动阿富汗战争，这是针对基地组织和塔利班的一场战争，是对"9·11"事件的报复，亦标志着反恐战争的开始。2003年3月20日，美国又以伊拉克隐藏有大规模杀伤性武器为借口，绕开联合国安理会，公然单方面决定对伊拉克实施大规模军事打击，即伊拉克战争。反恐战争激发了美国人的爱国主义热情和美国对自身力量的信心，暂时扭转了美国国家认同衰退的局势，但战争和危机期间民族情绪的高涨随着战争时间的延迟和战争的消退而逐渐减弱，由于伊拉克战争师出无名和战后局势持续动荡，美国国内反战的声音逐渐加强。[32]

在"9·11"事件中，由于美国根本的防御战略上的片面性，美国对战争冲突的认识还停留在国家之间的常规形式，美国国防安全战略体系对非传统威胁不甚关注，预警体系也主要针对境外袭击，使得美国原有的危机管理体系在"9·11"危机处理的初期阶段不够及时有效。但在其后的处理中，救援的开展、各部门的协作还是体现出美国危机管理体系原有的完备性，在很短的时间内实现对现场局势的勘查与控制，并采取相关的配套措施如交通管制、股市停盘、政府各级官员各阶段的适时公开反应，在财政上、军事上的应对措施迅速到位，这些使得灾难地区很快恢复社会秩序稳定。[33]

"9·11"事件对美国和世界的应急体系产生了巨大影响。美国的安全体制与危机管理体系在此后经历巨大变革。美国将非传统威胁与境内袭击纳入视点,成立国土安全部,负责协调各管理部门,领导联邦政府与地方之间的合作,形成了涵盖各类突发事件的应急管理体系。美国采取攻势反恐,发动了一系列反恐战争:2001年阿富汗战争、2003年伊拉克战争等。并将信仰反恐、技术反恐、经济反恐等手段作为其国际反恐战争的重要内容,多领域、全方位地打击恐怖主义。此后,人们不得不面对国际社会与恐怖主义之间的新战争。

从2000年美国大选到撞击事件发生前后,中美关系处于低谷。而"9·11"事件的突然发生,促使美国将注意力更多转移到非传统安全问题上,反恐成为此后美国安全战略的首要目标。美国对中国的看法也由"一个潜在的挑战者和竞争对手"变为了"一个值得争取的合作伙伴和需要加以防范的对象"。美国的国际反恐尤其需要中国的合作,而中国的发展也需要和平稳定的内外环境。这就为改善和稳定中美关系提供了契机。[34]

2001年10月26日,布什政府颁布《爱国者法案》,以保障国土安全,打击恐怖主义。随后加拿大、英国、日本、俄罗斯纷纷出台本国的反恐法律,将反击恐怖主义作为维护国家安全的头等大事。我国颁布的《中华人民共和国反恐怖主义法》,有效维护了我国的国土安全和公民人身安全,向世界表明中国政府和人民对恐怖主义绝不姑息的立场态度。

美国对于航空安全作出的最大改变当属成立了美国运输安全管理局。并加强对边境安全、口岸安全、空中安全、信息安全等多领域的安全管控。TSA为航空安全制定了14项的安全措施,这些措施被应用在美国且影响全世界,尤其是对欧盟和的航空安全影响深远,对中国的航空安全也有一定的影响。

政府的这些措施使美国在"9·11"之后一定程度上控制了危机的范围和影响,从政府运转到社会生活在遭受剧烈冲击后得以迅速恢复正常,整个危机处理过程收到了很好的效果。[35]尽管"9·11"之后美国政府的行动可称作是应急管理的典范,但"9·11"之前美国政府在危机事前预警和风险评估中存在的问题不容忽视。布什总统在处理有关恐怖袭击的情报方面曾出现重大失误,未采取任何事前预防措施,导致美国遭受巨大的损失。

21世纪以来,国际形势总体趋向缓和,和平与发展是时代的主题,然而其中仍存在着一些不安定因素。自20世纪90年代以来,恐怖袭击在全球范围内迅速蔓延,恐怖主义在世界各地日益猖獗,成为各国人民与政府心头挥之不去的梦魇,恐怖主义被称为"21世纪的政治瘟疫"。2001年"9·11"恐怖袭击事件、2004年伊斯兰人质事件、2008年孟买恐怖袭击、2013年美国波士顿马拉松爆炸事件、2014年中国昆明火车站严重暴力恐怖案……在关注到这些恐怖袭击事件对全世界所产生的巨大冲击时,我们也应注意到在"9·11"事件之后,世界范围内的危机形态呈现新的特点:危机的表现形态呈现形式多样化;危机波及的范围空前广泛且不可控制;危机的诱发动因更加复杂交织。

中国作为国际社会一个负责任的大国和联合国五大常任理事国之一,对维护世界和平和安全有着不可推卸的责任。在"9·11"事件后,中国政府积极参加、签署和批准了一系列反恐国际公约,表明中国加强国际合作,打击国际恐怖主义的坚定决心。

"安而不忘危,治而不忘乱,存而不忘亡"是我国历史的宝贵经验。2014年4月15日上午,中共中央总书记、国家主席、中央军委主席、中央国家安全委员会主席习近平在中央国家安全委员会第一次会议上首次提出"总体国家安全观",并首次系统提出"11种安全"。新时代国家安全体系总体国家安全观包括16种安全。在新时期,面对复杂严峻的国际形势,我国须坚持总体国家安全观,走出一条中国特色国家安全道路。[36]

（张　旭,上海大学）

参考文献

[1]　赵秉志,王志祥,王文华等译.9·11委员会报告:美国遭受恐怖袭击国家委员会最终报告[M].第1版.北京:中国人民公安大学出版社,2004:1-16.

[2]　"911"遇难的是什么人[N].羊城晚报.2001-10-29.

[3]　王勇."9·11"事件:全球经济损失一万亿[N].国际金融报.2001-09-19第一版.

[4]　老任.911恐怖袭击事件:美国人永远的伤痛[EB/OL].2006-09-08.http://mil.news.sina.com.cn/2006-09-08/1633396552.html.

[5]　郑毅.美国危机管理研究——以911事件为例[D].华中师范大学.2008,第26页.

[6]　李小晓.911损失与花费超2.6万亿美元:美国反恐赔钱?[N].中国经济周刊.2011-05-17.

[7]　老任.911恐怖袭击事件:美国人永远的伤痛[EB/OL].2006-09-08.http://mil.

news.sina.com.cn/2006-09-08/1633396552.html.
[8] 叶国文.预警和救治：从"9·11"事件看政府危机管理[J].国际论坛,2002(03)：22-27.
[9] 辛华."9·11"改变了什么？[N].人民日报·华南新闻,2001-12-09日第二版.
[10] 薛澜,张强,钟开斌.危机管理：转型期中国面临的挑战[M].北京：清华大学出版社.2003：226.
[11] 方华,牛明星.灾难降临美利坚[M].北京：知识产权出版社.2001：37.
[12] 方华,牛明星.灾难降临美利坚[M].北京：知识产权出版社.2001：37.
[13] 薛澜,张强,钟开斌.危机管理：转型期中国面临的挑战[M].北京：清华大学出版社.2003：218.
[14] 郑毅.美国危机管理研究——以911事件为例[D].华中师范大学.2008：28.
[15] 郑毅.美国危机管理研究——以911事件为例[D].华中师范大学.2008：28.
[16] 郑毅.美国危机管理研究——以911事件为例[D].华中师范大学出版社.2008：29.
[17] 薛澜,张强,钟开斌.危机管理：转型期中国面临的挑战[M].北京：清华大学出版社.2003：220.
[18] 郑毅.美国危机管理研究——以911事件为例[D].华中师范大学出版社.2008：30.
[19] 薛澜,张强,钟开斌.危机管理：转型期中国面临的挑战[M].北京：清华大学出版社.2003：228.
[20] 王辑思.美国社会在发生变化[N].环球日报,2001-11-16(4).
[21] 毛欣娟,杨虹娇."9·11"事件后美国国家安全体制变化及启示[J].中国人民公安大学学报(社会科学版),2013,29(01)：86-91.
[22] 毛欣娟,杨虹娇."9·11"事件后美国国家安全体制变化及启示[J].中国人民公安大学学报(社会科学版),2013,29(01)：86-91.
[23] 美国情报机构的"大部制"改革与"领导小组"[EB/OL].2019-02-21.https://www.secrss.com/articles/8517.
[24] 毕琼."9·11"后国际恐怖主义的国际影响及国际反恐合作[J].理论月刊,2005(11)：151-153.
[25] 闵芳.世界各国反恐法盘点[J].生命与灾害,2016(01)：14-17.
[26] 毛欣娟,杨虹娇."9·11"事件后美国国家安全体制变化及启示[J].中国人民公安大学学报(社会科学版),2013,29(01)：86-91.
[27] 看航空."9·11"之后的航空安全,我们有必要了解这个机构[EB/OL].2018-09-12,https://www.sohu.com/a/253449924_115926.
[28] 看航空."9·11"之后的航空安全,我们有必要了解这个机构[EB/OL].2018-09-12,https://www.sohu.com/a/253449924_115926.
[29] 毛欣娟,杨虹娇."9·11"事件后美国国家安全体制变化及启示[J].中国人民公安大学学报(社会科学版),2013,29(01)：86-91.
[30] 方华,牛明星.灾难降临美利坚[M].北京：知识产权出版社.2001：1.
[31] 李晓岗."9·11"后美国的单边主义与世界[M].天津：天津人民出版社.2007：29.
[32] 李晓岗."9·11"后美国的单边主义与世界[M].天津：天津人民出版社.2007：35.

[33] 薛澜,张强,钟开斌.危机管理:转型期中国面临的挑战[M].北京:清华大学出版社.2003:205.
[34] 中国现代国际关系研究所危机管理与对策研究中心.国际危机管理概论[M].北京:时事出版社,2003:192.
[35] 李晓岗."9·11"后美国的单边主义与世界[M].天津人民出版社.2007:153.
[36] 中央国家安全委员会第一次会议召开习近平发表重要讲话.2014-04-05,http://www.gov.cn/xinwen/2014-04/15/content_2659641.htm.